新白話六法系列 007

土地法

修訂第10版

陳冠融·修訂　　陳銘福·原著

THE LAW

書泉出版社 印行

出版緣起

　　談到法律，會給您什麼樣的聯想？是厚厚一本《六法全書》，或是莊嚴肅穆的法庭？是《洛城法網》式的腦力激盪，或是《法外情》般的感人熱淚？是權利義務的準繩，或是善惡是非的分界？是公平正義、弱勢者的保障，或是知法玩法、強權者的工具？其實，法律儘管只是文字、條文的組合，卻是有法律學說思想作為基礎架構。法律的制定是人為的，法律的執行也是人為的，或許有人會因而認為法律是一種工具，但是卻忽略了：法律事實上是人心與現實的反映。

　　翻閱任何一本標題為《法學緒論》的著作，對於法律的概念，共同的法學原理原則及其應用，現行法律體系的概述，以及法學發展、法學思想的介紹……等等，一定會說明清楚。然而在我國，有多少人念過《法學概論》？有識之士感歎：我國國民缺乏法治精神、守法觀念。問題就出在：法治教育的貧乏。試看九年國民義務教育的教材，在「生活與倫理」、「公民與道德」之中，又有多少是教導未來的主人翁們對於「法律」的瞭解與認識？除了大學法律系的培育以外，各級中學、專科與大學教育中，又有多少法律的課程？回想起自己的求學過程，或許您也會驚覺：關於法律的知識，似乎是從報章雜誌上得知的占大多數。另一方面，即使是與您生活上切身相關的「民法」、「刑法」等等，其中的權利是否也常因您所謂的「不懂法律」而睡著了？

　　當您想多充實法律方面的知識時，可能會有些失望，因為《六法全書》太厚重，而一般法律教科書又太艱深，大多數案例式法律常識

介紹，又顯得割裂不夠完整……

　　有鑑於此，本公司特別邀請法律專業人士編寫「白話六法」叢書，針對常用的法律，作一完整的介紹。對於撰文我們要求：使用淺顯的白話文體解說條文，用字遣詞不能艱深難懂，除非必要，儘量避免使用法律專有名詞。對於內容我們強調：除了對法條作字面上的解釋外，還要進一步分析、解釋、闡述，對於法律專有名詞務必加以說明；不同法規或特別法的相關規定，必須特別標明；似是而非的概念或容易混淆的觀念，一定舉例闡明。縱使您沒有受過法律專業教育，也一定看得懂。

　　希望這一套叢書，對普及法律知識以及使社會大眾深入瞭解法律條文的意義與內容等方面都有貢獻。

十版序

　　土地法自101年迄今雖無修正，但相關之平均地權條例、土地稅法、土地登記規則、地籍測量實施規則……等特別法及相關之行政規章，已有部分修正，尤其攸關全國土地使用之「國土計畫法」業於105年1月6日制定，並於同年5月1日公告施行，未來俟各直轄市或縣市完成所屬國土計畫之擬定及國土功能分區之劃設，「國土計畫法」將取代現行之「區域計畫法」，而土地之使用及管制制度將有所改變。緣此，本版書進行相關法規之修訂。

　　本版書由陳冠融賡續辦理校修，疏漏之處敬請讀者不吝指正。

陳冠融

敬識

民國109年2月

|九版序|

　　感謝各位讀者的支持與愛護，使本版書銷況熱絡，一年多的時間再次改版修正。

　　此次土地法無修正，但相關之房屋稅條例、地價調查估計規則、土地登記規則等特別法及相關之行政規章，已有部分修正；另對於土地複丈與建物測量收費標準、申請地籍資料之收費標準，內政部亦制訂行政規章，將攸關人民權利義務之事項法制化，以確保其權益。據此，本版續予修訂。

　　本版書續由陳冠融負責修訂，疏漏之處祈盼讀者惠續指正。

陳冠融

敬識

民國104年1月

自 序

「有土斯有財」，為國人的觀念與作法。每個人辛勤努力的結果，都是希望擁有房地產，所以對於房地產的取得、變更、租賃、使用、設定或喪失等攸關財產權益的地政法規，不能不有所認識。

土地法為所有地政法規的根本大法，並衍生出很多相關的特別法，諸如平均地權條例、三七五減租條例、農業發展條例、都市計畫法、區域計畫法、土地稅法、房屋稅條例等。除特別法外，還有很多的行政規章，諸如土地登記規則、地籍測量實施規則、地價調查估計規則、土地建築改良物估價規則等。因此，研讀、執行或適用土地法規，實在是一件困難的事。

為了解決讀者的困難，本書特別以白話方式，逐條解說土地法的條文，並於各條文的解說中，還列述相關特別法的規定，以避免實務上的誤用及研讀時的誤解。尤其是每一條文於解說後，還列述了相關法條及立法理由或修正理由，使您能更輕鬆愉快地瞭解其運用，所以本書可說是參加考試或實務工作的最佳良伴。

依「法律統一用字表」的規定，對法院用「聲請」，對行政機關用「申請」。但是土地法於19年立法時，尚無統一用字的規定。因此，條文及立法理由中均使用「聲請」二字，本書於解說中，凡是對行政機關者，筆者均改用「申請」二字，而與法條及立法理由文字的「聲請」二字不盡一致，特予說明。

本書有部分資料，承蒙政治大學地政系畢業、高考及格的張婉萍小姐幫忙彙整，相當辛勞，特此致謝。

土地法的法理艱深，涉及層面廣泛，筆者不自量力，勉力完成，漏誤之處在所難免，希望您讀了本書之後，能惠賜指正，謝謝。

陳銘福

凡　例

(一)本書之法規條例，依循下列方式輯印：

1.法規條文，悉以總統府公報為準，以免坊間版本登載歧異之缺點。

2.法條分項，如遇滿行結束時，則在該項未加「。」符號，以與另項區別。

(二)本書體例如下：

1.導言：針對該法之立法理由、立法沿革、立法準則等逐一說明，並就該法內容作扼要簡介。

2.條文要旨：置於條次之下，以（　）表示。

3.解說：於條文之後，以淺近白話解釋條文意義及相關規定。

(三)參照之法規，以簡稱註明。條、項、款及判解之表示如下：

條：一、二、三……

項：Ⅰ、Ⅱ、Ⅲ……

款：1、2、3……

但書規定：但

前段：前、後段：後

司法院34年以前之解釋例：院……

司法院34年以後之解釋例：院解……

大法官會議解釋：釋……

最高法院判例：……台上……

行政法院判例：行……判……

沿革

1. 中華民國19年6月30日國民政府制定公布全文三百九十七條；並自中華民國25年3月1日施行。
2. 中華民國35年4月29日國民政府修正公布全文二百四十七條。
3. 中華民國44年3月19日總統修正公布第18條條文。
4. 中華民國64年7月24日修正公布第16條、第18條、第21條、第30條、第37條、第39條、第51條、第58條、第72條、第73條、第104條、第222條；並增訂第30條之1、第34條之1、第37條之1、第46條之1、第46條之2、第46條之3、第73條之1、第75條之1、第79條之1。
5. 中華民國78年12月29日修正公布第37條之1、第41條、第44條、第58條、第64條、第67條、第76條、第78條、第79條、第215條、第217條、第219條、第222條、第223條、第225條、第227條、第228條、第230條、第231條、第232條、第237條、第241條、第242條條文；並增訂第44條之1、第47條之2、第79條之2條條文；並刪除第243條條文。
6. 中華民國84年1月20日修正公布第37條之1條條文。
7. 中華民國89年1月26日修正公布第4條、第8條、第19條、第20條、第22條、第25條～第29條、第31條、第32條、第34條之1、第38條～第40條、第42條、第45條、第52條、第53條、第55條、第57條、第59條、第64條、第73條之1、第75條、第81條、第82條、第84條、第86條、第89條、第95條～第97條、第101條、第102條、第122條、第123條、第125條～第127條、第133條、第135條、第140

條、第141條、第149條、第152條、第154條、第157條、第159條、第161條、第164條、第171條、第179條、第201條、第204條、第206條、第215條、第217條、第219條、第221條、第222條、第225條、第227條、第228條、第230條、第232條、第234條、第236條～第239條、第241條、第246條、第247條條文；並刪除第30條、第30條之1、第33條、第223條條文。

8. 中華民國90年10月31日修正公布第17條、第19條、第20條、第34條之1、第37條、第37條之1、第44條之1、第47條、第214條條文；並增訂第34條之2條條文；並刪除第21條、第22條、第23條、第218條條文。

9. 中華民國94年6月15日修正公布第14條條文。

10. 中華民國95年6月14日修正公布第69條條文。

11. 中華民國100年6月15日修正公布第34條之1、第172條條文；並刪除第8條、第34條、第175條條文。

導　言

立法目的

（一）土地問題

由於土地存在了管理、分配與利用三大問題，為解決各該問題，有必要為土地立法：

1.管理問題

土地為立國的根本，因此有必要作適當的管理，否則投機、壟斷、炒作或利益輸送、逃稅、漏稅等許許多多的問題，必然一串串發生，不僅腐蝕了國本，更動搖了根本。所以土地立法，其目的在解決土地管理問題。

2.分配問題

「有土斯有財」，為我國國人根深蒂固的觀念。因此，每個人一生辛勤努力的結果，都是希望擁有房地產。若分配不均，有能力的人，可能「田連阡陌」；無能力的人，可能「貧無立錐之地」，貧富懸殊，不是社會正常的現象。所以土地立法，其目的在求「平均地權」、「地利共享」，解決土地分配問題。

3.利用問題

土地的生產力，也就是土地的經濟力，若是能夠地盡其利，即可使人們能安身立命，使社會能繁榮進步，使國家能富強康樂；反之，土地若不當利用，或是低度利用，或是過度利用，甚至荒置不利用，則成長的原動力勢必貧乏，人民的生活、社會的生存及國家的生計，

都將受到嚴重影響。所以土地立法,其目的在求地盡其利,解決土地利用問題。

4.三大問題因果循環

土地若管理不當,容易發生分配不均的問題,一旦分配不均,無田無地的人,想利用土地,卻望澤興嘆;而有田有地的人,坐享增值,不思地盡其利。所以三大問題,互為因果循環,土地立法,其目的在解決三大問題及三大問題因果循環所衍生的問題。

(二)解決方法

為了解決土地問題,國父 孫中山先生提出「平均地權」的主張,希望以「規定地價、照價收買、照價徵稅、漲價歸公」作為解決土地問題的手段,並進而實現「地盡其利、地利共享」的「均富」目標。所以土地立法,以「平均地權」為主要方針。

立法原則

(一)土地立法九原則

19年6月30日國民政府制定土地法前,曾擬定「土地法原則」九項,作為土地立法的依據。該九項原則的序言為:「國家整理土地之目的,在使地盡其用,並使人民有平均享受使用土地之權利。總理主張之平均地權,其精義蓋在乎此。欲求此主張之實現,必要防止私人壟斷土地,以謀不當得利之企圖,並須設法使土地本身、非因施以資本、勞力改良結果所得之增益,歸為公有。」

由該序言可充分瞭解土地立法的目的及準則,在此節錄該九項原則的要點,供讀者參閱:

1.徵收土地稅,以地值(地價)為根據。

2.土地稅率,採漸進辦法。

3.對於不勞而獲之土地增益,行累進稅。

4.土地改良物應輕稅。

5.訂定政府收用私有土地之公平辦法。

6.不以營利為目的之公有土地，得免繳地稅。

7.以增加地稅或估高地值方法，促進土地之改良。

8.設立各級政府掌管土地之機關。

9.土地所有權移轉，須經政府許可。

（二）第一次修正原則

35年4月29日土地法第一次修正前，曾擬定「修正土地法原則」二十三項，作為修正土地法的依據。各該原則，仍然有一大部分為目前土地法的重要內容。茲節錄該二十三項修正原則的要點，供作參閱：

1.土地應根據其使用性質（如耕地、林地、牧地、漁地等）分類。本法所用土地種類名稱，應求統一。

2.應明定國家為實施土地政策及調整分配，得設立土地銀行，及發行土地債券之條款。

3.應明定中央政府為扶植自耕農，關於左列各款事項，得另訂條列：

(1)參酌地方情形，規定每一自耕農戶應有耕地面積最低限度，並限制其處分。

(2)限制自耕地之負債最高額。

(3)自耕地之繼承辦法。

4.土地裁判所之規定應刪；第一次土地所有權登記時，市縣司法機關附設土地裁判法庭，以二審終結之。

5.土地測量登記，應合為一編，關於土地測量，應在本法為大體規定。

6.登記程序應從簡易，其公告期間，應縮短為一個月至三個月。登記費用，應酌減。登記圖冊書狀之種類式樣，及記載方法各條應

刪，而賦予中央地政機關以命令規定之權。地政機關所發之權利書狀，應為權利之唯一憑證。

　　7.在第一次（所有權）登記時，關於土地權利所發生之爭議，應明定先由地政機關調解之，不服調解時，得向土地裁判法庭呈訴。

　　8.土地登記，遇土地所有權人非家長時，應註明家長姓名。

　　9.無人申請登記之土地，得依法為國有土地之登記。

　　10.房屋救濟，應為經常之規定，關於準備房屋，無庸規定。

　　11.耕地出租人，為不在地主時，或承租人繼續耕作五年以上，而其出租人非農民，或非老弱孤寡藉土地為生活時，承租人得請求徵收其土地。

　　12.耕地租用契約，應經主管地政機關之審核並登記。

　　13.為減輕地租之負擔，應明定地租最高額為登記後之地價的百分之八。但承租人得依習慣以產物代繳。

　　14.荒地須有大規模墾荒之組織始能開墾者，得另設墾務機關辦理之。並得由土地銀行等加以協助，原法代墾人應刪。

　　15.承墾人於荒地墾熟後，應無償取得土地所有權，並予以相當長期之免稅。

　　16.土地重劃，係地政機關促進土地利用之主要措施，應無需土地所有權人之同意。原法第218條應刪，並應增加耕地因灌溉、排水或其他農事上之需要改良，亦得為土地重劃。

　　17.重劃土地之相互補償，一律以地價為計算標準。

　　18.以申報地價為法定地價（原法關於估定地價之條款應刪）。申報前，得先由地政機關參照最近五年土地收益及市價，查定標準地價，為百分之十以內之增減。不依法申報，或不為申報時，即以標準地價為其地價。

　　19.地價稅率，依照第五屆全國代表大會之決議，採用累進制，不分稅地區別，起稅點為地價千分之十至二十，惟荒地及不在地主之土地稅，得酌量加重。

20.特殊建設區域，因地價激增，致土地稅收較原額有增益時，得呈准以增益部分，撥償該項建設經費。此種區域內無移轉土地之增值稅，得於建設開始後第六年徵收之。

21.土地增值實數額內，應扣除土地所有人投施勞力資本，為特別改良所得之增益，及已繳之特別徵費（按即工程受益費）。

22.國家實施土地政策，或興辦鐵道、水利及國防軍備，而徵收土地時，得於發給補償金前，進入土地工作；並得以土地債券為補償，或分期補償。

23.徵收程序及手續，應力求簡便。

（三）嗣後的修訂原則

44年、64年、78年、84年、89年1月26日、90年10月31日、94年6月15日、95年6月14日及100年6月15日等各次土地法修正公布，都只是局部性的修正而已，且均以因應社會變遷及經濟繁榮的實際需要為修正重點。

（四）法源依據

1.土地立法，是以國父中山先生的遺教──三民主義、建國大綱等，以及中國國民黨的政綱、中華民國憲法、民法及學說理論、判例、解釋、外國之法例等為法源依據。

2.土地立法，當然不能牴觸憲法的規定，但就民法與土地法而言，民法雖然是土地法立法的法源，但是兩者互為比較，民法屬於普通法，土地法則屬於特別法，對同一事件兩者有不同的規定，應優先適用土地法的規定；如土地法未規定，而其他特別法也未規定者，則適用民法的規定。所以，民法是土地法立法的法源，也是土地法的普通法，土地法為民法的特別法。

土地法的內容

現行土地法共分五編二百四十九條條文，茲概述其內容如下：

（一）第一編為「總則」，分五章，有三十條條文

1.第一章「法例」，有八條的條文，為基本規定。其分別規定了土地的定義及種類、執行機關，以及公有土地、土地改良物、自耕、土地債券等定義，另外也規定了本法施行法的訂定。

2.第二章「地權」，有四條的條文，分別規定了公私有土地的區別、他項權利的種類、私地所有權之消滅及回復，與岸地增加之優先取得。

3.第三章「地權限制」，有八條的條文，分別規定了不得私有的土地及礦權，私有土地移轉，設定負擔或租賃的限制，及外國人取得土地的限制及程序。

4.第四章「公有土地」，有三條的條文，分別規定了地方政府管理公有土地之權限、公地撥用的手續，及公地收益之處理。

5.第五章「地權調整」，有七條的條文，分別規定了私有土地面積最高額及超額的處理、土地最小面積單位、耕地負債最高額、共有土地或建物以「多數決」的處分及不動產糾紛調處委員會。

（二）第二編為「地籍」，分四章，有五十五條條文

1.第一章「通則」，有九條的條文，分別規定了地籍整理及程序、土地登記的定義、土地登記代理制度、土地總登記的定義、土地登記機關、地籍整理之區分、免予編號登記的土地、分區總登記及登記的效力。

2.第二章「地籍測量」，有十條的條文，分別規定了地籍測量的程序及其辦理的機關、界標的設立與管理，地籍重測之實施、辦理及公告，地籍測量實施規則及有關測量費的訂定、地籍測量的委託及地籍測量師法的訂定。

3.第三章「土地總登記」，有二十四條的條文，分別規定了土地總登記的次序、申請期限、申請人、公告、囑託登記及逕為登記、異議的調處及訴訟、權利書狀的發給及費額標準的訂定、登記面積增減

的處理，登記錯誤、遺漏或虛偽的更正及損害賠償的請求，以及登記儲金的用途。

4.第四章「土地權利變更登記」，有十二條的條文，分別規定了土地權利變更登記的情形、申請人、申請期限、逾期未申請繼承登記的處理、應檢附及發給權利書狀以及其費額標準的訂定、於登記完畢前查封等的處理、登記費率及免登記費的登記種類、權利書狀的補給及換給、預告登記的情形及效力、有關的工本費及閱覽費。

（三）第三編為「土地使用」，分六章，有六十三條條文

1.第一章「通則」，有十條的條文，分別規定了土地使用的定義、使用地的編定及使用、使用地的變更編定、集體農場的面積、空地及荒地的定義及限期使用。

2.第二章「使用限制」，有四條的條文，分別規定了都市計畫的預定、使用區的計畫、新設都市的徵收與重劃、公共使用地的保留徵收。

3.第三章「房屋及基地租用」，有十二條的條文，分別規定了城市房屋的興建及租金標準、新建房屋的減免稅、自住房屋間數的限制、租金及擔保金、出租房屋的收回、租賃爭議的處理、租用基地的收回及優先購買權。

4.第四章「耕地租用」，有十九條的條文，分別規定了耕地租用的定義、承租人的優先購買權、轉租的限制、地租的標準、不定期租約及終止、耕作權的放棄、收回後再出租的限制、留置權的行使、特別改良及終止租約的求償、減免租金及爭議的處理。

5.第五章「荒地使用」，有十條的條文，分別規定了公有荒地的勘測與招墾、承墾人的資格、耕作權及所有權的取得、免稅，以及墾務機關的設置。

6.第六章「土地重劃」，有八條的條文，分別規定了土地重劃的情形、重劃後的分配、重劃後損益的補償、地主反對的處理、重劃的

請求及新設都市土地重劃的時間。

（四）第四編為「土地稅」，分七章，有六十四條條文

1.第一章「通則」，有五條的條文，分別規定了土地及其改良物應徵稅、土地稅的種類、土地及其改良物應分別定價、土地稅為地方稅及土地課稅之限制。

2.第二章「地價及改良物價」，有十九條的條文，分別規定了地價的申報、標準地價的訂定、重新規定地價、建築改良物價值的估定與重新估定、標準地價評議委員會的組織及評定。

3.第三章「地價稅」，有八條的條文，分別規定了地價稅的課徵時期、課稅標準、基本稅率、累進稅率、累進起點地價、徵收對象，及空地、荒地等加徵地價稅。

4.第四章「土地增值稅」，有九條的條文，分別規定了土地增值稅徵收的時機、增值總數額的計算、物價指數的調整、累進稅率及徵收對象。

5.第五章「土地改良物稅」，有六條的條文，分別規定了建築改良物稅的課稅標準、稅率、課徵時機及免稅。

6.第六章「土地稅之減免」，有九條的條文，分別規定了公有土地及建築改良物的免稅、私有土地的免稅、災難或調劑期中的減免、保留徵收或限制不能使用的免稅，無法使用或墾荒中之免稅以及徵收、重劃、農地等的免徵土地增值稅，和減免原因消滅後的回復課稅。

7.第七章「欠稅」，有八條的條文，分別規定了欠繳地價稅、土地增值稅、建築改良物稅等的罰鍰與拍賣。

（五）第五編為「土地徵收」，分三章，有三十七條條文

1.第一章「通則」，有十三條的條文，分別規定了徵收土地之要件、區段徵收及保留徵收的情形、保留徵收的期間、改良物一併徵收的情形、接連地的補償、殘餘地的一併徵收、土地徵收後的買回及被

徵收地應有負擔的計算與給付。

　　2.第二章「徵收程序」，有十三條的條文，分別規定了徵收土地的核准機關、請求徵收應具備的圖件、核准與公告、權利的備案與負擔、先行進入調查與勘測、進入工作的限制、移轉等處分的限制、補償發給的期限、補償完畢的遷移與權利義務的終止。

　　3.第三章「徵收補償」，有十一條的條文，分別規定了補償費的負擔與發給、提存、代為遷移、應補償地價的標準、改良物補償標準的估定、遷移費的給付及異議的評定。

土地法的地位

（一）土地法的性質

　　1.本法是規範土地及其改良物的法律，可以說是財產法的一種。

　　2.本法內容不僅規範了政府機關的行政行為，也規範了人民私權行為，所以本法可以說是行政法，也可以說是私法，只是公法的色彩較濃而已。

　　3.本法對於人、物、事及行為等實體有詳細的規定，應屬於實體法，但是對於有關的程序也有所規定。因此，可以說是實體法兼具程序法。

　　4.本法與民法相比較，民法為普通法，本法為特別法；但是本法與其他法律，諸如平均地權條例、都市計畫法、土地稅法等相比較，本法為普通法，其他法律為特別法。適用上特別法是優先於普通法。

（二）土地法的特別法

　　1.本法第一編總則，特別法就有國籍法、水利法、農業發展條例……等等。

　　2.本法第二編地籍，特別法就有公寓大廈管理條例、農業發展條例、國有財產法、地政士法……等等。

3.本法第三編土地使用，特別法就有都市計畫法、區域計畫法、平均地權條例、農業發展條例、國土計畫法、農地重劃條例、耕地三七五減租條例等。

4.本法第四編土地稅，特別法就有平均地權條例、土地稅法、房屋稅條例，以及其他相關的契稅條例、工程受益費徵收條例、遺產及贈與稅法、稅捐稽徵法等。

5.本法第五編土地徵收，就有土地徵收條例、都市計畫法、平均地權條例……等等。

6.各該特別法可能變更了本法的規定，也可能補充了本法的規定。

（三）土地法的行政規章

土地法有諸多條文規定授權由中央有關主管機關訂定相關之行政規章，諸如第19條、第20條、第34條之2、第37條之1……等等。

（四）土地徵收的立法

本法第五編土地徵收，於89年2月2日，政府制定公布「土地徵收條例」，是為本法的特別法。

（五）土地法施行法

由於本法第9條規定：「本法之施行法，另定之。」因而有「土地法施行法」的公布施行，該施行法主要在於補充本法規定不足的地方。

（六）基本管理法

1.由於土地事務繁雜，本法實無法鉅細靡遺的作詳細規定，因此才有各種特別法的制定。

2.由於特別法的繁多，造成層床疊架，不僅執行上困擾，推廣也不易。因此，頗多見解認為本法應大修，將本法定位於「土地基本法」或「土地管理法」，只作原則性的規定即可；細節性的事項，則由各種特別法來規定。

目　錄
Contents

第一編

總　則

前　言

　　土地法第一編為「總則」，是土地法的一些基本性或原則性的規定，適用於土地法的其他各編章及土地法的其他特別法，但其他各編章或其他特別法另有特別規定者，則從其規定。「總則」這一編的內容，大多以「地權」為主，事實上並沒有太多的其他特別法的特別規定。

|第一章|

法 例

第1條（土地之定義）

本法所稱土地，謂水陸及天然富源。

解說

（一）土地的意義

　　1.狹義的土地：如果將土地解釋為地球表面上的泥沙混合物，也就是人類日夜踐踏的陸地，則是狹義的土地。

　　2.廣義的土地：如果將土地解釋為除了陸地外，凡是附著於陸地上的一切定著物也是土地，則是廣義的土地。

　　3.最廣義的土地：如果將土地解釋為除了陸地及其定著物外，凡是地球上的一切都是土地，則是最廣義的土地。

（二）民法所規定的土地，有狹義的土地，也有最廣義的土地

　　1.狹義的土地：依民法第66條規定，土地及其定著物，合併稱為不動產。將土地及其定著物加以區分，如此所指的土地，應是狹義的土地。

　　2.廣義的土地：依民法第773條規定，除法令有限制外，土地所有權的行使範圍，及於土地的上下。所謂土地的上下，包括土地表面、表面上的空間及地底下，如此所指的土地，應是廣義或最廣義的土地。

（三）本法所規定的土地，有最廣義的土地，有廣義的土地，也
　　有狹義的土地

　　1.最廣義的土地：例如本法第1條規定，指土地為水陸及天然富
源。又如本法第14條規定，不得私有的土地，除沿岸一定限度內的土
地外，也包括了水道及湖澤。似此，所謂的土地，均為最廣義的土
地。

　　2.廣義的土地：例如本法第37條規定，土地登記，指土地及建築
改良物的登記。又如本法第143條規定，土地及其改良物應徵稅，並
將該條文置於本法第四編「土地稅」中。似此，所謂的土地，均為廣
義的土地。

　　3.狹義的土地：例如本法第2條規定，將土地依其使用，分為建
築用地、直接生產用地、交通水利用地及其他土地等四大類土地，各
類土地，得再分目。又如本法第144條規定，土地稅分為地價稅及土
地增值稅兩種。似此，所謂的土地，僅指狹義的土地而已。

立法意旨

　　本條依民法第66條及第773條規定，開宗明義，明示土地的意
義，以期能作為本法的明確依據。

相關參考法條

　　民§66、773；土§2、14、37、143、144。

第2條（土地之分類）

土地依其使用，分為左列各類：

第一類　建築用地；如住宅、官署、機關、學校、工廠、倉庫、
　　　　公園、娛樂場、會所、祠廟、教堂、城堞、軍營、砲
　　　　臺、船埠、碼頭、飛機基地、墳場等屬之。

> 第二類　直接生產用地；如農地、林地、漁地、牧地、狩獵地、礦地、鹽地、水源地、池塘等屬之。
>
> 第三類　交通水利用地；如道路、溝渠、水道、湖泊、港灣、海岸、堤堰等屬之。
>
> 第四類　其他土地；如沙漠、雪山等屬之。
>
> 前項各類土地，得再分目。

解說

（一）地目

1.本條第2項規定，各種土地，得再分目。

2.本法立法的時代，無都市計畫法及區域計畫法，因此，土地的分類與分目有其必要性；如今，台灣均已實施都市計畫及區域計畫，地類已不具意義，而地目所具有的意義，也日漸式微。

3.台灣省政府於36年7月頒布「地類地目對照表」，將各類土地共分二十一種地目如下：

(1)第一類「建築用地」有六種地目：

　①建：房屋及其附屬之庭院、園圃、一切基地均屬之。

　②雜：自來水用地、運動場、紀念碑、練兵場、射擊場、飛機場、砲台等用地及其他不屬於各地目之土地均屬之。

　③祠：祠廟、寺院、佛堂、神社、教務所及說教所等均屬之，但兼用住宅或依演習之家廟不在此限。

　④鐵：車站、車庫、貨物庫等及在車站內之站長、車長等之宿舍均屬之。

　⑤公：公園用地。

　⑥墓：墳墓用地。

(2)第二類「直接生產用地」有八種地目：

　①田：水田地。

　②旱：旱田地──原為「畑」，台灣省政府51.4.21以府民地

甲字第0586號令各縣市政府改為「旱」。

③林：林地、林山均屬之。

④養：魚池。

⑤牧：牧畜地。

⑥礦：礦泉地，但限於湧泉口及其維持上必要之區域。

⑦鹽：製鹽用地。

⑧池：池塘。

(3)第三類「交通水利用地」有五種地目：

①線：鐵路線路用地。

②道：公路、街道、衢巷、村道、小徑等及公共用之輕便鐵路線路均屬之。

③水：埤圳用地。

④溜：灌溉之塘湖、沼澤。

⑤溝：一切溝渠及運河屬之。

(4)第四類「其他土地」有二種地目：

①堤：堤防用地。

②原：荒蕪未經利用及已墾復荒之土地均屬之。

（二）地類及地目的意義

1.依土地使用的不同加以分類，不僅可促進土地的有效利用，更可作為擬訂及推行土地政策的依據，例如限制私有土地面積的最高額（土§28）、土地最小面積單位的限制及禁止分割（土§31），均以土地的種類及性質為依據。

2.土地分類，也有稅賦上的意義，因為依據分類的土地，可以擬定各種不同的課稅準則，諸如是否應該課徵地價稅或田賦？是否應該免稅或減稅？

3.目前土地使用管制均依都市計畫法、區域計畫法，以及未來即將全面施行的國土計畫法，地目之功能性已大大地降低，故地政事務所自88年3月16日起，僅受理「建」、「田」、「旱」及「道」等四

種地目變更登記。內政部並從106年元旦起廢除地目等則制度，爾後土地登記、地價謄本及權利書狀不再顯示地目等則，地政事務所也不再受理地目變更及塗銷地目等登記，自日據時期沿用的地目等則制度，正式走入歷史。

（三）特別法優先適用普通法

1.以土地法規而言，本法為普通法，平均地權條例、都市計畫法、區域計畫法及國土計畫法為特別法。依特別法優先適用普通法原則，對於同一事項，自應優先適用特別法的規定。因此，本法雖有土地的分類及編定各種使用地的規定，但流於原則性及形式性，實務上有關土地的分區及編定使用，以都市計畫法、區域計畫法，以及未來即將施行的國土計畫法為依據。

2.雖然土地的分區及編定使用，目前係以都市計畫法及區域計畫法為準，但事實上，都市計畫法所劃定的住宅區、商業區及工業區內的土地，區域計畫法所編定的甲、乙、丙及丁種建築用地，均為本法條規定的第一類建築用地。都市計畫法所劃定的農業區及保護區內的土地，區域計畫法所編定的農牧用地、林業用地等，均為本法條規定的第二類直接生產用地。其他諸如道路用地、交通用地及水利用地，均為本法條規定的第三類交通水利用地。

3.為解決台灣過去土地失序開發的亂象，並達到國土永續發展之政策目標，「國土計畫法」已於105年5月1日公告施行，該法將全國土地劃為國土保育區、海洋資源區、農業發展區及城鄉發展區等分區，並按各分區之土地性質再加以分類。該法另規定在相關配套作業完成後，未來「國土計畫法」將取代現行之「區域計畫法」，屆時台灣的國土空間體系將由三個法定使用計畫體系（區域計畫、都市計畫及國家公園計畫）轉變為兩層級體系（全國國土計畫、直轄市、縣（市）國土計畫），亦即由全國國土計畫指導直轄市、縣（市）國土計畫、都市計畫及國家公園計畫。

（四）土地法施行法的規定

　　該法第4條規定，土地法第2條規定各項土地之分目及其符號，在縣（市），由該管縣（市）地政機關調查當地習用名稱，報請中央地政機關核定之；在直轄市，由直轄市地政機關自行訂定，並報中央地政機關備查。

立法意旨

　　土地種類繁多，因地勢、地質、土壤的不同，地權主體的各異，使用目的不一致，而有不同的分類。本條按土地的使用，將土地分為「建築用地」、「直接生產用地」、「交通水利用地」及「其他土地」四大類，使各種土地應歸於何類能夠明晰確定。但土地的使用情形甚為複雜，未能詳細列舉，故於第2項明文規定，前項各類土地，得再分目，以應需要。

相關參考法條

　　土§28、31、41、81、82；均§52；市畫§32；區畫法§15；非都市土地使用管制規則§2、3；國計§20。

第3條（本法之執行機關）
本法除法律另有規定外，由地政機關執行之。

解說

（一）法律另有規定之情形

　　1.本法第39條規定，各地政機關得在轄區內分設登記機關，辦理登記及其他有關事項。

　　2.本法第126條、第131條及第132條、第134條規定，關於公有荒地的開墾，由農林機關及墾務機關負責辦理有關事宜。

　　3.本法第159條、第192條、第193條、第204條及第206條規定，關於土地課稅，由財政機關負責辦理有關事宜。

（二）地政機關

　　1.中央地政機關：目前的中央地政機關為內政部，內政部設有地政司。由於地政事務日益增多，不久的將來，可能升格為地政署。本法有相當多的規定，是由中央地政機關負責執行。

　　2.直轄市地政機關：目前台北市、高雄市、台中市、新北市、台南市及桃園市均設有地政局，並分設登記機關即地政事務所，負責執行本法規定的有關事宜及中央地政機關交辦的事項。

　　3.縣（市）地政機關：目前各縣市政府設有地政處，並分設登記機關——即地政事務所，負責執行本法規定的有關事宜及上級機關交辦的事項。

立法意旨

　　土地法的執政機關，原則上為地政機關，但也有例外的情形。除法律另有規定者依其規定外，統由地政機關負責執行，以利事權的統一，作為權責劃分的依據。

相關參考法條

　　土§39、126、131、132、134、159、192、193、204、206。

第4條（公有土地之定義）
本法所稱公有土地，為國有土地、直轄市有土地、縣（市）有土地或鄉（鎮、市）有之土地。

解說

（一）實質上為國有

1.除了私有土地以外，均為國有：中華民國領域內的土地，屬於中華民國人民全體，其經人民依法取得所有權者，為私有土地；私有土地的所有權消滅者，為國有土地（土§10）。因此，土地只有國有與私有的分別，不是國有便是私有，不是私有便是國有。

2.直轄市有、縣（市）有或鄉（鎮、市）有是為便於管理使用及收益而設：參照司法院27年院字第1776號解釋，公有土地，無論其管理使用收益的權利，是屬於省市縣或鄉鎮，其所有權均應屬於國家。因為地方政府係國家機關，至於地方自治團體──鄉鎮，對於公有土地，具有管理使用收益的權利，應視為國家所賦予，不得視為所有權的歸屬。

（二）管理機關

1.公有公用土地：公有土地屬於公用者，則由使用機關負責管理使用及收益。例如某國有土地，該土地的登記簿登記所有權人為中華民國，管理機關登記為國立台灣大學，則該國有土地即由國立台灣大學負責管理使用及收益。

2.公有非公用土地：

(1)國有土地：由財政部國有財產署負責管理，該土地的登記簿登記所有權人為中華民國，管理機關登記為財政部國有財產署。國有財產署分設有北、中、南三區分署，並於各縣市分設有辦事處，負責國有土地的有關管理業務。

(2)直轄市有土地：由市政府財政局或其他所屬相關使用機關負責管理。

(3)縣（市）有土地：由縣（市）政府財政處或其他所屬相關使用機關負責管理。

(4)鄉（鎮、市）有土地：由鄉（鎮、市）公所財政課（或經建課）負責管理。

（三）精省後

　　目前精省後，僅有直轄市，與縣對等者有省轄市，與鄉鎮對等者有縣轄市。

立法意旨

　　本條概括劃分公有土地的權屬範圍，以明示公有土地所有權歸屬的劃分標準。

相關參考法條

　　土§14、25～27、52、53。

第5條（土地改良物之定義）

本法所稱土地改良物，分為建築改良物及農作改良物二種。

附著於土地之建築物或工事，為建築改良物。附著於土地之農作物及其他植物與水利土壤之改良，為農作改良物。

解說

（一）土地改良物

　　1.土地改良物必須附著於土地，與民法第66條規定的土地定著物類似，但民法規定的土地定著物，包含了改良物及非改良物。所謂非改良物，可泛指野生的花、草及樹木。

　　2.總之，若未附著於土地，則不是土地改良物。

（二）建築改良物

　　因為建築物及工事，均為人們投施資本與勞力所造成的結果，所以名為建築改良物。其定義土地法未進一步明文規定，所以引用建築法的規定。

　　1.建築物：為定著於土地上或地面下，具有頂蓋、樑柱或牆壁，

供個人或公眾使用的構造物或雜項工作物（第4條）。

2.工事：

(1)建築法並未明文規定工事之意義，但似可泛指前述建築法第4條規定的「雜項工作物」。而依同法第7條規定，所謂雜項工作物，為營業爐竈、水塔、瞭望台、招牌廣告、樹立廣告、散裝倉、廣播塔、煙囪、圍牆、機械遊樂設施、游泳池、地下儲藏庫、建築所需駁嵌、挖填土石方等工程及建築物興建完成後增設之中央系統空氣調節設備、昇降設備、機械停車設備、防空避難設備、污物處理設施等。

(2)平均地權條例施行細則第11條規定的「建築基地改良」，或許也可以說是工事。其規定之改良土地有三：「一、建築基地改良：包括整平或填挖基地、水土保持、埋設管道、修築駁嵌、開挖水溝、舖築道路等。二、農地改良：包括耕地整理、水土保持、土壤改良及修築農路、灌溉、排水、防風、防砂、堤防等設施。三、其他用地開發所為之土地改良。」

（三）農作改良物

1.附著於土地的農作物及其他植物與水利土壤的改良，為農作改良物。顯然農作改良物，不僅是農作物或植物而已，也包括了水土的改良。

2.什麼叫農作物？什麼叫其他植物？土地法也未明文規定，應該可以泛指農人所種植的一切植物，諸如水稻、蔬菜、水果等。

3.至於水利土壤的改良，應可指前述平均地權條例施行細則第11條所規定的農地改良。

立法意旨

本條明示土地改良物的意義及類別，藉以表示土地與土地改良物的不同。

相關參考法條

　　建築§4、7；土§119；三七五減租條例§13；均施則§11、12。

> **第6條**（自耕之定義）
> 本法所稱自耕，係指自任耕作者而言。其為維持一家生活，直接經營耕作者，以自耕論。

解說

（一）自耕

　　所謂「自耕」，本條明定係指自任耕作者而言，也可以說是自行耕作。

（二）自耕論

　　1.本條明定，其為維持一家生活直接經營耕作者，以自耕論。

　　2.其為維持一家生活直接經營耕作者，以「自耕論」，顯然「為維持一家生活」，係專指自然人而言。換言之，法人就無所謂「自耕論」。

　　3.「自耕論」本質上並不是自耕，其本身未實際參與現場耕作，而是僱用他人從事實際耕作，所得收穫歸於自己，而給與受雇人約定的報酬，似此，若符合維持一家生活的必要條件，應以自耕論（最高法院68年台上字第3777號判例）。

　　由於本法原第30條規定，私有農地所有權的移轉，其承受人以能自耕者為限，故有本條文規定自耕的定義，但本法第30條已於89年修正刪除。緣此，本條文已無實際意義。

立法意旨

　　本條明定自耕的意義，為使自耕農得確實依法取得耕地的所有權

及使用權,故明定「自耕」的認定標準。

相關參考法條

憲§143;農展例§3。

第7條（土地債券之定義）

本法所稱土地債券,為土地銀行依法所發行之債券。

解說

（一）土地債券,是為配合土地政策實施的需要而發行,例如:

1.照價收買或區段徵收土地所需的資金,得由中央或直轄市主管機關發行土地債券(均§5)。

2.私有土地面積超過最高額限制,不於規定期限內分割出賣者,該管直轄市或縣(市)政府得予徵收,其補償地價,得斟酌情形搭給土地債券(土§29)。

3.因實施國家經濟政策或舉辦國防設備、交通事業或水利事業徵收土地,得呈准行政院以土地債券搭發補償之(土§233)。

（二）土地債券,由土地銀行所發行。換言之,土地債券不能由土地銀行以外的其他銀行發行。

（三）土地債券,是土地銀行以土地為擔保所發行的抵押債券。

（四）土地債券,是土地銀行依法所發行的債券。

1.平均地權條例第5條第2項規定,土地債券之發行,另以法律定之。

2.由於土地債券必須依法才能發行,而其發行辦法須以法律定之,因此,過去政府曾制定「臺灣地區平均地權土地債券發行條例」及「臺灣地區公共建設土地債券發行條例」。

立法意旨

土地債券的發行，乃為配合土地政策實施的需要，由土地金融機構以土地為擔保所發行的抵押債券。本條明示土地債券指由土地銀行依法律授權而發行的土地債券。

相關參考法條

土§29、233；均§5；臺灣地區平均地權土地債券發行條例；臺灣地區公共建設土地債券發行條例。

第8條（100.6.15修正刪除）

第9條（施行法之制定）
本法之施行法，另定之。

解說

（一）本法為土地的根本大法，由於土地事務繁多，未必能鉅細靡遺地規定，而事實上也無此必要，因此，對於細節部分，以「施行法」來規定比較妥當。

（二）由於土地法施行法也是法律，立法須有法源，因此，特訂定本條，以作為土地法施行法立法的法源。

（三）土地法施行法比照土地法分五編共計五十七條的條文，其沿革如下：

　　1.24年4月5日國民政府公布，25年3月1日施行。

　　2.35年4月29日國民政府修正公布。

　　3.79年1月5日總統令修正公布第11條及第54條；增訂第17條之1及第19條之1；並刪除第14條條文。

4.89年12月20日總統令修正公布共計十八條條文並刪除第37條、
　第38條及第39條等三條條文。

5.91年12月11日總統令修正公布第40條條文。

6.100年6月15日總統令刪除公布第44條及第45條條文。

立法意旨

　　本條明示，土地法的施行法另定之，作為日後土地法施行法制定
時的法律依據。

第二章

地　權

第10條（國土權利之歸屬）

中華民國領域內之土地，屬於中華民國人民全體。其經人民依法取得所有權者，為私有土地。

私有土地之所有權消滅者，為國有土地。

解說

由本條規定可知，土地所有權的歸屬只有兩種：一是國有，另一是私有。

（一）國有土地

1.中華民國憲法第143條第1項前段及本條第1項前段，均規定中華民國領域內的土地，屬於中華民國人民全體，由此可知土地原則上是國有。土地若由人民依法取得所有權，該土地即為私有土地。故簡單而言，私有土地以外的土地，均為國有土地。

2.私有土地以外的土地，既然都是國有土地，則私有土地的所有權消滅，於消滅時起就不是私有土地，既然不是私有土地，當然就是國有土地。

3.私有土地的所有權消滅原因很多，例如土地滅失（土§12）、徵收（本法第五編）、拋棄（民§764）、無人承認繼承（民§1185）等，均是常見的情形。

（二）私有土地

1.土地，必須是人民依法取得所有權，才是私有土地：如不是依

法而取得，就可能是侵占或竊占。

2.所謂「依法取得」，就是依法律的規定取得，常見的情形如下：

(1)原始取得：例如水流變遷而增加的土地取得（土§13），又如因時效完成而取得（土§54）。

(2)繼受取得：例如買賣、繼承等，依法完成登記者。

立法意旨

查　國父主張平均地權，並不否定私有地權的存在，故憲法第143條明文規定：「中華民國領土內之土地屬於國民全體。人民依法取得之土地所有權，應受法律之保障與限制。……」蓋土地所有權之本質，在於促進土地之改良利用，故其所有權應視土地利用之效能而定。凡土地之利用，由國營或公營較能發揮高度效能，且更能促進社會利益者，該土地則應歸國有或公有；反之，私人經營較能提高土地效用者，則法律應准許人民依法取得所有權，以確實達到國有民用、國有民享、地盡其利及耕者有其田之目的，故設有本條第1項之規定。惟土地所有權屬於私人者，依法消滅時，則土地所有權應恢復屬於國民全體之狀態，由國家代表行使其所有權，以定歸屬，此為設立本條第2項之理由。

相關參考法條

憲§143；土§14。

第11條（他項權利之種類）
土地所有權以外設定他項權利之種類，依民法之規定。

解說

（一）物權法定主義

　　1.民法第757條規定：「物權除依法律或習慣外，不得創設。」這一條文的規定，過去叫做「物權法定主義」，詳細而言，物權以法律規定或習慣為準，法律未規定或無習慣者，不得以契約或協議予以創設。

　　2.依民法物權編及物權編施行法的規定，土地的物權，計有所有權、地上權、農育權、永佃權、不動產役權、抵押權及典權等七種；另依本法第133條規定，還有耕作權一種。因此，土地的物權，依法律的規定，總共有所有權、地上權、農育權、永佃權、不動產役權、抵押權、典權及耕作權等八種。如再加上習慣形成的物權，共計九種。

（二）他項權利：由於本法條的條文為「……所有權以外……他項權利……」因此，在土地的八種物權中，所有權以外的其他七種物權，均通稱為他項權利；即他項權利的種類為：地上權、農育權、永佃權、不動產役權、抵押權、典權及耕作權等七種。

（三）不論是所有權還是他項權利，只要是物權，均須依民法第758條規定，其取得、設定、喪失及變更者，非經登記，不生效力。因此，本法及土地登記規則均規定其有關的登記事宜。且各該行為，均應以書面為之。

（四）民國99年2月3日民法物權編修正，已將該編第四章第842條至第850條全章刪除；並增訂第四章之一農育權。

（五）民國99年2月3日民法物權編施行法修正，增訂第13條之2如下：

　　民法物權編中華民國99年1月5日修正之條文施行前發生之永佃權，其存續期限縮短為自修正施行日起二十年。

　　前項永佃權仍適用修正前之規定。

　　第1項永佃權存續期限屆滿時，永佃權人得請求變更登記為農育權。

立法意旨

　　所有權及他項權利為物權，而物權非依法律不得創設，此在民法第757條定有明文。依上述法條規定，本條特示土地所有權以外設定他項權利之種類，應依民法之規定，旨在提供他項權利之設定準據，以便利土地之充分利用。

相關參考法條

　　民§757、758、832、850-1、851、860、911；土§72、73、133；土登§4、108～118；民物施§13-2。

第12條（私有土地所有權之消滅與回復）

私有土地，因天然變遷成為湖澤或可通運之水道時，其所有權視為消滅。

前項土地，回復原狀時，經原所有權人證明為其原有者，仍回復其所有權。

解說

（一）視為消滅

　　1.意義：所謂「視為」，簡單解釋就是「等於」的意思，因此，視為消滅，也就是等於消滅。

　　2.土地成為湖澤或水道，雖然已經無實質性的所有權，但並不是物質上的絕對消滅。因天然變遷而形成，或許日後有可能又因天然變遷而回復，所以本法條規定「視為消滅」。

　　3.要件：

　　(1)須是私有土地，若是公有土地，則無所謂的所有權視為消滅。

　　(2)須是天然變遷所致，若是人為因素造成，例如人工湖，則無

所謂的所有權視為消滅。

(3)須是天然變遷成為湖澤或可通運的水道，若是因河川流失、山崩、沙壓、地陷，以至於技術上無法使用的土地，則無所謂的所有權視為消滅。

4.私有土地的所有權消滅者，為國有土地（土§10Ⅱ），因此，依本條規定，所有權視為消滅，應辦理消滅登記。實務上，或許未辦理消滅登記，但是土地消滅為法律事實，不是法律行為，因此，不須經登記，就生效力——也就成為國有土地。

（二）回復所有權

1.回復原狀：不論是天然變遷或人為因素所造成，只要回復原狀，即符合本法條的規定。

2.回復所有權的要件：

(1)須是私有土地，若是公有土地，則無所謂的回復原狀。

(2)須是私有土地因天然變遷成為湖澤或可通運的水道，回復原狀。

(3)須經原所有權人證明為其原有的土地；若非原所有權人，則無從回復。原所有權人得向土地所在地的地政事務所，申請原來的土地登記簿謄本即可證明。

3.請求權時效十五年：參照行政院74.1.10台內字第542號函釋，回復請求權宜有民法第125條請求權因十五年不行使而消滅的適用；因此，原所有權人應於回復原狀時起十五年內請求回復，否則十五年時效完成，請求權歸於消滅。

4.繼承人得請求回復所有權：「視為消滅」，並非真正絕對消滅，而係暫時停止其權利義務之行使及負擔，故原所有權人於土地回復原狀時，得請求回復其所有權。因此，原所有權人死亡，其繼承人亦得於土地回復原狀時主張回復其所有權。

（三）水道浮覆地原屬私有者，除已由政府徵收補償或給價收購（包括日據時期給價）者外，於土地回復原狀時，不論係天然或

人為之原因，均應准由原所有權人依土地法第12條第2項規定申請回復其所有權。回復請求權時間以水道區域線公告後起算（關於水道浮覆地及道路溝渠廢置地所有權歸屬處理原則第3點）。

（四）道路、溝渠廢置地原屬私有者，除已由政府徵收補償或給價收購（包括日據時期給價）者外，准由原所有權人於土地所有權第一次登記期間，申請為所有權登記；但因政府投資或間接施工而廢置者，得依法徵收工程受益費（關於水道浮覆地及道路溝渠廢置地所有權歸屬處理原則第4點）。

立法意旨

　　人民依法取得之土地所有權，應予保障，惟土地因天然變遷成為湖澤或可通運之水道，已不能作原來土地之利用，已無實質所有權可言，故其所有權可視為消滅。然所謂視為消滅，並非絕對的物質消滅，日後仍有回復原狀之可能。因此，本條第2項規定，前項土地一旦回復原狀時，經原所有權人證明為其原有者，原所有權人仍不失其權利，可恢復其所有權，其旨在保障原所有權人之權益。

相關參考法條

　　土§10、13、14；土登§27⑦和⑩、148；地籍測量實施規則§223。

第13條（湖澤岸地自然增加之優先取得）

湖澤及可通運之水道及岸地，如因水流變遷而自然增加時，其接連地之所有權人，有優先依法取得其所有權或使用受益之權。

解說

（一）因水流變遷而自然增加的土地面積，依本法第10條規定，未經
　　　人民依法取得所有權，該增加的土地，當然為國有土地。

（二）優先取得：

　　1.意義：所謂「優先取得」，即想要取得的人有好多人時，給與某人優先權，使其比他人更優先取得。

　　2.要件：

　　(1)須是湖澤、可通運的水道及岸地所增加的土地。

　　(2)須是因水流變遷而增加的土地。

　　(3)須是自然增加的土地。

　　(4)須是接連地的所有權人。

　　(5)取得的權利是所有權或使用收益權。若取得的是所有權，應依法完成登記。

　　3.實務上的處理：土地重劃區內河川自然增加的土地，依行政院53.4.4台內字第615號函釋，除有本法第12條規定應回復原所有權的情形外，於政府將該土地出售、出租或放墾時，其接連地的所有權人得依本法條規定，主張優先權。但如已由他人承租承墾或依法取得使用受益的權利，則不得再主張優先權。

立法意旨

　　土地面積因水流變遷而自然增加時，其增加部分之所有權，依土地國有原則，似應歸為國有，然基於社會經濟之需要，必須使土地充分利用，並避免利害關係人間因土地面積自然增加而發生爭執，故本條乃予以明文規定，特准接連地之所有權人，有優先依法取得土地所

有權或使用受益權，以免滋生糾紛。

相關參考法條

　　土§10、12、14；地籍測量實施規則§223。

第三章
地權限制

第14條（不得為私有之土地）

左列土地不得為私有：

一　海岸一定限度內之土地。

二　天然形成之湖澤而為公共需用者，及其沿岸一定限度內之土地。

三　可通運之水道及其沿岸一定限度內之土地。

四　城鎮區域內水道湖澤及其沿岸一定限度內之土地。

五　公共交通道路。

六　礦泉地。

七　瀑布地。

八　公共需用之水源地。

九　名勝古蹟。

十　其他法律禁止私有之土地。

前項土地已成為私有者，得依法徵收之。

第一項第九款名勝古蹟，如日據時期原屬私有，臺灣光復後登記為公有，依法得贈與移轉為私有者，不在此限。

解說

（一）絕對為公有

　　本條所定十種土地不得為私有，是絕對不得為私有，也就是人民絕對不能依本法第10條規定依法取得土地所有權而成為私有土地。

（二）如是私有得徵收

本條所定十種土地，如原來就是私有土地，政府得依法徵收。所謂依法徵收，當然是依本法第五編及其他相關法律規定徵收成為公有土地。

（三）一定限度內之土地

1.本條第1項第1款至第4款所謂「一定限度」，依土地法施行法第5條規定，由該管直轄市或縣（市）地政機關會同水利主管機關劃定之。因此，「一定限度內的土地」，不是由中央地政機關訂定標準，而是由縣市政府主管機關依地方狀況及實地需要予以劃定。

2.海岸一定限度的劃定：

(1)海岸一定限度的劃定，如涉及軍事、保安、航運、港務或其他業務時，依行政院55.7.1台內字第4755號令釋，該市縣地政及水利主管單位仍應邀同其他有關機關或主管單位會同辦理。

(2)有關海岸一定限度內之土地如何劃定？行政院60.8.24台內字第8047號函釋三點結論如下：「一、位於都市計畫內，經編為港埠或港區有關之公共用地，除依都市計畫限制使用外，如有劃定海岸一定限度區域之必要時，仍應依土地法第14條之規定辦理。二、至於海岸一定限度範圍如何劃定，依行政院台55內字第4755號令規定，可由當地直轄市或縣（市）政府會同有關機關就實地情況逕行決定。三、經劃定海岸一定限度範圍內之私有土地得依法徵收之，未為徵收者除屬都市計畫之港區或公共用地可依都市計畫規定限制使用外，其位於都市計畫地區以外者，如有必要限制使用時，可即循制定都市計畫程序辦理。」

(3)海岸一定限度內的土地不得私有，但並未規定不得供作私人使用。

（四）古蹟

依文化資產保存法的規定，經主管機關指定而列管有案的古蹟，其所在土地自可視為本條第1項第9款規定的「名勝古蹟」，該土

地如是私有，得依本條第2項規定徵收；然而是否徵收，應依內政部77.9.12台內地字第621993號函釋，由該主管機關斟酌實際情況予以決定。

立法意旨

　　人民得依法取得土地所有權，但為防止土地私有所可能發生之弊端，並充分利用土地，發揮其社會職能，自應採國家干涉政策，以防止權利之濫用，危害社會團體利益，故私人取得土地所有權，應受法律之限制。本條所列舉十項不得私有之土地，或有關天然資源、重要國策，或有關水利交通、文化經濟，而為國家或公眾所需用之土地，如為私人所有，恐發生壟斷或投機，對國計民生發生重大影響，故應絕對公有，此為本條第1項設立之理由。然第1項所列舉之土地，於本法施行前已依法取得者，應如何處理？本條第2項特予明文規定，得依法徵收而成為公有，以資依循。

相關參考法條

　　憲§143；土§4、10；土施§5。

第15條（不得私有之礦）
附著於土地之礦，不因土地所有權之取得而成為私有。
前項所稱之礦，以礦業法所規定之種類為限。

解說

（一）礦業法的規定

　　1.中華民國領域、專屬經濟海域及大陸礁層內之礦，均為國有，非依本法取得礦業權，不得探礦及採礦（礦§2）。

　　2.礦的種類：共有六十一種（礦§3）。

（二）土地私有，礦公有

依我國憲法第143條第2項前段及本法條規定，附著於土地的礦及經濟上可供公眾利用的天然力，屬於國家所有，不因人民取得土地所有權而受影響。由此可知，礦雖為公有，但其所附著的土地可以私有。

（三）外國人不得取得礦地

礦所附著的土地雖然可以私有，但不得移轉、設定負擔或租賃於外國人（土§17）。

立法意旨

憲法第143條第2項及礦業法第2條均明定礦為國家所有。此因礦為天然資源，與國防、工業、社會利益等均有重大之關係，不宜由私人壟斷而損及國家生計，故應歸全體國民所有，亦應歸全體國民所享，所以乃設本條文，以符　國父遺教昭示礦及富源地國有之主旨，並求與憲法第143條第2項之規定相一致。

相關參考法條

憲§143；土§17；礦§2。

第16條（私有土地所有權行使之限制）
私有土地所有權之移轉、設定負擔或租賃，妨害基本國策者，中央地政機關得報請行政院制止之。

解說

（一）保障與限制的法源

我國憲法規定，中華民國領土內的土地屬於國民全體，人民依法取得的土地所有權，應受法律的保障與限制（憲§143 I 前）。因此，私有土地，其所有權法律固然要給與保障，但是所有權人並不能

為所欲為，因為法律仍然會給與限制。

（二）自由處分與限制

1.自由處分：本條所規定的移轉、設定負擔或租賃，都可以說是處分行為。所有人於法令限制的範圍內，得自由使用、收益、處分其所有物，並排除他人的干涉（民§765）。由此可知，所有人對於其所有物雖可以自由處分，但仍應受有關法令的限制。

2.限制：限制所有人對於其所有物的自由處分，例如有七種土地不得移轉、設定負擔或租賃於外國人（土§17）；又如耕地之使用及違規處罰，應依據區域計畫法相關法令規定；其所有權之移轉登記依據土地法及民法之規定辦理（農展例§31），均是限制處分。

（三）制止

制止，係指限制與禁止。依本條的規定，其有關制止的情形如下：

1.須是私有土地。

2.須是私有土地所有權之移轉、設定負擔或租賃。

3.須是妨害基本國策。

4.須是中央地政機關報請行政院制止。

（四）限制的要件

1.須是私有土地，才受限制；如是公有土地，則不在本條限制範圍內。

2.須是所有權的移轉、設定負擔或租賃，才受限制：

(1)所謂「移轉」，包括買賣、交換、贈與、繼承等。

(2)所謂「設定負擔」，是指設定他項權利——即以所有權設定地上權、抵押權、不動產役權、永佃權、典權、農育權或耕作權等。

3.須是妨害基本國策。所謂「基本國策」，是指我國憲法第十三章及增修憲法所規定的各條款。

4.須由中央地政機關報請行政院制止。一經制止，就不得移轉、設定負擔或租賃了。

立法意旨

私有土地所有權人得自由處分其土地。惟基於社會化之觀念，所有權人於處分其土地時，不僅要為自己之利益著想，還要兼顧社會利益。倘其處分行為有妨害基本國策、損及社會公益之時，國家得制止之。因此，本條規定私有土地所有權人之移轉、設定負擔或租賃，妨害基本國策者，中央地政機關得報請行政院制止之。

相關參考法條

憲§143；民§421、758、765、769、770、832、850-1、851、860、911；土§28、32；民物施§13-2。

第17條（不得移轉設定或租賃於外國人之土地）

左列土地不得移轉、設定負擔或租賃於外國人：

一　林地。

二　漁地。

三　狩獵地。

四　鹽地。

五　礦地。

六　水源地。

七　要塞軍備區域及領域邊境之土地。

前項移轉，不包括因繼承而取得土地。但應於辦理繼承登記完畢之日起三年內出售與本國人，逾期未出售者，由直轄市、縣（市）地政機關移請國有財產局辦理公開標售，其標售程序準用第七十三條之一相關規定。

前項規定，於本法修正施行前已因繼承取得第一項所列各款土地尚未辦理繼承登記者，亦適用之。

解說

（一）強行規定

1.本條所規定的七種土地，不得移轉、設定負擔或租賃於外國人，屬強行規定；依民法第71條規定，法律行為違反強制或禁止的規定，無效。該強制或禁止的規定，就是一般所說的強行規定；而移轉、設定負擔或租賃，則是所謂的法律行為。

2.所謂「移轉」，是指以買賣、贈與、交換、拍賣、標售為原因，而移轉土地所有權；所謂「設定負擔」，是指設定抵押權、地上權、不動產役權、永佃權或典權、耕作權、農育權而言。

（二）本條所規定的七種土地，以依都市計畫或區域計畫所編定的用地為準。

（三）90年10月31日修正公布

1.本條文原規定有九種土地，於90年10月31日修正公布為七種土地，並增訂第2項及第3項。

2.本條文所規定的移轉、設定負擔或租賃，其重點在於限制法律行為，屬於法律事實的繼承，應不在此限。但各該土地畢竟攸關國計民生至鉅，由外國人繼承取得，實有所不宜，故乃規定其應移轉予本國人。

（四）訂定執行要點：內政部於91年6月18日訂頒「土地法第17條第2項執行要點」，其內容如下：

1.為直轄市或縣（市）地政機關依土地法第17條（以下簡稱本條）第2項規定，外國人辦竣本條第1項各款土地繼承登記之日起逾三年未出售與本國人時，移請國有財產局辦理公開標售之處理事宜，特訂定本要點。

2.外國人檢具土地登記規則第119條規定之文件，申請繼承本條第1項各款土地之登記時，應於登記申請書備註欄記明本人於辦理繼承登記完畢之日起三年內移轉與中華民國國民或法人，逾期未移轉者，由地政機關移請國有財產局辦理公開標售，並簽名或蓋章。

3.登記機關於辦竣本條第1項各款土地繼承登記時,應於土地登記簿所有權部其他登記事項欄加註本筆土地應於○○年○○月○○日前移轉與本國人,逾期辦理公開標售。並設置外國人繼承土地法第17條第1項各款土地管制簿(以下簡稱管制簿,格式如附件,略)列管。

4.外國人於繼承登記完畢之日起三年內,如移轉與本國人或已回復、歸化本國籍,或該土地之使用地類別已變更為非屬本條第1項各款土地者,登記機關應塗銷土地登記簿所有權部其他登記事項欄有關註記並註銷管制簿中該筆土地之列管。

5.為保障外國人之權益,登記機關應於該列管土地期滿前六個月發函通知該外國人,促請於期限屆滿前儘速將土地移轉與本國人。

6.列冊管制期滿,逾期仍未移轉者,登記機關應檢同管制簿影本、土地或建物登記資料、地籍圖等資料影本,函送直轄市或縣(市)地政機關移請國有財產局辦理公開標售及通知土地所有權人,並應將移送國有財產局標售之日期文號,註記於管制簿及土地登記簿所有權部其他登記事項欄。

7.列冊管制期滿,逾期仍未移轉者,如經法院囑託辦理查封、假扣押、假處分或破產登記,應暫緩移請國有財產局辦理標售,已移送者,登記機關應即通知國有財產局停止標售並副知直轄市或縣(市)地政機關。

8.國有財產局依土地法第17條第2項規定標出土地,於得標人繳清價款後,應發給標售證明交由得標人單獨申辦所有權移轉登記,並將標售結果通知原移送之直轄市或縣(市)地政機關及登記機關。

9.列冊管制期滿之土地,於國有財產局標出前,土地所有權人向登記機關申辦移轉登記應予受理,登記機關應即通知國有財產局停止辦理標售之作業,俟該局查復後再辦理登記,並於登記完畢時,通知國有財產局及直轄市或縣(市)地政機關。

(五)101.12.25行政院院臺規揆字第1010154558號公告第17條第2

項、第73條之1第2項、第5項所列屬財政部「國有財產局」之權責事項，自102年1月1日起改由財政部「國有財產署」管轄。

立法意旨

基於國民經濟利益、國家土地政策、國防安全之關係，土地所有權人將土地處分與外國人時，須予以適當之限制，以免妨害國家安全、損及國計民生與民族生存，故本條列舉七種有關經濟、國防之土地，明示不得移轉、設定負擔或租賃於外國人。由於繼承非屬法律行為，故准予繼承，但各該土地實不宜由外國人取得，故明定其繼承取得後應移轉予本國人，否則移請國有財產署公開標售。

相關參考法條

憲§141、142；民§765；土§14、18～20、24；礦§6；外資例§16、兩岸關係條例§69。

第18條（外國人取得或設定土地權利之平等互惠原則）
外國人在中華民國取得或設定土地權利，以依條約或其本國法律，中華民國人民得在該國享受同樣權利者為限。

解說

（一）落實基本國策

本條規定，可落實我國憲法第141條規定的基本國策，即本獨立自主的精神，平等互惠的原則，敦睦邦交，尊重條約……，以保護僑民權益，促進國際合作……。

（二）平等互惠原則

國際邦交，平等互惠為重要的原則，但是本條規定，並不以與我

國有外交關係為限，只要兩國所簽訂的條約，或該外國人所屬的國家法律，使我國人民得在該國取得或設定土地權利，則該外國人就得以在我國取得或設定土地權利。

（三）平等互惠證明

1.依內政部訂頒的「外國人在我國取得土地權利作業要點」第1點規定，外國人申請在中華民國境內取得或設定土地權利案件，應請當事人檢附由其本國有關機關出具載明該國對我國人民得取得或設定同樣權利的證明文件，如該外國（如美國）有關外國人土地權利的規定，係由各行政區分別立法，則應提出我國人民得在該行政區取得或設定同樣權利的證明文件。這個證明文件，就是所謂的互惠證明。但是依現有資料已能確知有關條約或該外國法律准許我國人民在該國取得或設定土地權利者，得免由當事人檢附該證明文件。

2.為簡政便民起見，內政部曾經公布「外國人在我國取得或設定土地權利互惠國家一覽表」，只要是該表內的國家，其人民在我國取得或設定土地權利，均免出具互惠證明文件。換言之，未在該表內的國家，其人民在我國取得或設定土地權利，應出具互惠證明。

3.「外國人在我國取得或設定土地權利互惠國家一覽表」，請查閱內政部地政司網站。

立法意旨

基於加強國際經濟合作之理由，大凡外國人之本國法，對我國人民在該國取得或設定土地權利無歧視規定者，我國亦應本平等互惠之原則，故准許該外國人在我國境內取得或設定土地權利，不須限有「外交關係」之存在與否。

相關參考法條

憲§141；民總施§2。

第19條（外國人取得土地之限制）

外國人為供自用、投資或公益之目的使用，得取得左列各款用途之土地，其面積及所在地點，應受該管直轄市或縣（市）政府依法所定之限制：

一　住宅。

二　營業處所、辦公場所、商店及工廠。

三　教堂。

四　醫院。

五　外僑子弟學校。

六　使領館及公益團體之會所。

七　墳場。

八　有助於國內重大建設、整體經濟或農牧經營之投資，並經中央目的事業主管機關核准者。

前項第八款所需土地之申請程序、應備文件、審核方式及其他應遵行事項之辦法，由行政院定之。

解說

（一）特定用途

　　1.外國人只能符合本條規定的用途，才能取得各該土地。如為本法第17條所規定的七種土地，則外國人不得取得。

　　2.土地法第17條第5款：礦地，投資人或其所投資的事業，經行政院專業核准後，該投資的外國人得取得礦地（外資例§16②）。

　　3.以外國法人名義購置房屋供其員工居住或購置停車位供停車使用，均予准許。

（二）特定目的

　　本條規定，外國人因得取得本條所定各種用途的土地，但僅限於自用、投資或公益之目的使用。

35

（三）特定面積與地點

　　外國人雖得取得本條所規定的土地，但為防止投機炒作等不法行為，其面積及所在地點，應受土地所在地的直轄市或縣（市）政府予以依法限制。

（四）中央目的事業主管機關

　　例如交通建設，為交通部；農牧經營，為農業委員會等是。

（五）訂定辦法

　　行政院依本條第2項規定，於91年2月27日訂頒「外國人投資國內重大建設整體經濟或農牧經營取得土地辦法」，其內容如下：

第1條　本辦法依土地法（以下簡稱本法）第19條第2項規定訂定之。

第2條　本法第19條第1項第8款所稱重大建設、整體經濟或農牧經營之投資，其範圍如下：

　　　　一、重大建設之投資，係指由中央目的事業主管機關依法核定或報經行政院核定為重大建設之投資。

　　　　二、整體經濟之投資，係指下列各款投資：

　　　　（一）觀光旅館、觀光遊樂設施、體育場館之開發。

　　　　（二）住宅及大樓之開發。

　　　　（三）工業廠房之開發。

　　　　（四）工業區、工商綜合區、高科技園區及其他特定專用區之開發。

　　　　（五）海埔新生地之開發。

　　　　（六）公共建設之興建。

　　　　（七）新市鎮、新社區之開發或辦理都市更新。

　　　　（八）其他經中央目的事業主管機關公告之投資項目。

　　　　三、農牧經營之投資，係指符合行政院農業委員會公告之農業技術密集與資本密集類目及標準之投資。

第3條　外國人依本法第19條第1項第8款規定申請取得土地，應填具申請書，並檢附下列文件，向中央目的事業主管機關為之：

一、申請人之身分證明文件；其為外國法人者，應加附認許之證明文件。

二、投資計畫書。

三、土地登記簿謄本及地籍圖謄本；屬都市計畫內土地者，應加附都市計畫土地使用分區證明；屬耕地者，應加附農業用地作農業使用證明書或符合土地使用管制證明書。

四、經我國駐外使領館、代表處、辦事處及其他外交部授權機構驗證之平等互惠證明文件。但已列入外國人在我國取得或設定土地權利互惠國家一覽表之國家者，得免附。

五、其他相關文件。

前項應檢附之文件，於申請人併案或前送審之投資計畫案已檢附者，得免附。

第4條　前條第1項第1款認許之證明文件，係指該外國法人依我國法律規定認許之證明文件。

第5條　第3條第1項第2款之投資計畫書，應載明計畫名稱、土地所在地點及其他中央目的事業主管機關規定之事項。

第6條　第3條第1項第4款之平等互惠證明文件，係指申請人之本國有關機關所出具載明該國對我國人民得取得同樣權利之證明文件。但該外國有關外國人土地權利之規定，係由各行政區分別立法者，為我國人民在該行政區取得同樣權利之證明文件。

第7條　外國人依第3條規定申請時，其投資計畫涉及二以上中央目的事業主管機關者，申請人應依其投資事業之主要計畫案，向該管中央目的事業主管機關申請；該中央目的事業主管機關無法判定者，由行政院指定之。

第8條　中央目的事業主管機關審核申請案件，必要時得會商相關機

關為之，並得邀申請人列席說明。

第9條　中央目的事業主管機關核准申請案件後，應函復申請人，並副知土地所在地之直轄市或縣（市）政府；未經核准者，應敘明理由函復申請人。

前項核准函復之內容，應敘明下列事項：

一、申請案件經核准後，應依本法第20條第1項規定之程序辦理。

二、申請取得之土地，其使用涉及環境影響評估、水土保持、土地使用分區與用地變更及土地開發者，仍應依相關法令及程序辦理。

第10條　本辦法所定申請書格式，由中央地政機關定之。

第11條　本辦法自發布日施行。

立法意旨

本條列舉外國人得在我國境內取得土地權利之種類。外國人具備本法第18條之規定，即可在我國取得土地權利，但其取得土地之種類，須受本法第17條之限制。惟土地種類，乃由於人類之使用方法而決定或可予變更，故外國人取得土地之前，我國政府必先明瞭其用途，並明定必須予以限制，以防舞弊。因此本條規定，外國人得取得之權利，僅限於經商、日常生活、僑教及使領館之設置所必須之土地；同時其面積與所在地點，亦須受該管縣市政府依法所定之限制，以免外國人在我國投機買賣土地，妨害我國之土地政策。90年10月31日修正公布本條文，除修正第1項第2款外，並增訂第1項第8款及第2項。

相關參考法條

土§17～19；外資例§15、16；兩岸關係條例§69。

第20條（外國人取得土地之程序）

外國人依前條需要取得土地，應檢附相關文件，申請該管直轄市或縣（市）政府核准；土地有變更用途或為繼承以外之移轉時，亦同。其依前條第一項第八款取得者，並應先經中央目的事業主管機關同意。

直轄市或縣（市）政府為前項之准駁，應於受理後十四日內為之，並於核准後報請中央地政機關備查。

外國人依前條第一項第八款規定取得土地，應依核定期限及用途使用，因故未能依核定期限使用者，應敘明原因向中央目的事業主管機關申請展期；其未依核定期限及用途使用者，由直轄市或縣（市）政府通知土地所有權人於通知送達後三年內出售。逾期未出售者，得逕為標售，所得價款發還土地所有權人；其土地上有改良物者，得併同標售。

前項標售之處理程序、價款計算、異議處理及其他應遵行事項之辦法，由中央地政機關定之。

解說

（一）申請人

　　外國人需要取得土地，應由該外國人會同原所有權人填寫申請書並檢附有關文件申請核准。所謂「原所有權人」，當然是土地登記簿所登記的所有權人，該所有權人或許是本國人，或許是外國人。

（二）核准機關

　　1.取得土地的外國人，應會同原所有權人向土地所在地的直轄市或縣（市）政府申請核准。因為用途、面積及地點，均應由各該直轄市或縣（市）政府審核與准許。

　　2.各該直轄市或縣（市）政府應於十四日內核准或駁回。如係核准，應於核准後報請中央地政機關備查。

　　3.如屬於有助於國內重大建設，整體經濟及農牧經營之投資而取

得土地者，應先經其中央目的事業主管機關的同意。

（三）變更用途或繼承以外之移轉時，也應申請核准

外國人於取得土地後，如有變更用途或繼承以外之移轉，也應由該外國人會同所有權人，或該外國人會同移轉的承受人，申請各該管直轄市或縣（市）政府核准。而各該直轄市或縣（市）政府亦應於十四日內為核准或駁回。如係核准，亦應報請中央地政機關備查。

（四）依核定的期限及用途使用

1.因有助於國內重大建設、整體經濟及農牧經營之投資而取得之土地，應依核定的期限及用途使用，但得申請展期。其未依核定期限及用途使用者，原則應予出售，逾期未出售，將由地方政府逕予標售。

2.訂定作業要點：內政部訂頒有「外國人在我國取得土地權利作業要點」，其內容如下：

外國人在我國取得土地權利作業要點（內政部108.3.21修正）

一、外國人申請在中華民國境內取得或設定土地權利案件，應請當事人檢附由其本國有關機關出具載明該國對我國人民取得或設定同樣權利之證明文件；如該外國（如美國）有關外國人土地權利之規定，係由各行政區分別立法，則應提出我國人民得在該行政區取得或設定同樣權利之證明文件。

依現有資料已能確知有關條約或該外國法律准許我國人民在該國取得或設定土地權利者，得免由當事人檢附前項證明文件。

二、旅居國外華僑，取得外國國籍而未喪失中華民國國籍者，其在國內取得或設定土地權利所適用之法令，與本國人相同；其原在國內依法取得之土地或建物權利，不因取得外國國籍而受影響。

三、我國人民在國內依法取得之土地或建物權利，於喪失國籍後移轉與本國人，無土地法第20條規定之適用。

外國人因繼承而取得土地法第17條第1項各款之土地，應於辦理繼承登記完畢之日起三年內，將該土地權利出售與本國人，逾期

　　未出售者，依土地法第17條第2項規定處理。

四、外國法人在我國取得或設定土地權利，除法律另有規定者外，應依我國法律規定予以認許，使得為權利主體。

　　外國公司申辦土地登記時，應以總公司名義為之，並應檢附外國公司登記證件。但能以電子處理達成查詢者，得免提出。

　　外國公司依公司法第386條規定申請設置辦事處登記者，不得申辦土地登記。

五、（刪除）

六、外國人得否承受法院拍賣之工業用地，於有具體訴訟事件時，由法院依法認定之。

七、外國法人國籍之認定，依「涉外民事法律適用法」規定。

八、外國人處分其在我國不動產，仍應審查其有無行為能力。

　　人之行為能力依其本國法。外國人依其本國法無行為能力或僅有限制行為能力，而依中華民國法律有行為能力者，就其在中華民國之法律行為，視為有行為能力。

　　未成年外國人處分其在我國不動產，應依民法規定，由法定代理人代為或代受意思表示，或應得法定代理人允許或承認。

九、外國人申請設定土地權利案件，無須依土地法第20條第2項規定辦理。

十、外國銀行因行使債權拍賣承受土地權利，其取得與嗣後處分仍應依土地法第20條規定辦理。

十一、外國人取得或移轉土地權利案件簡報表格式如附件（略）。

（五）兩岸關係條例

　　1.此外，臺灣地區與大陸地區人民關係條例第69條於91年4月24日修正公布，其條文如下：

　　(1)大陸地區人民、法人、團體或其他機構，或其於第三地區投資之公司，非經主管機關許可，不得在臺灣地區取得，設定或移轉不動產物權。但土地法第17條第1項所列各款土地，不得取得、設定負

擔或承租。

　　(2)前項申請人資格、許可條件及用途、申請程序、申報事項、應備文件、審核方式、未依許可用途使用之處理及其他應遵行事項之辦法,由主管機關擬訂,報請行政院核定之。

　　2.內政部依前述第2項規定,於106年6月9日修正「大陸地區人民在臺灣地區取得設定或移轉不動產物權許可辦法」,其內容如下:

第1條　本辦法依臺灣地區與大陸地區人民關係條例(以下簡稱本條例)第69條第2項規定訂定之。

第2條　大陸地區人民、法人、團體或其他機構,或其於第三地區投資之公司(以下簡稱陸資公司)申請在臺灣地區取得、設定不動產物權之標的為下列不動產時,應不予許可:

　　　　一、土地法第14條第1項各款或第17條第1項各款所定之土地。

　　　　二、依國家安全法及其施行細則所劃定公告一定範圍之土地。

　　　　三、依要塞堡壘地帶法所劃定公告一定範圍之土地。

　　　　四、各港口地帶,由港口主管機關會同國防部及所在地地方政府所劃定一定範圍之土地。

　　　　五、其他經中央目的事業主管機關劃定應予禁止取得之土地。

第3條　大陸地區人民、法人、團體或其他機構,或陸資公司申請在臺灣地區取得、設定或移轉不動產物權,有下列情形之一者,應不予許可:

　　　　一、影響國家重大建設。

　　　　二、涉及土地壟斷投機或炒作。

　　　　三、影響國土整體發展。

　　　　四、其他經中央目的事業主管機關認為足以危害國家安全或社會安定之虞。

第4條　符合下列情形之一者，得為不動產登記之權利主體：

一、大陸地區人民。但現擔任大陸地區黨務、軍事、行政或具政治性機關（構）、團體之職務或為成員者，不得取得或設定不動產物權。

二、經依本條例許可之大陸地區法人、團體或其他機構。

三、經依公司法認許之陸資公司。

第5條　依本辦法所檢附大陸地區製作之文書，應先經由行政院設立或指定之機構或委託之民間團體予以驗證。

第6條　大陸地區人民申請取得、設定或移轉不動產物權，應填具申請書，並檢附下列文件，向該管直轄市或縣（市）政府申請審核：

一、申請人大陸地區常住人口登記卡。

二、依前條規定經驗證之證明文件。

三、取得、設定或移轉契約書影本。

四、其他經內政部規定應提出之文件。

第7條　大陸地區人民取得之不動產所有權或地上權，限已登記並供住宅用，且每人限單獨取得一戶，並不得出租或供非住宅之用。

取得前項供住宅用不動產所有權或地上權，於登記完畢後三年內不得移轉或辦理不動產所有權或地上權移轉之預告登記。但因繼承、強制執行、徵收、法院判決或依第17條規定而移轉者，不在此限。

第8條　大陸地區法人、團體或其他機構，或陸資公司，為供下列需要，得申請取得、設定或移轉已登記之不動產物權：

一、業務人員居住之住宅。

二、從事工商業務經營之廠房、營業處所或辦公場所。

三、大陸地區在臺金融機構辦理授信業務。

依前項規定申請取得、設定或移轉不動產物權者，應填具申

請書，並檢附下列文件，向該管直轄市或縣（市）政府申請審核：

一、第4條第2款或第3款規定之資格證明文件。

二、依第5條規定經驗證之證明文件。

三、取得、設定或移轉契約書影本。

四、其他經內政部規定應提出之文件。

第9條　大陸地區法人、團體或其他機構，或陸資公司，從事有助於臺灣地區整體經濟或農牧經營之投資，經中央目的事業主管機關同意後，得申請取得、設定或移轉不動產物權。

依前項規定申請取得、設定或移轉不動產物權者，應填具申請書，並檢附下列文件，向該管直轄市或縣（市）政府申請審核：

一、第4條第2款或第3款規定之資格證明文件。

二、依第5條規定經驗證之證明文件。

三、中央目的事業主管機關同意之文件。

四、取得、設定或移轉契約書影本。

五、其他經內政部規定應提出之文件。

第一項所稱整體經濟之投資，指下列各款開發或經營：

一、觀光旅館、觀光遊樂設施及體育場館。

二、住宅及大樓。

三、工業廠房。

四、工業區及工商綜合區。

五、其他經中央目的事業主管機關公告投資項目。

第一項所稱農牧經營之投資，指符合行政院農業委員會公告之農業技術密集或資本密集類目標準之經營或利用。

第10條　大陸地區人民來臺投資許可辦法之投資人，從事該辦法之投資行為，應依該辦法之規定，經經濟部許可後，始得申請取得、設定或移轉不動產物權。

第11條　依第9條第1項規定申請中央目的事業主管機關同意時，其投資計畫涉及二以上中央目的事業主管機關者，申請人應依其投資事業之主要計畫案，向該管中央目的事業主管機關申請；該管中央目的事業主管機關無法判定者，由行政院指定之。

第12條　中央目的事業主管機關得視發展現況及產業需求，訂定各類用地總量管制基準，作為准駁之依據，並於核准後列冊管理。

第13條　中央目的事業主管機關同意第9條第1項規定之申請案後，應函復申請人，並函知土地所在地之直轄市或縣（市）政府；未經核准者，應敘明理由函復申請人。

前項同意函之內容，應敘明下列事項：

一、申請案件經同意後，應依第9條第2項規定之程序辦理。

二、申請取得之土地，其使用涉及環境影響評估、水土保持、土地使用分區與用地變更及土地開發者，仍應依相關法令規定及程序辦理。

第14條　申請人依第6條、第8條第2項或第9條第2項規定檢附之文件，有不符規定或不全而得補正者，直轄市或縣（市）政府應通知申請人於二個月內補正；屆期不補正或補正不全者，不予受理其申請。

直轄市或縣（市）政府依第6條、第8條第2項或第9條第2項規定審核通過後，應併同取得、設定或移轉不動產物權案件簡報表，報請內政部許可。

前項許可之文件有效期限為一年。

經許可取得或設定之不動產物權，因法院、行政執行署所屬行政執行分署或依金融機構合併法授權認可之公正第三人之拍賣，由臺灣地區人民拍定，申請移轉該不動產物權者，得逕向不動產所在地之登記機關辦理登記，不適用第6條、第8

條第2項或第9條第2項規定。

經許可取得、設定或移轉之不動產物權，內政部及直轄市或縣（市）政府，應列冊管理。

經許可取得或設定不動產物權，直轄市或縣（市）政府應定期稽查其取得、設定後之使用情形，並報內政部。

第15條　內政部為第6條、第8條或第9條規定之許可，必要時得邀集有關機關審查之。

內政部為第6條或第8條規定之許可，得訂定一定金額、一定面積及總量管制，作為准駁之依據。

第16條　經許可取得、設定或移轉不動產物權，應由申請人檢附許可文件及土地登記規則第34條規定之文件，向不動產所在地之登記機關辦理登記。

登記機關依前項及第14條第4項規定辦理登記後，應將登記結果，通知內政部及不動產所在地直轄市或縣（市）政府；第9條所定案件登記結果，並應副知中央目的事業主管機關。

依第1項規定辦竣登記後，所有權人或他項權利人經許可進入臺灣地區定居，設有戶籍並辦竣統一編號更正登記，準用前項規定。

第17條　大陸地區人民、法人、團體或其他機構，或陸資公司依第6條或第8條規定申請取得或設定不動產物權經許可後，有下列情形之一者，內政部應撤銷或廢止其許可，並通知不動產所在地之直轄市、縣（市）政府限期令其於一年內移轉：

　　一、依第6條規定申請取得不動產物權之權利人，擔任大陸地區黨務、軍事、行政或具政治性機關（構）、團體之職務或為其成員。

　　二、權利人為不符第7條第1項或第8條第1項所定申請目的之使用。

三、經劃定屬第2條各款所定之土地。

四、經查有第3條各款所定情形。

五、違反其他法令規定。

前項所定各款情形，為權利人明知或故意為之者，或其不動產物權之取得、設定對國家安全、公共利益、社會秩序有立即影響者，內政部應撤銷或廢止其許可，並通知不動產所在地之直轄市、縣（市）政府，依第19條規定逕為標售。

內政部依前二項規定撤銷或廢止許可時，應副知有關機關。

第18條　大陸地區法人、團體或其他機構，或陸資公司依第9條規定取得或設定不動產物權，應依核定之投資計畫期限及用途使用；其因故未能依核定期限使用者，應敘明原因，向中央目的事業主管機關申請同意展期。

中央目的事業主管機關，應定期稽查其取得、設定不動產物權後之使用情形，並依下列方式處理：

一、未依核定期限使用者，應通知內政部廢止其許可，並由內政部通知直轄市、縣（市）政府限期令其於二年內移轉。

二、有與核准計畫用途使用情形不符之情事者，應予制止，通知內政部廢止其許可，並由內政部通知直轄市、縣（市）政府限期令其於一年內移轉。

三、有違反土地使用分區管制相關法令規定之使用者，應予制止，通知內政部廢止其許可，並由內政部通知直轄市、縣（市）政府限期令其於六個月內移轉。

內政部依前項各款規定廢止許可時，應副知有關機關。

第19條　屆期未依第17條第1項或前條第2項規定移轉之不動產物權，由土地所在地之直轄市或縣（市）政府逕為標售，所得價款於扣除應納稅賦及百分之八行政處理費後，發還原權利人；其土地上有改良物者，得併同標售。

前項標售之處理程序、價款計算、異議處理及其他應遵行事
項，準用依土地法第20條第4項所定之標售辦法辦理。

第20條　本辦法所定申請書、表格式，由內政部定之。

第21條　本辦法自發布日施行。

立法意旨

本條明定外國人在我國取得土地及變更用途或移轉時，應遵循一
定之特別程序，以昭慎重，並免弊端之產生。但為因應加入世界經貿
組織，吸引外資，發展經濟，於90年10月31日修正公布本條文。

相關參考法條

土§18、19；公§376；外資例§15、16。

第21條（90.10.31刪除）

第22條（90.10.31刪除）

第23條（90.10.31刪除）

第24條（外國人租購土地後之權利義務）

**外國人租賃或購買之土地，經登記後，依法令之所定，享受權
利，負擔義務。**

解說

（一）外國人的權利能力

1.所謂「權利能力」，簡單而言，就是在法律上可以享受權利並
負擔義務的身分、地位或資格。

2.民法總則施行法第2條規定：「外國人於法令限制內，有權利
能力。」同法第12條第1項規定：「經認許之外國法人，於法令限制

內，與同種類之我國法人有同一之權利能力。」因此，外國人可以當作土地租賃契約或買賣契約的當事人，也可以於土地買賣移轉時登記為所有權人。

（二）外國人購買土地，仍應登記

　　1.民法第758條第1項規定：「不動產物權，依法律行為而取得、設定、喪失及變更者，非經登記，不生效力。」而該條的規定，是不分本國人或外國人。因此，外國人購買土地，仍應依法完成登記，才發生所有權取得的效力。

　　2.至於租賃土地，因屬債權行為，並不以登記為生效要件，所以只要簽訂契約即可。但若是租地建屋，也要依本法第102條及民法第422條之1規定，申請設定地上權。

（三）經登記後依法享受權利並負擔義務

　　1.所謂「權利」，例如使用收益或處分的權利（民§765）、物上請求權（民§767）等均是。

　　2.所謂「義務」，例如依各種稅法的規定，應繳納各種地價稅、房屋稅等均是。

立法意旨

　　依民法之規定，不動產物權之變動，非經登記不生效力或不得處分其物權。外國人在我國租購土地，均應依法登記，登記後，該外國人即得依法令所定，享受權利，負擔義務。

相關參考法條

　　民總施§2、12；民§345、422、422-1、758、759；土§43。

第四章

公有土地

第25條（地方政府處分公有土地之程序）
直轄市或縣（市）政府對於其所管公有土地，非經該管區內民意機關同意，並經行政院核准，不得處分或設定負擔或為超過十年期間之租賃。

解說

（一）只限於直轄市或縣（市）有土地

　　1.公有土地是指國有土地、直轄市有土地、縣（市）有土地或鄉（鎮、市）有土地（土§4）。

　　2.本條對於公有土地處分或租賃的程序限制，只限於直轄市或縣（市）有土地。

　　3.國有土地及鄉（鎮、市）有土地，不受本條的限制，但應受國有財產法（國有財產§49～54）及其他相關法令的限制。

（二）限制範圍

　　1.限制的土地：只限制直轄市或縣（市）政府所管的公有土地。

　　2.限制的行為：

　　(1)只對於處分、設定負擔或超過十年期間的租賃加以限制，其他行為例如改良行為、利用行為或保存行為等，則不在本條的限制範圍內。

　　(2)所謂「處分」，例如出售、贈與、交換等移轉，都是處分行為。所謂「設定負擔」，即是設定他項權利——地上權、不動產役

權、抵押權、永佃權、農育權、典權及耕作權。

（三）程序

1.應先經該管區內民意機關同意：如是市有土地，應先經市議會同意；如是縣（市）有土地，應先經縣（市）議會同意。

2.應經行政院核准：於經民意機關同意後，應陳報行政院核准。

3.於民意機關同意後，才能陳報行政院核准，於核准後，才可以處分、設定負擔或十年以上期間的租賃。反之，如民意機關不同意，則無從陳報行政院核准；或是民意機關雖然同意，但行政院不核准，均不能處分、設定負擔或十年以上期間的租賃。

（四）不受本條限制之情形，例如

1.區段徵收的土地，於開發整理後，依核准計畫再行出售時（市畫§84）。

2.私有畸零地經調處合併使用不成時，當事人得預繳價款，請求徵收，徵收後出售各該土地時（建築§45）。

3.政府依法照價收買、區段徵收或因土地重劃而取得的土地，得隨時公開出售（均§7）。

立法意旨

依土地國有之最高原則，公有土地之權利屬於國民全體，由國家享有最高所有權，故地方政府對於公有土地之權利行使，僅有管理使用收益之權。若其欲處分或設定負擔或為十年以上之租賃，非經各該區內民意機關之同意，並經行政院核准，不得為之，故設本條規定以防流弊。

相關參考法條

土§4；市畫§84；建築§45；均§7。

第26條（公有土地撥用之程序）

各級政府機關需用公有土地時，應商同該管直轄市或縣（市）政府層請行政院核准撥用。

解說

本條是規定撥用公有土地的手續，茲分述如下：

（一）各級政府需用公有土地時，均可撥用：

1.所謂各級政府，當然包括中央政府及地方政府中的直轄市政府與縣（市）政府。

2.所需用的公有土地，當然包括國有土地、直轄市有土地、縣（市）有土地及鄉（鎮、市）有土地。

3.撥用的公有土地，依國有財產法第38條及各直轄市、縣（市）訂頒的市縣有財產管理規則的規定，必須是屬於非公用的不動產，若是已屬公用的不動產，因不可能重複使用，故無從再撥用。而各級政府必須是因公務或公共所需，才可以申請撥用。

（二）撥用的程序：

1.依本條規定，應商同土地所在地的直轄市或縣（市）政府層請行政院核准撥用。因此，直轄市或縣（市）政府不同意層請行政院核准，則無從撥用；或是行政院不核准，也無從撥用。

2.依國有財產法第38條第2項規定，撥用國有土地，應由申請撥用機關檢具使用計畫及圖說，報經其上級機關核明屬實，並徵得財政部國有財產署同意後，層報行政院核定之。

3.臺北市市有財產管理自治條例第37條第2項規定，申請撥用土地者，應檢具使用計畫及圖說，報經其上級機關核明屬實，並徵得管理機關同意後，層報行政院核定撥用。

4.土地法施行法第6條規定，國營事業需用公有土地時，應由該事業最高主管機關核定其範圍，向該管直轄市或縣（市）政府無償撥用，但應報經行政院核准。

（三）國有土地及市縣有土地的撥用程序，顯然不完全相同，但是大同小異，總是未偏離本條所規定的程序。

立法意旨

政府基於公法上之權利，撥用公有土地，使需用該土地之機關，取得該土地之使用權，其僅係使用權之讓與，而非所有權之變動，故無須依前條之規定，經民意機關同意。又公有土地所有權乃歸屬於國家，然該管地方政府對土地之使用現狀卻知之甚稔，故特設本條規定。

相關參考法條

土§4；土施§6；國有財產§38；臺北市市有財產管理自治條例§37。

第27條（公地土地收益之處理）
直轄市或縣（市）政府應將該管公有土地之收益，列入各該政府預算。

解說

（一）只限於直轄市或縣（市）政府

1.本條規定應列入預算者，只限於直轄市或縣（市）政府所管的公有土地收益。

2.公有土地除直轄市有及縣（市）有土地外，還有國有土地及鄉（鎮、市）有土地。本條雖未規定國有土地及鄉（鎮、市）有土地的收入應列入預算，但依國有財產法第7條及有關規定，均應列入預算。

（二）該管土地的收入列入該管政府的預算

　　本條所規定的意義，是指市政府所管的市有土地之收益，列入市政府的預算；縣（市）政府所管的縣有土地之收益，列入縣（市）政府的預算。事實上，也不可能將市政府所管的市有土地之收益，列入縣政府或其他市政府的預算。

立法意旨

　　本條旨在說明直轄市或縣（市）政府對於該管公有土地之收益，應列入各該政府之預算，以供公共之用。因公有土地之最高所有權屬於國民全體，故其收益自應歸全體國民所享。

相關參考法條

　　預算§33、78；國有財產§7；臺北市市有財產管理自治條例§5Ⅰ。

第五章

地權調整

解說

（一）主管機關

　　1.直轄市或縣（市）政府：由於各地方的情形不一樣，所以本條明訂由直轄市政府或縣（市）政府訂定私有土地面積的最高額，以切合地方的實際需要。另依平均地權條例第71條規定私有土地面積最高額的限制，亦是由直轄市或縣市政府辦理。

　　2.中央地政機關：本條第1項雖規定由地方政府限制私有土地面積的最高額，但第2項規定，應經中央地政機關核定，以示慎重。

（二）只對私有土地限制

　　1.公有土地由政府持有並管理，不可能有投機壟斷及炒作的情形。只有私有土地，才有可能被集中兼併，而形成大財團或大地主。因此，只對私有土地限制地主持有面積的最高額。

　　2.依土地法施行法第7條規定，該私有土地只限於宅地、農地及興辦事業等用地。

　　3.平均地權條例第71條規定，只針對尚未建築的私有建築用地加以限制。所以關於農地面積的限制，仍適用本法條的規定。

（三）分為個人與團體兩種標準

1.本條規定，限制私有土地面積的最高額，分為個人及團體二種標準。

2.依土地法施行法第7條規定，宅地以十畝為限；農地以其純收益足供一家十口的生活為限，興辦事業用地視其事業規模的大小而定其限制。

3.依平均地權條例第71條第2項及第3項規定，限制尚未建築的私有建築用地面積最高額，以十公畝為限；但工業用地、學校用地及經政府核准的大規模建築用地，應視其實際需要分別訂定。至於計算尚未建築土地面積最高額時，對於因法令限制不能建築的土地，應予扣除。

（四）限制私有土地面積的最高額，其考慮因素為「地方情
　　　形」、「土地種類及性質」與「個人或團體」的實際需要。

（五）平均地權條例施行細則有關規定如下

1.清查：依本條例第71條第1項規定，直轄市或縣（市）主管機關對於都市計畫區內尚未建築的私有建築用地，應先行辦理清查，以限制土地所有權人所有面積的最高額（第93條）。

2.面積伸縮的限制：直轄市或縣（市）主管機關依前條辦理清查時，對於超過十公畝之部分，不能供獨立使用者，得視土地坵形為20%以內之保留。但其超過十公畝之部分，足供獨立使用者，仍應以十公畝為最高面積之限額（第94條）。

3.超額面積的保留：（第95條）

(1)土地所有權人所有尚未建築的私有建築用地面積超過十公畝，其超過部分屬於工業用地、學校用地及大規模建築用地者，如需保留，應由土地所有權人，於接獲出售或建築使用的通知之次日起一年內，擬具建築使用計畫書，報由各該主管機關，核轉中央主管機關或直轄市主管機關核定保留之。

(2)經核定保留的土地，應於限期內依照計畫完成使用。其未依

限按照計畫建築使用者，由直轄市或縣（市）主管機關限期令其出售，逾期得照價收買。

立法意旨

土地係國家組成之基本條件及經濟生產之要素。為消弭土地兼併集中之現象，制止私人壟斷土地並調和經濟利益，以求國家富強、民生康樂，必須重視土地之分配，故本條規定限制私有土地面積之最高額，以有效防止土地投機。惟土地因各類不同之使用，所需面積亦隨之不同，故關於最高額之規定，乃授權地方政府，斟酌各地方之情形，按土地使用之種類及性質，分別訂定個人或團體所有土地面積之最高額。

相關參考法條

土§2、10、29；土施§7；均§71。

第29條（超額土地之處置）

私有土地受前條規定限制時，由該管直轄市或縣（市）政府規定辦法，限令於一定期間內，將額外土地分割出賣。

不依前項規定分割出賣者，該管直轄市或縣（市）政府得依本法徵收之。

前項徵收之補償地價，得斟酌情形搭給土地債券。

解說

（一）本條對超額土地的強制處分方式

1.強制出賣：由直轄市或縣（市）政府規定辦法，限令於一定期間內，將額外土地分割出賣。

2.依法徵收：不依規定分割出賣，直轄市或縣（市）政府得依本

法徵收。徵收所應補償的地價，得斟酌情形搭給土地債券。該土地債券的清付期限，最長不得超過五年（土施§8）。

（二）平均地權條例第72條規定的處理方式

1.限期二年內出售或建築使用：超額土地，直轄市或縣（市）政府應通知土地所有權人於二年內出售或建築使用。

2.照價收買：逾期未出售或未建築使用者，得予照價收買。

3.出售與需用人：照價收買後出售與需用土地人建築使用。

4.於建設發展較緩的地段，則不加以限制：

所謂「建設發展較緩的地段」，是指公共設施尚未完竣地區或依法不得核發建造執照的地區。其範圍由直轄市或縣（市）主管機關劃定，作為限制最高額土地之依據（均施則§96）。

立法意旨

為防止土地壟斷，促進土地利用與合理分配，以期解決我國土地分配不均之問題，須限制私有土地之面積。現所有權人之土地面積，若超過前條所定最高限額時，為達平均地權之目的，應將超過部分分割出賣，此為本條第1項設立之理由。惟土地所有權人，未必願意將超出部分分割出賣，為徹底調整地權，若所有權人不願將超出部分分割出賣者，該管縣市政府得依本法徵收之，故設本條第2項之規定。至於徵收地價之補償，該管縣市政府得斟酌實際情形，搭發土地債券。

相關參考法條

土§28、209、233；土施§8、41；均§71、72。

第30條（89.1.26修正刪除）

第30條之1（89.1.26修正刪除）

第31條（最小面積單位之規定及禁止分割）

直轄市或縣（市）地政機關於其管轄區內之土地，得斟酌地方經濟情形，依其性質及使用之種類，為最小面積單位之規定，並禁止其再分割。

前項規定，應經中央地政機關之核准。

解說

（一）主管機關

　　1.土地最小面積單位的規定及禁止再分割，是由直轄市、縣（市）地政機關負責辦理。

　　2.直轄市或縣（市）地政機關對土地最小面積單位的規定及禁止再分割，應報經其上級機關核准。

　　3.依土地法施行法第21條規定，土地使用最小面積單位，應報請中央地政機關核定。

（二）不只是對私有土地限制

　　本條規定，並未如本法第28條規定土地面積的最高額限制指明為私有土地，因此，本條規定的土地，不只是對私有土地加以限制，也包括公有土地在內。

（三）限制的考慮因素

　　為切合實際的需要，規定土地最小面積單位並禁止再分割的考慮因素為「地方經濟情形」、「土地性質」及「使用種類」。

（四）耕地之分割及禁止

　　1.農業發展條例第16條規定：每宗耕地分割後每人所有面積未達0.25公頃者，不得分割。但有下列情形之一者，不在此限：

　　(1)因購置毗鄰耕地而與其耕地合併者，得為分割合併；同一所有權人之二宗以上毗鄰耕地，土地宗數未增加者，得為分割合併。

　　(2)部分依法變更為非耕地使用者，其依法變更部分及共有分管之未變更部分，得為分割。

(3)本條例中華民國89年1月4日修正施行後所繼承之耕地，得分割為單獨所有。

(4)本條例中華民國89年1月4日修正施行前之共有耕地，得分割為單獨所有。

(5)耕地三七五租約，租佃雙方協議以分割方式終止租約者，得分割為租佃雙方單獨所有。

(6)非農地重劃地區，變更為農水路使用者。

(7)其他因執行土地政策、農業政策或配合國家重大建設之需要，經中央目的事業主管機關專案核准者，得為分割。

前項第3款及第4款所定共有耕地，辦理分割為單獨所有者，應先取得共有人之協議或法院確定判決，其分割後之宗數，不得超過共有人人數。

2.農業發展條例施行細則規定：

第11條　本條例第16條第1項第7款所稱執行土地政策或農業政策者，係指下列事項：

　　　　一、政府辦理放租或放領。

　　　　二、政府分配原住民保留地。

　　　　三、地權調整。

　　　　四、地籍整理。

　　　　五、農地重劃區之農水路改善。

　　　　六、依本條例核定之集村興建農舍。

　　　　七、其他經中央目的事業主管機關專案核准者。

　　　　中央目的事業主管機關為執行本條例第16條第1項第7款規定事項，得委辦直轄市或縣（市）政府辦理。

3.耕地之定義：

耕地（農展例第3條第1項第11款）：指依區域計畫法劃定為特定農業區、一般農業區、山坡地保護區、森林區之農牧用地。

4.耕地分割執行要點（內政部105.5.6修正）：

一、為登記機關執行耕地分割事宜，特訂定本要點。

二、依農業發展條例（以下簡稱本條例）第16條規定辦理耕地分割，除依本條例、本條例施行細則、土地登記規則及地籍測量實施規則之規定外，應依本要點規定辦理。

三、本要點適用範圍為本條例第3條第11款規定之耕地。

四、耕地之分割，除有本條例第16條第1項各款情形外，其分割後每人所有每宗耕地面積應在0.25公頃以上。

五、共有耕地依共有人應有部分之比例，辦理共有物分割，其分割後各人所取得之土地價值較其分割前應有部分價值減少者，其減少部分，應依平均地權條例施行細則第65條規定辦理。

六、依本條例第16條第1項第1款前段規定因購置毗鄰耕地而與其耕地合併者，得為分割合併，係為擴大農場經營規模，因買賣、贈與、交換及共有物分割之原因，必須分割毗鄰耕地與其耕地合併。

依前項規定申請分割合併者，應符合地籍測量實施規則第224條規定之要件，並依下列規定辦理：

（一）土地所有權人申請土地分割複丈時，應由擬取得之毗鄰耕地所有權人承諾取得分割後之土地，並與其原有土地合併。

（二）登記機關於核發土地分割複丈結果通知書時，應於備註欄註明本案土地之分割，係依本條例第16條第1項第1款前段規定辦理，並應與承受人之土地合併，始得辦理登記。

（三）申請人得依土地分割複丈結果通知書所列地號面積向稅捐稽徵機關申報土地現值或申請不課徵土地增值稅，申請人應就土地分割標示變更登記、所有權移轉

登記及土地合併標示變更登記，連件向登記機關申辦。

七、依本條例第16條第1項第1款後段規定同一所有權人或共有人均相同之二宗以上毗鄰耕地，申請分割合併，係為便利農作經營之需要，申請先分割後合併或先合併後分割，並應連件辦理，土地宗數不得增加。

依前項規定辦理合併分割後，任一宗耕地面積達0.5公頃以上者，不得再依本條例第16條第1項前段規定辦理分割。但整宗土地移轉他人者，不在此限。

八、本條例第16條第1項第2款所稱部分依法變更為非耕地使用者，其依法變更部分及共有分管之未變更部分，得為分割者，指共有耕地部分變更為非耕地使用，其依法變更部分，得為分割；其餘未變更為非耕地部分，為共有分管者，得依共有人之分管協議書，分割為單獨所有或維持共有；分割為單獨所有者，其分割後土地宗數不得超過共有人人數，並應連件辦理。

九、依本條例第16條第1項第3款及第4款規定辦理耕地分割，應分割為單獨所有。但有下列情形之一者，不在此限：

（一）耕地之部分共有人協議就其應有部分維持共有。

（二）依法院確定判決或和解筆錄就共有物之一部分由全體繼承人或全體共有人維持共有。

十、繼承人辦理繼承登記後，將繼受持分移轉予繼承人者，得依本條例第16條第1項第3款規定辦理分割。

十一、依本條例第16條第1項第4款規定申辦分割之共有耕地，部分共有人於本條例修正後，移轉持分土地，其共有關係未曾終止或消滅，且分割後之宗數未超過修正前共有人數者，得申請分割。

依前項規定申請分割，其共有人人數少於本條例修正前共

有人數者，分割後之宗數，不得超過申請分割時共有人人數。

十二、依本條例第16條第1項第5款規定租佃雙方協議以分割耕地方式終止耕地三七五租約時，其分割後之土地宗數不得超過租佃雙方之人數。

十三、依本條例第16條第1項第6款規定非農地重劃地區變更為農水路使用者，應先變更為交通用地或水利用地後，始得辦理分割。

十四、已辦竣農地重劃之耕地，依本條例第16條規定辦理分割時，不受農地重劃條例施行細則第34條有關最小坵塊土地短邊十公尺之限制。但耕地合併分割不得破壞已完成規劃之農水路系統。

（五）建築基地法定空地的分割

1.建築法第11條第3項規定：「應留設之法定空地，非依規定不得分割、移轉，並不得重複使用；其分割要件及申請核發程序等事項之辦法，由中央主管建築機關定之。」

2.依內政部訂頒的「建築基地法定空地分割辦法」第3條規定，建築基地的法定空地併同建築物的分割，分割後應合於下列規定，才可以分割：

(1)每一建築基地之法定空地與建築物所占地面應相連接，連接部分寬度不得小於二公尺。

(2)每一建築基地之建蔽率應合於規定。但本辦法發布前已領建造執照，或已提出申請而於本辦法發布後方領得建造執照者，不在此限。

(3)每一建築基地均應連接建築線並得以單獨申請建築。

(4)每一建築基地之建築物應具獨立之出入口。

（六）目前除了農地、法定空地與重劃土地有最小坵塊面積外，
　　　其他土地似乎並未依本條規定落實執行。

立法意旨

　　土地政策，首在調節土地之分配，促進土地之最高效用，故土地之兼併集中，為法所不許；而土地之細分，造成零星小塊，妨礙市地及農耕發展，不合經濟利用，亦阻礙土地之有效利用。為防止土地兼併，本法第28條設有私有土地面積之最高額限制；現為減少農地再分割，乃配合規定限制土地最小面積單位。且憲法第143條第4項規定：「國家對於土地之分配與整理，應以扶植自耕農及自行使用土地人為原則，並規定其適當經營之面積。」故配合憲法制定本條以因應實際之需。另授權直轄市、縣（市）地政機關，規定最小土地面積單位，層報核准以昭慎重。

相關參考法條

　　土§2、137；土施§21；農展例§16；農展例施則§11；建築§11。

第32條（自耕農地之負債最高額限制）
直轄市或縣（市）政府得限制每一自耕農之耕地負債最高額，並報中央地政機關備案。

解說

（一）主管機關

　　1.依本條規定，為保護自耕農，限制其耕地負債的最高額，由直轄市或縣（市）政府辦理。

　　2.直轄市或縣（市）政府限制耕地負債的最高額，應報中央地政

機關備案。

（二）自耕農負債與耕地負債不同：自耕農或許生活清苦而舉債度
　　　日，政府實無從聞問；但是如將耕地提供擔保設定抵押權而負
　　　債，則政府有案可稽，當可依本條規定加以干涉。因此，自耕
　　　農的負債，不在本條的規範內；但是自耕農的耕地抵押設定而
　　　負債，則受本條的規範。

（三）為保護自耕農，農業發展條例第五章特別規定有關農業金
　　　融與保險，茲列述有關條文的規定如下

　　1.建立農業金融政策與體系：中央政府應設立農業金融策劃委員
會，策劃審議農業金融政策及農業金融體系；其設置辦法由行政院定
之。中央主管機關應依據前項政策，訂定農貸計畫、籌措分配農貸資
金，並建立融資輔導制度（農發§56）。

　　2.建立農業信用保證制度：為協助農民取得農業經營所需資金，
政府應建立農業信用保證制度，並予獎勵或補助（農發§57）。

　　3.舉辦農業保險：為安定農民收入，穩定農村社會，促進農業資
源之充分利用，政府應舉辦農業保險。在農業保險法未制定前，得由
中央主管機關訂定辦法，分區、分類、分期試辦農業保險，由區內經
營同類業務之全體農民參加，並得委託農民團體辦理。農民團體辦理
之農業保險，政府應予獎勵與協助（農發§58）。

　　4.災害融資與減免稅賦：農業生產因天然災害受損，政府得辦理
現金救助、補助或低利貸款，並依法減免田賦，以協助農民迅速恢復
生產（農發§60）。

（四）目前實務上，由於農村經濟繁榮，因此，落實於執行本條
　　　規定的必要性不大。

立法意旨

　　本條乃為保護自耕農之生活而設。因為自耕農民於現今工業社會
中，皆屬經濟弱勢者，常缺少生產資金，而產品出售價格亦低廉，如

遇災荒則生活艱苦，須舉債度日。其於借貸之時唯一能提供擔保者，為其僅有之財產——土地，倘若農民負債過多，屆時無力償還，致被債權人拍賣其自耕地而喪失生活依據，即淪為佃農、雇農甚或淪為遊民，因此乃設本條限制自耕農地之負債最高額，以保護自耕農。

相關參考法條

農展例§54～62。

第33條（89.1.26修正刪除）

第34條（100.6.15修正刪除）

第34條之1（共有土地或建築物之處分）

共有土地或建築改良物，其處分、變更及設定地上權、農育權、不動產役權或典權，應以共有人過半數及其應有部分合計過半數之同意行之。但其應有部分合計逾三分之二者，其人數不予計算。

共有人依前項規定為處分、變更或設定負擔時，應事先以書面通知他共有人；其不能以書面通知者，應公告之。

第一項共有人，對於他共有人應得之對價或補償，負連帶清償責任。於為權利變更登記時，並應提出他共有人已為受領或為其提存之證明。其因而取得不動產物權者，應代他共有人申請登記。

共有人出賣其應有部分時，他共有人得以同一價格共同或單獨優先承購。

前四項規定，於公同共有準用之。

依法得分割之共有土地或建築改良物，共有人不能自行協議分割

者，任何共有人得申請該管直轄市、縣（市）地政機關調處，不服調處者，應於接到調處通知後十五日內向司法機關訴請處理，屆期不起訴者，依原調處結果辦理之。

解說

本條公布施行後，實務上發生相當多的疑問，因此中央地政機關前前後後作出相當多的行政解釋，致使法令層床疊架，為簡明扼要並便於適用起見，特別加以歸併整理而訂頒了「土地法第三十四條之一執行要點」，該「要點」內容相當詳細完整，因此本條不再另作解說，僅依106年12月1日修正之該「要點」內容分項列述於後。

（一）關於第1項規定

1.依土地法第34條之1（以下簡稱本法條），部分共有人就共有土地或建築改良物（以下簡稱建物）為處分、變更，及設定地上權、農育權、不動產役權或典權，應就共有物之全部為之。

2.共有土地或建物之應有部分為公同共有者，該應有部分之處分、變更及設定地上權、農育權、不動產役權或典權，得依本法條規定辦理。

3.處分：以有償讓與為限，不包括信託行為及共有物分割；所定變更，以有償或不影響不同意共有人之利益為限；所定設定地上權、農育權、不動產役權或典權，以有償為限。

4.共有土地或建物為公私共有者，有本法條之適用。私有部分共有人就公私共有土地或建物全部為處分時，如已符合本法條各項規定，其申請所有權變更登記，應予受理；但公有部分為直轄市或縣（市）有時，其管理機關於接獲共有人之通知後，以其處分係依據法律之規定，應即報請該管區內民意機關備查。

5.共有土地或建物標示之分割、合併、界址調整及調整地形，有本法條之適用。二宗以上所有權人不相同之共有土地或建物，依本法條規定申請合併，應由各宗土地或建物之共有人分別依本法條規定辦

理。

6.所謂「共有人過半數及其應有部分合計過半數」，係指共有人數及應有部分合計均超過半數而言；「應有部分合計逾三分之二」，係指應有部分逾三分之二者，共有人數可以不計而言。關於共有人數及應有部分之計算，以土地登記簿上登記之共有人數及應有部分為準。但共有人死亡者，以其繼承人數及繼承人應繼分計入計算。

（二）關於第2項規定

「事先」、「書面通知」或「公告」之方式及內容，依下列規定：

1.部分共有人依本法條規定為處分、變更或設定負擔行為之前，應先行通知他共有人。

2.書面通知應視實際情形，以雙掛號之通知書或郵局存證信函為之。

3.以公告代替通知他共有人者，應以他共有人住址不明或經通知而無法送達者為限。

4.公告可直接以布告方式，由村里長簽證後，公告於土地或建物所在地之村、里辦公處，或以登報方式公告之。

5.通知或公告之內容應記明土地或建物標示、處分方式、價金分配、償付方法及期限、受通知人與通知人之姓名住址及其他事項。

6.他共有人已死亡者，應以其繼承人為通知或公告之對象。

7.委託他人代為事先通知，其委託行為無須特別授權。

（三）關於第3項規定

1.於申請權利變更登記時，應依下列規定辦理：

(1)本法條第1項共有人會同權利人申請權利變更登記時，登記申請書及契約書內，應列明全體共有人及其繼承人，並檢附已為通知或公告之文件，於登記申請書適當欄記明「依土地法第34條之1第1項至第3項規定辦理，如有不實，義務人願負法律責任」，登記機關無須審查其通知或公告之內容。至於未能會同申請之他共有人，無須於契

約書及申請書上簽名，亦無須親自到場核對身分。如因而取得不動產物權者，本法條第1項之共有人應代他共有人申請登記。

（2）涉及對價或補償者，應提出他共有人已領受對價或補償之證明或已依法提存之證明文件，並於登記申請書適當欄記明「受領之對價或補償數額如有錯誤，由義務人自行負責」。已領受對價補償之他共有人，除符合土地登記規則第41條第2款、第5款至第8款及第10款規定之情形外，應親自到場，並依同規則第40條規定程序辦理。至於對價或補償之多寡，則非登記機關之審查範圍。

（3）依本法條規定處分全部共有土地或建物，如處分後共有權利已不存在，而他共有人已死亡有繼承人或死亡絕嗣者，部分共有人得直接申辦所有權移轉登記，免辦繼承或遺產管理人登記。

（4）依本法條第3項規定提出他共有人應得之對價或補償已為其繼承人受領或為其提存之證明時，應檢附土地登記規則第119條規定之文件。

（5）依本法條規定移轉、設定典權或調處分割共有物時，得由同意之共有人申報土地移轉現值，但申報人應繳清該土地應納之土地增值稅及有關稅費後，始得申辦土地權利變更登記。

（6）他共有人之應有部分經限制登記者，應依下列規定辦理：

①他共有人之應有部分經法院或行政執行分署囑託查封、假扣押、假處分、暫時處分、破產登記或因法院裁定而為清算登記者，登記機關應依土地登記規則第141條規定徵詢原囑託或裁定機關查明有無妨礙禁止處分之登記情形，無礙執行效果者，應予受理登記，並將原查封、假扣押、假處分、暫時處分、破產登記或法院裁定開始清算程序事項予以轉載，登記完畢後通知原囑託或裁定機關及債權人；有礙執行效果者，應以書面敘明理由及法令依據，駁回登記之申請。

②他共有人之應有部分經有關機關依法律囑託禁止處分登記

者，登記機關應洽原囑託機關意見後，依前目規定辦理。

③他共有人之應有部分經預告登記且涉及對價或補償者，應提出該共有人已受領及經原預告登記請求權人同意之證明文件及印鑑證明；為該共有人提存者，應提出已於提存書對待給付之標的及其他受取提存物所附之要件欄內記明提存物受取人領取提存物時，須檢附預告登記請求權人之同意書及印鑑證明領取之證明文件。登記機關應逕予塗銷該預告登記，於登記完畢後通知預告登記請求權人。

(7)申請合併之共有土地地價不一者，合併後各共有人之權利範圍，應以合併前各共有人所有土地之地價與各宗土地總地價之和的比例計算，並不得影響原設定之他項權利。

2.提存之方式如下：

(1)提存人應為本法條第1項之共有人，並得由其中一人或數人辦理提存。

(2)他共有人之住址為日據時期之番地，可以該番地所查對之現在住址向法院辦理提存。

(3)他共有人之住址不詳，經舉證客觀上仍無法查明時。依下列方式辦理：

①他共有人確尚生存者，部分共有人可以該他共有人為受取權人，辦理提存，並依提存法第27條準用民事訴訟法第149條規定，聲請公示送達。

②他共有人已死亡者，應以其繼承人為清償或辦理提存之對象。

③他共有人已死亡而其繼承人之有無不明者，則應以遺產管理人（民§1177、1178）為清償或辦理提存之對象。倘無遺產管理人，則可以不能確知孰為債權人而難為給付為由，辦理提存（民§326）。

④他共有人行蹤不明而未受死亡宣告者，可依民法第10條、

家事事件法第143條第1項、第2項所定財產管理人為清償或辦理提存之對象。

(4)以他共有人之繼承人為提存對象時，應在提存書領取提存物所附條件欄內記明「提存物受取人領取提存物時，應依遺產及贈與稅法第42條檢附遺產稅繳清納證明書、免稅證明書、同意移轉證明書或不計入遺產總額證明書。」（提§21）後，持憑法院核發之提存書，並檢附土地登記規則第119條規定之文件。

（四）關於第4項規定

優先購買權，依下列規定辦理：

1.他共有人於接到出賣通知後十五日內不表示者，其優先購買權視為放棄。他共有人以書面為優先購買與否之表示者，以該表示之通知達到同意處分之共有人時發生效力。

2.他共有人之優先購買權，仍應受有關法律之限制。

3.區分所有建物之專有部分連同其基地應有部分之所有權一併移轉與同一人者，他共有人無本法條優先購買權之適用。

4.區分所有建物之專有部分為共有者，部分共有人出賣其專有部分及基地之應有部分時，該專有部分之他共有人有優先購買權之適用。

5.本法條之優先購買權係屬債權性質，出賣人違反此項義務將其應有部分之所有權出售與他人，並已為土地權利變更登記時，他共有人認為受有損害者，得依法向該共有人請求損害賠償。

6.本法條之優先購買權與土地法104條、第107條或民法物權編施行法第8條之5第3項規定之優先購買權競合時，應優先適用土地法第104條、第107條或民法物權編施行法第8條之5第3項規定。但與民法物權編施行法第8條之5第5項規定之優先購買權競合時，優先適用本法條之優先購買權。

7.共有人之應有部分經限制登記者，不影響其優先購買權之行使。

8.權利人持執行法院或行政執行分署依強制執行法或主管機關依法辦理標售或讓售所發給之權利移轉證書，向地政機關申辦共有人之應有部分移轉登記，無須檢附優先購買權人放棄優先承購權之證明文件。

9.共有人出賣其應有部分，除買受人同為共有人外，他共有人對共有人出賣應有部分之優先購買權，均有同一優先權；他共有人均主張或多人主張優先購買時，其優先購買之部分應按各主張優先購買人之應有部分比例定之。

（五）關於第5項規定

1.共有人數及應有部分之計算，於公同共有土地或建物者，指共有人數及其潛在應有部分合計均過半數。但潛在應有部分合計逾三分之二者，其共有人數不予計算。各共有人之潛在應有部分，依其成立公同關係之法律規定、習慣或法律行為定之；未有規定者，其比率視為不明，推定為均等。

2.分別共有與公同共有併存之土地或建物，部分公同共有人已得依本法條規定處分其公同共有之應有部分，且另有分別共有之共有人同意處分全部共有物者，於計算本法條第一項共有人數及其應有部分時，該公同共有部分，以同意處分之人數及其潛在應有部分併入計算。

3.土地或建物之全部或應有部分為公同共有，部分公同共有人依本法條規定出賣該共有物全部或應有部分時，他公同共有人得就該公同共有物主張優先購買權，如有數人主張時，其優先購買權之範圍應按各主張優先購買權人之潛在應有部分比率計算之。

（六）關於第6項規定

本項規定之調處，將由本法第34條之2所規定的「不動產糾紛調處委員會」予以調處。

（七）民國99年2月3日民法物權編修正，已將該編第四章第842
條至第850條全章刪除，並增訂第四章之一農育權。

（八）民國99年2月3日民法物權編施行法修正，增訂第13條之2
如下

民法物權編中華民國99年1月5日修正之條文施行前發生之永佃
權，其存續期限縮短為自修正施行日起二十年。

前項永佃權仍適用修正前之規定。

第1項永佃權存續期限屆滿時，永佃權人得請求變更登記為農育
權。

（九）民國99年2月3日民法物權篇修正，已將第五章「地役權」
修正為「不動產役權」。

立法意旨

依民法第819條及第828條規定，共有物之處分，應得共有人全體
之同意，以致對共有土地或建築改良物為處分，遭遇不少困難，甚至
不能處分，妨礙都市計畫之執行，影響社會經濟之發展甚鉅，如俟修
正民法時再予解決，則緩不濟急。為因應當前之迫切需要，乃參照海
商法第11條至第13條、第17條等關於共有船舶處分及民法第820條對
共有物管理之規定，特別設立本條之規定。此外，為便利解決共有人
間之土地糾紛，促進土地利用，故設第6項由地政機關先行調解，調
解不成時，再移送法院審理，以期獲致解決。

相關參考法條

民§817、819、820、823、824、828～830；土§5。

第34條之2（不動產糾紛調處委員會之設置）
直轄市或縣（市）地政機關為處理本法不動產之糾紛，應設不動

產糾紛調處委員會，聘請地政、營建、法律及地方公正人士為調
處委員；其設置、申請調處之要件、程序、期限、調處費用及其
他應遵循事項之辦法，由中央地政機關定之。

解說

（一）89年1月26日土地法第34條之1第6項修正公布，增訂「直轄
市、縣（市）政府為處理本法不動產之糾紛，應設置不動產
糾紛調處委員會，聘請地政、營建、法律及地方公正人士為
調處委員，其設置辦法由內政部另定之」。故內政部曾於89年
11月13日訂頒「直轄市、縣（市）不動產糾紛調處委員會設置
辦法」。

（二）90年10月31日，前述規定修正移列增訂本條文，內政部乃公告
廢止前述「設置辦法」，並於91年12月4日重新訂頒「直轄市
縣（市）不動產糾紛調處委員會設置及調處辦法」，最新於
107年4月2日修正。

（三）直轄市縣（市）不動產糾紛調處委員會設置及調處辦法（內政
部107.4.2修正）：

第1條　本辦法依土地法（以下簡稱本法）第34條之2規定訂定之。

第2條　下列各款不動產糾紛案件，依本辦法調處之：

一、本法第34條之1第6項規定之共有物分割爭議。

二、本法第46條之2規定之地籍圖重測界址爭議。

三、本法第59條第2項規定之土地權利爭議。

四、本法第101條規定之房屋租用爭議。

五、本法第105條規定之建築基地租用爭議。

六、本法第122條規定之耕地租用爭議。

七、本法施行法第30條規定之有永佃權土地租用爭議。

八、租賃住宅市場發展及管理條例第16條規定之住宅租賃爭
議。

九、地籍清理條例第14條第3項及第15條第2項規定之土地權利價金發給爭議。

十、地籍清理條例第17條規定之以日據時期會社或組合名義更正登記爭議。

十一、地籍清理條例第20條規定之神明會申報涉及土地權利爭議。

十二、地籍清理條例第23條規定之更正神明會現會員、信徒名冊或土地清冊涉及土地權利爭議。

十三、地籍清理條例第27條規定之土地權利塗銷登記爭議。

十四、地籍清理條例第28條規定之抵押權塗銷登記爭議。

十五、地籍清理條例第29條規定之地上權塗銷登記爭議。

十六、地籍清理條例第30條規定之查封、假扣押、假處分塗銷登記爭議。

十七、地籍清理條例第31條第1項規定之共有土地各共有人之權利範圍合計不等於一之更正登記爭議。

十八、地籍清理條例第31條之1第1項與第2項規定之所有權權利範圍空白之更正登記及第3項規定之所有權權利範圍空白之逕為更正登記爭議。

十九、地籍清理條例第32條規定之登記名義人姓名、名稱或住址記載不全或不符更正登記爭議。

二十、地籍清理條例第33條規定之非以自然人、法人或依法登記之募建寺廟名義更正登記爭議。

二十一、地籍清理條例第36條規定之寺廟或宗教團體申報發給更名證明爭議。

二十二、地籍清理條例第38條規定之寺廟或宗教性質之法人申購土地權利爭議。

二十三、土地登記規則第75條規定之土地總登記爭議。

二十四、土地登記規則第84條規定之建物所有權第一次登記

　　　　　　爭議。

　　　　二十五、土地登記規則第118條第4項、第5項規定之時效取得

　　　　　　　　地上權、不動產役權或農育權登記爭議。

第3條　直轄市、縣（市）不動產糾紛調處委員會（以下簡稱本會）
　　　　置委員十一人至十三人，其中一人為主任委員，由直轄市、
　　　　縣（市）政府首長或其指派之人員兼任；其餘委員分別就下
　　　　列人員派兼或遴聘之：

　　　　一、直轄市、縣（市）政府地政業務主管一人。

　　　　二、直轄市、縣（市）政府營建業務主管一人。

　　　　三、直轄市、縣（市）政府民政業務主管一人。

　　　　四、直轄市、縣（市）政府法制業務主管一人。

　　　　五、直轄市、縣（市）地政事務所主任一人。

　　　　六、直轄市、縣（市）地政士公會代表一人。

　　　　七、具有地政、民政、營建或法律等專門學識經驗之人士三
　　　　　　人至五人。

　　　　八、地方公正人士一人。

　　　　委員任期為二年，期滿得續聘之。但代表機關出任者，應隨
　　　　其本職進退。

　　　　委員出缺時，直轄市、縣（市）政府首長得予補聘；補聘委
　　　　員之任期至原委員任期屆滿之日為止。

第4條　本會置執行秘書一人、工作人員若干人，由直轄市、縣
　　　　（市）政府首長就相關業務人員派兼之，辦理本會幕僚事
　　　　務。

第5條　本會委員會議以主任委員為會議主席，主任委員不能出席
　　　　時，由主任委員指定委員一人代理之。主任委員不克指定
　　　　時，由出席委員互推一人代理主席。

第6條　本會非有過半數委員之出席不得開會，並有出席委員過半數
　　　　之同意始得決議，可否同數時，由主席裁決。

委員應親自出席前項會議。但由機關代表兼任之委員，如未能親自出席時，得指派代表出席，並通知本會。

前項指派之代表列入出席人數，並參與會議發言及表決。

第7條　本會委員對其本身具有利害關係之議案，應自行迴避，不得參與調處。

第8條　本會委員均為無給職。

第9條　本會召開會議時，應通知當事人列席陳述意見，並得依需要邀請有關機關代表列席。

第10條　本會對外行文，以直轄市、縣（市）政府名義行之。

第11條　本會所需經費，由直轄市、縣（市）政府編列預算支應。

第12條　直轄市或縣（市）政府為辦理第2條第2款、第3款、第10款、第13款至第20款及第23款至第25款之不動產糾紛案件，得依所轄之行政區域分設區域性不動產糾紛調處委員會，置委員七人，其中一人為主任委員，由直轄市或縣（市）政府地政業務主管兼任，其餘委員分別就下列人員派兼或遴聘之：

一、直轄市、縣（市）地政事務所主任一人。

二、鄉（鎮、市、區）調解委員會主席一人。

三、具有地政、營建及法律等專門學識經驗之人士各一人。

四、地方公正人士一人。

區域性不動產糾紛調處委員會之委員任期、出缺補聘、事務、無給職及會議，準用第3條第2項、第3項、第4條至第9條規定；其對外行文，以各該直轄市、縣（市）政府名義行之。

第1項調處所需經費，由各該直轄市、縣（市）政府編列預算支應。

第13條　不動產糾紛案件，除第2條第2款、第3款、第9款至第25款之不動產糾紛案件得由該管登記機關或直轄市、縣（市）政

府主動移送調處外，當事人一造應具備下列文件向土地所在地之直轄市、縣（市）政府申請，並按對造及權利關係人人數，提出繕本：

一、申請書。

二、申請人之身分證明文件。

三、委託他人代為申請時，應檢附委託書。但申請書已載明委任關係者，免附。

四、爭議要點及調處建議方案。

五、其他依法令規定應提出之文件。

第14條　辦理不動產糾紛調處程序如下：

一、收件。

二、計收調處費用。

三、審查。

四、召開調處會議。

五、作成調處結果。

六、函送調處紀錄表。

前項審查時，得請不動產所在地之登記機關先行派員實地勘測或召開前置會議。

第15條　申請調處案件有下列各款情形之一者，直轄市、縣（市）政府應以書面敘明理由，通知申請人於接到通知書之日起十五日內補正：

一、申請書格式不合或所提出之證明文件不符或欠缺。

二、申請書記載事項與土地、建物登記簿或其證明文件不符。

三、申請人之資格不符或其代理人之代理權有欠缺。

四、調處當事人為無行為能力人或限制行為能力人，而未由法定代理人代理。

五、未依規定繳納調處費用。

第16條　申請調處案件有下列各款情形之一者，直轄市、縣（市）政府應以書面敘明理由駁回之：

一、非屬第2條之不動產糾紛事件。

二、調處事件不屬受理機關管轄。

三、曾依本辦法申請調處並作成調處結果。

四、已訴請法院審理或調處標的為確定判決、調解或和解之效力所及。

五、土地登記簿住址空白或不全，致權屬無法查明。

六、登記名義人死亡，其繼承人有無不明致無法通知。

七、申請人未於前條規定期限內補正或未依補正事項完全補正。

八、其他依法律規定不得辦理。

第17條　本會或區域性不動產糾紛調處委員會應訂定調處時間，書面通知當事人到場進行調處，並將文件繕本一併送達於對造及權利關係人。當事人應攜帶身分證明文件親自到場；當事人如不能親自到場，得出具委託書，委託代理人到場進行調處。但申請書已載明委任關係者，免出具委託書。

前項調處應自接受申請之日起三十日內辦理之，必要時得視實際需要情形予以延長。

第18條　調處時，先由當事人試行協議，協議成立者，以其協議為調處結果，並作成書面紀錄，經當場朗讀後，由當事人及調處委員簽名或蓋章。

前項調處有多數當事人時，兩造各得推舉一人至三人試行協議。

第1項達成協議之調處，其調處紀錄應以書面通知當事人及登記機關。

第19條　當事人依前條試行協議未成立或任何一造經二次通知不到場者，本會或區域性不動產糾紛調處委員會應就有關資料及當

事人陳述意見，予以裁處，作成調處結果。

申請調處之案件，已向登記機關申請登記者，應依調處結果，就申請登記案件為准駁之處分。

第1項調處結果，應以書面通知當事人。通知書應載明當事人如不服調處結果，除法律另有規定者外，應於接到通知後十五日內，以對造人為被告，訴請法院審理，並應於訴請法院審理之日起三日內將訴狀繕本送該管直轄市、縣（市）政府，逾期不起訴或經法院駁回或撤回其訴者，經當事人檢具相關證明文件，以書面陳報該管直轄市、縣（市）政府，依調處結果辦理。

第20條　當事人持憑調處紀錄申請登記時，登記機關應函詢該管直轄市、縣（市）政府該案有無訴請法院審理。

調處結果，涉及對價或補償者，於申請登記時，應提出已受領或已提存之證明文件，並於申請書適當欄記明受領之對價或補償數額如有錯誤，由申請人自負法律責任，並簽名。

當事人之一不服調處結果，於前條規定期間內訴請法院審理者，登記機關應駁回第1項登記申請案。

第21條　申請調處第2條第1款及第4款至第7款之不動產糾紛調處案件，每件調處案申請人應依下列規定繳納調處費用：

一、第2條第1款之案件：新臺幣1萬5,000元。

二、第2條第4款至第7款之案件：

　　（一）年租金為新臺幣18萬元以下者：新臺幣3,000元。

　　（二）年租金超過新臺幣18萬元至36萬元以下者：新臺幣7,000元。

　　（三）年租金超過新臺幣36萬元至48萬元以下者：新臺幣1萬1,000元。

　　（四）年租金超過新臺幣48萬元者：新臺幣1萬5,000

元。

申請調處第2條第2款、第3款及第8款至第25款之不動產糾紛調處案件，免收調處費用。

調處需勘測者，其費用由當事人核實支付。

申請人於召開調處會議前撤回其申請，或因第16條各款之情形被駁回者，其已繳納之調處費用及勘測費用，於扣除已支出之費用後，得自駁回之日起五年內請求退還之。但已實地辦理勘測者，其所繳納之勘測費用，不予退還。

第22條 不動產糾紛調處申請書及調處紀錄之格式，由中央地政機關定之。

第23條 本辦法自發布日施行。

本辦法中華民國107年4月2日修正發布條文，自107年6月27日施行。

立法意旨

本條明訂地方政府應設置不動產糾紛調處委員會，以處理土地法有關不動產之糾紛，以疏解訟源。

相關參考法條

土§34-1、46-2、59、101、105、122；土登§75、118。

第35條（自耕農場之創設）

自耕農場之創設，另以法律定之。

解說

（一）我國憲法第143條第4項規定，國家對於土地的分配與整理，應以扶植自耕農及自行使用土地人為原則，並規定其適當經營的

面積。因此，扶植自耕農成為基本國策。

（二）有關扶植自耕農的「扶植」，除了創設的意義外，也含有「保護」的意義在內。其扶植自耕農的方法，本法所規定者，如第31條及第32條等都是。

（三）如今已經廢止的「實施耕者有其田條例」及現行的「耕地三七五減租條例」、「農業發展條例」，也都是扶植自耕農的有關法律。

（四）土地稅法、房屋稅條例、遺產及贈與稅法等有關稅賦的減免規定，也都是扶植自耕農的方法。

（五）本條雖然規定自耕農場的創設另以法律定之，但到目前為止，政府尚未制定「自耕農場創設法」，或許前述已廢止的「實施耕者有其田條例」可說是創設自耕農場的法律。

（六）由於工商繁榮，經濟起飛，目前台灣的情形，制定專法以創設自耕農場的必要性似乎不大，所以本條規定可以說是「備而不用」。然而，本法留設本條，以備他日或有派上用場的時機，也有其以防萬一的意義。

立法意旨

本條為本法100年6月15日修正刪除之第34條之衍生規定。因各級政府創設自耕農場所涉及之問題過於廣泛，不便於土地法中詳細規定，故本條明示，自耕農場之創造，另以法律定之。

相關參考法條

農展例§3、21、24；農展例施則§11。

第二編
地　籍

前　言

　　地籍正確，土地管理才能上軌道，也因此才能進一步地去談「地盡其利」及「地利共享」。故「地籍」置於土地法內容架構中的第二編，顯見其地位的重要性。本編以「地籍測量」及「土地登記」為主，雖有諸多特別法的特別規定，但仍以授權訂定的「土地登記規則」及「地籍測量實施規則」為重心。

第一章
通 則

第36條（地籍整理及程序）

地籍除已依法律整理者外，應依本法之規定整理之。

地籍整理之程序，為地籍測量及土地登記。

解說

（一）地籍整理的目的與意義：地籍整理，是國家依照法定程序，
　　　將各行政區域每一宗公、私有土地之坐落、位置、形狀、面
　　　積、使用形態及其權利義務關係，加以詳實測量、調查與登
　　　記，製成地籍圖，編成登記簿，以清楚明示土地的資料。若遇
　　　有土地的分割、合併、坍沒、新漲等增減，或是土地權利的移
　　　轉、設定、變更、消滅等異動情形時，則予以複丈、重測與變
　　　更登記並訂正圖簿，以保持地籍資料的正確與完備。

（二）地籍整理的程序

　　　1.地籍測量：就是運用測量儀器及測量技術，測量一定範圍內的
　　各宗土地（包括建築改良物）的位置、形狀、界址、面積及使用情
　　形，繪製地籍圖或建物的平面圖及位置圖，以明瞭土地或建物的各項
　　實際情形。

　　　2.土地登記：就是依據各宗（棟）土地（建物）的測量資料，將
　　其標示及權利關係，記載於登記機關所備置的土地（建物）登記簿冊
　　上。

（三）地籍測量為地籍整理的第一步工作，而土地登記為地籍整理的

第二步工作。在未經地籍測量的土地，不得為土地權利的登記。在已辦地籍測量的地區，應立刻舉辦土地權利的登記（土§38），如此才可達成釐清地籍、確定地權的目的。

（四）地籍整理，除可確定地籍而便於管理外，更可因此建立稅籍而利於課稅。

立法意旨

所謂「地籍整理」，乃係將土地之坐落、形狀、面積、性質、使用狀況以及土地權利等事項，一一加以調查整理，並繪製詳細正確之地籍圖冊，以建立完善的地籍制度，作為施政依據，並保障私產。蓋地籍整理完成後，一方面可明瞭土地之面積及地權分配之情形，而為解決土地分配問題之根據；另一方面可瞭解土地性質及使用狀態，而為解決土地利用問題之依據。又查我國清末以迄民初，地籍散失久未清理，致土地管理混亂不清，為期正本清源，奠定土地管理之基礎，故本條特別規定地籍之整理及其程序，以達到國家實行土地政策之目的。

相關參考法條

土§44〜48；土施§9、11〜13。

第37條（土地登記之定義）

土地登記，謂土地及建築改良物之所有權與他項權利之登記。

土地登記之內容、程序、規費、資料提供、應附文件及異議處理等事項之規則，由中央地政機關定之。

解說

（一）應登記的標的物

　　1.土地：應登記的土地，原應包括本法第1條及第2條所規定的一切土地。但本法第41條前段規定：「第2條第三類及第四類土地，應免予編號登記。」此一例外之土地為交通水利用地及其他土地。

　　2.建築改良物：

　　(1)建築改良物，是指附著於土地上之建築物或工事（土§5）。

　　(2)土地上已有建物者，應於土地所有權完成總登記後，才能辦理建物所有權登記（土登§10）。

（二）應登記的權利種類

　　1.所有權：即土地及建築改良物所有權的歸屬情形。

　　2.他項權利：即地上權、永佃權、不動產役權、農育權、典權、抵押權、耕作權及習慣上形成之物權等。

　　3.他項權利是由所有權衍生而出的，故未經登記所有權的土地或建物，除土地登記規則另有規定外，不得為他項權利登記或限制登記（土登§11）。

（三）應登記的權利關係

　　1.土地登記的權利關係，是指土地或建物權利、義務變動的關係，也就是其發生、變更及消滅的關係。

　　2.依據民法第758條、本法第72條及土地登記規則第4條規定，應登記的權利關係，係指土地或建物權利的取得、設定、移轉、變更或消滅，應經登記，非經登記不生效力。

（四）土地登記規則

　　1.本法對於土地登記僅作基本、簡單而原則性的規定，故須另行訂定「土地登記規則」，將登記有關事項的細節，作詳細的規定。所以本條第2項特別規定，土地登記規則由中央地政機關訂定。

　　2.土地登記規則的發布施行：

　　(1)35年10月2日地政署發布施行。

　　(2)69年1月23日內政部修正，同年3月1日施行。

(3)75年5月16日內政部修正發布，增訂第12條之1條文。

(4)79年6月29日內政部修正發布第6條、第13條、第20條、第22條、第23條、第45條、第62條、第63條、第120條、第123條、第134條及第140條條文、第四章章名，增訂第5條之1、第133條之1及第134條之1條文，並刪除第12條之1及第138條條文。

(5)80年11月29日內政部修正發布第37條條文。

(6)84年7月12日內政部修正發布，同年9月1日施行，全文共五章一百四十四條的條文。

(7)88年6月29日內政部修正發布第15條、第20條、第24條、第70條條文。

(8)90年9月14日內政部修正發布，同年11月1日施行，全文共計十三章一百五十七條條文。

(9)92年7月29日內政部修正發布，刪除第76條條文，並修正第5條、第6條、第34條、第40條、第41條、第44條、第51條、第101條、第106條、第119條、第130條、第137條、第146條及第155條等條文。

(10)92年9月23日內政部修正發布，修正第12條、第39條、第119條、第135條等條文。

(11)95年6月19日內政部修正發布第19條等二十八條條文，增訂二條條文，刪除一條條文。

(12)96年7月31日內政部修正、增訂並刪除部分條文。

(13)98年7月6日內政部修正及增訂部分條文。

(14)99年6月28日內政部修正及增訂部分條文。

(15)100年12月12日內政部修正及刪除部分條文。

(16)102年8月22日內政部修正及增訂部分條文。

(17)103年12月25日內政部修正第24條之1、第132條及第155條之3條文。

(18)106年2月14日內政部修正發布第29條、第85條、第117條、第139條條文。

(19)107年11月16日內政部修正發布第3條、第24條、第29條、第35條～第37條、第46條、第51條、第56條、第57條、第65條、第67條、第69條、第95條、第112條、第123條、第126條、第142條、第146條條文；刪除第122條之1條文。

(20)108年12月9日內政部修正發布第35條、第65條、第67條、第97條條文。

立法意旨

本條明示土地登記之意義。蓋土地登記，為公示土地權利得喪變更之制度，其對土地交易之安全，影響甚鉅，故土地登記制度甚為重要；然土地與建築改良物為兩個獨立之權利客體，應分別設置土地登記簿及建築改良物登記簿，分別辦理登記，故設本條第1項以示之。又土地登記規則為土地法之重要子法，惟現行法並無授權訂定之規定，故於64年本法修正案時增訂本條第2項，使現行土地登記規則之訂定與施行有所依據。

相關參考法條

土§1、5、133；土登§1、2。

第37條之1（土地登記申請之代理）

土地登記之申請，得出具委託書，委託代理人為之。

土地登記專業代理人，應經土地登記專業代理人考試或檢覈及格。但在本法修正施行前，已從事土地登記專業代理業務，並曾領有政府發給土地代書人登記合格證明或代理他人申辦土地登記案件專業人員登記卡者，得繼續執業；未領有土地代書人登記合格證明或登記卡者，得繼續執業至中華民國八十四年十二月

三十一日。

非土地登記專業代理人擅自以代理申請土地登記為業者，其代理申請土地登記之件，登記機關應不予受理。

土地登記專業代理人開業、業務與責任、訓練、公會管理及獎懲等事項之管理辦法，由中央地政機關定之。

解說

（一）委託他人代理申請登記

土地登記，如申請人未親自申請辦理時，得委託代理人代理申請辦理，但應出具委託書。目前實務上，因登記申請書中已有「委任關係欄」的填載，所以不須再另附委託書。

（二）土地登記專業代理人

1.所謂土地登記專業代理人，就是一般俗稱的「土地代書人」，由於名稱冗長，稱呼頗為不便，所以習慣上還是以「代書」相稱。

2.依本條第2項規定，土地登記專業代理人計有：

(1)考試及格者。

(2)檢覈及格者。

(3)領有土地代書人登記合格證明者。

(4)領有代理他人申辦土地登記案件專業人員登記卡者。

（三）於85年起落實證照制度

1.未具備土地登記專業代理人資格者，得繼續執業至84年12月31日。

2.自85年起，非土地登記專業代理人，擅自以代理申請土地登記為業者，其代理申請土地登記之件，登記機關應不予受理，以落實證照制度。

（四）地政士法

1.90年10月24日政府制定公布地政士法，並於公布後六個月施行。

2.由於地政士法的公布施行，所謂「土地代書人」或「土地登記

專業代理人」，均成為歷史名詞，取而代之者為「地政士」。

立法意旨

原立法理由：土地登記事關人民權益，且手續繁雜，非有專門知識不易勝任，故本條明定得由代理人為之，但應附具委託書。惟如以土地登記代理為專業者，為免弊端，應有適當之管理辦法，故設本條第4項之規定以利管理。

84年1月20日修正理由：

（一）土地登記，涉及人民財產權益，非有專業知識難以勝任，乃增訂第2項明定土地登記專業代理人應經土地登記專業代理人考試或檢覈及格。惟為顧及現有執業人員就業問題，明定本法修正施行前，已從事土地登記專業代理業務者，得自本法修正施行之日起，繼續執業五年，並於84年1月20日修正為得繼續執業至中華民國84年12月31日。

（二）為利土地登記專業代理人之管理，避免不具專業資格者代理申請土地登記，影響民眾權益，增訂第3項明定非土地登記專業代理人擅自以代理申請土地登記為業者，其代理申請土地登記時，登記機關得拒絕之。

（三）現行條文第2項文字酌予修正，並移列為第4項。

相關參考法條

民§103、107、109、167；土地登記專業代理人管理辦法；地政士法。

草案說明

由於地政士法的制定公布施行，本條已不具意義，故土地法修正草案擬刪除本條條文。

第38條（土地總登記之定義）

辦理土地登記前，應先辦地籍測量，其已依法辦理地籍測量之地方，應即依本法規定辦理土地總登記。

前項土地總登記，謂於一定期間內就直轄市或縣（市）土地之全部為土地登記。

解說

（一）土地登記，是指土地及建築改良物的所有權與他項權利的登記（土§37；土登§2）。

（二）地籍整理的程序，為地籍測量及土地登記（土§36）。即地籍測量為地籍整理的第一步工作，而土地登記為地籍整理的第二步工作。因此，尚未辦理地籍測量的土地，不得先辦理土地權利的登記；而已辦理完地籍測量的土地，必須即刻辦理土地權利的登記，以確定地權的狀態，保障人民權益。

（三）所謂「土地總登記」，是就直轄市或縣（市）全部土地於一定期間內全部完成土地登記，因此全部土地均須普遍、強制登記。

（四）本法第1項規定，於辦理土地登記前，應先辦理地籍測量，所以每筆土地的面積是依據地籍圖的界址而確定的，並非是先行確定每筆土地的面積，然後再據以移動界址的。

（五）土地經人民依法取得者，為私有土地；反之，未經登記的土地，為中華民國全體國民所有，就是國有土地（土§10）。

立法意旨

本條旨在說明土地總登記之意義。查土地總登記關係當事人權益甚鉅，且為明瞭土地面積及其分配狀況，應於辦理土地登記前，先辦理地籍測量，以確定土地面積之大小及其自然狀況，否則於地籍未查測清楚、土地之自然狀況未完全明瞭及地籍圖亦未繪製公布之情況下，貿然逕行土地登記，必致凌亂而不確實，如此不僅損害所有人權

益，亦無法達到地籍整理之目的。

相關參考法條

土§36、44、48；土登§2。

第39條（土地登記之辦理機關）

土地登記，由直轄市或縣（市）地政機關辦理之。但各該地政機關得在轄區內分設登記機關，辦理登記及其他有關事項。

解說

（一）主管機關

土地登記規則第3條第1項、第2項規定：「土地登記，由土地所在地之直轄市、縣（市）地政機關辦理之。但該直轄市、縣（市）地政機關在轄區內另設或分設登記機關者，由該土地所在地之登記機關辦理之。建物跨越二個以上登記機關轄區者，由該建物門牌所屬之登記機關辦理之。」依此規定，土地登記原則上由直轄市或縣（市）地政機關辦理，但直轄市或縣（市）得在轄區內分設登記機關，如此不但能簡化土地登記作業的流程，便利人民申請登記，並使目前台灣地區各地政事務所有其法律上的地位。

（二）地政事務所

1.依本條規定，登記業務由登記機關辦理，因此，該登記機關或許應該稱為登記事務所，但是目前都稱呼為地政事務所，似乎是名不正、言不順。

2.由於登記與測量為地籍兩大業務，為免脫節，均由地政事務所辦理，而且部分地政事務所也辦理地價業務，因此，地政事務所雖不是辦理全部的地政業務，但若正名為登記事務所，又似乎不能涵蓋全部的業務。

　　3.依本條規定，地政事務所除辦理登記的業務外，還辦理其他有關事項，所謂其他有關事項，諸如測量、地價、地用等業務均是。

立法意旨

　　土地登記，為地籍整理的一部分，多涉及專門知識技術，非一般行政機關可代為之，故本條明定應由地政機關專責掌管。然而地政機關有中央、地方之分，地方又有直轄市、縣（市）之別，因土地登記係屬經營性事務，故本條乃規定由直轄市或縣（市）地政機關辦理。此外，因直轄市或縣（市）行政區域遼闊，且土地登記紛繁，若只由一機關統籌辦理，恐有礙權利人申請之時效，故為便利民眾申請土地登記，特設有但書，以應實際需要，並作為目前台灣地區各市縣分設地政事務所之法律依據。

相關參考法條

　　土§38；土施§13。

第40條（地籍整理之區域單位）
地籍整理以直轄市或縣（市）為單位，直轄市或縣（市）分區，區內分段，段內分宗，按宗編號。

解說

（一）**分區**：地籍整理就區域範圍而言，應以直轄市或縣（市）為
　　　　辦理單位。市以下可按行政區域劃分為區，縣以下可按行政區
　　　　域劃分為鄉、鎮、市。

（二）**分段**：依據道路、河流等天然地形或土地明顯的界址，再將每
　　　　一區域或每一鄉、鎮、市劃分為若干地段，並再細分為小段。

（三）分宗

　　1.段內分宗，即指將每一段內區分出各宗土地，此為地籍整理的基本單位。

　　2.編號：按宗編號，是以各段為起訖，就其段內各宗土地依次編定地號，即每一宗土地編一個地號。

　　3.一宗地的標準，是依土地所有權人所有土地之坵形結構而定，每一坵塊單位為一宗地。若是在起伏地區坵形過於破碎時，可就同一個權利人所有地區相連、地目、使用分區及使用性質相同的坵塊，併為一宗，並於宗地的地籍圖內測繪坵形，但登記時仍然是按宗登記。

（四）雖然土地總登記必須就直轄市或縣（市）全部土地來辦理，但也不必等到全直轄市或縣（市）土地測量完畢後再來辦理。故本法第42條規定：「土地總登記得分若干登記區辦理。前項登記區，在直轄市不得小於區，在縣（市）不得小於鄉（鎮、市、區）。」就是採分期、分區的方法，節省測量與登記的時間。

（五）**建號**：土地登記，除土地外，還包括建築改良物的登記，而建築改良物登記，則以其基地的地段，依建物的登記先後編定建號。

立法意旨

　　本條規定，旨在說明地籍整理之區域單位。查我國行政區域以直轄市或縣（市）為單位，為配合行政區域劃分原則，地籍之整理亦應分直轄市或縣（市）辦理。市之下按行政區域分區，縣之下按行政區域分鄉鎮市。每一區或鄉鎮市斟酌情形分為若干段，段內再分宗，按宗編定地號。

相關參考法條

　　土施§19。

第41條（免予編號登記之土地）
第二條第三類及第四類土地，應免予編號登記。但因地籍管理必須編號登記者，不在此限。

解說

（一）本法第2條第三類土地為交通水利用地，例如道路、溝渠、水道、湖泊、港灣、海岸、堤堰等。第四類土地為其他土地，例如沙漠、雪山等。

（二）由於這二類土地的性質，不是公共交通、水利用地，就是無經濟效用價值的荒地，所以原則上不予編列地號、不予登記。但若是基於地籍管理上的需要，仍然可以編號登記。

（三）水利用地，既依法免於為所有權的編號登記，則亦不可主張時效完成而取得及請求地上權登記（最高法院65年台上字第2558號判例）。

（四）土地總登記後，依照本條規定，免予編號登記的土地，因地籍管理必須編號登記時，依土地登記規則第77條規定，得準用總登記程序辦理登記。新生土地亦同。

立法意旨

原立法理由：原本法第2條第三類及第四類土地，或係公共用地，或屬荒地，其多屬經濟效用價值較低者，故本條規定應免予編號登記。

78年12月29日修正理由：本法第2條第三類之交通水利用地及第四類之其他土地，範圍廣大，且為供公眾使用之土地，原則上免予編號登記。惟如河川或道路廢置，則情勢已有變更，爰增列但書規定必要時得予編號登記，以利地籍管理。

相關參考法條

土§2；土登§77。

第42條（分區總登記）

土地總登記得分若干登記區辦理。

前項登記區，在直轄市不得小於區，在縣（市）不得小於鄉（鎮、市、區）。

解說

（一）地籍整理的區域劃分原則，係以直轄市或縣（市）為單位，市以下劃分為區，縣以下劃分為鄉、鎮、市（土§40）。

（二）土地總登記須於一定期間內就直轄市或縣（市）土地的全部為土地登記。而辦理土地登記前，又須先辦理地籍測量。為讓權利人便於申請，並於規定的期限內辦理完成，乃將全國直轄市或縣（市）內分為若干登記區，採分期分區辦理，以充分掌握時效性，期能儘速完成地籍測量與土地總登記的地籍整理工作。

立法意旨

我國土地幅員廣大、人口眾多，倘全部一次辦理土地總登記，勢必有困難，本條遂規定宜斟酌土地、人口及距離等情況，在各直轄市或縣（市）範圍內分區辦理。然所分區域亦不宜過小，以免浪費人力、物力，是故本法以區、鄉、鎮、市為最小單位標準較為適宜。

相關參考法條

土§38；土登§3、4。

第43條（土地登記之效力）

依本法所為之登記，有絕對效力。

解說

（一）**強制登記**：我國土地登記採強制主義，對於依法所為的登記，享有確定的效力。即土地權利一經登記確定，則其效力為絕對的，登記名義人即享有絕對真實而不能推翻的權利。

（二）**保護善意第三人**

　　1.本條所謂有絕對效力的真義，是對於已登記的第三人而言，並不是對於原登記名義人。

　　2.為保護交易安全，本法是將登記事項賦予絕對真實的公信力。故善意第三人因信賴原登記的絕對真實性而取得土地權利，並且依法登記，即發生絕對的效力，不會因為原先的登記原因不成立、無效或撤銷而被追奪。

　　3.本條僅係保護善意第三人，對於惡意取得登記的第三人，應不受登記公信力的保護（最高法院44年台上字第828號判例、63年台上字第1895號判例）。

（三）**登記效力的生效**

　　1.申請登記而未經該管地政機關將應行登記的事項，記入登記簿者，不得謂已依土地法為登記，即不發生土地法第43條所定的效力（最高法院33年上字第5374號判例）。

　　2.所謂「登記」，係指完成法定登記程序，記入登記簿而言。亦即登記應自登記完畢之時發生效力（行政院46.11.18台內字第2669號令）。

　　3.登記完畢：依土地登記規則第6條規定，土地權利，經登記機關依本規則登記於登記簿，並校對完竣，加蓋登簿及校對人員名章後，為登記完畢；土地登記以電腦處理者，經依系統規範登錄、校對，並異動地籍主檔完竣後，為登記完畢。登記完畢，依本條規定，

即生絕對效力。

（四）在未有善意第三人因信賴登記的公信力而為取得所有權登記
　　　前，真正權利人得以登記原因無效或得撤銷為由，訴請法院
　　　為塗銷登記的確定判決，藉以塗銷登記。如果已有善意第三
　　　人因信賴登記而為取得所有權的登記時，只能依土地法第68條
　　　規定請求損害賠償，不得請求塗銷登記（內政部72.9.30台內地
　　　字第185083號函）。

立法意旨

　　本條規定土地登記之效力，以利土地登記之推行，並確定私有不
動產所有權及他項權利，因登記而受保障。

相關參考法條

　　民§758、759；土§38；土登§2、6。

第二章
地籍測量

第44條（地籍測量之辦理次序）

地籍測量依左列次序辦理：

一　三角測量、三邊測量或精密導線測量。

二　圖根測量。

三　戶地測量。

四　計算面積。

五　製圖。

解說

（一）三角測量

　　1.在測量區，選定適當位置，布設三角或導線測點，相互連結成三角形或導線網，再推求各三角、導線點在地面上精確的位置，作為水平控制用。

　　2.由於精密電子測距儀及電子計算機的發明、進展，及精密導線測量的精密度優異，提高了測量與計算作業的準確及快速性，故地籍測量除以三角測量為基本控制測量外，又增訂「三邊測量」及「精密導線測量」兩種方法（地籍測量實施規則§3）。

（二）圖根測量

　　於三角或導線網的空隙，配有次級控制點，即圖根點，可作為戶地測量的依據。

（三）戶地測量

依據圖根點的成果，以地面測量或航空測量方法，測得一縣市鄉鎮區範圍內各宗土地的位置、形狀或面積，繪製成地籍原圖，此為地籍測量的真正目的。

（四）計算面積

依據地籍原圖算定各宗土地的面積。並按各種地目分類，統計其成果，編製統計表。

（五）製圖

1.依據測量結果，繪製地籍原圖，並複製各種地籍圖。

2.一縣市地籍測量應繪製的地籍圖幅有七種，即地籍圖、地籍公告圖、段接續一覽圖、地段圖、區（市鄉鎮）一覽圖，直轄市、縣（市）一覽圖及其他。

立法意旨

原立法理由：查地籍測量是在測量一定區域內，每宗土地的地界、位置、形狀、面積等，以作為土地登記和其他土地行政的依據，故地籍測量為地籍整理之基本工作。本條因此特別規定地籍測量之次序，以作為土地測量進行之依循。

78年12月29日修正理由：精密電子測距儀及電子計算機之發展，大幅提高長距離測距精密度與計算能力，而測量方法演進，使三邊測量、精密導線測量亦能達三角測量同等精密度，故特於第1款增訂三邊測量及精密導線測量。

相關參考法條

土§36；地籍測量實施規則§3、161。

第44條之1（界標之設立及管理）

地籍測量時，土地所有權人應設立界標，並永久保存之。

界標設立之種類、規格、方式與其銷售及管理等事項之辦法，由中央地政機關定之。

解說

（一）土地界標，乃係指宗地周圍界址點所埋設的標樁，作為永久性的四至標誌。所謂四至，即該坵塊土地的東、西、南、北的境界。

（二）內政部於96年4月25日修正「界標管理辦法」，依該辦法的規定，其有關情形如下：

1.界標種類：界標按功能分土地界標及輔助界標。土地界標係指位於土地界址點位者，輔助界標係指位於土地經界線上者（第2條）。

2.界標材料：界標按材料分鋼釘界標、銅釘界標、水泥界標及塑膠界標等（第3條）。

3.界標埋設：（第4條）

(1)位於泥土地面者，埋設水泥界標或塑膠界標。

(2)位於水泥、柏油或硬質地面者，埋設鋼釘界標。

(3)位於建築物或固定工作物者，埋設鋼釘界標或銅釘界標。

4.界標埋設原則：（第5條）

(1)於平坦地者，應沒入與地面平。

(2)於山坡地者，得露出地面十公分。

(3)於建築物或固定工作物者，應沒入建築物或固定工作物。

5.界標的購買：直轄市或縣市地政事務所應儲存界標，以供需要人購買，並得委託股廠商代售（第6條）。

6.界標的維護保存：土地所有權人或管理人應對土地界標妥為維護管理，永久保存，並不得任意移動或毀損（第9條）。

立法意旨

　　為建立宗地界標制度，以杜絕經界糾紛，便利產權之行使，亦為推廣數值地籍之關鍵。

相關參考法條

　　地籍測量實施規則§210；界標管理辦法。

第45條（地籍測量之辦理機關）
地籍測量，如由該管直轄市或縣（市）政府辦理，其實施計畫應經中央地政機關之核定。

解說

（一）地籍測量是一種純技術性質的業務，它的實施非僅一地或僅一時，故為求協調聯繫各地區的測量成果，以明瞭整體性土地的實況，全國就必須有一致的制度。

（二）地籍測量的相關法規、模式、進行步驟、作業方法、精度標準、地圖規格與圖式等，均宜由中央政府統籌辦理，定一標準以為準繩。因此，依本條規定，如由直轄市或縣（市）政府辦理地籍測量，其實施計畫應經中央地政機關的核定，且地籍測量實施規則，依本法第47條規定，應由中央地政機關訂定。

立法意旨

　　地籍測量關係土地整理及土地所有權人之權益甚鉅，務求切實執行與結果準確。故本條明定地籍測量之執行，由該管直轄市或縣（市）政府為之，其實施計畫，則應經中央地政機關核定，俾能進行順利，以收實效。

相關參考法條

土§3、36、44。

第46條（航空攝影測量之辦理機關）
地籍測量，如用航空攝影測量，應由中央地政機關統籌辦理。

解說

（一）航空攝影測量係指為供測量、製圖及判讀使用作業所需，以航空器攜帶攝影機對地面獲取影像資料的有關作業。

（二）戶地航空攝影測量，以用立體測圖法為主，必要時得採正射投影法或糾正鑲嵌法。其作業方法如下：（地籍測量實施規則§106）

　1.地籍調查。

　2.布設航測標。

　3.航空攝影。

　4.像片認點。

　5.實地控制測量。

　6.空中三角測量。

　7.界址點坐標測量。

　8.測圖或糾正鑲嵌圖。

　9.實地補測與調繪。

（三）由中央地政機關統籌辦理：由於航空攝影測量所需要的儀器、費用，均較其他測量法來得多，且為顧及國防安全考量，故本條規定測量方法應由中央地政機關統籌辦理。內政部並據此訂定「實施航空測量攝影及遙感探測管理規則」，作為本條所規定的作業依據。

立法意旨

　　航空攝影測量，係由測量人員利用飛機空中照相，攝取各宗土地形狀、界址，將底片複照製圖後，再經調繪，而製成地籍圖。此種測量，需用特殊之人才及儀器，費用龐大；且顧及地區遼闊，跨越數區域，地方人力恐有不逮，故應由中央地政機關統籌辦理。

相關參考法條

　　土§45、47；地籍測量實施規則§106～131。

第46條之1（地籍圖重測之原因）
已辦地籍測量之地區，因地籍原圖破損、滅失、比例尺變更或其他重大原因，得重新實施地籍測量。

解說

（一）已完成地籍測量的地區，依本條規定，有下列情形之一者，得重新實施地籍測量（一般簡稱地籍圖重測）：

　　1.地籍原圖破損者：指地籍原圖部分破壞毀損而言。

　　2.地籍原圖滅失者：指地籍原圖毀滅、失落而言。

　　3.地籍圖比例尺變更者：指比例尺大小有所變更而言。因應社會經濟的發展及需要，地籍圖已逐漸趨向於較小比例的測量。

　　4.其他重大原因者：指因上述三種原因以外的其他原因，而致地籍圖不堪使用者。

（二）地籍圖重測，應依下列程序辦理（地籍測量實施規則§185）：

　　1.劃定重測地區。

　　2.地籍調查。

　　3.地籍測量。

4.成果檢核。

5.異動整理及造冊。

6.繪製公告圖。

7.公告通知。

8.異議處理。

9.土地標示變更登記。

10.複（繪）製地籍圖。

（三）台灣土地的地籍圖，是日據時代所測繪，原圖幾乎為第二次世界大戰的戰火所銷燬，光復後政府接收複圖，在長期的使用下，有部分已破損，有部分已滅失。在日本人測繪的年代，比例較大，多為1：1200；且當時的測量儀器及技術也較為不精密，土地面積的誤差較大，然因地價便宜，所以紛爭比較少。但自60年代以來，台灣經濟繁榮，地價暴漲，糾紛日多，因此，基於種種經濟、社會及地政等實際的需要，政府於64年修正本法時，特增訂本條及相關條文，以作為地籍圖重測的依據。

（四）如今，台北市及高雄市均已地籍圖重測完畢，台灣省各縣市則在積極進行中，重測後的地籍圖，於都市地區的比例多為1：500，郊區則為1：1000。

立法意旨

我國現有之地籍，皆使用年久，地籍圖已破損不堪使用，每易造成糾紛，影響人民權益至鉅，故必須實施重測。惟土地法對於地籍圖重測原未予明文規定，致地政機關辦理地籍圖重測時，缺乏明確之法律根據。故特於64年修訂土地法時增訂本條文，作為日後地政機關辦理地籍圖重測時之法律依據。

相關參考法條

土§46-2；土登§20、92；地籍測量實施規則§184。

第46條之2（地籍圖重測之指界）

重新實施地籍測量時，土地所有權人應於地政機關通知之限期內，自行設立界標，並到場指界。逾期不設立界標或到場指界者，得依左列順序逕行施測：

一　鄰地界址。

二　現使用人之指界。

三　參照舊地籍圖。

四　地方習慣。

土地所有權人因設立界標或到場指界發生界址爭議時，準用第五十九條第二項規定處理之。

解說

（一）名詞解釋

1.鄰地界址：指重測土地，其相連接土地的界址。

2.現使用人之指界：指現在土地上使用人——可能是租用人，可能是地上權人的指界。

3.舊地籍圖：指重測前之地籍圖。

4.地方習慣：指該地方相關人士長久以來公認的界址。

（二）界址爭議的處理

1.所謂準用本法第59條第2項規定處理，即是由地政機關調處——亦即由第34條之2所設置的不動產糾紛調處委員會予以調處。

2.因設立界標或到場指界而發生界址爭議時，才由該管直轄市或縣（市）地政機關予以調處。

3.不服調處者，因屬私權爭執，應於接到調處通知後十五日內，

向司法機關提起確定界址之訴。

　　4.逾期不起訴者，即生依原調處結果辦理的效果。

（三）上述調處，係地政機關對於土地界址有爭執時所為的處理辦
　　　法，當事人縱未經調處而逕行起訴，亦不能謂其起訴為違法
　　　（最高法院52年台上字第1123號判例）。

（四）向司法機關提起確定界址訴訟者，因屬於民事訴訟法第427條
　　　第2項第5款因定不動產之界線或設置界標之訴訟，依同法第
　　　466條第4項規定，對於第二審法院就此項訴訟所為之判決，不
　　　得提起第三審上訴（最高法院70年台上字第3889號判決）。

（五）設立界標並指界

　　1.通知：依本條規定，於地籍圖重測時，地政機關應通知土地所
有權人於通知的期限內到場。

　　2.設立界標並到場指界：土地所有權人應於限期內，自行設立界
標，並到場指界，地政機關則據以測量。

（六）未設立界標或到場指界的施測：由於地籍圖重測為政策性的
　　　業務，不應因土地所有權人未設立界標或到場指界而不施測。
　　　因此，應依本條第1項規定的順序直接進行施測。

立法意旨

　　本條明定地籍圖重測，係以土地所有權人之指界，作為施測之依
據，並規定逾期未到場指界時，得依一定順序予以施測，以便順利完
成重測；同時明定界址發生爭議之處理方法，以減少糾紛。

相關參考法條

　　土§34-2、44、46-1；地籍測量實施規則§185。

第46條之3（地籍圖重測結果之公告及異議處理）

重新實施地籍測量之結果，應予公告，其期間為三十日。

土地所有權人認為前項測量結果有錯誤，除未依前條之規定設立界標或到場指界者外，得於公告期間內，向該管地政機關繳納複丈費，聲請複丈。經複丈者，不得再聲請複丈。

逾公告期間未經聲請複丈，或複丈結果無誤或經更正者，地政機關應即據以辦理土地標示變更登記。

解說

（一）公告：地籍圖重測的結果，依本條第1項規定，應公告三十日。

（二）申請複丈：土地所有權人若認為測量結果有誤，不問所導致的原因為何，僅能於公告期間內申請複丈；如果是提出異議者，也是以申請複丈論。由於並不能準用土地法第59條第2項予以調處的規定，因此也不許訴諸法院審理。

（三）行政救濟：如申請複丈後，對複丈結果仍不滿意時，則應依行政程序請求救濟，而非向法院請求審理。

（四）如土地所有權人一開始即未設立界標或到場指界，就沒有複丈請求權，以示制裁。

（五）重測結果：應將圖冊以公開展覽方式公告三十日，並以書面通知土地所有權人。公告的第一天（即公告當日）不算入，而自第二天起算。公告期滿無異議，或經複丈結果無誤或有誤已訂正者，即生確定的效果。

（六）地政機關應於公告確定後，由測量單位列冊囑託登記機關辦理土地標示變更登記，將重測結果登載於土地登記簿上，以發生法律效力；並將登記結果以書面通知土地所有權人，限期申請換發書狀，印發地段圖。

（七）經複丈結果確定有誤者，除應立即訂正相關圖冊外，其已繳的

複丈費並應該退還申請人。

（八）關於本法第46條之1至第46條之3有關執行事宜，內政部訂頒有
　　　「土地法第四十六條之一至第四十六條之三執行要點」，請
　　　參閱之，於此不贅述。

立法意旨

　　地籍測量關係人民產權，重測結果自應公告，俾便業主有表示意
見之機會，藉以糾正測量之錯誤，進而確定其法律上之效力。

相關參考法條

　　土§46-1、46-2；地籍測量實施規則§199。

第47條（地籍測量實施規則之訂定）
地籍測量實施之作業方法、程序與土地複丈、建物測量之申請程
序及應備文件等事項之規則，由中央地政機關定之。

解說

（一）由於地籍測量，有如立法理由所述的一致性。因此，本條特別
　　　明訂其實施規則，由中央地政機關訂定。

（二）地籍測量實施規則於民國33年2月12日由地政署發布，至今已
　　　歷經多次修正。

（三）地籍測量實施規則的編章結構如下：

　　第一編　總則

　　第二編　地籍測量

　　　第一章　基本控制測量及加密控制測量

　　　第二章　圖根測量

　　　第三章　戶地測量

立法意旨

地籍測量為整理地籍之首要工作，且其事涉專門科技，並適用全國，故其執行須妥適，其方法及標準，亦須全國一致，始能適合需要。因此，本條規定地籍測量實施規則，應由中央地政機關制定，較能收統籌一致之功效。

相關參考法條

土§45、46；地籍測量實施規則。

第47條之1（地籍測量之委託）
地政機關辦理地籍測量，得委託地籍測量師為之。
地籍測量師法，另定之。

解說

（一）地籍測量除了須有精密的測量儀器，最重要的是執行測量業務的人員是否有專精的測量專業知識。另一方面，負責地籍測量的地政機關，由於工作負荷量大，人員易流失，人才的培育也相當不易。因此，為提升我國測量水準，政府決定設置地籍測量師制度，期以專業技術人員來負責地籍測量的工作，並依法管理，而於78年修正本法時，增訂本條文。

（二）目前，地籍測量師法尚未完成立法，為彌補此一缺憾，內政部訂定發布「地政機關委託辦理地籍測量辦法」。

立法意旨

因地政機關業務日增，且測量又涉及專門技術，於專門技術人才難以網羅之際，為免影響地籍測量工作，特增訂本條，明定地籍測量得委託地籍測量師為之，以減輕地政機關之業務負荷量，並明定測量師法另行訂定。

相關參考法條

土§44；地籍測量實施規則§3。

第47條之2（土地複丈費及建築改良物測量費標準）
土地複丈費及建築改良物測量費標準，由中央地政機關定之。

解說

（一）申請複丈應繳納土地複丈費，依地籍測量實施規則第209條規定，土地複丈費之收支應依預算程序辦理。至於建物測量費，依該規則第268條規定，準用第209條。

（二）費用標準

115

1.依本條規定，有關複丈費及測量費標準，由中央地政機關訂定。

2.土地複丈費及建築改良物測量費收費標準（103.5.8內政部台內地字第1030152777號令）：

第1條　本標準依土地法第47條之2及規費法第10條第1項規定訂定之。

第2條　土地複丈費之收費如附表一。

第3條　建築改良物測量費之收費如附表二。

第4條　各級法院囑託辦理複丈及測量業務，並限期在十五日內辦理者，其費用依前二條規定加倍計收。

第5條　各級法院或檢察機關行使國家刑罰權囑託辦理測量、複丈者，免納費用。

第6條　本標準自發布日施行。

附表一　土地複丈費之收費標準表

項次	項　目	收　費　標　準
一	土地分割複丈費	按分割後筆數計算，每單位以新臺幣800元計收。申請人未能埋設界標，一併申請確定分割點界址者，加繳複丈費之半數。
二	土地合併複丈費	免納複丈費。
三	土地界址鑑定費	每單位以新臺幣4,000元計收。
四	土地地目變更勘查費	每單位以新臺幣400元計收。
五	土地界址調整複丈費	每單位以新臺幣800元計收。申請人未能埋設界標一併申請確定調整後界址點者，加繳複丈費之半數。
六	調整地形複丈費	每單位以新臺幣800元計收。申請人未能埋設界標一併申請確定調整後界址點者，加繳複丈費之半數。
七	土地他項權利位置之測量費或鑑定費	每單位以新臺幣4,000元計收。

附表一　土地複丈費之收費標準表（續）

項次	項　　目	收　費　標　準
八	未登記土地測量費	每單位以新臺幣4,000元計收。必須辦理基本控制測量或圖根測量者，其測量費用，應另案核計。
九	土地自然增加或浮覆測量費	每單位以新臺幣4,000元計收。必須辦理基本控制測量或圖根測量者，其測量費用，應另案核計。
十	土地坍沒複丈費	以坍沒後存餘土地每單位新臺幣800元計收。

附註：土地分割複丈費、土地界址鑑定費、土地地目變更勘查費、土地界址調整複丈費、調整地形複丈費、土地他項權利位置之測量費或鑑定費、未登記土地測量費、土地自然增加或浮覆測量費、土地坍沒複丈費，以每筆每公頃為計收單位，不足一公頃者，以一公頃計，超過一公頃者，每增加半公頃增收半數，增加不足半公頃者，以半公頃計；至面積超過十公頃者，由登記機關依規費法規定，核實計算應徵收規費，並檢附直接及間接成本資料，經該級政府規費主管機關（財政局、處）同意，報直轄市或縣（市）政府核定後計收。

附表二　建築改良物測量費之收費標準表

項次	項　　目	收　費　標　準
一	建物位置圖測量費	每單位以新臺幣4,000元計收。同棟其他區分所有權人申請建物位置圖勘測時，可調原勘測位置圖並參酌使用執照竣工平面圖或建造執照設計圖轉繪之。每區分所有建築改良物應加繳建物位置圖轉繪費新臺幣200元。
二	建物平面圖測量費	每單位以新臺幣800元計收。如係樓房，應分層計算，如係區分所有者，應依其區分，分別計算。
三	建築改良物合併複丈費	按合併前建號計算，每單位以新臺幣400元計收。
四	建築改良物分割複丈費	按分割後建號計算，每單位以新臺幣800元計收。
五	建築改良物部分滅失測量費	按未滅失建築改良物之面積計算，每單位以新臺幣800元計收。

附表二　建築改良物測量費之收費標準表（續）

項　次	項　目	收　費　標　準
六	未登記建築改良物，因納稅需要，申請勘測之測量費	依建物位置圖測量費計收。
七	建築改良物基地號或建築改良物門牌號變更勘查費	不論面積大小，以每建號計算，每單位以新臺幣400元計收。
八	建築改良物全部滅失或特別建築改良物部分滅失之勘查費	不論面積大小，以每建號計算，每單位以新臺幣400元計收。
九	建物位置圖轉繪費	每建號新臺幣200元計收。
十	建物平面圖轉繪費	每建號新臺幣200元計收。
十一	建築平面圖或建物測量成果圖影印本	以每張新臺幣15元計收。
十二	建物測量成果圖採電腦列印	以每張新臺幣20元計收。

附註：
一、建物位置圖測量費及未登記建築改良物，因納稅需要，申請勘測之測量費，以整棟建築改良物為一計收單位。
二、建物平面圖測量費、建築改良物合併複丈費、建築改良物分割複丈費、建築改良物部分滅失測量費，以每建號每五十平方公尺為計收單位，不足五十平方公尺者，以五十平方公尺計。

立法意旨

　　土地複丈及建物測量之費用，若各地標準不一，則民眾易生困惑與不滿，故宜由中央地政機關統一訂定，以求一致。

相關參考法條

　　土§67、77；地籍測量實施規則§209、268。

第三章

土地總登記

解說

（一）調查地籍

　　1.地籍調查的目的，在於瞭解土地的客觀狀態與權屬關係，以便填發登記通知，審查登記申請案件。

　　2.地籍調查的內容，包括各宗土地的坐落、界址、地目、面積、使用狀況、建築改良物等標示事項，所有權人、使用人、他項權利人的姓名、住址等土地權利情形。

（二）公布登記區及登記期限

　　1.依本法第42條規定，土地總登記得分若干登記區辦理，在市不得小於區，在縣不得小於鄉鎮。因此，所謂公布登記區，即在明示各登記區的範圍，以方便土地權利人來申請。

　　2.由於土地總登記必須在一定期間內就直轄市或縣（市）全部土

地辦理登記，故接受登記申請文件的時間就不得不有所限制，因而乃須公布登記期限，以明示每一登記區接受登記申請的期限。

3.依本法公布登記期限，依土地法施行法第10條規定，應報請中央地政機關備查。

（三）接收文件

1.接收文件簡稱收件。接收請求登記人的文件，為受理土地登記案件的第一步。所謂受理，即指正式收件而言（最高法院62年台上字第2782號判例）。

2.申請土地總登記，應提出登記申請書、登記原因證明文件、申請人身分證明及其他依法令應提出的證明文件（土登§34）。

（四）審查並公告

1.依本法第55條第1項規定，直轄市或縣（市）地政機關接收申請或囑託登記之文件，經審查證明無誤，應即公告。土地登記規則第55條第1項前段也規定：「登記機關接收申請登記案件後，應即依法審查。」也就是說，完成登記收件手續後，無論是申請登記、囑託登記或是逕為登記的案件，均須交付審查，經審查認可無誤後，還須公告周知，徵詢異議，才能確定登記，確保真實。

2.所謂「公告」，就是以公示方式，將審查完竣的案件公示於眾，使利害關係人得以提出異議，以發生法律的效果。因為依本法所為的登記是有絕對效力的，故必須力求登記事項的真實性，尤其要顧及第三人的權益。因此，為防止虛偽、假冒、詐欺、侵占、遺漏及錯誤，並補審查上的不足，公告程序是不可少的。

（五）登記發給書狀並造冊

1.土地總登記，於公告期滿後無人提出異議者，或是經調處成立或裁判確定者，依本法第62條規定，應立刻為確定登記。即登記機關於確定登記時，應依次序於登記簿用紙內將所有權及其以外之權利登記上去。

2.如是辦理所有權的登記，應發給權利人所有權狀；如是辦理所

有權以外之權利登記，如：抵押權、地上權、典權等，應發給權利人他項權利證明書作為憑證。

　　3.依據登記結果，造具登記簿冊，由登記機關負責保管。

（六）建物所有權第一次登記

　　建物所有權第一次登記的程序辦法，依土地登記規則第84條規定，除該規則第78條至第83條規定外，準用土地總登記的程序。

立法意旨

　　本條明文規定辦理土地總登記之次序，以資依循。查土地測量完竣，土地之位置應不再有變異，惟其土地之權利狀態與土地及權利之界限，應再予查明，故土地總登記首應調查地籍。其次為公布登記區及登記期限，此因每一登記區應登記之土地筆數甚多，若各區同時舉辦，顯非易事，故應公布舉辦登記之區域，俾使權利關係人知所遵循。又為顧及所有權人或權利關係人未在當地者，應訂一定之登記期限，以利其申請。地政機關接受申請登記之文件後，應派員審查之，經審查無誤者，應即公告。公告期滿，如無人異議或異議經調處成立或經司法機關裁判確定者，地政機關應為確定登記，並發給權利人土地所有權狀或他項權利證明書，並造具登記總簿，由直轄市、縣（市）政府保存之。因此，辦理土地總登記時，須按照本條規定之次序辦理，否則若有變更，前後作業將無法配合，土地總登記之流程即會發生阻滯不圓滿之現象。

相關參考法條

　　土§38、55、58、62、64；土登§62、68、69、71～77；土施§10。

第49條（申請登記之期限）

每一登記區，接受登記申請之期限，不得少於二個月。

解說

（一）由於土地總登記是於一定期間內，將直轄市或縣（市）全部
土地予以登記，因此受理登記申請文件的時間就必須有所限
制（土§38）。也就是說，將受理登記申請的起訖日期予以公
布，使土地權利人於規定期間內，都能來辦理總登記，以便於
一定期間內，完成整個直轄市或縣（市）全部土地的登記。

（二）本條規定，每一登記區接受登記申請的期限，不得少於二個
月；換句話說，即以二個月為接受登記申請的最短期限。至於
最長期限應如何訂定，則視登記區的大小及業務的繁簡，授權
地方主管地政機關衡量實際情形再作決定；但是登記期限訂定
後，依土地法施行法第10條規定，應報請中央地政機關備查。

（三）超過登記期限，沒有人來申請登記的土地，或是有人申請但超
過期限未補齊應附證明文件者，均視為無主土地，由該土地之
主管直轄市或縣（市）地政機關予以公告。公告三十日後，如
無人提出異議，即為國有土地的登記（土§57、58）。

立法意旨

土地總登記之目的在於整理地籍，而接受總登記申請之期限，為
實行土地總登記所必須。如不設定期限，將無法於短期內完成全面地
籍整理之目的，故必須限期申請登記，依限完成。然而，為使人民能
有充分期間申請登記，以保障其權益，故申請登記之期限不宜過短，
故本條規定不得少於二個月。

相關參考法條

土§38、57、58；土施§10。

第50條（公布登記區內之地籍圖）
土地總登記辦理前，應將該登記區地籍圖公布之。

解說

（一）辦理土地總登記時，除須公布登記區，以明示各該登記區的範圍外，尚須將該登記區的地籍圖公布，以方便該登記區的權利人，能依據地籍公告圖所示的資料來申請登記。

（二）所謂「地籍公告圖」，是依地籍藍曬底圖複製（地籍測量實施規則§169）。

（三）當人民查閱地籍公告圖，如認為有不符時，應依據土地複丈的相關規定，填具複丈申請書、繳納複丈費，申請複丈。如確有錯誤，則訂正圖籍資料。

立法意旨

地籍測量後，應製成地籍圖。於辦理土地總登記前公布之，以供土地權利人閱覽，使其對該所有土地相關位置及權利範圍有所知悉，並依地籍圖所載從速辦理土地總登記之申請，以確保私權。

相關參考法條

土§44、45、47；地籍測量實施規則§169、183、189。

第51條（土地總登記之聲請人）
土地總登記，由土地所有權人於登記期限內，檢同證明文件聲請之。如係土地他項權利之登記，應由權利人及義務人共同聲請。

解說

（一）登記申請人

1.登記申請人，就是指登記請求權人或登記當事人。有的是由登記權利人及登記義務人雙方共同申請，或是由登記權利人一方單獨申請。

2.所謂「登記權利人」，是指基於登記原因直接取得其權利或免除其義務的人，也就是蒙受利益的人；至於所謂「登記義務人」，則是指基於登記原因直接喪失其權利或承受其義務的人，也就是蒙受不利的人。

（二）土地總登記或建物所有權第一次登記，由土地或建物所有權人單獨申請（土登§27）。如係土地或建物他項權利的登記時，則應由權利人及義務人共同申請。

（三）代理人：登記申請，雖然應該是登記權利人或登記權利人與登記義務人的行為，但並非一定要由其本人來申請。如果本人不親自申請，則可由本人出具委託書，委託代理人申請（土§37-1Ⅰ）。代理人應自行處理委任事務，申請登記時，代理人應親自到場，登記機關應核對其身分。

（四）土地總登記及他項權利總登記應附具下列文件（土登§34）：

1.登記申請書。

2.登記原因證明文件。

3.已登記者，其所有權狀或他項權利證明書。

4.申請人身分證明。

5.其他由中央地政機關規定應提出之證明文件。

（五）本條所規定的他項權利為地上權、永佃權、農育權、不動產役權、典權、抵押權及耕作權七種。

（六）土地登記規則第11條規定：「未經登記所有權之土地，除法律或本規則另有規定外，不得為他項權利登記或限制登記。」這是因為他項權利係由所有權衍生而來，所以，他項

　　　權利的登記，應在辦理所有權登記後才能辦理登記。
（七）申請土地所有權登記，必須審核該土地確為申請人所有，方得
　　　予以登記（行政法院28年字第11號判例）。

立法意旨

　　土地總登記之申請，乃係申請人請求國家為一定之行為，其目的
在於確定私有財產權利關係之變動，故申請人於請求登記時，必須檢
附有關證明文件，例如證明所有權存在之文件。至於土地他項權利之
登記，因事關雙方當事人權利義務之範圍及意思表示之真實性，故必
須由權利人及義務人共同申請，以免錯誤。

相關參考法條

　　土§37-1、48、49、72、74；土登§27、34。

第52條（公有土地之登記）
**公有土地之登記，由原保管或使用機關囑託該管直轄市或縣
（市）地政機關為之，其所有權人欄註明為國有、直轄市有、縣
（市）有或鄉（鎮、市）有。**

解說

（一）本法所謂的公有土地，包含國有土地、直轄市有土地、縣
　　　（市）有土地或鄉（鎮、市）有之土地。
（二）本條所謂的原保管機關或使用機關，是指各級政府機關及自治
　　　團體而言，自治團體所保管的公有土地，可依照本條的規定辦
　　　理囑託登記（內政部38.6.3地德字第51號代電）。
（三）關於公有土地登記，除國有土地及市、縣有土地，應依照公有
　　　土地管理辦法第7條、第8條辦理外，其餘鄉鎮有土地，應由鄉

鎮公所保管，並向主管地政機關囑託登記或申請登記。至於使用公有土地的非政府機關，則不可為申請登記的主體（內政部38.11.4渝漠地字第102號代電）。

（四）國有、直轄市有、縣（市）有或鄉（鎮、市）有等公有土地的登記，應以具備法人地位的「國」、「市」、「縣」、「鄉」、「鎮」為所有權人，即土地登記簿所有權人欄內應分別註以如「中華民國」、「台北市」、「彰化縣」等名義，並另記載其管理機關。

立法意旨

土地登記，原則上以登記權利人、義務人或其代理人申請為主；然公有土地之登記，本條特別規定，由原保管或使用機關以囑託方式為之。因公有土地其權利由國家或地方政府所有，故其登記自應由原保管或使用機關囑託該管直轄市、縣（市）地政機關為之；惟應於所有權人欄內註明為國有、直轄市有、縣（市）有或鄉（鎮、市）有，以明所有權之歸屬。

相關參考法條

土§4、25；土登§29；國有財產§19。

第53條（無保管或使用機關之公有土地登記）

無保管或使用機關之公有土地及因地籍整理而發現之公有土地，由該管直轄市或縣（市）地政機關逕為登記，其所有權人欄註明為國有。

解說

（一）**公有土地**

1.中華民國領域內的土地，屬於中華民國人民全體，其經人民依法取得所有權者，為私有土地（土§10）：換句話說，私有土地以外的土地，均為公有土地。

2.所謂「公有土地」，是指國有土地、直轄市有土地、縣（市）有土地或鄉（鎮、市）有土地四種（土§4）。

（二）**公有土地登記為國有的情形**

1.無保管或使用機關的公有土地，登記為國有。如是有保管或使用機關，則分別登記為國有、直轄市有、縣（市）有或鄉（鎮、市）有（土§52）。

2.因地籍整理而發現的公有土地，顯然是屬於未登記的土地。未登記的土地，既未經人民依法取得所有權，也未經市、縣或鄉、鎮市登記為所有，當然是屬於國有。

（三）**由直轄市或縣（市）地政機關逕為登記**

1.由於本法第39條規定，土地登記是由直轄市或縣（市）地政機關辦理，所以本條規定的登記，自應由直轄市或縣（市）地政機關辦理。

2.逕為登記：

(1)所謂「逕為登記」，是指由主管地政機關依據法律的授權或職權直接辦理登記，而無須以申請方式辦理登記。

(2)土地登記規則第28條規定應由登記機關逕為登記的情形，雖未明文規定本條的逕為登記，但該條文第1項第5款「其他依法律得逕為登記者」的概括規定，應包括本條規定。

（四）**應公告後再登記**

本條規定的逕為登記，應公告（土§55）。而且公告的期限，不得少於十五日（土§58）。

立法意旨

　　有保管或使用機關之公有土地，為土地登記時，可依本法第52條規定辦理。至於無保管或使用機關之公有土地，及因地籍整理而發現之公有土地，例如交通水利用地、荒地等，則由該管直轄市或縣（市）地政機關逕為登記，註明為國有。此因公有土地既無保管或使用機關，即表示尚未屬某一級政府所有，基於土地之最高所有權屬於人民全體，而由國家代表人民行使之，故應於所有權人欄註明為國有，以便管理。

相關參考法條

　　土§4、10、39、52、53、55、58；土登§28。

第54條（時效取得土地所有權之登記）

和平繼續占有之土地，依民法第七百六十九條或第七百七十條之規定，得請求登記為所有人者，應於登記期限內，經土地四鄰證明，聲請為土地所有權之登記。

解說

（一）時效取得

　　1.依民法第769條規定，因時效完成得請求登記為所有人的情形為：

　　(1)須以所有的意思占有。

　　(2)須二十年間和平、公然、繼續占有。

　　(3)須是占有他人未登記的土地。

　　2.依民法第770條規定，因時效完成得請求登記為所有人的情形為：

　　(1)須以所有的意思占有。

(2)須占有時為善意並無過失者。

(3)須十年間和平、公然、繼續占有。

(4)須是占有他人未登記的土地。

（二）登記期限

1.依本條規定，應於登記期限內申請登記。

2.所謂「登記期限」，不得少於二個月（土§49）。

3.申請登記的案件，經審查無誤，應即公告，其公告期間不得少於十五日（土§55、58）。

4.合法占有人，未於登記期限內申請登記，也未於公告期間內提出異議者，即喪失其占有的權利（土§60）。

（三）申請登記應備文件

1.依本條及土地登記規則第27條、第34條規定，由合法占有人單獨申請登記，於申請登記時，除應檢附本條所規定的土地四鄰證明外，尚應提出登記申請書、申請人身分證明及土地測量成果圖。

2.由於是未登記的土地，所以於登記前，應先申請測量，於取得測量成果圖後，再據以申請登記（地測§204）。

立法意旨

本條依據民法和平繼續占有土地規定之原則，凡以所有之意思，和平繼續占有二十年者；或以所有之意思善意和平繼續占有十年者，於登記申請期限內，可依四鄰證明申請登記為土地所有權人之登記。蓋占有之事實，土地四鄰知之最詳也，故應經土地四鄰之證明，始可申請為土地所有權之登記，以確保合法占有之權益。

相關參考法條

民§769、770；土§49、55、60；土登§27；地測§204。

> **第55條**（登記案件之審查及公告）
>
> 直轄市或縣（市）地政機關接受聲請或囑託登記之件，經審查證明無誤，應即公告之，其依第五十三條逕為登記者亦同。
>
> 前項聲請或囑託登記，如應補繳證明文件者，該管直轄市或縣（市）地政機關應限期令其補繳。

解說

（一）申請登記

土地總登記，由土地所有權人於登記期限內檢同證明文件申請；如係土地他項權利的登記，應由權利人及義務人共同申請（土§51）。

（二）囑託登記

公有土地的登記，由原保管或使用機關囑託該管直轄市或縣（市）地政機關辦理，其所有權人欄註明為國有、直轄市有、縣（市）有或鄉（鎮、市）有（土§52）。

（三）逕為登記

無保管或使用機關的公有土地及因地籍整理而發現的公有土地，由該管直轄市或縣（市）地政機關逕為登記，其所有權人欄註明為國有（土§53）。

（四）審查

1.審查，有形式審查及實質審查二種。

2.所謂「形式審查」，是對登記案件的申請手續、應備文件的齊全予以審查。

3.所謂「實質審查」，是對登記案件除作形式審查外，對於權利人的權利能力、行為能力、意思能力、意思表示的真假、標的物的合法性、法律行為、事實行為或事實等人、物、事作審查。

4.我國土地登記是採實質審查。

（五）公告

前述本法第51條至第53條，均是本法第三章土地總登記的條文。依本條規定，各該土地總登記，無論是申請、囑託或是逕為登記，均應於審查無誤後公告。而且，公告期限不得少於十五日（土§58 I）。

（六）補正

1.申請或囑託登記的案件，經審查如應補繳證明文件，應於限期內補繳。

2.於補繳證明文件齊全，並再經審查證明無誤，才公告。

3.登記機關應以書面敘明理由或法令依據，通知申請人於接到通知書日起十五日內補正（土登§56）。

立法意旨

本條規定地政機關接受申請登記案件之審查及公告。按審查乃查其申請書之記載及圖示，是否與地籍測量之結果相符，登記原因是否真正，保證書類是否確實等。直轄市或縣（市）地政機關接受申請或囑託登記文件，經審查證明無誤，應即予以公告之（公告期間不得少於十五日），使利害關係人提出異議，以防虛偽、詐欺、遺漏、錯誤等情事，以彌補審查之不周。如果審查認定應補繳證明文件者，該管直轄市或縣（市）地政機關應限期令其補繳，以免拖延。

相關參考法條

土§51～55、58；土施§15、土登§56、71～75。

第56條（駁回登記之救濟）
依前條審查結果，認為有瑕疵而被駁回者，得向該管司法機關訴請確認其權利，如經裁判確認，得依裁判再行聲請登記。

解說

（一）駁回

1.所謂「駁回」，是指登記案件有瑕疵無法登記而批駁退回。

2.駁回的情形：（土登§57）

有下列各款情形之一者，登記機關應以書面敘明理由及法令依據，駁回登記的申請：

(1)不屬受理登記機關管轄。

(2)依法不應登記。

(3)登記的權利人、義務人或其與申請登記的法律關係有關的權利關係人間有爭執。

(4)逾期未補正或未照補正事項完全補正。

3.駁回案件的處理：登記機關駁回登記的申請時，應將登記申請書件全部發還，並得將駁回理由有關文件複印存查（土登§58）。

（二）駁回後的救濟程序

1.司法程序救濟：

(1)依本條規定，登記案件被駁回，得向司法機關訴請確認其權利。依本法第61條規定，在辦理土地總登記期間，當地司法機關應設專庭，受理土地權利訴訟案件，並應速予審判。

(2)因登記的權利人、義務人或有關的權利關係人間有爭執而駁回登記案件，申請人除得行政救濟外，並得訴請司法機關裁判（土登§57Ⅲ）。

2.行政程序救濟：申請人不服駁回者，得依訴願法規定提起訴願（土登§57Ⅱ）。

（三）再申請登記

1.依本條規定，經司法機關裁判確認後，得再行申請登記。

2.如係行政程序救濟，則於訴願決定或再訴願決定或行政法院判決等程序終結確認後，得再行申請登記。

3.已駁回或撤回的登記案件，重新申請登記時，應另行辦理收件

（土登§60）。

立法意旨

　　直轄市或縣（市）地政機關接受申請或囑託登記之件，經審查證明無誤，應即公告之。反之，審查結果認為有瑕疵而駁回其申請者，如係有關實體問題而不涉及私權爭執者，申請人得依行政訴願程序補救；如駁回理由涉及私權之爭議者，申請人得訴請司法機關裁判，經裁判確認其權利者，得依裁判結果再行申請登記，以謀救濟。

相關參考法條

　　土§51、55、61；土登§57。

第57條（無主土地之處理）

逾登記期限無人聲請登記之土地或經聲請而逾限未補繳證明文件者，其土地視為無主土地，由該管直轄市或縣（市）地政機關公告之，公告期滿，無人提出異議，即為國有土地之登記。

解說

（一）登記之強制性

　　我國的土地登記制度是採強制性登記，非經登記不生效力；反之，依法完成登記，即生絕對效力（民§758；土§43）。因此，本條規定，不依法申請登記，即為國有土地的登記。

（二）視為無主土地之情形

　　1.逾登記期限無人申請登記的土地。

　　2.經申請而逾期限未補繳證明文件的土地。

（三）公告與登記

　　視為無主土地，依本條規定，於登記前應公告，且公告期間不得

133

土地法

少於三十日（土§58Ⅱ）。公告期滿，無人提出異議，即為國有土地的登記。

（四）補正與駁回

1.依土地登記規則第56條及第57條規定，登記案件應補繳文件時，應通知於十五日內補正，逾期未補正或未完全補正，則予駁回，並未視為無主土地。但該規則的規定，是泛指所有的登記申請案件。

2.本條規定則是專指土地總登記而言，因為未經土地總登記，其權利未確定，依本法第10條規定，土地經人民依法取得，為私有土地；反面解釋，人民未依法取得，即為公有土地。因此，本條所規定的無主土地，當然應登記為國有土地。

立法意旨

土地逾登記期限無人申請登記者；或經申請登記，地政機關審查後，限期命其補繳證件逾期未補繳者，其土地視為無主土地，由該管直轄市或縣（市）地政機關公告之。如公告期間內無人提出異議，即為國有土地之登記。其旨在迫使土地所有權人不敢怠忽拖延登記之申請，以達到整理地籍之目的。

相關參考法條

土§49、55、58；土登§29、56。

第58條（公告期限）

依第五十五條所為公告，不得少於十五日。

依第五十七條所為公告，不得少於三十日。

解說

（一）公告期間的縮短：關於土地登記的公告期間原為不得少於六十

日，於64年7月修正為不得少於三十日，之後於78年12月再修
正如本條的規定。

（二）公告期間不得少於十五日的登記案件：

1.本法第55條規定，是指土地總登記時，人民依本法第51條規定
申請登記，或依本法第52條規定公有土地的囑託登記，或依本法第53
條規定公有土地的逕為登記。各該登記，應至少公告十五日。

2.土地登記規則第84條規定，建物所有權第一次登記，除本節規
定外，準用土地總登記程序。該規則第四章第一節土地總登記第72條
規定，登記機關對審查證明無誤的登記案件，應公告十五日。準此，
建物所有權第一次登記──即一般所謂的保存登記，應於登記前至少
公告十五日。

（三）公告期間不得少於三十日的登記案件：本法第57條規定，是對
　　　於視為無主土地登記為國有的公告。

（四）公告事項：（土登§73）

1.申請登記為所有權人或他項權利人的姓名、住址。

2.土地標示及權利範圍。

3.公告起訖日期。

4.土地權利關係人得提出異議的期限、方式及受理機關。

（五）公告的事項，如發現有錯誤或遺漏時，登記機關應於公告期間
　　　內更正，並即於原公告的地方重新公告十五日（土登§74）。

（六）公告的地方：主管登記機關的公告處所予以公告（土登
　　　§73）。

立法意旨

原立法理由：目前交通便利，人民知識水準普遍提高，為求革新
便民，改進土地登記，特定土地總登記公告之最低期限。然其期限亦
不宜太短，以免匆促登記不詳，或不及辦理，故本條規定，依本法第
55條及第57條所為公告，均不得少於三十日。

　　78年12月29日修正理由：關於土地總登記與建築改良物所有權第一次登記之公告期間，各界咸期能縮短，爰斟酌實際需要，縮短為不得少於十五日。

相關參考法條
　　土§55、57；土施§15；土登§72～75。

第59條（異議處理）
土地權利關係人，在前條公告期間內，如有異議，得向該管直轄市或縣（市）地政機關以書面提出，並應附具證明文件。
因前項異議而生土地權利爭執時，應由該管直轄市或縣（市）地政機關予以調處，不服調處者，應於接到調處通知後十五日內，向司法機關訴請處理，逾期不起訴者，依原調處結果辦理之。

解說
（一）異議的提出
　　1.須是土地權利關係人才可提出異議，也就是對於公告登記的土地所有權或建物所有權有爭議的人才可提出異議。
　　2.須在公告期間內提出異議。若在公告期間屆滿，才提出異議，則地政機關不受理異議，異議人只能訴請司法機關裁判處理。
　　3.須向主管直轄市或縣（市）地政機關提出異議──即該受理登記的地政事務所。
　　4.須以書面提出異議。
　　5.須附具證明文件。
　　6.須對公告登記的事項有異議才可提出。
（二）調處與起訴
　　因異議而生爭執，由直轄市或縣（市）地政機關予以調處，不服

調處，應於接到通知後十五日內，向司法機關訴請處理，逾期不起訴者，依原調處結果辦理。

（三）調處時機

　　土地權利關係人於公告期間內提出異議，而生權利爭執事件者，登記機關應於公告期滿後，依本條第2項規定調處（土登§75）。實務上，由登記機關先試行協調，協調不成，則移送本法第34條之2規定之不動產糾紛調處委員會調處。

立法意旨

　　本條規定旨在說明土地權利關係人，對前條所公告之事項有異議時，得向該管直轄市或縣（市）地政機關以書面提出。其因上開事項而生爭執時，應由該管直轄市或縣（市）地政機關予以調處；如不服調處，則應於接到調處通知後十五日內向司法機關訴請處理，不適用訴願程序。此因土地總登記所生之糾紛，類皆涉及私權爭執，宜由司法機關審理。然而，逾十五日內未起訴者，調處即告確定，地政機關得逕依調處結果辦理之。

相關參考法條

　　土§34-2、58、61；土施§15；土登§75。

第60條（占有權利之喪失）
合法占有土地人，未於登記期限內聲請登記，亦未於公告期間內提出異議者，喪失其占有之權利。

解說

（一）占有權利的喪失情形：1.未於登記期限內申請登記；2.也未於
　　　公告期間內提出異議。

（二）合法占有土地人：對於和平繼續占有的土地，依民法第769條或第770條規定，得請求登記為所有人者（土§54）。

（三）登記期限內申請登記：土地總登記的受理期限，不得少於二個月，合法占有土地人應於登記期限內，申請登記（土§49、54）。

（四）公告期間內提出異議：土地總登記應公告，其公告期間不得少於十五日，土地權利關係人應於公告期間內提出異議（土§58、59）。

（五）合法占有土地人既然合法占有土地，自應於登記期限內申請登記；如未於登記期限內申請登記，也應於公告期間內提出異議，以確保權利。反之，如未於登記期限內申請登記，也未於公告期間內提出異議，顯然不把權利當作權利，則為使地權及地籍早日確定，依本條規定，合法占有土地人喪失其占有的權利。

立法意旨

依民法第769條、第770條規定之合法占有土地人，應於登記期限內行使其權利，方可受到法律之保障，逾期未行使者，即視為喪失其占有之權利，以加強土地總登記之強制作用，避免土地權利久懸未定，發生爭執。

相關參考法條

民§769、770；土§49、54、58、59；土登§27。

第61條（土地裁判專庭）

在辦理土地總登記期間，當地司法機關應設專庭，受理土地權利訴訟案件，並應速予審判。

解說

（一）管轄法院（民訴§10、17）

1.因不動產之物權或其分割或經界涉訟者，專屬不動產所在地之法院管轄。

2.其他因不動產涉訟者，得由不動產所在地之法院管轄。

3.因登記涉訟者，得由登記地的法院管轄。

（二）專業法庭

1.地方法院及高等法院，分設民事庭、刑事庭，其庭數視事務的繁簡訂定，必要時得設專業法庭（法組§14、36）。

2.土地法庭：依本條規定，於辦理土地總登記期間，當地司法機關應設專庭，即一般所謂的土地法庭，受理土地權利訴訟案件。

（三）速審速判

由於土地總登記的期限，不得少於二個月，所以登記期間並不是很長，為求地權及地籍早日確定，因此本條規定，司法機關受理土地權利訴訟案，應速予審判。

（四）土地權利訴訟案

1.登記案件經審查結果，認為有瑕疵而被駁回者，得向該管司法機關訴請確認其權利，如經裁判確認，得依裁判再行申請登記（土§56）。

2.因異議而生土地權利爭執時，應由該管直轄市或縣（市）地政機關予以調處，不服調處者，應於接到調處通知後十五日內，向司法機關訴請處理，逾期不起訴者，依原調處結果辦理（土§59Ⅱ）。

立法意旨

地政法令繁細專精，非對其有相當之研究，不足為正確之裁判，且土地總登記期間，土地權利糾紛甚多，自宜設立專庭，由具有地政法令素養之人掌理審判，以期妥適而收迅速正確之效。

相關參考法條

民訴§10、17；法組§14、36；土§56、59Ⅱ。

第62條（確定登記）

聲請登記之土地權利，公告期滿無異議，或經調處成立，或裁判確定者，應即為確定登記，發給權利人以土地所有權狀或他項權利證明書。

前項土地所有權狀，應附以地段圖。

解說

（一）確定登記

　　1.公告期滿無異議，為確定登記。

　　2.公告期間提出異議，經調處成立，為確定登記。

　　3.公告期間提出異議，經調處不成立而訴請司法機關裁判確定；或是登記案件經審查有瑕疵而被駁回，經訴請司法機關裁判確認其權利，為確定登記。

（二）登簿與發狀

　　1.登簿：

　　(1)申請登記案件，經審查無誤者，應即登載於登記簿（土登§55Ⅱ）。

　　(2)登記完畢：（土登§6）

　　　　①土地權利經登記機關依本規則登記於登記簿，並校對完竣，加蓋登簿及校對人員名章後，為登記完畢。

　　　　②土地登記以電腦處理者，經依系統規範登錄、校對，並異動地籍主檔完竣後，為登記完畢。

　　(3)依本法所作的登記，有絕對效力（土§43）。

　　2.發狀：

(1)確定登記後，其為土地所有權登記者，應發給所有權人土地所有權狀；其為他項權利登記者，應發給他項權利人他項權利證明書。

(2)權利書狀發給與免發給的情形：（土登§65）

　①土地權利於登記完畢後，除本規則另有規定外，登記機關應即發給申請人權利書狀。但得就原書狀加註者，於加註後發還。

　②有下列情形之一，經申請人於申請書記明免繕發權利書狀者，得免發給之，登記機關並應於登記簿其他登記事項欄內記明之：

　一、建物所有權第一次登記。

　二、共有物分割登記，於標示變更登記完畢者。

　三、公有土地權利登記。

　③登記機關逕為辦理土地分割登記後，應通知土地所有權人換領土地所有權狀；換領前得免繕造。

(3)土地或建物所有權狀及他項權利證明書，應蓋登記機關印信及其首長職銜簽字章，發給權利人（土登§25）。

（三）本條只針對申請登記予以規定，而未將本法第52條囑記登記及本法第53條逕為登記予以包括在內，似乎不夠周延。

立法意旨

　　本條規定旨在說明土地權利公告期滿無異議，或雖有異議但經該管地政機關調處成立者，或不服地政機關之調處而經司法機關裁判確定者，應即為確定登記，並發給權利人以土地所有權狀或他項權利證明書，俾資完成確定私人產權。發給土地所有權狀，應附以地段圖，以表明土地之位置、形狀及其標示等。

相關參考法條

土§55～59、61；土登§25、65。

第63條（確定登記之面積）

依前條確定登記之面積，應按原有證明文件所載四至範圍以內，依實際測量所得之面積登記之。

前項證明文件所載四至不明或不符者，如測量所得面積未超過證明文件所載面積十分之二時，應按實際測量所得之面積，予以登記，如超過十分之二時，其超過部分視為國有土地，但得由原占有人優先繳價承領登記。

解說

（一）確定登記的面積，應按原有證明文件所載四至範圍以內，依實測所得面積為準。而所謂「四至」，即該筆土地的東、西、南、北的境界。

（二）面積誤差的處理

1.實測所得面積未超過證明文件所載面積十分之二時，應按實測所得面積，作為確定登記的面積。

2.實測所得面積超過證明文件所載面積十分之二時，其超過部分視為國有土地。此屬於本法第53條規定的因地籍整理而發現的公有土地，應由地政機關以逕為登記方式登記為國有土地。

（三）超額面積的優先承領登記

1.所謂「原占有人」，應是指原有證明文件所記載的權利人；如該超額面積的土地不是由該權利人所占有，而是由他人所占有，則所謂「原占有人」為該占有人。

2.繳價：本條所規定的繳價承領，其地價標準，本法及施行法並未明文規定，但是依本法第148條、第156條及第158條規定來看，該

地價應是指法定地價，請參閱各該法條的解說。

　　3.承領登記：如超額面積的土地為原土地權利人所占有，則同時辦理登記；如為他人所占有，該超額面積於測量時，應另編定地號辦理登記。

（四）測量主管機關：土地複丈及建築改良物測量之業務，由直轄市或縣（市）政府地政事務所辦理（地籍測量實施規則§8）。

立法意旨

　　因我國舊有土地買賣契據所載面積多有誤，為求登記之面積正確起見，故特設本條明文規定確定登記之土地面積。

相關參考法條

　　土§36、38、45、62；地籍測量實施規則§8。

第64條（登記總簿之編造及保存）

每登記區應依登記結果，造具登記總簿，由直轄市或縣（市）政府永久保存之。

登記總簿之格式及處理與保存方法，由中央地政機關定之。

解說

（一）登記總簿

　　1.即是一般所謂的登記簿，目前實務上有「土地登記簿」及「建物登記簿」二種。

　　2.登記簿的內容：

　　(1)登記簿用紙除第81條第2項規定外，應分標示部、所有權部及他項權利部，依次排列分別註明頁次，並於標示部用紙記明各部用紙之頁數（土登§16）。

　　(2)區分所有建物共有部分之登記僅建立標示部及加附區分所有建物共有部分附表，其建號、總面積及權利範圍，應於各專有部分之建物所有權狀中記明之，不另發給所有權狀（土登§81）。

　　3.登記簿的編造：（土登§17）

　　(1)登記簿就登記機關轄區情形按鄉（鎮、市、區）或地段登記之，並應於簿面標明某鄉（鎮、市、區）某地段土地或建物登記簿冊次及起止地號或建號，裡面各頁蓋土地登記之章。

　　(2)同一地段經分編二冊以上登記簿時，其記載方式與前項同。

　　4.登記簿的裝訂：登記簿應按地號或建號順序，採用活頁裝訂之，並於頁首附索引表（土登§18）。

　（二）永久保存

　　1.依本條規定，登記總簿，由直轄市或縣（市）政府永久保存，實務上則依土地登記規則的規定辦理。

　　2.依土地登記規則第20條規定，登記簿及地籍圖由登記機關永久保存之。除法律或中央地政機關另有規定或為避免遭受損害外，不得攜出登記機關。

　（三）登記簿滅失的補造（土登§21）

　　登記簿滅失時，登記機關應即依土地法施行法第17條之1規定辦理：

　　1.登記總簿滅失時，登記機關應依有關資料補造之，並應保持原有的次序。

　　2.依前項規定補造登記總簿，應公告、公開提供閱覽三十日，並通知登記名義人，及將補造經過情形層報中央地政機關備查。

　（四）登記總簿的格式及處理、保存方法，由中央地政機關訂
　　　定，以求統一。

立法意旨

　　原立法理由：土地登記，係土地權利之依歸，故應造具登記總

簿，存檔永久保存，以免不測滅失，因此，應由直轄市或縣（市）政府為之，以作為日後權利之憑據。此外，為求土地登記簿格式劃一，通用全國，故應由中央地政機關統一制定，以求一致。

78年12月29日修正理由：內政部已於75年11月函頒「地籍資料電子處理作業系統規範」，據以實施地籍資料電子處理，以提高行政效率。另為確保土地登記簿之安全，台灣地區地政事務所均就現行土地登記簿予以縮影保存；為配合上開作業需要，乃修正第2項規定。

相關參考法條

土施§11、17-1；土登§14、16、17、20、21。

第65條（土地總登記之登記費）

土地總登記，應由權利人按申報地價或土地他項權利價值，繳納登記費千分之二。

解說

（一）申報地價

依本法第148條、第156條及第158條規定，土地所有權人申請登記時，應同時申報地價，但僅得為標準地價20%以內的增減，若不同時申報地價，以標準地價為法定地價。

（二）登記費為2‰

1.所有權登記者，依土地申報地價2‰計收登記費。

2.他項權利登記者，依他項權利價值2‰計收登記費。

（三）土地登記規則對於登記費之規定

1.未滿1元者不計收：登記規費，應依土地法的規定繳納或免納；登記費未滿新臺幣1元者，不予計收（§46）。

2.建物所有權第一次登記的計收標準：（§48）

申請建物所有權第一次登記，於計收登記規費時，其權利價值依下列規定認定之：

(1)建物在依法實施建築管理地區者，應以使用執照所列工程造價為準。

(2)建物在未實施建築管理地區者，應以當地稅捐稽徵機關所核定之房屋現值為準。

3.他項權利的價值：（§49）

(1)申請他項權利登記，其權利價值為實物或非現行通用貨幣者，應由申請人按照申請時的價值折算為新臺幣，填入申請書適當欄內，再依法計收登記費。

(2)申請地上權、永佃權、不動產役權、耕作權或農育權的設定或移轉登記，其權利價值不明者，應由申請人於申請書適當欄內自行加註，再依法計收登記費。

(3)前二項權利價值低於各該權利標的物之土地申報地價或當地稅捐稽徵機關核定之房屋現值4%時，以各該權利標的物之土地申報地價或當地稅捐稽徵機關核定之房屋現值4%為其一年之權利價值，按存續之年期計算；未定期限者，以七年計算之價值標準計收登記費。

4.登記費的請求退還：（§51）

(1)已繳之登記費及書狀費，有下列情形之一者，得由申請人於十年內請求退還：

①登記申請撤回。

②登記依法駁回。

③其他依法令應予退還。

(2)申請人於十年內重新申請登記者，得予援用未申請退還的登記費及書狀費。

立法意旨

　　申請土地登記，應依土地法之規定繳納登記費。本條乃明白指示土地總登記費之繳納標準，應按權利人所申報之地價或土地他項權利價值之2‰計算。

相關參考法條

　　土§148、156、158；土施§13；土登§46、47、48～51。

第66條（登記費之加繳）
依第五十七條公告之土地，原權利人在公告期內提出異議，並呈驗證件，聲請為土地登記者，如經審查證明無誤，應依規定程序，予以公告並登記，但應加繳登記費之二分之一。

解說

（一）依本法第57條規定，逾登記期限無人申請登記之土地或經申請而逾限未補繳證明文件者，其土地視為無主土地，由該管直轄市或縣（市）地政機關公告之（公告期間不得少於三十日），公告期滿，無人提出異議，即為國有土地之登記。

（二）依本條規定，視為無主土地，原權利人爭取權利登記而免於登記為國有土地，其情形為：

　1.原權利人應在公告期內提出異議。

　2.原權利人提出異議，應呈驗證件。

　3.原權利人應申請登記。

　4.應經審查證明無誤。

　5.經審查證明無誤，應再公告至少十五日，無人提出異議，才依本法第62條規定予以確定登記（土§58Ⅰ）。

（三）加繳登記費的二分之一：依本法第65條規定，土地總登記應按

申報地價繳納登記費2‰。因此，依本條規定辦理登記，應加繳該登記費的二分之一。

立法意旨

依本法第57條規定，視為無主土地者，經公告後，原權利人在公告期間內提出異議，並呈驗證件，申請為土地登記者，經審查證明無誤，應即辦理再公告並予以登記，以確定其權利，但應加繳登記費二分之一，以示懲罰。

相關參考法條

土§57～60、62、65。

第67條（權利書狀費）
土地所有權狀及他項權利證明書，應繳納書狀費，其費額由中央地政機關定之。

解說

（一）**權利書狀**：依土地登記規則第14條規定，登記機關應備土地所有權狀、建物所有權狀及他項權利證明書。各該所有權狀及證明書，一般通稱為權利書狀。

（二）**書狀費為登記規費的一種**：依土地登記規則第45條規定，登記規費係指土地法所規定的登記費、書狀費、工本費及閱覽費。準此，書狀費為登記規費的一種。

（三）**書狀費的繳納**：依土地登記規則第47條規定，登記規費應於申請登記收件後繳納。

（四）由中央地政機關訂定書狀費額，以求統一。目前是每張新臺幣80元。

立法意旨

原立法理由：本條乃規定土地所有權狀及土地他項權利證明書所應繳之費額，應依申報地價或權利價值之多寡，以累進方式計收，並以銀元為計算標準，以求統一。

78年12月29日修正理由：原條文規定，權利書狀費，係按申報地價或權利價值之多寡定額收取。惟登記費依本法第65條及第76條規定，已按土地申報地價或權利價值比例課徵，書狀費既為印製權利書狀之工本費，不應因申報地價或權利價值之高低而有不同，為配合實際需要，乃規定由中央地政機關定之。

相關參考法條

土施§18；土登§45、47；土§65、76。

第68條（登記錯誤之損害賠償）

因登記錯誤、遺漏或虛偽致受損害者，由該地政機關負損害賠償責任。但該地政機關證明其原因應歸責於受害人時，不在此限。

前項損害賠償，不得超過受損害時之價值。

解說

（一）錯誤、遺漏或虛偽的登記致受有損害

1.錯誤的登記：即登記事項與登記原因證明文件所載內容不符者（土登§13）。例如權利人應登記為張三，卻登記為李四；又如權利範圍應登記為二分之一，卻登記為十二分之一……；似此如無法更正，當事人顯然受有損害。

2.遺漏的登記：即應登記事項而漏未登記者（土登§13）。例如共有土地的登記，遺漏了共有人之一；又如買賣登記於登記簿，卻未加蓋登簿及校對人員名章，致不生登記完畢的效力，而出賣人的債權

人就該土地查封拍賣，使承買人因此受有損害。

3.虛偽的登記：例如偽造所有權狀辦理買賣移轉登記或是抵押權設定登記，致使所有權人受有損害。

（二）損害賠償責任的歸屬

1.由地政機關負責：

(1)依本條規定，因登記錯誤、遺漏或虛偽致受損害，由該地政機關負損害賠償責任。

(2)賠償金來源：地政機關所收登記費，應提存10%作為登記儲金，專備供本條規定的賠償（土§70）。

(3)求償：依本條規定，受有損害者，得向該地政機關求償。如經該地政機關拒絕，得向司法機關起訴（土§71）。

2.由登記人員負責：地政機關所負的損害賠償，如因登記人員的重大過失所致者，則由該人員償還，撥歸登記儲金（土§70Ⅱ）。

3.由受害人自行負責：如地政機關能證明登記錯誤、遺漏或虛偽致受有損害的原因，應歸責於受害人時，地政機關不負損害賠償責任，而由受害人自行負責。

（三）損害賠償的限度

依民法第216條第1項規定，損害賠償，除法律另有規定或契約另有訂定外，應以填補債權人所受損害及所失利益為限。因此，本條第2項規定，以受損害時的價值為限予以損害賠償。

（四）救濟方法

1.依本條規定給予損害賠償。

2.虛偽登記者，得依土地登記規則第7條及第143條、第144條規定，訴請法院判決塗銷或報請上級機關查明核准後塗銷。

3.錯誤或遺漏的登記，得依本法第69條規定予以更正登記。

立法意旨

本條明文規定地政機關登記錯誤、遺漏或虛偽之損害賠償責

任。因地政機關依本法所為之登記有絕對之效力，故於辦理土地登記事項時，應謹慎處理。如因重大過失而發生登記錯誤、遺漏或虛偽，而致權利人蒙受損害，為保障權利人之權益並示公信，地政機關應負擔損害賠償，以填補其損失。惟損害賠償之數額，限制不得超過受損害之價值。

相關參考法條

土§43、69～71；民§216；土登§7、13、143、144。

第69條（登記錯誤或遺漏之更正）

登記人員或利害關係人，於登記完畢後，發見登記錯誤或遺漏時，非以書面聲請該管上級機關查明核准後，不得更正。但登記錯誤或遺漏，純屬登記人員記載時之疏忽，並有原始登記原因證明文件可稽者，由登記機關逕行更正之。

解說

（一）登記錯誤或遺漏，係指登記的事項與登記原因證明文件所載的內容不相符者，或應登記之事項而漏未登記者（土登§13）。

（二）由於登記完畢即發生絕對的效力，而登記錯誤或遺漏，使不正確的登記也發生絕對的效力，非法律的本意，因此應予更正登記：

　　1.於登記完畢後，無論是登記人員還是利害關係人，只要發現登記錯誤或遺漏，均可依本條規定辦理更正登記。而所謂「利害關係人」，可能是所有權人或是他項權利人，也可能是其他有利害關係的人。

　　2.應以書面申請上級機關查明核准後，才得辦理更正登記。

（三）登記錯誤或遺漏，可能是申請時造成的，也可能是登記時造成的，亦可能是測量時造成的，如是測量時造成的錯誤或遺漏，

於更正登記前，應先行測量。

（四）更正登記屬於簡易案件，免繳納登記費（土§78）。如歸責於
地政機關的錯誤或遺漏，致受有損害，則該地政機關應負損害
賠償責任（土§68）。

（五）內政部訂頒有「更正登記法令補充規定」，對於更正登記有更
詳細的規定，請自行參閱，在此不贅述。

立法意旨

本條規定旨在說明因登記錯誤或遺漏之更正登記，應遵循一定之
行政程序。即登記完竣後，登記人員或利害關係人發現登記有瑕疵，
欲作更正時，非以書面申請該管上級機關查明核准後，不得更正。這
是因為依本法所為之登記有絕對效力，故登記之更正應經上級機關查
明核准，以昭慎重，不可輕率從事。

相關參考法條

土§68、78；土登§13。

第70條（登記儲金）
地政機關所收登記費，應提存百分之十作為登記儲金，專備第
六十八條所定賠償之用。
地政機關所負之損害賠償，如因登記人員之重大過失所致者，由
該人員償還，撥歸登記儲金。

解說

（一）登記儲金

1.定義：簡單的說，就是登記儲備金；也就是從登記費的收入中
提取一定比例的金額，儲備作為損害賠償時使用。

2.來源：地政機關是就所收登記費提存10%作為登記儲金。

3.用途：登記儲金是專備本法第68條規定，因歸責於地政機關致登記錯誤、遺漏或虛偽而受有損害時的損害賠償。

4.保留五年：登記損害賠償請求權的時效，現行土地法並未規定，自應適用國家賠償法的規定，依該法第8條第1項規定：「賠償請求權，自請求權人知有損害時起，因二年間不行使而消滅；自損害發生時起，逾五年者亦同。」又以土地登記的損害賠償性質與一般損害賠償不同，其登記儲金亦為土地法所明定應專戶存儲，以備不時之需，其保留年限，應配合上開國家賠償法有關賠償請求權時效的規定，保留五年，五年後如未有發生損害賠償的情事，即悉數解繳公庫（76.3.19內政部台內地字第485793號函）。

（二）本條第2項規定，因登記人員的重大過失致應由地政機關負損害賠償時，由登記儲金先行給付損害賠償，但應由該人員負責償還，撥歸登記儲金。

（三）由於登記人員每天的工作，可以說是事多、錢少、責任大，一旦出了差錯，又要負損害賠償責任，因此，工作壓力大，離職比例高。為了提振士氣，強化效率，基於獎懲平衡原則，本條第1項似宜修正為：「地政機關所收登記費，應提存百分之二十作為登記儲金，專備第68條所定賠償及獎勵之用。」

立法意旨

地政機關因登記錯誤、遺漏或虛偽，致權利人之權益受到損害者，應負損害賠償責任，為確保賠償，故由其所收登記費提存10%作為登記儲金，專備賠償之用；然此項損害賠償，如因登記人員本身之重大過失所致者，應由其本人負賠償之責。此因公務人員執行公務逾越權限之行為乃係其個人行為，而非國家行為，故應由其個人負損害賠償之責。惟賠償款項既係由登記儲金支付，其償還之賠償金，自應撥歸登記儲金。

相關參考法條

土§68；民§28；國賠§8。

第71條（拒絕賠償之救濟）

損害賠償之請求，如經該地政機關拒絕，受損害人得向司法機關起訴。

解說

（一）請求要件（土§68）

1.須因錯誤、遺漏或虛偽的登記。

2.須受有損害。

3.須因錯誤、遺漏或虛偽的登記致受有損害。

4.須歸責於地政機關的錯誤、遺漏或虛偽登記致受有損害。

（二）請求方法

自應以書面提出，即應提出損害賠償請求書，並檢附損害的證明文件。

（三）請求對象

1.向該地政機關請求：所謂地政機關，就是辦理登記錯誤、遺漏或虛偽的地政事務所。

2.向司法機關起訴請求：若向地政機關請求損害賠償或被拒絕，則可向司法機關提起損害賠償的訴訟。經司法機關判決確定，再依確定判決的結果，請求損害賠償。

立法意旨

地政機關依本法第68條之規定所負之損害賠償責任，屬於民法之損害賠償責任之範圍。因此，若地政機關拒絕賠償，受損害之權利人

自可依法訴請司法機關判令地政機關賠償，以保障權利人合法之權益。

相關參考法條

土§68、70；民§216。

第四章
土地權利變更登記

第72條（土地權利變更登記）

土地總登記後，土地權利有移轉、分割、合併、設定、增減或消滅時，應為變更登記。

解說

（一）**登記生效要件主義**：民法第758條第1項規定，不動產物權，依法律行為而取得、設定、喪失及變更者，非經登記，不生效力；本法第43條規定，依本法所為之登記，有絕對效力。由此可知，我國不動產的登記，是採取以登記為生效的要件，也就是學理上所謂的「登記生效要件主義」。

（二）**強制性的登記**：我國土地登記制度具有強制性，因此本條規定，於土地總登記後，土地權利有移轉、分割、合併、設定、增減或消滅時，均「應」為變更登記，而不是「得」為變更登記。同理，本法第73條第2項亦規定「應」限期申請登記，否則逾期申請登記，處以罰鍰。

（三）依本條規定，所謂「變更登記」，是指土地總登記後，土地權利有移轉、分割、合併、設定、增減或消滅而辦理有關的登記。

（四）**土地權利**

　　1.依本法第37條第1項及土地登記規則第2條規定，所謂「土地登記」，是指土地及建築改良物的所有權及他項權利的登記。因此，本

條規定的土地權利，除土地外，還包括了建物的權利，所以本條應解釋為：「土地總登記後或建物所有權第一次登記後，土地或建物的權利有移轉、分割、合併、設定、增減或消滅時，應為變更登記。」

2.至於「權利」，是指所有權及他項權利。他項權利則包括了地上權、永佃權、不動產役權、典權、農育權、抵押權、耕作權及習慣形成之物權。各該權利，於取得、設定、移轉、變更或消滅，應辦理登記（土登§4、85、93、108）。

立法意旨

本條規定土地總登記後，土地權利如有變更，仍應申請為權利變更登記。因土地總登記後，土地權利常有移轉、分割、合併、設定、增減或消滅等變更，如不及時為變更登記，則土地登記簿所登記之土地標示及權利狀態，均與事實不符，而致地籍紊亂，故土地權利變更登記與土地總登記同樣重要。

相關參考法條

民§758；土§36～38、43；土登§4、85、93、108。

第73條（權利變更登記之聲請人及聲請期限）

土地權利變更登記，應由權利人及義務人會同聲請之。其無義務人者，由權利人聲請之，其係繼承登記者，得由任何繼承人為全體繼承人聲請之。但其聲請，不影響他繼承人拋棄繼承或限定繼承之權利。

前項聲請，應於土地權利變更後一個月內為之。其係繼承登記者，得自繼承開始之日起，六個月內為之。聲請逾期者，每逾一個月得處應納登記費額一倍之罰鍰。但最高不得超過二十倍。

解說

（一）雙方申請登記

1.依本條及土地登記規則第26條規定，土地登記應由權利人及義務人會同申請。

2.所謂「權利人」，簡單的說，就是因登記而取得權利的人，例如買賣或贈與等登記，承買人或受贈人取得權利，因此承買人或受贈人為權利人。

3.所謂「義務人」，簡單的說，就是因登記而蒙受不利的人，例如買賣或贈與等登記，出賣人或贈與人財產可能沒有了或是減少了而蒙受不利，因此出賣人或贈與人為義務人。

（二）由權利人單獨申請登記

1.依本條規定，無義務人時，則由權利人單獨申請登記，例如繼承登記、法院拍定登記。此種單獨申請登記的情形，土地登記規則有更詳細的規定。

2.依土地登記規則第27條規定，下列登記由權利人或登記名義人（即登記簿所登記的權利人）單獨申請登記：

(1)土地總登記。

(2)建物所有權第一次登記。

(3)因繼承取得土地權利之登記。

(4)因法院、行政執行分署或公正第三人拍定、法院判決確定之登記。

(5)標示變更登記。

(6)更名或住址變更登記。

(7)消滅登記。

(8)預告登記或塗銷登記。

(9)法定地上權之登記。

(10)依土地法第12條第2項規定為回復所有權之登記。

(11)依土地法第17條第2項、第3項、第20條第3項或第73條之1、

地籍清理條例第11條、第37條或祭祀公業條例第51條規定標
售或讓售取得土地之登記。

(12)依土地法定第69條規定為更正之登記。

(13)依土地法第133條規定取得耕作權或所有權之登記。

(14)依民法第513條第3項規定抵押權之登記。

(15)依民法第769條、第770條或第772條規定因時效完成之登記。

(16)依民法第824條之1第4項規定抵押權之登記。

(17)依民法第859條之4規定就自己不動產設定不動產役權之登記。

(18)依民法第870條之1規定抵押權人拋棄其抵押權次序之登記。

(19)依民法第906條之1第2項規定抵押權之登記。

(20)依民法第913條第2項、第923條第2項或第924條但書規定典權人取得典物所有權之登記。

(21)依民法第1185條規定應屬國庫之登記。

(22)依直轄市縣（市）不動產糾紛調處委員會設置及調處辦法作成調處結果之登記。

(23)法人合併之登記。

(24)其他依法律得單獨申請登記者。

（三）繼承申請登記

1.繼承，固然得由全體繼承人會同申請登記，可是依本條規定，也可由部分繼承人申請繼承登記，但是不得影響其他繼承人拋棄繼承或限定繼承的權利。

2.所謂「拋棄繼承的權利」，是指拋棄繼承對於拋棄人有利，例如被繼承人生前負債可能超過遺產的價值，若是繼承，則繼承了權利也繼承了債務，如此，繼承是不利的，拋棄繼承是有利的，所以可能有繼承人要拋棄繼承。

3.所謂「限定繼承」，是指繼承人得限定以因繼承所得的遺產，償還被繼承人的債務。此種情形，也是遺留的債務大於遺產價值，所

以限定繼承對於繼承人有利。

4.部分繼承人申請登記為公同共有：（土登§120）

(1)繼承人為二人以上，部分繼承人因故不能會同其他繼承人共同申請繼承登記時，得由其中一人或數人為全體繼承人的利益，就被繼承人的土地，申請為公同共有的登記。其經繼承人全體同意者，得申請為分別共有的登記。

(2)登記機關於登記完畢後，應將登記結果通知他繼承人。

（四）申請登記的期限

1.一個月內申請登記：依本條規定，除繼承外，土地權利變更，應於一個月內申請登記。

2.六個月內申請登記：依本條規定，繼承，應於繼承開始（即被繼承人死亡）日起六個月內申請登記。於申請繼承登記前，應先依遺產及贈與稅法的規定申報遺產稅，於取得遺產稅有關證明文件後，再據以申請繼承登記。

3.依土地登記規則第33條規定，申請土地權利變更登記，應於權利變更之日起一個月內為之；繼承登記得自繼承開始之日起六個月內為之。而所謂「權利變更之日」，係指下列各款之一者：

(1)契約成立之日。

(2)法院判決確定之日。

(3)訴訟上和解或調解成立之日。

(4)依鄉鎮市調解條例規定成立之調解，經法院核定之日。

(5)依仲裁法作成之判斷，判斷書交付或送達之日。

(6)產權移轉證明文件核發之日。

(7)法律事實發生之日。

（五）逾期申請登記的罰鍰

1.依本條規定，逾期申請登記，每逾一個月得處應納登記費額一倍的罰鍰，但最高不得超過二十倍。

2.逾期的計算及罰鍰的繳納：（土登§50）

(1)逾期申請登記之罰鍰，應依土地法之規定計收。

(2)土地權利變更登記逾期申請，於計算登記費罰鍰時，對於不能歸責於申請人之期間，應予扣除。

3.罰鍰不得退還及抵繳：（土登§52）

(1)已繳的登記費罰鍰，除法令另有規定外，不得申請退還。

(2)經駁回的案件重新申請登記，其罰鍰應重新核算，如前次申請已核計罰鍰的款項者應予扣除，且前後數次罰鍰合計不得超過應納登記費的二十倍。

（六）土地登記規費及其罰鍰計收補充規定

內政部修訂「土地登記規費及其罰鍰計收補充規定」（108.3.14）第8點、第9點及第10點規定如下：

1.逾期申請土地權利變更登記者，其罰鍰計算方式如下：

(1)法定登記期限之計算：土地權利變更登記之申請登記期限，自登記原因發生之次日起算，並依行政程序法第48條規定計算其終止日。

(2)可扣除期間之計算：申請人自向稅捐稽徵機關申報應繳稅款之當日起算，至限繳日期止及查欠稅費期間，及行政爭訟期間得視為不可歸責於申請人之期間，予以全數扣除；其他情事除得依有關機關核發文件之收件及發件日期核計外，應由申請人提出具體證明，方予扣除。但如為一般公文書及遺產、贈與稅繳（免）納證明等項文件，申請人未能舉證郵戳日期時，得依其申請，准予扣除郵遞時間四天。

(3)罰鍰之起算：逾法定登記期限未超過一個月者，雖屬逾期範圍，仍免予罰鍰，超過一個月者，始計收登記費罰鍰。

(4)罰鍰之裁處送達：同一登記案件有數申請人因逾期申請登記而應處罰鍰時，由全體登記申請人共同負擔全部罰鍰，登記機關應對各別行為人分算罰鍰作成裁處書並分別送達。

(5)駁回案件重新申請登記其罰鍰之計算：應依前四款規定重新核算，如前次申請已核計罰鍰之款項者應予扣除，且前後數次罰鍰合

計不得超過二十倍。

2.因逾期繳納與土地登記有關之稅費，其處滯納金罰鍰之期間，非不能歸責於申請人，計收登記費罰鍰時不能扣除。

3.登記案件經駁回後十年內重新申請者，已繳之登記費及書狀費准予援用；若係多次被駁回，均在前次駁回後十年內重新申請登記者，其已繳之登記費及書狀費亦准予援用。申請退費，應於最後一次駁回後十年內為之。

立法意旨

土地權利（包括所有權及他項權利）變更登記之申請，原則上應由權利人及義務人會同申請，以免糾紛。惟若干登記與他人無關，無義務人可言，自應由權利人申請之，但土地繼承未辦理登記者為數頗多，致發生不少困擾，此一問題，宜在本條作適當解決，乃參照強制執行法第11條第4項及民法第1154條及第1174條規定，特於第1項後半段設立明文規定：「……其係繼承登記者，得由任何繼承人為全體繼承人聲請之。但其聲請，不影響他繼承人拋棄繼承或限定繼承之權利。」以資適用。又配合遺產及贈與稅法第23條之規定，關於繼承登記申請期限，明定得自繼承開始之日起六個月內為之。另為促使權利人及義務人儘早申請登記，對逾期申請者加重罰鍰，並明定處罰之最高限額。

相關參考法條

民§1154、1174；土登§26、27、33、50、52、120。

第73條之1（逾期未辦繼承登記之處置）

土地或建築改良物，自繼承開始之日起逾一年未辦理繼承登記者，經該管直轄市或縣市地政機關查明後，應即公告繼承人於三

個月內聲請登記;逾期仍未聲請者,得由地政機關予以列冊管理。但有不可歸責於聲請人之事由,其期間應予扣除。

前項列冊管理期間為十五年,逾期仍未聲請登記者,由地政機關將該土地或建築改良物清冊移請國有財產局公開標售。繼承人占有或第三人占有無合法使用權者,於標售後喪失其占有之權利;土地或建築改良物租賃期間超過五年者,於標售後以五年為限。

依第二項規定標售土地或建築改良物前應公告三十日,繼承人、合法使用人或其他共有人就其使用範圍依序有優先購買權。但優先購買權人未於決標後十日內表示優先購買者,其優先購買權視為放棄。

標售所得之價款應於國庫設立專戶儲存,繼承人得依其法定應繼分領取。逾十年無繼承人申請提領該價款者,歸屬國庫。

第二項標售之土地或建築改良物無人應買或應買人所出最高價未達標售之最低價額者,由國有財產局定期再標售,於再行標售時,國有財產局應酌減拍賣最低價額,酌減數額不得逾百分之二十。經五次標售而未標出者,登記為國有並準用第二項後段喪失占有權及租賃期限之規定。自登記完畢之日起十年內,原權利人得檢附證明文件按其法定應繼分,向國有財產局申請就第四項專戶提撥發給價金;經審查無誤,公告九十日期滿無人異議時,按該土地或建築改良物第五次標售底價分算發給之。

解說

(一) 緣起

繼承登記,雖明定其申請期限及逾期申請之處罰,惟因土地權利之繼承,不以登記為生效要件,故仍有繼承人延不申請登記之情事,致使地籍失真,管理不實。緣此,乃於64年7月24日修正土地法時,增訂第73條之1,以資解決,惟實務上之執行,困擾重重。為落實地籍整理,並保障繼承人之權益,乃修正該條文,並於89年1月26日公

布施行。

（二）公告申請繼承登記及列冊管理

土地或建築改良物，自繼承開始之日起，逾一年未辦理繼承登記者，經該管直轄市或縣（市）地政機關查明後，應即公告繼承人於三個月內申請登記；逾期仍未申請者，得由地政機關予以列冊管理。但有不可歸責於申請人之事由，其期間應予扣除。準此，其列冊管理之要件如下：

1.須自繼承開始起，逾一年未辦理繼承登記者。

2.須經該管直轄市或縣（市）地政機關查明者。

3.須經公告三個月而未申請繼承登記者。

4.不可歸責於申請人之事由，其期間應予扣除，乃因申請繼承登記，既有期間之限制，則不可歸責於申請人之事由所延誤之期間，自應予以扣除，始稱公允。

（三）列冊管理期間及公開標售

前項列冊管理期間為十五年，逾期仍未申請登記者，由地政機關將該土地或建築改良物清冊移請國有財產局公開標售。繼承人占有或第三者占有無合法使用權者，於標售後喪失其占有權利，土地或建築改良物租賃期間超過五年者，於標售後以五年為限。

（四）本條文修正前後的重大差異

1.原規定「代管期間九年」修正為「列冊管理期間為十五年」：因未能於法定期間內申請繼承登記者，類多為複雜之案件，為使繼承人有更充裕之時間解決困難，故列冊管理之期間乃予以延長為十五年。

2.原規定「逾期仍未申請登記者，逕為國有登記」修正為「移請國有財產局公開標售」，並增訂有關之配套措施：

(1)無論繼承人或第三人占有，其無合法使用權者，於標售後喪失其占有之權利。如租賃期間超過五年者，於標售後以五年為限。

(2)依第2項規定標售土地或建築改良物前應公告三十日，繼承

人、合法使用人或其他共有人就供使用範圍依序有優先購買權。但優先購買權人未於決標後十日內表示優先購買者,其優先購買權視為放棄。

　　(3)標售所得之價款應於國庫設立專戶儲存,繼承人得依其法定應繼分領取。逾十年無繼承人申請提領該價款者,歸屬國庫。

　　(4)第2項標售之土地或建築改良物無人應買或應買人所出最高價未達標售之最低價額者,由國有財產局定期再標售,於再行標售時,國有財產局應酌減拍賣最低價額,酌減數額不得逾20%。

　　(5)經五次標售而未標出者,登記為國有並準用第2項後段喪失占有權及租賃期限之規定。自登記完畢之日起十年內,原權利人得檢附證明文件按其法定應繼分,向國有財產局申請就第4項專戶提撥發給價金,經審查無誤,公告九十日期滿無人異議時,按該土地或建築改良物第五次標售底價分算發給之。

（五）內政部訂頒有「未辦繼承登記土地及建築改良物列冊管理作業要點」,對於有關事宜,有更詳細的規定。

（六）未辦繼承登記土地及建築改良物列冊管理作業要點（97.8.6修正）:

第1點　為直轄市、縣（市）地政機關依土地法第73條之1第1項規定,執行未辦繼承登記土地及建築改良物列冊管理事項,特訂定本要點。

第2點　本要點資料應以電腦建置,其管理系統、管理方式、書表單簿格式應遵循中央地政機關所定之管理系統規範。

　　　　前項書表單簿紙本之設置,得由直轄市、縣（市）地政機關決定之。

第3點　土地或建築改良物（以下簡稱建物）權利人死亡資料之提供如下:

　　　　（一）地方財稅主管稽徵機關應依據財政部財稅資料中心彙送之全國遺產稅稅籍資料,勾稽產出逾繼承原因發生

　　　　　一年之未辦繼承登記不動產歸戶資料，於每年12月底
　　　　　前送土地建物所在地登記機關。

（二）地政機關因管理地籍、規定地價、補償地價等作業所
　　　　發現或人民提供之土地權利人死亡資料。

前項資料，經與地籍資料核對無誤，且使用戶役政系統查詢
土地或建物登記名義人之死亡日期、申請死亡登記之申請人
及繼承人未果時，應檢附逾期未辦繼承登記土地或建物列冊
管理單（以下簡稱列冊管理單）函請戶政事務所協助查明，
或由地政機關派員至戶政事務所調閱戶籍資料。

第4點　登記機關對第3點資料應編列案號，登入未辦繼承登記土地
　　　　及建物管理系統產製收件簿及列冊管理單，並將之編訂成專
　　　　簿。

第5點　登記機關接獲第3點規定之資料，經查實後，於每年4月1日
　　　　辦理公告，公告期間為三個月；已知繼承人及其住址者，同
　　　　時以雙掛號書面通知其申辦繼承登記，不知繼承人及其住址
　　　　者，應向戶政機關或稅捐機關查詢後再書面通知；逾公告期
　　　　間未辦繼承登記或未提出不可歸責之事由證明者，依第7點第
　　　　2項規定，報請直轄市、縣（市）地政機關列冊管理。

　　　　前項不可歸責之事由，指下列情形之一：

（一）繼承人已申報相關賦稅而稅捐機關尚未核定或已核定
　　　　而稅額因行政救濟尚未確定者，或經稅捐機關同意其
　　　　分期繳納稅賦而尚未完稅者。

（二）部分繼承人為大陸地區人士，依臺灣地區與大陸地區
　　　　人民關係條例第66條規定，於大陸地區繼承人未表示
　　　　繼承之期間。

（三）已向地政機關申辦繼承登記，因所提戶籍資料與登記
　　　　簿記載不符，須向戶政機關查明更正者。

（四）因繼承訴訟者。

（五）其他不可抗力事故，經該管地政機關認定者。

公告列冊管理之土地或建物，有前項不可歸責之事由致未能如期申辦繼承登記者，當事人於公告期間檢附證明文件，向該管登記機關提出，經審查符合者，暫不予報請直轄市、縣（市）地政機關實施列冊管理，並於列冊管理單之備註欄內註明。但於次年4月1日前仍未辦理繼承登記者，依第1項規定辦理。

第1項公告及通知日期文號應於列冊管理單內註明之。

第6點　第5點公告應揭示於下列各款之公告處所：

（一）土地所在地登記機關。

（二）土地所在地鄉（鎮、市、區）公所。

（三）被繼承人原戶籍所在地鄉（鎮、市、區）公所、村（里）辦公處。

登記機關認有必要時，並得於其他適當處所或以其他適當方法揭示公告；其公告效力之發生以前項各款所為之公告為準。

第7點　第5點公告期間，直轄市、縣（市）地政機關應利用大眾傳播機構或以其他方法加強宣導民眾，促其注意各有關公告處所之公告內容，其有未辦繼承登記者，並應依法辦理繼承登記。繼承人於公告三個月內申辦繼承登記者，登記機關於登記完畢後，應於列冊管理單內註明登記日期、文號。

逾三個月未申辦繼承登記，除有下列不予列冊管理之事由外，登記機關應將列冊管理單報請直轄市、縣（市）地政機關列冊管理，並於列冊管理單內註明填發日期文號：

（一）已依法指定遺產管理人、遺產清理人、遺囑執行人、或破產管理人。

（二）經政府徵收補償完畢並於專簿註明徵收日期者。

（三）依第5點規定於公告期間提出不可歸責之事由，經認定

者。

第8點　直轄市、縣（市）地政機關接到第7點第2項之列冊管理單經核定後，應即指定列冊管理日期函復登記機關，並按各登記機關依序編列列管案號彙編成專簿列管。

直轄市、縣（市）地政機關及登記機關，應將指定列冊管理日期及核定函日期文號於所保管之列冊管理單內註明，登記機關並應將列冊管理機關、日期及文號於登記簿所有權部其他登記事項欄內註明。

第9點　土地法第73條之1於89年1月26日修正公布前，已執行代管之土地或建物，其代管期間應併入列冊管理期間計算。

第10點　已執行列冊管理之土地或建物，有下列情形之一者，登記機關於登記完畢後，應敘明事由並將列冊管理單報請直轄市、縣（市）地政機關停止列冊管理：

（一）已辦竣遺產管理人、遺產清理人、遺囑執行人、或破產管理人登記者。

（二）已辦竣繼承登記者。

（三）典權人依法取得典物所有權並辦竣所有權移轉登記者。

（四）已辦竣滅失登記者。

（五）其他依法辦竣所有權移轉登記者。

已執行列冊管理之土地或建物，有下列情形之一者，直轄市、縣（市）地政機關應停止列冊管理，並通知登記機關：

（一）經依法徵收並發放補償費完竣者。

（二）因辦理土地重劃未獲分配土地者。

登記機關依第1項規定報請停止列冊管理或經直轄市、縣（市）地政機關通知停止列冊管理時，應塗銷登記簿所有權部其他登記事項欄內之列冊管理機關名稱、日期及文號等有關註記。

第11點　直轄市、縣（市）地政機關，接到登記機關報請停止列冊管理函經核定無誤者，應即停止列冊管理。

第12點　列冊管理之土地或建物因標示變更，登記機關於辦竣登記後，應更正列冊管理單之相關內容，並通知直轄市、縣（市）地政機關，已移請標售者，並應通知財政部國有財產局（以下簡稱國有財產局）。

第13點　列冊管理之土地或建物經法院或行政執行處囑託辦理查封、假扣押、假處分或破產登記，於列冊管理期間屆滿，仍未辦理塗銷登記者，登記機關應通知直轄市、縣（市）地政機關，該部分土地或建物應暫緩移請國有財產局辦理標售，已移請標售者，登記機關應即通知國有財產局停止標售並副知直轄市、縣（市）地政機關。

第14點　列冊管理期滿，逾期仍未申辦繼承登記者，直略市、縣（市）地政機關應檢附列冊管理單及土地或建物登記資料、地籍圖或建物平面圖等資料影本移請國有財產局公開標售，並通知登記機關。

前項土地或建物登記資料、地籍圖或建物平面圖等資料，得由國有財產局轄屬分支機構於標售前通知登記機關再行提送。

登記機關接到第1項通知，應將移送國有財產局標售之日期及文號於列冊管理單及登記簿所有權部其他登記事項欄內註明。

第15點　已報請停止列冊管理或移交國有財產局標售之土地或建物，直轄市、縣（市）地政機關及登記機關應將該冊管理單自原專簿內抽出，另依年度別彙編成停止列冊管理專簿。

前項停止列冊管理專簿內之列冊管理單應自停止列冊管理之日起保存十五年，保存期限屆滿，得予以銷毀。

直轄市、縣（市）政府已建置管理系統者，得免為第1項作

業。

第16點　國有財產局依土地法第73條之1規定標售之土地或建物，於
　　　　得標人繳清價款後，應發給標售證明交由得標人單獨申辦
　　　　所有權移轉登記，並應將標售結果通知原移送之直轄市、縣
　　　　（市）地政機關及登記機關。

第17點　列冊管理期滿移送國有財產局標售之土地或建物於公開標售
　　　　開標或登記為國有前，有下列情形之一者，登記機關應予受
　　　　理：

　　　　（一）繼承人申請繼承登記者。

　　　　（二）共有人依土地法第34條之1規定為處分共有物申請登
　　　　　　　記者。

　　　　（三）申請人持憑法院判決書辦理所有權移轉登記者。

　　　　（四）申請人辦理遺產管理人、遺產清理人、遺囑執行人、
　　　　　　　或破產管理人登記者。

　　　　（五）典權人依法取得典物所有權申請所有權移轉登記者。

　　　　（六）申請人辦理滅失登記者。

　　　　（七）其他依法申辦所有權移轉登記者。

　　　　前項申請經審查無誤者，登記機關應即通知國有財產局停止
　　　　辦理標售或登記為國有之作業，俟該局查復後再登記，並於
　　　　登記完畢時，函請國有財產局將該土地或建物自原移送標售
　　　　之土地或建物列冊管理專簿影本資料中註銷。

　　　　前項通知及查復，登記機關及國有財產局於必要時，得依機
　　　　關公文傳真作業辦法規定以傳真方式辦理。

（七）101.12.25行政院院臺規揆字第1010154558號公告第17條第2
　　　項、第73條之1第2項、第5項所列屬財政部「國有財產局」之
　　　權責事項，自102.1.1起改由財政部「國有財產署」管轄。

立法意旨

依民法第759條規定，物權因繼承而取得者，不以登記為生效要件，本法雖已明定申請登記之期限及逾期申請得科處登記費罰鍰，但對於繼承人逾期仍怠不申請繼承登記者，迄無有效之解決辦法，以至於未辦繼承登記之土地或建物，與年俱增，導致地籍失真，為求力謀防止，特訂本條文以資適用。

相關參考法條

民§1147；未辦繼承登記土地及建築改良物列冊管理作業要點。

第74條（權利書狀之檢附）

聲請為土地權利變更登記，應檢附原發土地所有權狀及地段圖，或土地他項權利證明書。

解說

（一）依本法第62條規定，經確定登記後，發給權利人土地所有權狀或他項權利證明書，且土地所有權狀應附以地段圖。因此，本條規定，於辦理權利變更登記時，應檢附原發的土地所有權狀及地段圖或他項權利證明書。

（二）申請登記之文件（土登§34）：申請登記，除土地登記規則另有規定外，應提出下列文件：

  1.登記申請書。

  2.登記原因證明文件：例如各種移轉契約書、分割或合併的測量成果圖、設定契約書等。

  3.已登記者，其所有權狀或他項權利證明書：但有後述（三）情形者，則免提出本文件。

  4.申請人身分證明文件：例如戶籍謄本、身分證影本、戶口名簿

影本或華僑身分證明、法人設立證書影本、代表人資格證明等。

5.其他由中央地政機關規定應提出的證明文件。

（三）免提出所有權狀或他項權利證明書的情形：（土登§35）

1.因徵收、區段徵收、撥用或照價收買土地的登記。

2.因土地重劃或重測確定的登記。

3.登記原因證明文件為法院權利移轉證書或確定判決的登記。

4.法院囑託辦理他項權利塗銷登記。

5.依法代位申請登記。

6.遺產管理人之登記。

7.法定地上權的登記。

8.依原國民住宅條例規定法定抵押權之設定及塗銷登記。

9.依本法第34條之1第1項至第3項規定辦理之登記，他共有人的土地所有權狀未能提出者。

10.依民法第513條第3項規定之抵押權登記。

11.依本規則規定未發給所有權狀或他項權利證明書。

12.以具有電子簽章之電子文件網路申請之登記，其登記項目應經中央地政機關公告。

13.祭祀公業或神明會依祭祀公業條例第50條或地籍清理條例第24條規定成立法人，所申請之更名登記。

14.其他依法律或由中央地政機關公告免予提出。

立法意旨

土地總登記後，土地權利書狀，乃權利人持有權利之憑證，如其權利有變更而申請為土地權利變更登記，應將原發土地所有權狀或土地他項權利證明書，送由地政機關審查，以資認證辨明其權利之真偽。進而確定權利變動之歸屬而為土地權利變更登記，另行發給權利書狀或僅在原發書狀內加以註明權利變更事項，以保全地籍之真實。

相關參考法條
土§62；土登§34、35。

第75條（登簿及發狀）

聲請為土地權利變更登記之件，經該管直轄市或縣（市）地政機關審查證明無誤，應即登記於登記總簿，發給土地所有權狀或土地他項權利證明書，並將原發土地權利書狀註銷，或就該書狀內加以註明。

依前項發給之土地所有權狀，應附以地段圖。

解說
（一）土地權利變更登記

1.所謂「土地權利變更登記」，就是於土地總登記後，土地權利因移轉、分割、合併、設定、增減或消滅時，所辦理的變更登記（土§72）。

2.變更登記應備文件：同前條所述申請登記之文件。

（二）辦理土地登記的程序

1.土地權利變更登記：如因移轉而涉及各種稅法規定應報繳有關稅賦時，應先行報繳，例如土地增值稅、房屋契稅、贈與稅或遺產稅。於取得納稅收據或有關證明書後，再據以申請登記。如不涉及稅法規定者，例如抵押權設定、土地的合併與分割、消滅等，則直接申請登記即可。

2.登記程序：（土登§53）

(1)收件。

(2)計收規費。

(3)審查。

(4)公告（僅於土地總登記、土地所有權第一次登記、建物所有

權第一次登記、時效取得登記、書狀補給登記及其他法令規定者適用之）。

(5)登簿。

(6)繕發書狀。

(7)異動整理（包括統計及異動通知）。

(8)歸檔。

（三）變更登記各項文件，於審查無誤，即登記於登記簿，並發給權利書狀或在該書狀內加以註明。

1.註銷原發權利書狀：例如抵押權塗銷、建物消滅或全部移轉，原發權利書狀均予以註銷。

2.核發新權利書狀：例如設定登記、全部移轉登記，均發給新權利書狀。

3.加註原權利書狀：例如部分移轉，除發給新權狀外，並於原權狀內加註剩餘的持分。惟目前均已電腦化登記，均核發新權利書狀。

（四）依本條第2款規定，發給土地所有權狀，應附以地段圖，但目前實務作業均未附地段圖。

（五）補正與駁回

1.補正：

(1)所謂「補正」，即是登記申請案件，經審查不完全符合規定，而須補提文件或訂正，嗣補正後再行登記。

(2)有下列各款情形之一者，登記機關應以書面敘明理由或法令依據，通知申請人於接到通知書之日起十五日內補正：（土登§56）

①申請人的資格不符或其代理人的代理權有欠缺。

②登記申請書不合程式，或應提出的文件不符或欠缺。

③登記申請書記載事項，或關於登記原因的事項，與登記簿或其證明文件不符，而未能證明其不符的原因。

④未依規定繳納登記規費。

2.駁回：

(1)所謂「駁回」，即是登記申請案件，經審查不能辦理登記而批駁退回。

(2)有下列各款情形之一者，登記機關應以書面敘明理由及法令依據，駁回登記之申請：（土登§57）

　　①不屬受理登記機關管轄。

　　②依法不應登記。

　　③登記的權利人、義務人或其與申請登記的法律關係有關的權利關係人間有爭執。

　　④逾期未補正或未照補正事項完全補正。

申請人不服前項的駁回者，得依訴願法規定提起訴願。依第1項第3款駁回者，申請人並得訴請司法機關裁判或以訴訟外紛爭解決機制處理。

立法意旨

申請土地權利變更登記，應提出原發土地所有權狀或他項權利證明書，經該管直轄市或縣（市）地政機關審查證明無誤者，應即登記於登記簿，另發給新土地所有權狀或土地他項權利證明書。而將原書狀註銷或在原書狀內註明權利變更事項。並應於土地所有權狀之後附加地段圖，以表明土地之位置、形狀及其標示等。

相關參考法條

　　土§72；土登§34、53、56、57、65。

第75條之1（法院囑託登記之辦理）

前條之登記尚未完畢前，登記機關接獲法院查封、假扣押、假處分或破產登記之囑託時，應即改辦查封、假扣押、假處分或破產登記，並通知登記聲請人。

解說

（一）登記完畢（土登§6）

1.土地權利經登記機關依本規則登記於登記簿，並校對完竣，加蓋登簿及校對人員名章後，為登記完畢。

2.土地登記以電腦處理者，經依系統規範登錄、校對，並異動地籍主檔完竣後，為登記完畢。

（二）限制登記

是指限制登記名義人處分其土地權利所為的登記，包括預告登記、查封、假扣押、假處分或破產登記，以及其他依法律所為禁止處分的登記（土登§136）。

1.查封：不動產的強制執行方法為查封、拍賣及強制管理；而查封不動產的方法為揭示、封閉或追繳契據，必要時得併用（強§75、76）。

2.假扣押：債權人就金錢請求或得易為金錢請求的請求，欲保全強制執行者，得聲請假扣押；就附條件或期限之請求，亦得為之（民訴§522）。

3.假處分：（民訴§532）

(1)債權人就金錢請求以外的請求，欲保全強制執行者，得聲請假處分。

(2)假處分，非因請求標的之現狀變更，有日後不能強制執行，或甚難執行之虞者，不得為之。

4.破產登記：法院為破產宣告時，就破產人或破產財團有關之登記，應即通知該登記所，囑託為破產之登記（破§66）。

（三）囑託登記

是指無須填寫登記申請書，而由法院或政府機關以囑託文書給予地政機關辦理登記。土地登記規則第29條明文規定各種囑託登記的情形，請自行參閱該法條。

（四）依本條規定，得分析如下

1.須於變更登記尚未完畢前。如已經變更登記完畢，則無從依本條規定辦理。

2.須接獲法院的囑託文書。

3.於接獲囑託文書時應即辦理限制登記。

4.須通知登記的申請人。

（五）土地登記規則的有關規定

1.囑託登記的辦理：（土登§138）

(1)土地總登記後，法院或行政執行分署囑託登記機關辦理查封、假扣押、假處分、暫時處分、破產登記或因法院裁定而為清算登記時，應於囑託書內記明登記的標的物標示及其事由。登記機關接獲法院或行政執行分署之囑託時，應即辦理，不受收件先後順序的限制。

(2)登記標的物如已由登記名義人申請移轉或設定登記而尚未登記完畢者，應即改辦查封、假扣押、假處分、暫時處分、破產或清算登記，並通知登記申請人。

(3)登記標的物如已由登記名義人申請移轉與第三人並已登記完畢者，登記機關應即將無從辦理之事實函復法院或行政執行分署。但法院或行政執行分署因債權人實行抵押權拍賣抵押物，而囑託辦理查封登記，縱其登記標的物已移轉登記與第三人，仍應辦理查封登記，並通知該第三人及將移轉登記之事實函復法院或行政執行分署。

(4)前三項的規定，於其他機關依法律規定囑託登記機關為禁止處分的登記，或管理人持法院裁定申請為清算之登記時，準用之。

2.未登記建物的囑託登記辦理：（土登§139）

(1)法院或行政執行分署囑託登記機關，就已登記土地上的未登記建物辦理查封、假扣押、假處分、暫時處分、破產登記或因法院裁定而為清算登記時，應於囑託書內另記明登記之確定標示以法院或行政執行分署人員指定勘測結果為準字樣。

(2)前項建物，由法院或行政執行分署派員定期會同登記機關人

員勘測。勘測費，由法院或行政執行分署命債權人於勘測前向登記機關繳納。

(3)登記機關勘測建物完畢後，應即編列建號，編造建物登記簿，於標示部其他登記事項欄辦理查封、假扣押、假處分、暫時處分、破產或清算登記。並將該建物登記簿與平面圖及位置圖的影本函送法院或行政執行分署。

(4)前三項之規定，於管理人持法院裁定申請為清算之登記時，準用之。

3.重複查封的辦理：同一土地經辦理查封、假扣押或假處分登記後，法院或行政執行分署再囑託為查封、假扣押或假處分登記時，登記機關應不予受理，並復知法院或行政執行分署已辦理登記之日期及案號（土登§140）。

4.限制其他登記與例外：（土登§141）

土地經辦理查封、假扣押、假處分、暫時處分、破產登記或因法院裁定而為清算登記後，未為塗銷前，登記機關應停止與其權利有關的新登記。但有下列情形之一為登記者，不在此限：

(1)徵收、區段徵收或照價收買。

(2)依法院確定判決申請移轉、設定或塗銷登記之權利人為原假處分登記之債權人（應檢具法院民事執行處或行政執行分署核發查無其他債權人併案查封或調卷拍賣證明書件）。

(3)公同共有繼承。

(4)其他無礙禁止處分的登記。

5.法院與其他機關重複囑託登記的辦理：（土登§142）

有下列情形之一者，登記機關應予登記，並將該項登記的事由分別通知有關機關：

(1)土地經法院或行政執行分署囑託查封、假扣押、假處分、暫時處分、破產登記或因法院裁定而為清算登記後，其他機關再依法律囑託禁止處分的登記。

(2)土地經其他機關依法律囑託禁止處分登記後，法院或行政執行分署再囑託查封、假扣押、假處分、暫時處分、破產登記或因法院裁定而為清算登記。

立法意旨

登記標的物業經所有權人依本法第75條規定申請移轉或設定而尚未登記完畢者，仍未發生法定之登記效力，此時，登記機關接獲法院為查封、假扣押、假處分，或破產宣告之效力並防止流弊起見，特規定應即停止原有登記之進行，改辦查封、假扣押、假處分、破產宣告之登記，而不受收件先後順序之限制。

相關參考法條

強§11、75、76；民訴§522、532；破§66；土登§6、136、138～142。

第76條（權利變更登記之登記費）
聲請為土地權利變更登記，應由權利人按申報地價或權利價值千分之一繳納登記費。
聲請他項權利內容變更登記，除權利價值增加部分，依前項繳納登記費外，免納登記費。

解說

（一）登記費的計收

1.繳納人：依本條規定，土地權利變更登記所需登記費由權利人繳納，例如承買人、受贈人或繼承人等均是權利人；但抵押權設定登記費，實務上均約定由債務人或義務人繳納。

2.計收標準：

(1)依本條規定，按土地申報地價或權利價值為準計收登記費。

(2)依內政部訂頒的「土地登記規費及其罰鍰計收補充規定」第5點規定（108.3.14），土地權利變更登記之登記費核計標準，除法令另有規定外，依下列規定辦理。

　①所有權移轉登記，以申報地價、稅捐機關核定繳（免）納契稅之價值為準。

　②典權設定登記，以權利價值、稅捐機關核定之繳（免）納契稅之價值為準。

　③繼承登記，土地以申報地價；建物以稅捐機關核定繳（免）納遺產稅之價值為準，無核定價值者，依房屋稅核課價值為準。

　④無核定價值或免申報者，以土地權利變更之日當期申報地價或房屋現值為準；無當期申報地價者，以土地權利變更之日最近一期之申報地價為準。

　⑤共有物分割登記，以分割後各自取得部分之申報地價、稅捐機關核定之繳（免）納契稅之價值計收。

　⑥經法院拍賣之土地，以權利移轉證明書上之日期當期申報地價為準。但經當事人舉證拍定日非權利移轉證明書上之日期者，以拍定日當期申報地價為準。其拍定價額低於申報地價者，以拍定價額為準。至於法院拍賣之建物，依其向稅捐單位申報之契稅價計收登記費。

　⑦信託移轉登記，以信託或信託內容變更契約書所載權利價值為準；非以契約書為登記原因證明文件者，以當事人自行於申請書填寫之權利價值為準。

(3)他項權利的價值：（土登§49）

　①申請為他項權利登記，其權利價值為實物或非現行通用貨幣者，應由申請人按照申請時的價值折算為新臺幣，填入申請書適當欄內，再依法計收登記費。

②申請為地上權、永佃權、不動產役權、耕作權或農育權的
設定或移轉登記，其權利價值不明者，應由申請人於申請
書適當欄內自行加註，再依法計收登記費。

③前二項權利價值低於各該權利標的物之土地申報地價或當
地稅捐稽徵機關核定之房屋現值4％時，以各該權利標的物
之土地申報地價或當地稅捐稽徵機關核定之房屋現值4％為
其一年之權利價值，按存續之年期計算；未定期限者，以
七年計算之價值標準計收登記費。

3.費率：依本條規定，以前述價值為準1‰計收登記費。另依土
地登記規則第46條規定，登記費未滿新臺幣1元者，不予計收。

4.繳納時機：依土地登記規則第47條規定，登記費應於申請登記
收件後繳納。

（二）他項權利內容變更登記免納登記費的情形

1.他項權利內容變更登記：這種情形很多，例如登記的權利價值
增加或減少、期限的延長或提前等均是。

2.依本條第2項規定，權利價值增加的變更登記，應繳納增加部
分千分之一的登記費，其他的變更登記，均免納登記費。

（三）登記費的退還：請參閱本法第65條的解說。

立法意旨

原立法理由：本條明文規定土地權利變更登記應繳納之登記
費，並列示土地權利消滅登記及因土地重劃為土地權利變更登記時，
免納登記費之例外規定。因土地權利消滅對於權利人並無利益；而土
地重劃，係因區內土地細分，不合經濟使用，而予以混合整理重行劃
分，並非新增權利，故予以免收登記費。

78年12月29日修正理由：

（一）現行條文但書規定，移列第78條第1款及第3款。

（二）配合本法第78條修正條文，增訂第2項，規定他項權利內容變

更登記，除權利價值增加部分依第1項規定比率繳納登記費外，其餘免納登記費。

相關參考法條

土§72、78；土登§46、47、49。

第77條（權利書狀費）

因土地權利變更登記，所發給之土地權利書狀，每張應繳費額，依第六十七條之規定。

解說

（一）變更登記完畢發給權利書狀

依本法第75條規定，於權利變更登記完畢，發給土地所有權狀或他項權利證明書，並將原發土地權利書狀註銷或在該書狀內加以註明。如註銷原權利書狀或在該書狀內加以註明，而未核發新權利書狀，則無本條規定的書狀費，例如抵押權的塗銷登記、建物的消滅登記等；如發給新權利書狀，則應依本條規定繳納書狀費，例如買賣、贈與、繼承或設定，均於登記完畢發給新的權利書狀。

（二）書狀費

1.書狀費為登記規費的一種，於申請登記收件時，併同登記費繳納（土登§45、47）。

2.書狀費由中央地政機關訂定，目前中央地政機關訂定的書狀費，每張新臺幣80元（土§67）。

3.有關書狀費的退還，土地登記規則第51條有所規定，請參閱本法第65條解說。

4.依內政部訂定「土地登記規費及其罰鍰計收補充規定」第7點規定，有下列各款情形之一者，免納書狀工本費：

①因行政機關之行政措施所為之更正、變更或依權責逕為變更申請登記，致需繕發新權利書狀予權利人。

②原住民申請回復傳統姓名後，換發權利書狀。但第一次換發後申請補發不在此限。

③無列印任何地籍資料之權利書狀末頁。

④其他依法令規定免納。

立法意旨

本條設立之旨在說明：因土地權利變更登記所重新發給之土地權利書狀，其應繳之書狀費額，依本法第67條之規定辦理。

相關參考法條

土§67、75；土登§45、65。

第78條（免繳納登記費之登記）

左列登記，免繳納登記費：

一　因土地重劃之變更登記。

二　更正登記。

三　消滅登記。

四　塗銷登記。

五　更名登記。

六　住址變更登記。

七　標示變更登記。

八　限制登記。

解說

本條所規定的各種登記除土地重劃的變更登記屬於政策性的登記

外，其他各種登記均屬於簡易的登記，原應收登記費1元（銀元），於78年修正如本條，一律免繳納登記費。

（一）土地重劃的變更登記

1.經重劃的土地，重劃機關應依據重劃結果，重新編號，列冊送由該管登記機關，逕為辦理權利變更登記，換發土地權利書狀；未於規定期限內換領者，宣告其原土地權利書狀無效（均§67）。

2.因土地重劃確定的登記，屬於囑託登記的範圍（土登§29）。

（二）更正登記

1.依本法第69條規定，登記人員或利害關係人於登記完畢後，發現登記錯誤遺漏時，應申請更正登記。

2.內政部訂頒有「更正登記法令補充規定」，請自行參閱。

（三）消滅登記

依本法第10條第2項、第12條及土地登記規則第31條規定，土地流失或建物滅失，應申請消滅登記。

（四）塗銷登記

1.塗銷原因：（土登§143）

(1)依本規則登記的土地權利，因權利的拋棄、混同、終止、存續期間屆滿、債務清償、撤銷權的行使或法院的確定判決等，致權利消滅時，應申請塗銷登記。

(2)前項因拋棄申請登記時，有以該土地權利為標的物之他項權利者，應檢附該他項權利人之同意書，同時申請他項權利塗銷登記。

(3)私有土地所有權的拋棄，登記機關應於辦理塗銷登記後，隨即為國有的登記。

2.不應登記而登記的塗銷：登記證明文件經該主管機關認定係屬偽造或純屬登記機關的疏失而錯誤登記的土地權利，於第三人取得該土地權利的新登記前，登記機關得於報經直轄市或縣（市）地政機關查明核准後塗銷（土登§144）。

3.塗銷登記的申請人：

　　(1)他項權利的塗銷登記申請人：他項權利塗銷登記除權利終止外，得由他項權利人、原設定人或其他利害關係人提出第34條第1項所列文件，單獨申請。前項單獨申請登記有下列情形之一者，免附第34條第1項第2款、第3款之文件（土登§145）。

　　　　①永佃權或不動產役權因存續期間屆滿申請塗銷登記。

　　　　②以建物以外之其他工作物為目的之地上權，因存續期間屆
　　　　　申請塗銷登記。

　　　　③農育權因存續期間屆滿六個月後申請塗銷登記。

　　　　④因需役不動產滅失或原使用需役不動產之物權消滅，申請
　　　　　其不動產役權塗銷登記。

　　(2)預告登記的塗銷申請人：預告登記的塗銷，應提出原預告登記請求權人的同意書（土登§146Ⅰ）。

　　4.限制登記的塗銷：查封、假扣押、假處分、破產登記或其他禁止處分的登記，應經原囑託登記機關或執行拍賣機關之囑託，始得辦理塗銷登記。但因徵收、區段徵收或照價收買完成後，得由徵收或收買機關囑託登記機關辦理塗銷登記（土登§147）。

（五）更名登記

　　1.土地權利登記後，權利人的姓名或名稱有變更者，應申請更名登記。設有管理人者，其姓名變更時，亦同（土登§149Ⅰ）。

　　2.法人或寺廟於籌備期間取得的土地所有權或他項權利，已以籌備人的代表人名義登記者，其於取得法人資格或寺廟登記後，應申請更名登記（土登§150）。

　　3.公有土地管理機關變更者，應囑託登記機關為管理機關變更登記（土登§151）。

（六）住址變更登記

　　1.登記名義人的住址變更者，應檢附國民身分證影本或戶口名簿影本，申請住址變更登記。如其所載身分證統一編號與登記簿記載不符或登記簿無記載統一編號者，應加附有原登記住址的身分證明文件

（土登§152Ⅰ）。

2.登記名義人為法人者，如其登記證明文件所載統一編號與登記簿記載不符，應提出其住址變更登記文件（土登§152Ⅱ）。

3.登記名義人住址變更，未申請登記者，登記機關得查明其現在住址，逕為住址變更登記（土登§153）。

（七）標示變更登記

土地或建物因合併、分割、增減或其他變更如基地號變更、門牌號變更，均是標示變更，依土地登記規則第85條規定，應申請標示變更登記。

（八）限制登記

1.所謂「限制登記」，是指限制登記名義人處分其土地權利所為的登記：包括預告登記、查封、假扣押、假處分或破產登記，以及其他依法律所為禁止處分的登記（土登§136）。

2.內政部訂頒有「限制登記作業補充規定」，請自行參閱。

（九）其他

依內政部訂定「土地登記規費及其罰鍰計收補充規定」第6點規定，申辦土地登記，合於土地法第76條第2項、第78條及土地登記規則第46條規定情形者免繳納登記費。檢察署辦理罰金執行案件就受刑人遺產執行囑辦繼承登記者，亦同。

立法意旨

原立法理由：辦理土地登記，原則上土地權利人應繳納登記費，本條明文規定辦理更正登記、塗銷登記、更名登記、住所變更登記等，土地權利人應繳之登記費額，每件為1元（銀元）。惟更正登記因可歸責於登記人員之事由而發生者，則免納登記費，此因其登記之原因並非發生於土地權利人之故。

78年12月29日修正理由：因係簡易的登記案件，收受少額之登記費，不僅增加行政成本，亦有礙人民之申請，為使地籍資料易於正

確，乃修正為免繳納登記費。

相關參考法條

土§69；均§67；土登§29、31、136、143～153。

第79條（權利書狀之換給及補給）

土地所有權狀及土地他項權利證明書，因損壞或滅失請求換給或補給時，依左列規定：

一　因損壞請求換給者，應提出損壞之原土地所有權狀或原土地他項權利證明書。

二　因滅失請求補給者，應敘明滅失原因，檢附有關證明文件，經地政機關公告三十日，公告期滿無人就該滅失事實提出異議後補給之。

解說

（一）權利書狀的換給

依本條及土地登記規則第34條、第154條規定，權利書狀損壞時，由登記名義人——即所有權人或他項權利人，提出登記申請書、身分證明文件及損壞的原權利書狀，申請換給登記。目前申請換給登記，免繳納登記費，但應依本法第79條之2規定，繳納書狀工本費每張新臺幣80元。

（二）權利書狀的補給

1.依本條及土地登記規則第154條規定，權利書狀滅失時，由登記名義人申請補給。

2.申請方式：（土登§155Ⅰ）

申請土地所有權狀或他項權利證明書補給時，應由登記名義人敘明其滅失的原因，檢附切結書或其他有關證明文件，經登記機關公

告三十日，並通知登記名義人，公告期滿無人提出異議後，登記補給之。

3.申請補給時，除應提出前述文件外，尚應提出登記申請書及申請人的身分證明文件。免繳納登記費，但應繳納書狀工本費每張新臺幣80元。

立法意旨

原立法理由：土地權利書狀，為權利之證明文件，一經損壞或滅失，即喪失其證明之效力或無以為證。倘權利書狀毀損或滅失，而無救濟之道，對權利人之損害甚重，故本條乃明文規定因損壞請求換給者，須附損壞之原發權利文件經審核無訛後，准予換給；至於因滅失請求補給者，則須附四鄰或店鋪保證書，經地政機關公告一個月後，始得補給之，以昭慎重。

78年12月29日修正理由：土地權利書狀滅失請求補給時，依現行條文第2款規定，須取具四鄰或店鋪保證書。惟經常有民眾反映其取得確有困難，仍修訂本條第2款，明定得檢附有關證明原書狀已遺失之文件，請求補給，以資適用。

相關參考法條

土§58、79-2；土登§154、155。

第79條之1（預告登記）

聲請保全左列請求權之預告登記，應由請求權人檢附登記名義人之同意書為之：

一　關於土地權利移轉或使其消滅之請求權。

二　土地權利內容或次序變更之請求權。

三　附條件或期限之請求權。

前項預告登記未塗銷前，登記名義人就其土地所為之處分，對於所登記之請求權有妨礙者無效。

預告登記，對於因徵收、法院判決或強制執行而為新登記，無排除之效力。

解說

（一）為保全關於土地權利移轉或使其消滅之請求權

1.為保全關於土地權利移轉之請求權：例如甲將土地建物出賣予乙，於未辦妥所有權移轉登記前，乙惟恐甲再行出賣予他人，則可經法院假處分程序請求法院囑託地政機關予以預告登記；或經甲之同意，申請辦理預告登記，以保全該所有權能順利由甲移轉給乙。

2.為保全關於土地權利消滅之請求權：例如甲為債權人，乙為債務人，並就乙所有之不動產辦妥抵押權設定登記新臺幣20萬元；此外，甲另向丙借款新臺幣15萬元。某日，甲因需款週轉，擬請乙返還貸款而為丙所知，丙惟恐甲之抵押權求償後歸於消滅，而影響本身債權，因此，丙得向法院請求假處分，以預為保全抵押權使其消滅，並辦理囑託預告登記。如已辦買賣移轉登記，因解除契約使已登記之所有權歸於消滅，亦得辦理預告登記。

（二）為保全土地權利內容或次序之變更請求權

1.為保全土地權利內容變更之請求權：例如甲為債權人，乙為債務人，原設定新臺幣20萬元之抵押權，約定無利息；如今，乙願變更抵押權之利息為5%，甲得經乙之同意，或經法院假處分之程序，申請預告登記，以保全該權利內容之變更。

2.為保全土地權利次序變更之請求權：例如甲為債務人，以其所有不動產為擔保，向乙借款新臺幣20萬元；嗣後甲又以該不動產為擔保，向丙借款新臺幣10萬元。若丙先行辦妥抵押權設定登記，則居於第一順位，有優先受清償之權，乙反為第二順位，故為維護權益起見，乙得經甲之同意，或經法院處分之程序，辦理預告登記，以保全

土地權利次序之變更。

（三）預告登記於附有條件或期限之請求權

例如甲乙雙方約定，若乙為甲完成某項工作，甲願將其所有之不動產贈與給乙，乙為確保將來之權益，得經甲之同意，或經假處分之程序，辦理預告登記。

（四）預告登記的申請

依本條及土地登記規則第27條、第34條規定，由請求權人提出登記申請書、預告登記同意及身分證明等文件，單獨申請登記即可。依本法第78條規定，免繳納登記費。

（五）預告登記的效果

1.預告登記屬於限制登記的一種，因此，預告登記，即限制登記名義人處分其土地權利（土登§136）。

2.依本條第2項規定，預告登記未塗銷前，登記名義人就其土地所為的處分，對於所登記的請求權有妨礙者無效。

（六）預告登記無排除的效力

預告登記雖然有其限制的效力，但依本條第3項規定，對於因徵收、法院判決或強制執行而為新登記，則無排除的效力。

（七）預告登記的塗銷

1.提出原申請人的同意書及印鑑證明，併同土地登記規則第34條規定之文件，由權利人或登記名義人單獨申請塗銷登記即可。

2.免繳納登記費（土§78）。

立法意旨

預告登記，係預為保全對他人土地權利之請求權所為之登記，本條明示得為預告登記之原因及必須具備之要件。預告登記之目的，在於阻止登記名義人對該土地有妨害保全請求權所為之處分，故預告登記未塗銷前，登記名義人就其土地所有之處分，有妨害該項保全請求權者無效。然而，為免滋生弊端，本條亦明示預告登記無排除因徵

收、法院判決或強制執行而為新登記之效力。

相關參考法條

土§78；土登§27、34、136、146。

第79條之2（應繳納工本費或閱覽費之情形）
有左列情形之一者，應繳納工本費或閱覽費：
一　聲請換給或補給權利書狀者。
二　聲請發給登記簿或地籍圖謄本或節本者。
三　聲請抄錄或影印登記聲請書及其附件者。
四　聲請分割登記，就新編地號另發權利書狀者。
五　聲請閱覽地籍圖之藍曬圖或複製圖者。
六　聲請閱覽電子處理之地籍資料者。
前項工本費、閱覽費費額，由中央地政機關定之。

解說

（一）本條係於78.12.29修正本法時增訂的條文。

（二）權利書狀工本費

　　1.權利書狀損壞的換給及滅失的補給或分割登記就新編地號另發權利書狀等有關登記，與本法第62條、第75條所規定的土地總登記及變更登記不同。因此，不能適用本法第67條及第77條的規定，而於本條特別規定，而且名為工本費。

　　2.目前的工本費，每張新臺幣80元。

（三）申請閱覽、抄寫、複印或攝影登記申請書及其附件者，以原申請案之申請人、代理人、登記名義人、與原申請案有利害關係之人，並提出證明文件者為限（土登§24）。

（四）本條所規定的工本費或閱覽費，屬於登記規費（土登§45）。

（五）費額由中央地政機關訂定，以因應實際需要，並求統一標準。

（六）土地或建築改良物權利書狀及申請應用地籍資料規費收費標準
（103.3.17內政部內授中辦地字第10366503253號令）

第1條　本標準依土地法第67條、第79條之2第2項及規費法第10條第1
項規定訂定之。

第2條　土地或建築改良物所有權狀及他項權利證明書，其書狀費或
換發、補發工本費之費額為每張新臺幣80元。

申請應用地籍資料，其工本費或閱覽費之費額如附表。

第3條　本標準自發布日施行。

附表

項　　目	費　　額
登記（簿）謄本或節本工本費	人工影印：每張新臺幣5元 電腦列印：每張新臺幣20元
地籍圖謄本工本費	人工影印：每張新臺幣15元 人工描繪：每筆新臺幣40元 電腦列印：每張新臺幣20元
登記申（聲）請書及其附件影印工本費	每張新臺幣10元
登記申（聲）請書及其附件閱覽、抄錄或攝影閱覽費	每案新臺幣75元 限時20分鐘
各類登記專簿影印工本費	每張新臺幣10元
各類登記專簿閱覽、抄錄或攝影閱覽費	每案新臺幣75元 限時20分鐘
地籍圖之藍曬圖或複製圖閱覽費	每幅新臺幣10元 限時20分鐘
電子處理之地籍資料（含土地資料及地籍圖）到所查詢閱覽費	每筆（棟）新臺幣20元 限時5分鐘
電子處理之地籍資料電傳資訊閱覽費	每人每筆（棟）新臺幣10元
歸戶查詢閱覽費	每次新臺幣45元 限時10分鐘
地籍異動索引查詢閱覽費	每筆（棟）新臺幣10元 限時3分鐘

附表（續）

項　　目	費　　額
各項查詢畫面列印工本費	每張新臺幣20元
土地建物異動清冊影印工本費	每張新臺幣5元

立法意旨

　　由於換給、補給權利書狀及分割新編地號，非屬本法第62條及第75條所規定之確定登記核發新權利書狀，故將其列於本案。至於人民申請發給地籍資料之謄本、節本或影本，以及閱覽有關地籍資料，實務上均行之有年，且亦均收取工本費及閱覽費，為求統一標準，故明定由中央地政機關訂定費額。於是，特增訂本條，俾依法有據。

相關參考法案

　　土§79；土登§24、45。

第三編
土地使用

前　言

　　土地為立國的要素之一，其管理的首要目標為「地盡其利」，蓋因地未能盡其利，將動搖立國的根本。故「土地使用」置於土地法內容架構中的第三編，乃於第二編地籍正確後，隨之促進土地利用。本編有相當多的特別法，諸如都市計畫法、區域計畫法、國土計畫法、國民住宅條例、農業發展條例、耕地三七五減租條例、平均地權條例、農地重劃條例……等等，解說時均已儘可能予以相提並敘。

第一章

通 則

第80條（土地使用之定義）

土地使用，謂施以勞力資本為土地之利用。

解說

（一）意義

　　1.本條明定土地使用的意義，是指投施勞力資本所為的土地利用。

　　2.或許只有投施勞力而為土地利用，或許投施資本而為的土地利用，或許投施勞力與資本而為土地利用，但無論如何，均為土地利用。

（二）地盡其利

　　1.土地的面積有限，其自然的生產力也有限，唯有人類投施勞力資本予以利用，才能提高其生產力——也就是提高其經濟效能。土地經濟效能的提高，無異是突破土地面積固定的限制而增加了供給量。

　　2.土地使用，固然可以提高其經濟效能，等於增加供給量，但是若不予規劃使用，就有可能產生「不當利用」、「過度利用」、「低度利用」或是「不利用」的情形。若出現這些情形，可能不見其利反見其弊。

　　3.因此，土地使用的規劃，成為土地使用上的重要課題。惟有經由規劃，安排土地作合理使用，才能使土地的生產力充分發揮，使土地的經濟效能完全表現，也就是所謂地盡其利。

（三）為使土地合理利用，本編共分六章，除了規定對土地使用予以
計畫並管制外，對於租用部分，也作明確的規定，使租賃雙
方皆能各安其所、各樂其業，進而願意投施勞力資本來利用土
地。此外，本編也規定土地重劃，以排除土地使用的障礙，進
而促進土地的使用。

立法意旨

土地為一切生產要素之一，其開發利用，關係人類生存與國家經
濟發展。土地面積雖有不可增性，然其本身卻具有經濟效能，可施以
勞力、資本，予以改良，配合國家經濟建設之需要，謀求最經濟、最
合理之利用，充分發揮土地之經濟效能，以達到土地使用之最高原則
——地盡其利。因此，本條明示：「土地使用，謂施以勞力資本為土
地之利用。」

相關參考法案

土§1、2；均§52；均施則§11。

第81條（使用地之編定）

直轄市或縣（市）地政機關得就管轄區內之土地，依國家經濟政
策、地方需要情形及土地所能供使用之性質，分別商同有關機
關，編為各種使用地。

解說

（一）主管機關

1.依本條的規定，編定各種使用地的主管機關為直轄市或縣
（市）地政機關。但應分別商同有關機關辦理，例如水利用地則商同
水利主管機關辦理，交通用地則商同交通主管機關辦理。

2.平均地權條例第52條只規定由主管機關全面編定各種土地用途，並未明定何者為主管機關。

3.區域計畫法第15條規定，非都市土地，應由有關直轄市或縣（市）政府編定各種使用地，並報經上級主管機關核備。

4.都市計畫法第13條及第14條規定，都市計畫由各級地方政府或鄉、鎮、縣轄市公所擬定，特定區計畫由直轄市、縣（市）政府擬定，必要時得由內政部訂定。

5.國土計畫法第2條、第4條及第8條規定，國土計畫分為全國國土計畫及直轄市、縣（市）國土計畫，分別由中央主管機關及直轄市、縣（市）主管機關擬定。國土計畫之主管機關，在中央為內政部；在直轄市為直轄市政府；在縣（市）為縣（市）政府。

（二）編定各種使用地的依據

1.依本條規定，編定各種使用地的依據為：

(1)國家經濟政策。

(2)地方需要情形。

(3)土地所能供使用的性質。

(4)分別商同有關機關編定。

2.平均地權條例第52條規定，主管機關應依下列依據，編定各種土地用途：

(1)國家經濟政策。

(2)地方需要情形。

(3)土地所能提供使用的性質。

(4)區域計畫及都市計畫的規定。

3.區域計畫法第3條規定，區域計畫是指基於地理、人口、資源、經濟活動等相互依賴及共同利益關係，而制定的區域發展計畫。各該因素的考量，即是擬定區域計畫的依據。

4.都市計畫法第3條規定，都市計畫是指在一定地區內有關都市生活的經濟、交通、衛生、保安、國防、文教、康樂等重要設施，作

有計畫的發展，並對土地使用作合理的規劃而言。各該因素的考量，即是擬定都市計畫的依據。

5.國土計畫法第22條及其施行細則第10條規定，直轄市、縣（市）國土計畫公告實施後，應由各該直轄市、縣（市）政府依各級國土計畫國土功能分區之劃設內容，製作國土功能分區圖及編定適當使用地，並實施管制。各種使用地，係按各級國土計畫，就土地能供使用之性質而進行編定。

立法意旨

為促進土地之利用，使土地利益普及社會全體共享，故藉政府之力量，使土地有計畫的編定為各種使用地，至為需要。然土地之利用，必須顧及國家經濟政策之發展，及地方實際需要，並斟酌土地所能提供使用之經濟效能作最適當之規劃，以達地盡其利之旨，故設本條規定。

相關參考法條

土§82、83、84；均§52；區畫法§3、15；市畫§3、13、14、32；國計§20、22；國計施則§10。

第82條（使用編定後之限制）
凡編為某種使用地之土地，不得供其他用途之使用。但經該管直轄市或縣（市）地政機關核准，得為他種使用者，不在此限。

解說

（一）使用管制

1.依本條規定，凡編為某種使用地的土地，不得供作其他用途的使用。例如編為住宅區，只能興建住宅使用，不得興建廠房供作工廠

使用。

　　2.依區域計畫法第12條規定，區域計畫公告實施後，區域內有關的開發或建設事業計畫，均應與區域計畫密切配合，必要時應修正其事業計畫，或建議主管機關變更區域計畫。另依同法第15條規定，經編定各種使用地，報經上級主管機關核備後，實施管制。

　　3.依都市計畫法第6條規定，直轄市及縣（市）政府對於都市計畫範圍內的土地，得限制其使用人為妨礙都市計畫的使用。另依同法第32條至第38條規定，經都市計畫劃定各種使用區後，均有各種不同程度的使用管制。

　　4.非都市土地使用管制規則規定：

　　(1)非都市土地的使用，除國家公園區內土地，由國家公園主管機關依法管制外，按其編定使用地的類別，依本規則規定管制（第4條）。

　　(2)非都市土地使用分區劃定及使用地編定後，由直轄市或縣（市）政府管制其使用，並由當地鄉（鎮、市、區）公所隨時檢查，其有違反土地使用管制者，應即報請直轄市或縣（市）政府處理（第5條Ⅰ）。

　　(3)經編定為某種使用的土地，應依其容許使用的項目及許可使用細目使用；但若是其他法律或依本法公告實施之區域計畫有禁止或限制使用的規定，則依各該規定（第6條Ⅰ、Ⅱ）。

　　5.國土計畫法規定：

　　(1)直轄市、縣（市）國土計畫公告實施後，應由各該直轄市、縣（市）政府依各級國土計畫國土功能分區之劃設內容，製作國土功能分區圖及編定適當使用地，並實施管制（第22條Ⅰ）。

　　(2)國土功能分區及其分類之使用地類別編定、變更、規模、可建築用地及其強度、應經申請同意使用項目、條件、程序、免經申請同意使用項目、禁止或限制使用及其他應遵行之土地使用管制事項之

規則，由內政部定之。但屬實施都市計畫或國家公園計畫者，仍依都市計畫法、國家公園法及其相關法規實施管制（第23條Ⅱ）。

(3)直轄市、縣（市）政府公告國土功能分區圖後，應按本法規定進行管制（第32條Ⅰ）。

6.農業用地劃定或變更使用，應先徵得農業主管機關同意：依農業發展條例第10條規定，農業用地於劃定或變更為非農業使用時，應以不影響農業生產環境之完整，並先徵得主管機關同意。

（二）例外使用

1.依本條規定，凡是編為某種使用地的土地，不得供作其他用途的使用；但如經直轄市或縣（市）地政機關核准，即得為他種使用。

2.區域計畫法、都市計畫法及國土計畫法均規定有區域計畫變更、都市計畫變更及國土計畫變更，區域計畫、都市計畫或國土計畫依法變更後，其土地自應以依法變更後的計畫來使用。此與本條所規定的核准為其他用途使用，性質不同。

立法意旨

直轄市或縣（市）地政機關就其管轄區內之土地，依國家經濟政策、地方需要及土地所能供給使用之性質，編定為某種使用地後，即應按照編定用途為土地之使用，不得任意變更。此因土地使用編定之目的，在於促進土地之高度有效利用，倘任意更改，土地效用必將受影響，亦必妨害國家土地政策之要求。然因事實之變更，為他種使用更有經濟效益者，如不准變更使用，又有違編定使用之目的，如經該管直轄市或縣（市）地政機關核准為他種使用地，亦應准予使用。

相關參考法條

土§81、83；區畫法§12、15～17；市畫§6、32～41；農展例§10；非都市土地使用管制規則§4～6；國計§22、23、32。

第83條（繼續為從來之使用）
編為某種使用地之土地，於其所定之使用期限前，仍得繼續為從來之使用。

解說

（一）從來使用：係指原來怎麼使用，就照原來的使用繼續使用。若是變更為另外的使用，就不是從來使用。

（二）得從來使用的要件

　　1.須是從來使用不符合該編定使用地的使用，若從來使用符合該編定使用地的使用，則不適用本條規定。

　　2.須是在所定的使用期限前，才得繼續為從來的使用，若是使用的期限屆至，自應依法使用，不得再繼續從來使用。

（三）依區域計畫法第17條、都市計畫法第41條及國土計畫法第32條規定，區域計畫、都市計畫或國土計畫實施後，其土地上原有建築物，不合土地分區使用計畫者，經政府令其變更使用或拆除時所受之損害，應予適當的補償。

（四）依內政部訂頒的「非都市土地使用管制規則」第8條第1項規定，土地使用編定後，其原有使用或原有建築物不合土地使用分區規定者，在政府令其變更使用或拆除建築物前，得為從來使用。原有建築物除准修繕外，不得增建或改建。

（五）公共設施保留地的使用

　　1.申請臨時使用：公共設施保留地在未取得前，得申請為臨時建築使用（市畫§50Ⅰ）。

　　2.從來使用：依都市計畫法指定的公共設施保留地，不得為妨礙其指定目的的使用，但得繼續為原來的使用或改為妨礙目的較輕的使用（市畫§51）。

立法意旨

為促進土地高度利用價值，始行編定土地用途，其編定以社會公眾利益為前提。如於限期使用前廢而不用，個人權益有受損之虞，亦影響社會公眾之利益。故為兼顧人民權益計，本條特規定於其所定之使用期限前，仍得繼續為從來之使用。

相關參考法條

土§80〜84；區畫法§17；市畫§41、50、51；國計§32；非都市土地使用管制規則§8。

第84條（使用地總別之編定及公布）
使用地之種別或其變更，經該管直轄市或縣（市）地政機關編定，由直轄市或縣（市）政府公布之。

解說

（一）主管機關

1.編定：

(1)依本法第81條規定，直轄市或縣（市）地政機關得分別商同有關機關，編為各種使用地；但依本條規定，是由直轄市或縣（市）地政機關負責使用地種別的編定。

(2)依本條規定，使用地的種別編定後，若有變更，則由直轄市或縣（市）地政機關負責變更編定；但依本法第81條規定，也應依國家經濟政策、地方需要情形及土地所能供使用的性質，分別商同有關機關變更編定。

2.公布：依本條規定，使用地的種別編定或變更編定的結果，由直轄市或縣（市）政府公布。

3.通知與備查：編定使用地公布後，應分別通知土地所有權人，

並報請中央地政機關備查（土施§20）。

（二）非都市土地的使用編定

本條只是原則上的規定，目前實務上，對於非都市土地的使用編定，均依區域計畫法的規定辦理，茲將該法有關規定列述如下：

1.編定與核備：區域計畫公告實施後，由有關直轄市或縣（市）政府，按照非都市土地分區使用計畫，製定非都市土地使用分區圖，並編定各種使用地，報經上級主管機關核備後，實施管制。變更的程序也是相同（第15條）。

2.公告與通知：依前條規定實施管制時，應將分區圖及編定結果公告，並應將編定結果通知土地所有權人，有關分區圖複印本，發交鄉鎮公所保管，人民得隨時免費閱覽（第16條）。

3.變更編定的特殊程序：依非都市土地使用管制規則第10條至第26條，有土地使用分區變更的規定，第27條至第51條則有使用地變更編定的規定。

（三）都市土地的計畫使用

目前實務上，均依都市計畫法的規定辦理，茲將該法有關規定列述如下：

1.擬定都市計畫：

(1)都市計畫由各級地方政府或鄉、鎮、縣轄市公所擬定（第13條）。

(2)特定區計畫由直轄市、縣（市）（局）政府擬定，必要時得由內政部訂定（第14條Ⅰ）。

(3)由上級訂定或擬定的計畫，應先徵求有關縣（市）（局）政府及鄉、鎮、縣轄市公所的意見。

2.公開展覽：都市計畫的主要計畫擬定後，應於各該直轄市或縣（市）（局）政府及鄉、鎮、縣轄市公所公開展覽三十天及舉行說明會，並應將公開展覽及說明會的日期及地點刊登新聞紙或新聞電子報周知，任何公民或團體得於公開展覽期間內，以書面載明姓名或名稱

及地址、向該管政府提出意見（第19條）。

3.審議：主要計畫擬定後，連同公開展覽所得的民眾意見，送由該管政府或鄉、鎮、縣轄市都市計畫委員會審議（第18條）。

4.核定：人民的意見、審議的結果及主要計畫一併報請內政部核定。對於審議的修正或經內政部的指示修正，均免再公開展覽及舉行說明會（第19條後段）。

5.發布實施：主要計畫經核定或備案後，直轄市或縣市政府應於三十日內發布實施並刊登新聞紙或新聞電子報周知（第21條）。

6.擬定細部計畫：主要計畫發布實施後，主管機關開始擬定細部計畫，其中除特定區計畫由內政部訂定及與主要計畫合併擬定者由內政部核定實施外，其餘均由該管直轄市或縣（市）政府核定實施（第22條、第23條）。

7.變更計畫：主要計畫及細部計畫的變更，其有關審議、公開展覽、層報核定及發布實施等事項，依前述有關規定辦理（第28條）。

（四）國土計畫法的使用管制

有關國土之規劃管制，未來在直轄市、縣（市）政府將國土功能分區公告後，國土計畫法將取代現行之區域計畫法，茲將該法相關規定說明如下：

1.國土計畫種類：

國土計畫分為全國國土計畫及直轄市、縣（市）國土計畫兩種，直轄市、縣（市）國土計畫，應遵循全國國土計畫（第8條Ⅰ、Ⅲ）。

2.國土計畫之擬定、審議及核定：

(1)行政院、內政部及直轄市、縣（市）政府應遴聘（派）學者、專家、民間團體及有關機關代表，召開國土計畫審議會，辦理全國或直轄市、縣（市）國土計畫之擬定、變更或核定之審議（第7條）。

(2)全國國土計畫由內政部擬定及審議，報請行政院核定；直轄

市、縣（市）國土計畫由直轄市、縣（市）政府擬定及審議，報請內
政部核定。全國國土計畫中特定區域之內容，如涉及原住民族土地及
海域者，應依原住民族基本法第21條規定辦理，並由內政部會同原住
民族委員會擬定（第11條）。

3.座談會及公開展覽：

國土計畫之擬定，應邀集學者、專家、民間團體等舉辦座談會或
以其他適當方法廣詢意見，作成紀錄，以為擬定計畫之參考。國土計畫
擬定後送審議前，應公開展覽三十日及舉行公聽會；公開展覽及公聽
會之日期及地點應登載於政府公報、新聞紙，並以網際網路或其他適
當方法廣泛周知。人民或團體得於公開展覽期間內，以書面載明姓名
或名稱及地址，向該管主管機關提出意見，由該管機關參考審議，併
同審議結果及計畫，分別報請行政院或內政部核定（第12條Ⅰ、Ⅱ）。

4.發布實施及公開展覽：

國土計畫經核定後，擬定機關應於接到核定公文之日起三十日
內公告實施，並將計畫函送各有關直轄市、縣（市）政府及鄉（鎮、
市、區）公所分別公開展覽；其展覽期間，不得少於九十日；計畫內
容重點應登載於政府公報、新聞紙，並以網際網路或其他適當方法廣
泛周知（第13條）。

5.都市計畫之擬定或變更：

直轄市、縣（市）國土計畫公告實施後，應由直轄市、縣
（市）政府通知當地都市計畫主管機關按國土計畫之指導，辦理都市
計畫之擬定或變更。內政部或直轄市、縣（市）政府得指定各該擬定
機關限期為之，必要時並得逕為擬定或變更（第16條）。

6.變更國土計畫：

國土計畫公告實施後，擬定計畫之機關應視實際發展情況，全國
國土計畫每十年通盤檢討一次，直轄市、縣（市）國土計畫每五年通
盤檢討一次，並作必要之變更。但有國土計畫法規定之法定原因時，
得適時檢討變更（第15條Ⅲ）。

7.申請使用許可：

於符合第21條國土功能分區及其分類之使用原則下，從事一定規模以上或性質特殊之土地使用，應由申請人檢具第26條規定之書圖文件申請使用許可；其一定規模以上或性質特殊之土地使用，其認定標準，由內政部定之。使用許可不得變更國土功能分區、分類，且填海造地案件限於城鄉發展地區申請，並符合海岸及海域之規劃（第24條Ⅰ、Ⅱ）。

立法意旨

使用地之種別，經編定後，即應以編定種類之使用為準，不得作為他用，故應公布使眾人周知，並應分別通知土地所有權人，以昭慎重。其事後變更用途者亦同。使用地種別之編定或變更，有賴於專門技術，故應由直轄市或縣（市）地政機關為之。公布之機關，應由直轄市或縣（市）政府為之。

相關參考法條

土§81、82、83；土施§20；區畫法§16；區畫法施則§16、18；非都市土地使用管制規則§12～26；市畫§26、27；國計§7、8、11～16、24。

第85條（使用地之命令變更）
使用地編定公布後，上級地政機關認為有較大利益或較重要之使用時，得令變更之。

解說

（一）本條規定土地使用編定後的命令變更
1.主管機關：

(1)依本法第81條規定，由直轄市或縣（市）地政機關編定各種使用地。因此，本條所規定的上級地政機關，應為中央地政機關。

(2)由於本法第81條規定，由直轄市或縣（市）地政機關分別商同有關機關，編定各種使用地。因此，依本條規定，由上級地政機關命令變更時，似也應分別商同有關機關辦理。

2.變更情形：

(1)須是使用地編定公布後：如尚未編定使用，則無所謂命令變更。

(2)須是上級地政機關認為變更使用時。

(3)須是上級地政機關認為有較大利益或較重要的使用時。

(4)須由上級地政機關以命令變更。

（二）非都市土地的使用變更（區畫法§13）

1.每五年檢討變更：區域計畫公告實施後，擬定計畫的機關應視實際發展情況，每五年通盤檢討一次，並作必要的變更。

2.隨時檢討變更：

(1)發生或避免重大災害。

(2)興辦重大開發或建設事業。

(3)區域建設推行委員會之建議。

3.變更程序：區域計畫的變更，應依區域計畫法第9條及第10條規定程序辦理，亦即應經區域計畫委員會審議通過，報請上級主管機關核定或備案後，於四十天內公告實施，並將計畫圖說於各地方政府及鄉鎮公所分別公開展示至少三十天，並經常保持清晰完整，供人民閱覽。

（三）都市土地的使用變更

1.每三年或五年檢討變更：都市計畫實施後，不得隨時任意變更，但擬定計畫的機關每三年內或五年內至少應通盤檢討一次，依據發展情況，並參考人民建議作必要的變更，對於非必要的公共設施用地，應變更其使用（市畫§26）。

2.隨時檢討變更：有下列的情形時，直轄市、縣（市）（局）政府或鄉、鎮、縣轄市公所，應視實際情況迅行變更：內政部或縣（市）（局）政府得限期指定各項原擬定之機關變更計畫，必要時並得逕為變更：（市畫§27）。

(1)因戰爭、地震、水災、風災、火災或其他重大事變遭受損壞時。

(2)為避免重大災害之發生時。

(3)為適應國防或經濟發展之需要時。

(4)為配合中央、直轄市或縣（市）興建之重大設施時。

3.變更程序：請參閱本法第84條的解說。

（四）國土計畫法的使用變更（國計§15）

1.每五年或十年檢討變更：國土計畫公告實施後，擬訂計畫之機關應視實際發展情況，全國國土計畫每十年通盤檢討一次，直轄市、縣（市）國土計畫每五年通盤檢討一次，並作必要之變更。

2.隨時檢討變更：

(1)因戰爭、地震、水災、風災、火災或其他重大事變遭受損壞。

(2)為加強資源保育或避免重大災害之發生。

(3)政府興辦國防、重大之公共設施或公用事業計畫。

(4)其屬全國國土計畫者，為擬定、變更都會區域或特定區域之計畫內容。

(5)其屬直轄市、縣（市）國土計畫者，為配合全國國土計畫之指示事項。

3.變更程序：

全國國土計畫公告實施後，直轄市、縣（市）政府應依內政部規定期限，辦理直轄市、縣（市）國土計畫之變更。直轄市、縣（市）政府未依規定期限辦理時，內政部得逕為變更，並準用第11條至第13條規定程序辦理。適時檢討變更之原因係因戰爭等重大事變遭受損

害、為加強資源保育或避免重災發生，以及政府興辦國防或公設等公用事業，其變更之計畫內容及辦理程序得予以簡化，其簡化辦法由內政部定之。

立法意旨

　　使用地經編定公布後，其用途即確定，不得任意變更用途。然上級（中央及省）地政機關因情事變更，認為有較大利益或較重要之使用時，得令原編定機關（直轄市或縣（市）地政機關）變更用途，以盡地利並配合國家經濟政策、符合地方需要。

相關參考法條

　　土§82、84；區畫法§13、15；市畫§26、27；國計§15。

第86條（集體農場）

直轄市或縣（市）地政機關於管轄區內之農地，得依集體耕作方法，商同主管農林機關，為集體農場面積之規定。
集體農場之辦法，另以法律定之。

解說

（一）主管機關：依本條規定，集體農場的面積，由直轄市或縣
　　　（市）政府機關商同農林機關予以規定，並依土地法施行法第
　　　21條規定，報請中央地政機關核定。
（二）集體農場面積的規定，以集體耕作的方法為依據。
（三）由於集體農場的辦法，所涉及的層面相當廣泛，因此有必要另
　　　外以法律作詳細的規定。然而到目前為止，我國尚未制定「集
　　　體農場法」，只有農業發展條例第3條規定的「農業產銷班」
　　　類似集體農場，其意是指土地相毗連或經營相同產業之農民，

自願結合共同從事農業經營之組織。

立法意旨

　　我國農地，大都由農民個別工作經營，耕作面積甚小，耕作技術落後，農業生產亦隨之低落，形成勞力浪費，實有改進之必要。且國父主張耕者有其田，同時也主張實行農業合作，以合作方式，改善農業經營，增加農業生產，以改善農民生活。故本條規定集體農場面積之劃定，擴大耕作面積，採用機械耕作，互助合作，共謀土地之有效使用，以期減輕勞力，提高生產效率。

相關參考法條

　　憲§146；土§3；土施§21；農展例§3、26。

第87條（空地之意義）

凡編為建築用地，未依法使用者，為空地。

土地建築改良物價值不及所占地基申報地價百分之二十者，視為空地。

解說

（一）空地

　　1.依本條規定，凡是編為建築用地，未依法使用者，即為空地。所謂「編為建築用地」，例如都市計畫的住宅區、商業區或工業區等均是；而所謂「依法使用」，則是指依建築法的規定建築使用，若未依法而使用，例如違章建築，仍然視為空地。

　　2.依平均地權條例第3條及土地稅法第11條規定，所謂「空地」，指已完成道路、排水及電力設施，於有自來水地區並已完成自來水系統，而仍未依法建築使用的私有及公有非公用建築用地。

（二）視爲空地——即低度利用的土地

　　1.依本條規定，建築改良物價值不及所占地基申報地價20%者，視為空地。因此，雖建築用地依法建築使用，但低度使用，仍視為空地。

　　2.依平地權條例第3條及土地稅法第11條規定，於已完成道路、排水及電力設施，有自來水地區並已完成自來水系統；或雖建築使用，而其建築改良物價值不及所占基地申報地價10%，且經直轄市或縣（市）政府認定應予增建、改建或重建的私有及公有非公用建築用地。

　　3.平均地權條例為土地法的特別法，所以該條例的規定，應優先適用。

（三）由前述的規定可知

　　1.空地的使用管制，包括私有及公有非公用的土地。

　　2.須是編為建築用地，未依法使用，才被認定為空地。

　　3.須是道路、水電等公共設施已完成，而仍未依法建築使用的土地。

　　4.若是建築使用的土地，須是道路、水電等公共設施已完成，但建築物價值不及其基地申報地價10%，而被認定應增建、改建或重建的土地。

（四）空地或視為空地，應限期建築，否則依平均地權條例第26條及
　　　土地稅法第21條規定，應加徵二至五倍的空地稅或由政府依公
　　　告現值照價收買。

立法意旨

　　本條規定空地之意義，凡編為建築用地，未依法使用者為空地；或雖經使用，但土地建築改良物價值不及所占地基申報地價20%者，仍應視為空地。為促進土地利用，杜絕土地投機壟斷，對握有建築用地而不為建築使用者；或雖有建築使用，但其建築簡陋不為充分使用其土地者，均應視為空地，得由政府限期強制使用，加徵空地稅

或由政府照價收買，以期地盡其利。

相關參考法條

土§2、81、89、173；土施§36、42、43；均§3、26；均施則§40～42；土稅§11、21。

第88條（荒地之定義）

凡編為農業或其他直接生產用地，未依法使用者為荒地。但因農業生產之必要而休閒之土地，不在此限。

解說

（一）荒地

　1.須是編為農業用地或其他直接生產用地。

　2.須是未依使用的土地。

　3.本條及其他相關參考法條，均未明訂公私有土地。因此，本條所規範的土地，應是公有荒地及私有荒地均包括在內。

（二）荒地的例外

　1.依本條但書的規定，因農業生產的必要而休閒的土地，不認為是荒地。

　2.不屬於農業用地閒置不用的情形：（均§26-1；土稅§22-1）

　(1)因農業生產或政策之必要而休閒者。

　(2)因地區性生產不經濟而休耕者。

　(3)因公害污染不能耕作者。

　(4)因灌溉、排水設施損壞不能耕作者。

　(5)因不可抗力不能耕作者。

（三）農業用地：所謂農業用地：平均地權條例第3條、農業發展條例第3條及土地稅法第10條等規定，係指非都市土地或都市土

地農業區、保護區範圍內土地，依法供下列使用者：

1.供農作、森林、養殖、畜牧及保育使用者。

2.供與農業經營不可分離之農舍、畜禽舍、倉儲設備、曬場、集貨場、農路、灌溉、排水及其他農用之土地。

3.農民團體與合作農場所有直接供農業使用之倉庫、冷凍（藏）庫、農機中心、蠶種製造（繁殖）場、集貨場、檢驗場等用地。

（四）農業用地閒置不用者，經限期使用，逾期仍未使用，應加徵田賦一至三倍的荒地稅；經滿三年仍不使用者，政府得照價收買（均§26-1；土稅§22-1）。由於目前台灣地區停徵田賦，所以未落實荒地使用的執行。

立法意旨

本條揭示荒地之定義。凡編為農業用地或其他直接生產用地，未依法使用而任其荒廢，不但有礙農業生產，亦有壟斷土地之嫌，故應視為荒地，政府得依法照價收買或加徵荒地稅，以使地盡其利。惟因農業生產上之必要，而將土地休閒者，自非荒廢其土地，故休閒期間未使用之土地，不應視為荒地，此為本條但書設立之理由。

相關參考法條

土§2、89、174；土施§36、42、43；農展例§3；均§3、26-1；土稅§10、22-1。

第89條（空地荒地之限期使用）

直轄市或縣（市）地政機關對於管轄區內之私有空地及荒地，得劃定區域，規定期限，強制依法使用。

前項私有荒地，逾期不使用者，該管直轄市或縣（市）政府得照申報地價收買之。

解說

（一）依本條之規定

1.主管機關：有關空地及荒地的強制使用，由直轄市或縣（市）地政機關負責辦理。

2.私有土地：本條規定，僅對私有的空地及荒地予以強制使用，與平均地權條例所規定的私有及公有非公用的土地，有所差別。

3.分區分期強制使用：本條規定，得劃定區域，規定期限，強制依法使用，顯然不是全面性的同時強制使用，而是分區分期實施。

4.私有荒地照價收買：

(1)本條規定只對逾期不使用的私有荒地得照價收買，對於私有空地未使用者，則未照價收買。

(2)由直轄市或縣（市）政府照價收買。

(3)照申報地價收買：依土地法施行第22條規定，其地價得分期給付，但最長不得超過五年。

（二）平均地權條例為土地法的特別法，其有關規定應優先適用

1.私有空地的限期建築：（均§26）

(1)直轄市或縣（市）政府對於私有空地，得視建設發展情形，分別劃定區域，限期建築、增建、改建或重建。

(2)經依前項規定限期建築、增建、改建或重建之土地，其新建之改良物價不及所占基地申報地價50%者，直轄市或縣（市）政府不予核發建築執照。

(3)逾期未建築、增建、改建或重建者，按該宗土地應納地價稅基本稅額加徵二至五倍之空地稅或照價收買。

2.農地閒置不用的限期使用（均§26-1）：農業用地閒置不用，經直轄市或縣（市）政府報經內政部核准通知限期使用或命其委託經營，逾期仍未使用或委託經營者，按應納田賦加徵一至三倍之荒地稅；經加徵荒地稅滿三年，仍不使用者，得照價收買。但有下列情形之一者不在此限：

(1)因農業生產或政策之必要而休閒者。

(2)因地區性生產不經濟而休耕者。

(3)因公害污染不能耕作者。

(4)因灌溉、排水設施損壞不能耕作者。

(5)因不可抗力不能耕作者。

3.照價收買：以收買當期的公告現值為準照價收買（均§31）。

4.劃定私有空地限期使用地區：（均施則§40）

(1)劃定限期建築地區應符合下列規定：

　　①依法得核發建造執照。

　　②無限建、禁建情事。

(2)前項地區之範圍，由直轄市或縣（市）主管機關報請中央主管機關核定後，通知土地所有權人限期建築、增建、改建或重建。

5.限期使用的期限：（均施則§41）

(1)本條例第26條第1項所稱逾期未建築、增建、改建或重建，指土地所有權人未於規定期限內請領建造執照開工建築而言，已請領建造執照開工建築但未按該執照核定之建築期限施工完竣領有使用執照者，亦同。

(2)前項請領建造執照開工建築之期限，在直轄市或省轄市為二年，在縣轄市或鄉鎮為三年。

立法意旨

　　為促進私有空地及荒地之利用，並防止私人壟斷投機土地，凡依本法第87條、第88條規定視為空地或荒地者，各直轄市或縣（市）地政機關得劃定區域，限期強制使用，並得依本法第173條、第174條規定加徵空地稅或荒地稅；如仍不使用者，政府得照價收買之，以達地盡其用之目的，並增進社會之利益。

相關參考法條

土§87、88、173、174；均§26、26-1、28～31；土稅§21、22-1；均施則§40、41。

第二章

使用限制

第90條（公共使用土地之劃定）
城市區域道路、溝渠及其他公共使用之土地，應依都市計畫法預為規定之。

解說

（一）本條是在規定有關都市公共設施的預定地

　1.只對都市地區規定，對於非都市地區，則未規定。

　2.只對於道路、溝渠及其他公共使用的土地預為規定。

　3.應依都市計畫法預為規定。而所謂「預為規定」，就是預先規定，因此，有人說是公共設施預定地，也有人說是公共設施保留地。

（二）都市計畫法的相關規定

　1.設置公共設施用地：（第42條）

　(1)道路、公園、綠地、廣場、兒童遊樂場、民用航空站、停車場所、河道及港埠用地。

　(2)學校、社教機構、社會福利設施、體育場所、市場、醫療衛生機構及機關用地。

　(3)上下水道、郵政、電信、變電所及其他公用事業用地。

　(4)本章規定之其他公共設施用地。

　2.公共設施用地的決定：公共設施用地，應就人口、土地使用、交通等現狀及未來發展趨勢，決定其項目、位置與面積，以增進市民活動的便利，並確保良好的都市生活環境（第43條）。

　　3.交通用地的設置：（第44條）

　　(1)道路系統、停車場所及加油站，應按土地使用分區及交通情形與預期的發展配置。

　　(2)鐵路、公路通過實施都市計畫的區域者，應避免穿越市區中心。

　　4.公園等用地的設置：公園、體育場所、綠地、廣場及兒童遊樂場，應依計畫人口密度及自然環境，作有系統的布置，除具有特殊情形外，其占用土地總面積不得少於全部計畫面積10%（第45條）。

　　5.學校用地的設置：中小學校、社教場所、社會福利設施、市場、郵政、電信、變電所、衛生、警所、消防、防空等公共設施，應按里鄰單位或居民分布情形適當配置（第46條）。

　　6.嫌惡性的公共設施及設置：屠宰場、垃圾處理場、殯儀館、火葬場、公墓、污水處理廠、煤氣廠等應在不妨礙都市發展及鄰近居民的安全、安寧與衛生之原則下，於邊緣適當地點設置（第47條）。

（三）本條所規定的道路、溝渠等土地，當然是都市計畫法所規定的公共設施用地，至於本條所規定的其他供公共使用的土地，依前述都市計畫法的規定，包括相當多的項目。

立法意旨

　　城市人口增加，公共使用地之面積亦須相對增加，以應需要。然若俟都市建設完成後，再行增加公共用地之面積，顯有困難，故應依都市計畫法，於規劃市地使用之前，針對城市區域內之道路、溝渠等公共用地預為規劃，方足以因應都市計畫之建設。

相關參考法條

　　土施§23；市畫§42～47、50、51。

第91條（城市土地之分區）

城市區域之土地，得依都市計畫法，分別劃定為限制使用區及自由使用區。

解說

（一）本條是在規定都市土地使用的分區

1.只對都市區域的土地予以分區規定，非都市地區的土地，不受本條的規範。

2.劃定使用分區，以都市計畫法為依據。

3.使用分區，分為「限制使用區」及「自由使用區」二種。但是都市計畫法並沒有「限制使用區」及「自由使用區」的規定，而是另外的使用分區管制。

（二）都市計畫法的相關規定

1.劃定各種使用區：（第32條）

(1)都市計畫得劃定住宅、商業、工業等使用區，並得視實際情況，劃定其他使用區或特定專用區。

(2)前項各使用區，得視實際需要，再予劃分，分別予以不同程度的使用管制。

2.農業區及保護區的劃定：都市計畫地區，得視地理形勢，使用現況或軍事安全上的需要，保留農業地區或設置保護區，並限制其建築使用（第33條）。

3.住宅區的劃定：住宅區為保護居住環境而劃定，其土地及建築物的使用，不得有礙居住的寧靜、安全及衛生（第34條）。

4.商業區的劃定：商業區為促進商業發展而劃定，其土地及建築物的使用，不得有礙商業的便利（第35條）。

5.工業區的劃定：工業區為促進工業發展而劃定，其土地及建築物，以供工業使用為主；具有危險性及公害的工廠，應特別指定工業區建築之（第36條）。

6.其他使用區的劃定：其他行政、文教、風景等使用區內之土地及建築物，以供其規定目的之使用為主（第37條）。

7.特定專用區的使用限制：特定專用區內之土地及建築物，不得違反其特定用途的使用（第38條）。

8.建築管理：都市計畫經發布實施後，應依建築法的規定，實施建築管理（第40條）。

（三）由前述都市計畫法的規定，可知並無本條所規定的「限制使用區」及「自由使用區」之區分。而所謂的「分區」，綜合都市計畫法的規定，計有住宅區、商業區、工業區、農業區、保護區、行政區、文教區、風景區、特定專用區（例如倉庫區、行水區）等。

立法意旨

為求都市能按計畫正常發展，本條明文規定，城市區域之土地，得依都市計畫法，分別劃定為限制使用及自由使用區。

相關參考法條

土§81～83；均§52；市畫§32～38、40。

第92條（新設都市之開發方式）

新設之都市，得由政府依都市計畫法，將市區土地之全部或一部依法徵收，整理重劃，再照徵收原價分宗放領，但得加收整理土地所需之費用。

前項徵收之土地，得分期徵收，分區開放，未經開放之區域，得為保留徵收，並限制其為妨礙都市計畫之使用。

解說

（一）依本條之規定

1.新設的都市，才依本條的規定辦理。

2.本條所規定的「政府」，並未明定是哪一級政府；但是依土地法施行法第24條規定，應為直轄市或縣（市）政府。

3.將市區的土地，全部或一部分依法徵收，即為所謂的區段徵收。

4.徵收的土地，經整理重劃後再分宗（即分別每一地號）放領。

5.放領的地價為徵收補償的原價，但得加收整理土地所需費用。

6.得分期徵收，分區開放。

7.未經開放的區域，得為保留徵收，並限制使用。

8.新設都市分區開放的區域，於都市計畫中規定，分期開放的時間，由該管直轄市或縣（市）政府依地方需要決定，但是應經中央地政機關的核定（土施§24）。

（二）區段徵收

1.依本法第212條規定，新設都市地域，得為區段徵收。所謂「區段徵收」，是指於一定區域內的土地，應重新分宗整理，而為全區土地的徵收。

2.依都市計畫法第58條第1項規定，縣（市）（局）政府為實施新市區的建設，對於劃定範圍的土地及地上物得實施區段徵收或土地重劃。

3.依平均地權條例第53條至第55條之1規定，新設都市地區的全部或一部，實施開發建設者，各級主管機關得報經行政院核准後施行區段徵收。其有關詳細情形，請參閱本法第212條的解說。

4.依土地徵收條例第4條規定，新設都市地區之全部或一部，實施開發建設者，得為區段徵收。

（三）保留徵收

依本法第213條規定，新設都市地域，得為保留徵收。所謂「保

留徵收」，是指就舉辦事業將來所需用的土地，在未需用以前，預為呈請核定公布其徵收的範圍，並禁止妨礙徵收的使用。簡單的說，也就是先行預定並保留到將來需要使用時再徵收。

立法意旨

新都市之開闢，應先由規劃入手，為便利政府按照計畫分割整理使用，特別規定政府得依都市計畫法，徵收市區土地之全部或一部。依法徵收，整理重劃後，再照徵收原價分宗放領出售，以俾事權之統一，避免零星發展，進而遏止土地暴漲而漁利地主。此外，為配合發展之需要及地方財力，前項徵收之土地，得分期徵收，分區開放，逐步開發建設。又為確保分期分區開發建設時之土地取得，未經開發之區域，得為保留徵收，並限制其為妨礙都市計畫之使用，以避免私人妨礙將來計畫發展之機會。

相關參考法條

土§135、212、213；土施§24；均§53、56；市畫§57～59；土徵§4。

第93條（公共使用土地之保留徵收）
依都市計畫已公布為道路或其他公共使用之土地，得為保留徵收，並限制其建築，但臨時性質之建築，不在此限。

解說

（一）依本條之規定

1.須是都市計畫已公布為道路或其他公共使用的土地。若是尚未都市計畫，或是雖已都市計畫但不是道路或其他公共使用的土地，則不受本條的規範。

2.雖然都市計畫已公布為道路或其他公共使用的土地，但都市發展尚未到達相當程度，因而先行預定，保留到將來必要時再行徵收。

3.為免將來徵收時增加困難，因此限制建築使用。

4.臨時性的建築，不妨礙將來的徵收，則不限制。

（二）由於公共設施保留地，是將國家社會的公眾福利建築在地主的犧牲基礎上，因此，都市計畫法有關規定，均給予優惠。

1.徵收時加成補償：（第49條）

(1)依本法徵收或區段徵收的公共設施保留地，其地價補償以徵收當期毗鄰非公共設施保留地的平均公告土地現值為準，必要時得加成補償。但加成最高以不超過40%為限；其地上建築改良物的補償以重建價格為準。

(2)公共設施保留地的加成補償標準，由當地直轄市、縣（市）地價評議委員會於評議當年期公告土地現值時予以評議。

2.臨時建築使用：（第50條）

(1)公共設施保留地在未取得前，得申請為臨時建築使用。

(2)臨時建築的權利人，經地方政府通知開闢公共設施並限期拆除回復原狀時，應自行無條件拆除，其不自行拆除者，予以強制拆除。

(3)都市計畫公共設施保留地臨時建築使用辦法，由內政部定之。

3.稅賦優惠：公共設施保留地因依本法第49條第1項徵收取得的加成補償，免徵所得稅；因繼承或因配偶、直系血親間的贈與而移轉者，免徵遺產稅或贈與稅（第50條之1）。

4.與公有土地交換：私有公共設施保留地得申請與公有非公用土地辦理交換，不受土地法、國有財產法及各級政府財產管理法令相關規定之限制；劃設逾二十五年未經政府取得者，得優先辦理交換（第50條之2）。

5.從來使用：依本法指定的公共設施保留地，不得為妨礙其指定目的之使用，但得繼續為原來的使用或改為妨礙目的較輕的使用（第51條）。

（三）前述都市計畫法有關公共設施保留地之徵收補償，土地徵收條例第30條對於地價補償亦有規定，即在都市計畫區內之公共設施保留地，應按毗鄰非公共設施保留地之平均市價補償其地價。對都市計畫法而言，土地徵收條例係屬特別法，故公共設施保留地之地價補償，應依土地徵收條例之規定辦理。至於公共設施保留地臨時建築使用、稅賦優惠等內容，在土地徵收條例中則未規定。

（四）對於稅賦優惠部分，土地稅法也有規定

1.地價稅：都市計畫公共設施保留地，在保留期間仍為建築使用者，除自用住宅用地依第17條的規定外——即2‰，統按6‰計徵地價稅；其未作任何使用並與使用中的土地隔離者，免徵地價稅（第19條）。

2.土地增值稅：

(1)徵收免稅：（第39條）

　①被徵收之土地，免徵其土地增值稅。依都市計畫法指定之公共設施保留地尚未被徵收前之移轉，準用前項規定，免徵土地增值稅。但經變更為非公共設施保留地後再移轉時，以該土地第一次免徵土地增值稅前之原規定地價或前次移轉現值為原地價，計算漲價總數額，課徵土地增值稅。

　②依法得徵收之私有土地，土地所有權人自願按公告土地現值之價格售與需地機關者，準用第1項之規定。

　③經重劃之土地，於重劃後第一次移轉時，其土地增值稅減徵40%。

(2)區段徵收免稅：（第39條之1）

　①區段徵收之土地，以現金補償其地價者，依前條第1項規定，免徵其土地增值稅。但依平均地權條例第54條第3項規定，因領回抵價地不足最小建築單位面積而領取現金補償

者，亦免徵土地增值稅。

②區段徵收之土地，依平均地權條例第54條第1項、第2項規定以抵價地補償其地價者，免徵土地增值稅。但領回抵價地後第一次移轉時，應以原土地所有權人實際領回抵價地之地價為原地價，計算漲價總數額，課徵土地增值稅，準用前條第3項之規定。

立法意旨

都市計畫地區範圍內公共設施用地，應預先規劃。因其規劃而需用之土地，如係私有，政府得依法徵收之。然擬將來興建而無立即徵收之必要者，得為保留徵收。已公布為保留徵收之土地，為免妨害將來計畫之執行。自不便再行更動；然其於區域內興建臨時性質之建築物，不甚妨礙將來徵收之用途者，則不予以限制。

相關參考法條

土§90、213、214；市畫§49～51；土徵§30。

第三章
房屋及基地租用

第94條（準備房屋及其租金）

城市地方，應由政府建築相當數量之準備房屋，供人民承租自用之用。

前項房屋之租金，不得超過土地及其建築物價額年息百分之八。

解說

（一）依本條規定

　　1.只限於城市地方，非城市地方則不受本條的規範。

　　2.所謂「準備房屋」，就是準備隨時可供使用的房屋。

　　3.政府應建築相當數量的準備房屋。換句話說，準備房屋是由政府興建，而且是政府應該興建，尤其是應建築相當的數量。

　　4.準備房屋是供人民承租自住使用，不是供人民承買，也不是供人民承租營業，更不是供人民承租後再轉租。

　　5.租金限定為不得超過房地總價的8%。房地總價的計算，土地價額依法定地價——即申報地價，建築物價額依直轄市或縣（市）地政機關估定的價額（土§97；土施§25）。

（二）目前依本條規定表現在實務上的是社會住宅，所謂「社會住宅」，是指由政府興辦或獎勵民間興辦，專供出租之用之住宅及其必要附屬設施（住宅§3）。

（三）有關社會住宅承租資格及租金，依住宅法第25條規定說明之：

　　1.社會住宅承租者，應以無自有住宅或一定所得、一定財產標準

以下之家庭或個人為限。

　　2.前項社會住宅承租者之申請資格、程序、租金計算、分級收費、租賃與續租期限及其他應遵行事項之辦法或自治法規，由主管機關定之。

　　3.社會住宅承租者之租金計算，主管機關應斟酌承租者所得狀況、負擔能力及市場行情，訂定分級收費基準，並定期檢討之。

　　4.第2項租金之訂定，不適用土地法第94條及第97條規定。

立法意旨

　　都市人口集中，房屋供不應求，故擁有房屋者哄抬租金，謀取重利，使租屋者不勝負擔，造成社會不公平現象。為了平抑租額，以期一般市民均有能力負擔，乃藉政府力量提供房屋，供人民租用，並限制其租金不得超過土地及其建物價額年息8%，以保護承租人，而達社會救助之目的。

相關參考法條

　　土§97；民§421～456；住宅§3、25。

第95條（新建房屋租稅之減免）
直轄市或縣（市）政府為救濟房屋不足，經行政院核准，得減免新建房屋之土地稅及改良物稅，並定減免期限。

解說

（一）依本條之規定

　　1.主管機關：因本法第146條及第190條規定，土地稅及改良物稅為地方稅，故由直轄市或縣（市）政府減免，但應經行政院核准。

　　2.為救濟房屋的不足，才有稅捐的減免，以鼓勵新建房屋，增加

供給量。若房屋並無不足，則無稅賦的減免。

　　3.減免的範圍為土地稅及改良物稅。依本法第144條規定，土地稅分為地價稅及土地增值稅二種；另依本法第188條規定，農作改良物不得徵稅。因此，依本條減免的稅賦為地價稅、土地增值稅及建築改良物稅三種。

　　4.減免期限：雖可減免稅賦，但是不可以無限期減免。因此，定有減免期限，於期限屆滿後，就不再減免了。

（二）稅法的特別規定

　　1.本法第四編土地稅，雖對於土地稅及改良物稅的課徵與減免有所規定，但就稅賦而言，本法為普通法，各種稅法為特別法，特別法自應優先適用。

　　2.土地稅法第1條規定，土地稅分為地價稅、田賦及土地增值稅三種。另依該法第6條有關土地稅的減免，並未包括本條所規定的新建房屋得減免土地稅的規定。

　　3.目前並未依本法開徵改良物稅，係依房屋稅條例的規定徵收房屋稅。依該條例第14條及第15條有關減免房屋稅的規定，並未包括新建房屋在內。

　　4.由於台灣地區經濟繁榮，建築業蓬勃發展，新建房屋不但沒有不足的現象，甚至於供過於求。因此，本法雖有本條稅賦減免的規定，但土地稅法及房屋稅條例並未納入規定。

立法意旨

　　為解決房屋不足之困難，本條特揭示獎勵方法：直轄市或縣（市）政府經行政院核准，得減免新建房屋之土地稅及建築改良稅。藉以刺激私人興建出租房屋，解決住屋不足之問題。然減免應有一定之期限，不宜過長，以免影響國家稅收，故本條亦設減免期限。

土地法

相關參考法條

土§143～146、187、190；土稅§1、6；房稅例§14、15。

第96條（自住房屋間數之限制）

城市地方每一人民自住之房屋間數，得由直轄市或縣（市）政府斟酌當地情形，為必要之限制。但應經民意機關之同意。

解說

（一）本條與本法第94條、第95條的規定，均是救濟房屋不足的方法。依本條的規定析述如下：

1.主管機關：由直轄市或縣（市）政府予以限制，但應經民意機關的同意。

2.只對城市地方限制，非城市地方不受本條規定的限制。

3.應斟酌當地情形必要限制，以切合實際上的需要。

4.限制每一個人自住的房屋間數，以免一人居住好幾戶房屋，造成閒置。但營業用的辦公室或店鋪，則不受本條的規範。

（二）台灣地區經濟繁榮，房屋自有率超過八成，惟仍然還有「無殼蝸牛」。以往對於住家用房屋，無論戶數多寡皆以單一稅率課徵房屋稅，政府為提高房屋持有成本，抑制房產炒作，並保障自住權益，於103年6月4日修正了房屋稅條例，將住家用房屋分成自住及非自住兩種，分別按不同稅率課徵房屋稅。

（三）依房屋稅條例第5條第1項第1款規定，住家用房屋供自住或公益出租人出租使用者，房屋稅稅率為1.2%；其他供住家用者，房屋稅稅率為1.5%～3.6%，由各地方政府視所有權人持有房屋戶數訂定差別稅率。另依財政部頒訂「住家用房屋供自住及公益出租人出租使用認定標準」第2條規定，個人所有自住使用之住家用房屋，本人、配偶及未成年子女全國合計

三戶以內。

立法意旨

城市地區人口密集，房屋擁擠缺乏，如讓經濟能力強者占有大量房屋或控制房屋市場，勢必對經濟弱者發生不利影響，故本條明文規定，直轄市或縣（市）政府得斟酌當地情形，即斟酌當地房屋與人口之比率，作必要之限制，以解決城市地區之房屋問題，進而促進現有房屋之充分利用，發揮房屋之使用價值。惟此乃對人民私權之限制，不可草率從事，故本條但書明示應經民意機關之同意。

相關參考法條

土§94、95；房屋例§5。

第97條（城市房屋租金最高額之限制）
城市地方房屋之租金，以不超過土地及其建築物申報總價年息百分之十為限。
約定房屋租金，超過前項規定者，該管直轄市或縣（市）政府得依前項所定標準強制減定之。

解說

（一）依本條之規定

1.只限制城市地方的房屋租金，非城市地方不受本條規定的限制。

2.租金標準以房地產總價的10%為限。若約定租金超過10%，直轄市或縣（市）政府得強制減定為10%。

3.房地總價以土地及建築物申報總價額為準：

(1)土地申報地價：依本法第148條規定，土地所有權人依本法所

申報的地價，為法定地價。

(2)建築物價：依本法第161條、第162條及第164條規定，建築物的價值，由直轄市或縣（市）地政機關估定，於估價時以同樣的改良物重新建築所需費用為準——即所謂的重建價格，但應減去因時間經歷所受損耗的數額——即所謂的折舊。重建價格應送經標準地價評議委員會評完後，由直轄市或縣（市）政府公布為改良物法定價值。

（二）土地申報地價

目前土地申報地價，不依本法的規定，而是依平均地權條例第16條的規定辦理

1.舉辦規定地價或重新規定地價時，土地所有權人未於公告期間申報地價者，以公告地價80%為其申報地價。

2.土地所有權人於公告期間申報地價者，其申報之地價超過公告地價120%時，以公告地價120%為其申報地價。

3.申報之地價未滿公告地價80%時，得照價收買或以公告地價80%為其申報地價。

（三）房屋現值

目前房屋現值的評定，也是不依本法的規定，而是依房屋稅條例的規定辦理

1.標準價格：（第11條）

(1)房屋標準價格，由不動產評價委員會依據下列事項分別評定，並由直轄市或縣（市）政府公告之：

①按各種建造材料所建房屋，區分種類及等級。

②各類房屋之耐用年數及折舊標準。

③按房屋所處街道村里之商業交通情形及房屋之供求概況，並比較各該不同地段之房屋買賣價格減除地價部分，訂定標準。

(2)房屋標準價格，每三年重行評定一次，並應依其耐用年數予以折舊，按年遞減其價格。

2.核計現值：（第10條）

(1)主管稽徵機關依據不動產評價委員會評定之標準，核計房屋現值。

(2)依前項規定核計之房屋現值，主管稽徵機關應通知納稅義務人。納稅義務人如有異議，得於接到通知書之日起三十日內，檢附證件，申請重行核計。

（四）租賃住宅租金之規定

1.依租賃住宅市場發展及管理條例第1條規定，為維護人民居住權，健全租賃住宅市場，保障租賃當事人權益，發展租賃住宅服務業，特制定本條例。同條例第6條規定，租賃住宅之租金，由出租人與承租人約定，不適用土地法第97條規定。

2.就租賃住宅之租金而言，本法為普通法，租賃住宅市場發展及管理條例為特別法，自應優先適用特別法之規定。

立法意旨

城市房屋供不應求，為防止房屋所有權人乘機哄抬租金，造成居住問題，故設本條限制房屋租金之最高額，超出部分得由政府強制減定之，以保護承租人。

相關參考法條

土§94、98、99、101、105、148、161；均§16；房稅例§10、11；租賃住宅市場發展及管理條例§1、6。

第98條（租賃擔保金）

以現金為租賃之擔保者，其現金利息視為租金之一部。

前項利率之計算，應與租金所由算定之利率相等。

解說

（一）有關租賃，其他特別法有規定者，依其規定；否則本法有規定者，依本法的規定；本法未規定者，依民法的規定，以租賃而言，本法為特別法，民法為普通法，特別法應優先適用。

（二）保證金：惟恐承租人不支付租金、租期屆滿不搬遷或毀損租賃物，出租人通常要求承租人提供擔保，而最常見的擔保就是現金，也就是實務上所說的保證金、擔保金或押金。

（三）少付租金：為保護承租人，本條特別規定以現金為擔保，其現金利息視為租金的一部分，也就是可以該利息作為租金給付的一部分，因此，可以少付租金。

（四）利率的計算，擔保金的利率，與租金所算定的利率相等。例如租金為房地總價年息的10%，則擔保金的利率也是年息的10%。

（五）由於承租人與出租人成立租賃契約時，均是出租人強勢，承租人弱勢。因此，給付擔保現金而要求計算其利息並當作租金的一部分，必然為出租人所拒絕，致使承租人無法承租，所以實務上依本條的規定辦理，實不多見。

立法意旨

本條明文規定擔保金利息之抵充及計算。查擔保金所生利息，為承租人應有之法定請求權，故承租人得以該利息抵充租金之支付。其旨在保障承租人，免被出租人變相剝削。

相關參考法條

土§94、97、101；民§421～456。

第99條（擔保金數額之限制）

前條擔保之金額，不得超過二個月房屋租金之總額。

已交付之擔保金，超過前項限度者，承租人得以超過之部份，抵付房租。

解說

（一）擔保金的標準：依本條的規定，以現金為擔保而租賃房屋時，其擔保金得以租金的半個月、一個月或二個月的數額為準，由承租人給付出租人，但不得超過二個月的租金總額。

（二）超過抵付房租：若已交付的擔保金，超過二個月租金的總額，承租人得以超過的部分抵付房租。但若是出租人受破產宣告時，破產債權人在破產宣告後，對於破產財團所負的債務不得為抵銷，破產法第114條第1款設有特別規定，因此，本條的規定，應受該破產法規定的限制（最高法院41年台上字第1131號判例）。

（三）由於一旦租期屆至，承租人不返還時，出租人必須依法律程序要求返還，於訴訟判決確定後才可申請強制執行，實曠日廢時。因此，實務上常見擔保金超過二個月租金總額的案例，只要承租人願意，基於契約自由原則，並無不可。所以本條第2項規定文字為「得」——承租人「得」以超過的部分抵付房租。

立法意旨

房屋承租人，大多為經濟上弱者，若任由出租人提高擔保金價額，勢必使承租人發生困難。為杜絕出租人收取高額擔保金，變相加租，增加承租人之負擔，故本條明文規定，擔保金不得超出二個月房租總額，並得超過部分抵付租金，以保障承租人。

相關參考法條

土§94、97、101；民§421～456。

第100條（收回出租房屋之限制）

出租人非因左列情形之一，不得收回房屋：

一　出租人收回自住或重新建築時。

二　承租人違反民法第四百四十三條第一項之規定，轉租於他人時。

三　承租人積欠租金額，除擔保金抵償外，達二個月以上時。

四　承租人以房屋供違反法令之使用時。

五　承租人違反租賃契約時。

六　承租人損壞出租人之房屋或附著財物，而不為相當之賠償時。

解說

（一）不定期限租約

1.基於契約自由原則，或許承租人與出租人約定租賃不定期限，但此種約定，實務上甚少。

2.租期屆滿後，承租人仍為租賃物的使用收益，而出租人不即表示反對的意思者，視為不定期限繼續契約（民§451）。

3.不動產租約期限超過一年者，應以字據訂定，否則視為不定期限的租賃（民§422）。

（二）合意終止租約

1.定有期限的租約終止：

(1)期限屆滿：租賃定有期限者，其租賃關係，於期限屆滿時消滅（民§450Ⅰ）。

(2)租約有期限，但承租人死亡：租約定有期限，但承租人死

亡，其繼承人仍得終止租約，只是應先期通知（民§452）。

(3)約定得提前終止租約：租賃定有期限，如約定當事人之一方於期限屆滿前，得終止契約者，應先期通知對方，才可終止契約（民§453）。

2.不定期限的租約終止：

(1)隨時終止租約：未定期限者，各當事人得隨時終止契約；但有利於承租人的習慣者，依其習慣（民§450Ⅱ）。

(2)先期通知：前項終止契約，應依習慣先期通知；但不動產的租金，以星期、半個月或一個月定其支付期限者，出租人應以曆定星期、半個月或一個月的末日為契約終止期，並應至少於一星期、半個月或一個月前通知（民§450Ⅲ）。

由前述可知對於定期與不定期的租約終止，民法有明確的規定，但是定有期限的租約，依司法院院解字第3489號解釋，是不適用本條的規定，所以本條的規定只適用於不定期的租賃。筆者認為，定有期限的租約，在租期中有本條的情形發生，卻不適用本條的規定由出租人收回房屋，而任由承租人繼續違法或違法使用，顯然過度保護承租人，因此，該司法院的解釋實有商榷的餘地。

（三）收回自住

1.收回出租的房屋以供自己營業用，也是本條所規定的收回自住（司法院院解字第3489號解釋），若收回供出租人與他人共同營業，則不在收回自住的範圍內（最高法院42年台上字第981號判例）。

2.本條第1款，係指正當事由有收回自住或重新建築的必要而言，出租人應舉證，但舉證的方法無限制（司法院院解字第3491號解釋）。

（四）重新建築

依本條第1款規定收回重新建築，應以客觀的標準認為有必要的正當理由為限（最高法院45年台上字第536號判例），並不以房屋將來倒塌為收回要件（最高法院49年台上字第1767號判例），若房屋建

造年久，使用逾齡，有礙都市發展，或與土地利用價值顯不相當者，也可收回重新建築（最高法院64年台上字第1387號判例）。

（五）轉租（民§443）

1.承租人非經出租人承諾，不得將租賃物轉租於他人。但租賃物為房屋者，除有反對之約定外，承租人得將其一部分轉租於他人。

2.承租人違反前項規定，將租賃物轉租於他人者，出租人得終止契約。

（六）積欠租金（民§440）

1.承租人租金支付有遲延者，出租人得定相當期限，催告承租人支付租金，如承租人於其期限內不為支付，出租人得終止契約。

2.租賃物為房屋者，遲付租金之總額，非達兩個月之租額，不得依前項之規定，終止契約。其租金約定於每期開始時支付者，並應於遲延給給付逾二個月時，始得終止契約。

3.租用建築房屋之基地，遲付租金之總額，達二年之租額時，適用前項之規定。

（七）違約使用（民§438）

1.承租人應依約定方法，為租賃物之使用、收益；無約定方法者，應以依租賃物之性質而定之方法為之。

2.承租人違反前項之規定為租賃物之使用、收益，經出租人阻止而仍繼續為之者，出租人得終止契約。

（八）損害賠償

1.未善良管理：（民§432）

(1)承租人應以善良管理人之注意，保管租賃物。租賃物有生產力者，並應保持其生產力。

(2)承租人違反前項義務，致租賃物毀損、滅失者，負損害賠償責任，但依約定之方法或依物之性質而定之方法為使用、收益，致有變更或毀損者，不在此限。

2.第三人的責任：因承租人之同居人，或因承租人允許為租賃物

之使用、收益之第三人，應負責之事由，致租賃物毀損、滅失者，承租人負損害賠償責任（民§433）。

3.過失責任：租賃物因承租人之重大過失，致失火而毀損、滅失者，承租人對於出租人負損害賠償責任（民§434）。

立法意旨

因房屋承租人多為經濟上的弱者，且房屋之數量供不應求，若任由出租人任意終止租約，縱有限制租金之規定，亦難以保障承租人之權益。惟若承租人有本條所列舉之故意過失情形者，倘再予以保護，則顯失公平，故本條對此作明文規定，藉以兼顧出租人及承租人雙方財產之權益。

相關參考法條

土§101；民§438、440、443、450～453。

第101條（房屋租用爭議之調處）
因房屋租用發生爭議，得由該管直轄市或縣（市）地政機關予以調處，不服調處者，得向司法機關訴請處理。

解說

房屋租用發生爭議的情況相當多，有歸責於承租人的原因，諸如積欠租金、租期屆滿不返還、違法使用、違約使用、轉租他人、毀損租賃物等；也有歸責於出租人的原因，諸如房屋破損應修繕而不修繕、低報租金所得、高幅度調整租金、過度干涉承租人的使用房屋等。

（一）直轄市或縣（市）地政機關調處

1.為疏解訟源，並免人民好訟成性，本條規定，對於房屋租用所

發生的各種爭議，均可申請直轄市或縣（市）地政機關予以調處。

2.所謂「調處」，即調解處理，與調解相類似，但是調解必須是雙方達成協議，才算是調解成立。而調處時，於雙方達成協議，固然是調處成立；於雙方未能達成協議，地政機關亦有權裁處——也就是斟酌雙方的陳述，參考相關之法律的規定，給予客觀的結果，以作為調處的結果，所以本條文字才有所謂的「不服調處者」，因為該裁處的結果，並非雙方協議的結果，有可能一方不同意，也有可能雙方均不同意。

（二）訴請司法機關處理

1.於直轄市或縣（市）地政機關調處時，雙方達成協議，以協議結果為調處結果，大概比較沒有什麼爭議，若是沒有爭議，當然就不須訴請法院處理。

2.若是以雙方達成的協議為調處的結果，嗣後有一方反悔，甚至於雙方都反悔，則調處無任何意義，因為地政機關的行政調處，無法作為強制執行的名義，所以只好訴請法院處理了。

3.若是雙方未能達成協議，而以裁處的結果，作為調處的結果，雙方均認同該結果，那也就沒有問題；若是有一方或是雙方均不認同該結果，即為本條規定的「不服調處者」，只好訴請法院處理了。

4.得直接訴請法院處理，並不一定要先申請地政機關調處。

（三）鄉鎮市調解委員會調解

1.由於地政機關的調處，無法取得強制執行名義，因此，實務上由地政機關調處的案例甚少，訴請法院處理的案例較多，但是訴請法院處理曠日廢時。

2.為了省時省力省錢，房屋租用的爭議，得申請各鄉鎮市區公所的調解委員會予以調解，若調解成立，經法院核定後，依鄉鎮市調解條例第27條規定，與確定判決有同一效力，可取得強制執行名義，所以實務上，頗多房屋租用爭議案，申請調解委員會調解。

（四）不動產糾紛調處委員會調處

關於本條規定之爭議申請不動產糾紛調處委員會調處，詳見第34

條之2。

立法意旨

　　房屋租賃易生爭議，其爭議須儘速簡易解決，以減輕訟累。倘由雙方當事人各自讓步即可解決者，自宜由該管直轄市或縣（市）地政機關先予調處仲裁，勸導雙方當事人息爭；若不服調處，再訴請司法機關處理，以求爭議之最後解決。

相關參考法條

　　土§34-2、97～100、105；民§421～456；鄉鎮§27。

第102條（基地租用之地上權登記）
租用基地建築房屋，應由出租人與承租人於契約訂立後二個月內，聲請該管直轄市或縣（市）地政機關為地上權之登記。

解說

（一）主管機關：直轄市或縣（市）地政機關為本條規定的地上權登記機關。由於本法第39條但書規定，各該地政機關得在轄區內分設登記機關，辦理登記及其他有關事項，而該登記機關目前的名稱為地政事務所，因此，依本條規定申請地上權登記，是由土地所在地的地政事務所辦理。

（二）不宜以債權為物權的基礎：租地建屋，於房屋辦理所有權第一次登記完畢後，房屋所有權為物權，租賃權為債權，物權效力大於債權，以效力較小的債權，作為效力較大的物權之基礎，難免頭重腳輕，實不符均衡原則。尤其是房屋所有權一經登記，就發生絕對的效力，一旦租賃發生爭議，甚至於租賃關係終止或消滅，房屋所有權將無所寄附，形成無權占用土地，勢

必衍生出其他問題。因此，本條特別規定「應」申請地上權登記。

（三）依本條規定，應申請地上權登記的情形為：

1.須是租用基地建築房屋。

2.應於租約成立後二個月內申請地上權登記。

3.應向主管的地政事務所申請登記。

4.出租人負與承租人共同申請地上權的義務（最高法院41年台上字第117號判例）。

5.未依本條規定辦理地上權登記，只是不生地上權效力而已，並不影響租約的成立（最高法院43年台上字第454號判例）。

6.只要訂有租地建屋的租約，承租人就有隨時請求出租人設定地上權的權利（最高法院67年台上字第1014號判例）。此種請求權，有民法第125條所規定消滅時效的適用，其請求權時效應自基地租約成立時起算（最高法院68年台上字第1627號判例）。

（四）民法債編新修正，增訂第422條之1規定，租用基地建築房屋者，承租人於契約成立後，得請求出租人為地上權之登記。乃係賦予承租人請求權，與本條課出租人義務，有所差異，但其宗旨則相同。

立法意旨

租用基地建築房屋，本為租賃問題，本條卻明示租用基地建築房屋，應為地上權之登記。其旨在將租賃權之地位提高，使之列於地上權之地位，以確保承租人亦即地上權之物權地位，免受其他權利併存時可能發生之侵害。

相關參考法條

土§43、72、73、103；民§422-1、758、832；土登§4。

第103條（收回出租基地之限制）

租用建築房屋之基地，非因左列情形之一，出租人不得收回：

一　契約年限屆滿時。

二　承租人以基地供違反法令之使用時。

三　承租人轉租基地於他人時。

四　承租人積欠租金額，除以擔保現金抵償外，達二年以上時。

五　承租人違反租賃契約時。

解說

（一）租地建屋

　　1.本條規定「租用建築房屋的基地」，因此，必須是租地建屋，才適用本條的規定，若是租地放置汽車、堆置材料或做其他使用，均不適用本條規定。

　　2.房屋因故滅失，租賃關係如存在，則承租人得申請重建。

（二）定期與不定期的租約之適用

　　本條第1款明定「契約年限屆滿時」，顯然僅適用於定期組約，至於第2款至第5款的規定，於定期與不定期租約，均予適用（司法院院字第4075號解釋）。

（三）契約年限屆滿

　　租賃定有期限者，其租賃關係，於期限屆滿時消滅（民§450 I）。

（四）違法使用

　　所謂「承租人以基地供違反法令之使用時」，係指以基地或基地上的房屋供違反法令的使用者而言。若是違章建築，僅屬私有建築違反許可的規定，並不是以基地或基地上房屋供違反法令的使用（最高法院41年台上字第95號判例）。

（五）轉租

　　1.轉租基地於他人，不以全部轉租為限，部分轉租亦得終止租約（最高法院52年台上字第680號判例）。

2.租地建屋的契約如無相反的特約，自可推定出租人於立約時，即已同意租賃權得隨房屋而為移轉，故承租人將房屋所有權讓與第三人時，應認為其對於基地出租人仍有租賃關係存在。所謂「相反的特約」，是指禁止轉讓基地上所建房屋的特約而言（最高法院48年台上字第227號判例）。

（六）積欠地租達二年以上

實務上月付房租，年付地租居多，所以本法第100條規定積欠房租達二個月以上得收回房屋，本條規定積欠地租達二年以上得收回基地。

（七）違約使用

1.本條既然規定是租地建築房屋，就應建築房屋，若作其他使用，當然是違約使用。

2.至於承租人欲建什麼樣的房屋，出租人不必過問。但是租約若有約定使用的方法，承租人違反該約定方法使用，經出租人阻止而仍繼續使用，則屬於違約使用（最高法院59年台上字第423號判例）。

3.租地本應建築房屋，但卻不建築房屋，僅是消極的不使用，不屬於違約使用（最高法院64年台上字第1122號判例）。

立法意旨

房屋造價甚鉅，存在年限亦久，故租用基地建築房屋之契約，不宜輕言廢止。且承租人並無故意過失，縱為不定期契約，出租人亦不得任意終止租約收回基地，以保障承租人之權益。

相關參考法條

土§100、102、104；民§438、440、443、450、451。

第104條（基地房屋優先購買權）

基地出賣時，地上權人、典權人或承租人有依同樣條件優先購買之權。房屋出賣時，基地所有權人有依同樣條件優先購買之權。其順序以登記之先後定之。

前項優先購買權人，於接到出賣通知後十日內不表示者，其優先權視為放棄。出賣人未通知優先購買權人而與第三人訂立買賣契約者，其契約不得對抗優先購買權人。

解說

（一）優先購買權的適用場合

1.買賣、拍賣與標售：優先購買權，顧名思義，於買賣場合才有優先權的適用；若是贈與、交換或徵收，則無所謂優先權。至於買賣，除了一般的買賣外，當然也包括法院的拍賣、政府的標售或讓售在內。

2.同一條件：優先購買權的前提是同一條件，若是不同一條件，則無優先權。所謂同一條件，一般而言，是指同一價格。

（二）類型

1.基地出賣時，地上權人、典權人或承租人有優先購買權。

2.房屋出賣時，有地上權、典權或租賃關係的基地所有權人有優先購買權。若基地是共有，則其優先順序以土地登記簿所登記的先後予以決定。

3.若無地上權、典權或租賃關係者，基地出賣，房屋所有權人無優先權。同理，房屋出賣，其基地所有權人無優先權。

（三）通知及登記應檢附證明文件

1.於買賣時，應通知優先權人於接到通知後十日內表示是否優先購買，若表示放棄優先購買權或不表示被視為放棄優先購買，可將該基地或房屋出賣他人。

2.若未通知優先權人而與他人訂立買賣契約，一旦優先權人主張

優先購買，該買賣契約應歸於不生效。

3.由於本條所規定的優先購買權具有物權的效力，不僅可對抗契約，更可對抗買賣移轉登記，因此土地登記規則第97條特別規定於買賣移轉登記時，應檢附證明文件。所謂「證明文件」，是指優先權人出具的放棄書，或是經通知不表示視為放棄的郵局存證信函通知書或法院公證的通知書。並切結優先購買權人接到出賣通知後逾期不表示優先購買，如有不實，願負法律責任。

（四）地上權與典權應經登記

本條所規定的地上權與典權是為物權，非經登記不生效力（民§758）。因此，基於地上權或典權關係而主張優先購買權，應以該地上權或典權已經完成登記，並依法生效者為限。

（五）租賃

1.應以租地建屋，才有優先權。民法債編新修正，增訂第426條之2，亦同類似之規定。

2.若是租用房屋及基地，於出租人出賣房屋及基地，承租人不得引用本條規定主張優先購買權（司法院36年院解字第37363號解釋）。

3.至於無權占用基地建屋，或是房屋與基地同屬一人而出賣給不同人，或是基地承租人未建築房屋，均無本條所規定的優先購買權（最高法院49年台上字第1546號判例、53年台抗字第570號判例、65年台上字第530號判例）。

立法意旨

地上權人、典權人或承租人，乃係房屋出賣之直接占有人，對其有直接占領關係。倘因該房屋之出售而解除彼此既存之法律關係時，上述權利人若不能以同一價格優先承購，顯屬不公，故本條明文規定，賦予上述權利人優先購買權，俾使基地與其地上之房屋合歸一人所有，土地之利用與其所有權併於同一主體，以求其所有權之完整，

使其法律關係單純化，並藉以充分發揮土地之利用價值，盡經濟上之效用，並杜絕當事人間之紛爭。然上述優先權人，於接到出賣通知於十日內不為表示者，視為放棄該權利。此外，本條之優先購買權具有相對的物權效力，如出賣人未通知優先購買權人而與第三人訂立買賣契約者，其契約不得對抗優先購買權人。

相關參考法條

民§345、348、421、426-2、832、911；土§102；土登§97。

第105條（基地租用之準用規定）
第九十七條、第九十九條及第一百零一條之規定，於租用基地建築房屋，均準用之。

解說

（一）準用

即對於一事項所明文規定的法規，應用於其他類似的事項。

（二）租金標準

1.本法第97條所規定的房屋租金標準，依本條規定於租用基地房屋的租金準用。因此，租地建屋，其租金以基地申報地價總額年息10%為限，超過者得請求直轄市或縣（市）政府強制減定。

2.以當期地價稅單所記載的地價為準，例如以10%計算，所計算出的數額就是每年的租金總額。

（三）擔保金的數額

本法第99條所規定的擔保金，不得超過二個月房屋租金的總額，超過者得以超過部分抵付租金，依本條規定於租用基地建築房屋的擔保金準用。因此，租地建屋，算出基地的年租金後，以二個月的租金總額作為擔保金。

（四）爭議的調處與裁判

本法第101條所規定的房屋租用發生爭議，得由地政機關調處，不服調處，得訴請法院處理，依本條規定於租用基地建築房屋發生爭議準用。因此，租地建屋發生爭議，得申請直轄市或縣（市）地政機關調處，不服調處時，得訴請法院處理。請參閱第34條之2解說。

立法意旨

本條明文規定第97條、第99條及第101條之規定，於租用基地建築房屋時均準用之，藉以保障基地租用人應有之權益。

相關參考法條

土§97、99、101、34-2。

第四章
耕地租用

第106條（耕地租用之定義）

以自任耕作為目的，約定支付地租，使用他人之農地者，為耕地租用。

前項所稱耕作，包括漁牧。

解說

（一）依本條之規定，所謂「耕地租用」是指

　　1.須以自任耕作為目的。

　　2.須約定支付地租。

　　3.須使用他人的農地。

　　4.耕地，包括漁牧用地，例如租用養魚池。

（二）自任耕作之意義

　　1.依本法第6條規定，所謂「自耕」，是指自任耕作者而言，其為維持一家生活直接經營耕作者，以自耕論。反過來說，自任耕作，就是自耕。

　　2.所謂「耕作」，是指目的在定期（按季、按年）收穫而施人工於土地以栽培農作物而言，所以造林，顯非耕作（最高法院63年台上字第1529號判例）。

（三）約定支付地租

　　須約定支付地租，才是所謂租用；若未約定支付地租，或是約定不支付地租，都不是租用。

（四）使用他人的農地

　　1.農業用地的定義：（農展例§3⑩）

　　指非都市土地或都市土地農業區、保護區範圍內，依法供下列使用之土地：

　　(1)供農作、森林、養殖、畜牧及保育使用者。

　　(2)與農業經營不可分離之農舍、畜禽舍、倉儲設備、曬場、集貨場、農路、灌溉、排水及其他農用之土地。

　　(3)農民團體與合作農場所有直接供農業使用之倉庫、冷凍（藏）庫、農機中心、蠶種製造（繁殖）場、集貨場、檢驗場等用地。

　　2.耕地的定義：（農展例§3⑪）

　　指依區域計畫法劃定為特定農業區、一般農業區、山坡地保育區及森林區之農牧用地。

　　3.本條所謂耕地，不包括碾磨在內（司法院院解字第3438號解釋）。雖非農地，而其租用目的係種植稻麥、甘蔗、蕃薯、茶、桑等一般農作物的土地，亦屬耕地租用（最高法院63年台上字第1529號判例）。

（五）耕地租佃

　　耕地三七五減租條例第1條所規定的耕地租佃，即是本條所規定的耕地租用。依該條例第1條規定：「耕地之租佃，依本條例之規定；本條例未規定者，依本法及其他法律之規定。」因此，有關耕地租用，優先適用耕地三七五減租條例的規定，其次為土地法的規定，再其次為民法的規定。

（六）農業發展條例第20條第1項及第2項規定

　　1.本條例中華民國89年1月4日修正施行後所訂立之農業用地租賃契約，應依本條例之規定，不適用耕地三七五減租條例之規定。本條例未規定者，適用土地法、民法及其他有關法律之規定。

　　2.本條例中華民國89年1月4日修正施行前已依耕地三七五減租條例，或已依土地法及其他法律之規定訂定租約者，除出租人及承租人

另有約定者外，其權利義務關係、租約之續約、修正及終止，悉依該
法律之規定。

立法意旨

　　本條揭示耕地租用之意義，並解釋所稱耕地者，包括農漁牧使用
之廣義農地，以資適用之依循。

相關參考法條

　　土§6；農展例§3、20；三減§1；民§457～463。

第107條（耕地之優先承買或承典權）

出租人出賣或出典耕地時，承租人有依同樣條件優先承買或承典
之權。

第一百零四條第二項之規定，於前項承買、承典準用之。

解說

（一）承買或承典的優先權

　　1.須出租人出賣耕地時，承租人才有承買的優先權。

　　2.須出租人出典耕地時，承租人才有承典的優先權，所謂出典或
承典，即是設定典權：

　　(1)所謂「典權」，是指支付典價在他人的不動產為使用、收
益，於他人不回贖時，取得該不動產所有權之權（民§911）。通俗
的說，就是將不動產典當。

　　(2)典權為物權，非經登記，不生效力（民§758）。

　　3.須同樣條件——即同樣的買賣價格或同樣的典價，才有優先
權。因為賣價或典價為重要條件。

　　4.須有租賃關係存在，才有優先權。

（二）通知是否優先承買或承典

1.本條第2項規定，承買承典準用本法第104條第2項的規定。

2.本法第104條第2項規定：「前項優先購買權人，於接到出賣通知後十日內不表示者，其優先權視為放棄。出賣人未通知優先購買權人而與第三人訂立買賣契約者，其契約不得對抗優先購買權人。」

3.民法第460條之1規定：

耕作地出租人出賣或出典耕作地時，承租人有依同樣條件優先承買或承典之權。第426條之2第2項及第3項之規定，於前項承買或承典準用，即出賣或出典耕地前，應先以書面通知承租人及未通知之效果。

4.耕地三七五減租條例第15條規定：

(1)耕地出賣或出典時，承租人有優先承受之權，出租人應將賣典條件以書面通知承租人，承租人在十五日內未以書面表示承受者，視為放棄。

(2)出租人因無人承買或受典而再行貶價出賣或出典時，仍應照前項規定辦理。

(3)出租人違反前二項規定而與第三人訂立契約者，其契約不得對抗承租人。

5.耕地三七五減租條例第1條規定：「耕地之租佃，依本條例之規定，本條例未規定者，依土地法及其他法律的規定。」因此，有關通知是否優先承買或承典，應以耕地三七五減租條例第15條規定為適用。

6.土地登記規則第97條第2項規定，依民法第426條之2、第919條、土地法第104條、第107條、耕地三七五減租條例第15條或農地重劃條例第5條第1款規定，優先購買權人放棄或視為放棄其優先購買權者，應檢附證明文件——所謂證明文件是指下列文件之一：

(1)優先購買權人放棄優先購買權之證明文件。

(2)視為放棄者：出賣人已通知優先購買權人之證件並切結優先

購買權人接到出賣通知後逾期不表示優先購買，如有不實願負法律責任。

　　7.若確有租賃關係存在，原所有權人將土地出賣他人，不依法通知承租人，其移轉所有權的行為，對於承租人不生效力（最高法院49年台上字第2385號判例）。

（三）所有權移轉，租約仍然有效

　　在耕地租期屆滿前，出租人縱然將耕地所有權讓典與第三人，其租佃契約對於受讓人或受典人仍然繼續有效，受讓人或受典人應會同原承租人申請為租約變更之登記（三減§25）。

（四）本條所規定的優先購買權，與本法第104條的優先購買權，同
　　　樣具有物權的效力，不僅可對抗契約，更可對抗買賣移轉登
　　　記。

立法意旨

　　本條明文規定耕地承租人對其承租耕地有優先購買權或承典權。因承租人對其原租耕地因租賃關係而取得占有及使用權，若出租人將耕地出賣或出典與他人，以排除承租人現存占有之使用權，顯然係妨害承租人之耕作使用權，故本條特賦予原承租人，有依同樣條件優先承買或承典之權，藉以保護承租人之既得權益，並促進耕者有其田之實現。惟為使上開優先權不致長久存在而影響出賣或出典起見，特規定承租人於接到出賣或出典之通知後十日內不為表示者，視為放棄其優先權。

相關參考法條

　　土§104；三減§15、25；土登§97；民§460-1。

第108條（耕地轉租之禁止）

承租人縱經出租人承諾，仍不得將耕地全部或一部轉租於他人。

解說

（一）強制禁止轉租

1.所謂「耕地租用」，是以自任耕作為目的，約定支付地租，使用他人的農地（土§106）。因此，轉租是不自任耕作，不符耕地租用的目的，當然要加以禁止。

2.依民法第443條第1項規定的反面解釋，如經出租人承諾，承租人得將租賃物轉租於他人；但是本法為民法的特別法，應優先適用，因此，縱然經出租人承諾，仍不得轉租於他人。

3.耕地三七五減租條例第16條第1項規定：「承租人應自任耕作，並不得將耕地全部或一部轉租於他人。」與本條規定相同。因此，可知不論出租人是否同意，均不得轉租。但依該條例同條文第3項規定，承租人因服兵役致耕作勞力減少，而將承租耕地全部或一部託人代耕者，不視作轉租。

（二）轉租的處理

1.租約無效：

(1)承租人違反規定，將耕地的全部或一部轉租於他人時，原訂租約無效，得由出租人收回自行耕種或另行出租。

(2)原訂租約都已經無效，承租人與他人訂立的轉租契約，當然也是無效。

2.處罰：承租人不自任耕作，將承租的耕地全部或一部轉租於他人，處拘役或科400元以上4,000元以下罰金（三減§24）。

（三）若出租人於轉租情事發生後，逕向次承租人收受租金，則該次承租人即變為新承租人，似此，不在本條禁止的範圍內（最高法院52年台上字第116號判例）。

立法意旨

　　耕地租用之用意乃在保護佃農自任耕作，並保障其權益，如承租人不自任耕作，竟將耕地轉租他人，從中牟利，自無再予保護之必要。且如准許其轉租不僅違背其承租之目的，亦違反耕者有其田之政策，故本條乃明示，縱經出租人之承諾，仍不得將耕地全部或一部轉租於他人，以貫徹農地政策之有效執行。

相關參考法條

　　民§443、444；三減§16、24；土§106。

第109條（不定期限耕地租用契約之擬制）
依定有期限之契約租用耕地者，於契約屆滿時，除出租人收回自耕外，如承租人繼續耕作，視為不定期限繼續契約。

解說

（一）定期租約視為不定期租約

　　1.租期：

　　(1)耕地三七五減租條例第5條規定，耕地租佃期間，不得少於六年，其原約定租期超過六年者，依其原約定。此為最短租期的限制，但無最長期限的規定，所以應依民法的規定。

　　(2)民法第449條規定，租賃契約的期限，不得超過二十年，超過二十年者，縮短為二十年。有關租約期限，當事人得更新。租用基地建築房屋者，不適用第1項之規定。

　　2.以書面訂立租約：

　　(1)民法第422條規定，不動產租約期限超過一年以上者，應以字據訂定租約，未以字據訂立者，視為不定期限的租賃。

　　(2)耕地三七五減租條例第6條規定，本條例施行後，耕地租約應

一律以書面為之，租約的訂立、變更、終止或換訂，應由出租人會同承租人申請登記。

(3)因此，耕地租約均應訂立租賃契約書，且都是定有期限的租約，未以字據訂定的不定期限租約則比較少見。

3.視為不定期限租約：

(1)依民法第451條規定，租期屆滿後，承租人仍對租賃物繼續使用收益，出租人不馬上表示反對的意思，則以不定期限繼續租約。

(2)本條規定除出租人收回自耕外，只要承租人繼續耕作，不論出租人是否表示反對，均視為不定期限繼續契約。並依耕地三七五減租條例第20條規定，續訂租約。

（二）耕地租約期滿時，有下列情形之一者，出租人不得收回自耕（三減§19）

1.出租人不能自任耕作者。

2.出租人所有收益足以維持一家生活者。

3.出租人因收回耕地，致承租人失其家庭生活依據者。

（三）綜上所述，本條視為不定期限繼續租約之情形

1.須是租用耕地。

2.須是定有期限的租約。

3.須租約期限屆滿。

4.須除出租人收回自耕外。

5.須承租人繼續耕作。

（四）農業發展條例第21條第2項及第3項規定

1.前項農業用地租賃約定有期限者，其租賃關係於期限屆滿時消滅，不適用民法第451條及土地法第109條、第114條之規定；當事人另有約定於期限屆滿前得終止租約者，租賃關係於終止時消滅，其終止應於六個月前通知他方當事人；約定期限未達六個月者，應於十五日前通知。

2.農業用地租賃未定期限者，雙方得隨時終止租約。但應於六個

月前通知對方。

立法意旨

民法第451條規定：「租賃期限屆滿後，承租人仍為租賃物之使用收益，而出租人不即表示反對之意思者，視為以不定期限繼續契約。」土地法對此採行較嚴格之規定：「……於契約屆滿時，除出租人收回自耕外……」即不得任意排除原承租人之繼續耕作權。如承租人繼續耕作，應即視為不定期限繼續契約，以保障承租人之耕作權。

相關參考法條

三減§5、6、18～20；民§422、450、451、458、459；農展例§21。

第110條（耕地地租最高額之限制）

地租不得超過地價百分之八，約定地租或習慣地租超過地價百分之八者，應比照地價百分之八減定之，不及地價百分之八者，依其約定或習慣。

前項地價，指法定地價，未經依規定地價之地方，指最近三年之平均地價。

解說

（一）法定地價就是申報地價

1.本法第148條規定，土地所有權人依本法所申報的地價，為法定地價。目前申報地價，不依本法的規定，而是依平均地權條例的規定。

2.平均地權條例第16條規定：

(1)舉辦規定地價或重新規定地價時，土地所有權人未於公告期

間申報地價者，以公告地價80%為其申報地價。

(2)土地所有權人於公告期間申報地價者，其申報之地價超過公告地價120%時，以公告地價120%為其申報地價。

(3)申報之地價未滿公告地價80%時，得照價收買或以公告地價80%為其申報地價。

3.申報地價就是課徵地價稅的地價，台灣地區於66年及67年全面實施平均地權，因此，耕地也有申報地價，只是耕地課徵田賦，而田賦於77年起停徵，所以沒有稅單。但是可以向地政事務所申請地價證明。

（二）地租

1.所謂「地租」，就是租用耕地的租金。

2.雖然本條規定地租的最高限額，但由於耕地三七五減租條例第2條規定了耕地的地租標準，因此，應以該條例的規定為準：

(1)耕地地租租額，不得超過主要作物正產品全年收穫總量375‰；原約定地租超過375‰者，減為375‰；不及375‰者，不得增加。

(2)前項所稱「主要作物」，係指依當地農業習慣種植最為普遍之作物，或實際輪植之作物；所稱「正產品」，係指農作物之主要產品而為種植之目的者。

（三）農業發展條例第21條第1項的特別規定

本條例中華民國89年1月4日修正施行後所訂立之農業用地租賃契約之租期、租金及支付方式，由出租人與承租人約定之，不受土地法第110條及第112條之限制。租期逾一年未訂立書面契約者，不適用民法第422條之規定。

立法意旨

地租乃承租耕地使用之代價，但耕地承租人，多為經濟上之弱者，為增加其收入，改善其生活，本條乃限制地租不得超過地價

8%，約定地價或習慣地租超過地價8%者，依比照地價8%減定之，不及地價8%者，依其約定或習慣。其旨在控制地租不得任意提高，以減輕承租人之負擔。惟尚未依法規定地價之地方，無法定地價可資依據，則以最近三年之平均地價為準。

相關參考法條

土§148；均§16；三減§2、23；農展例§21。

第111條（實物地租之替代）
耕地地租，承租人得依習慣以農作物代繳。

解說

（一）習慣

1.所謂「習慣」，就是關於相同的事物，繼續流行的依據。

2.民法開宗明義第1條規定：「民事，法律所未規定者，依習慣；無習慣者，依法理。」同法第2條規定：「民事所適用之習慣，以不背於公共秩序或善良風俗者為限。」

3.依本條及民法第421條規定，耕地地租得以現金繳付，亦得依習慣以農作物代繳。但是究竟以現金繳付，還是以農作物繳付，依民法第208條及第209條規定，由承租人決定，並向出租人意思表示。

（二）土地法施行法第26條規定

依地方習慣以農產物繳付地租之地方，農產物折價之標準，由該管直轄市或縣（市）地政機關依當地農產物最近二年之平均市價規定之。地價如經重估，農產物價亦應視實際變更，重予規定。

（三）由於耕地三七五減租條例為本法的特別法，所以該條例的規定，應優先適用

1.地租租額：以主要作物正產品全年收穫總量計算，因此地租是

以該農作物繳付（第2條）。

2.租約明訂：地租之數額、種類、成色標準、繳付日期與地點及其他有關事項，應於租約內訂明；其以實物繳付需由承租人運送者，應計程給費，由出租人負擔之（第7條）。

3.檢驗：承租人應按期繳付地租，出租人收受時，應以檢定合格之量器或衡器為之（第8條）。

4.折合現金或以其他作物繳付：承租人於約定主要作物生長季節改種其他作物者，仍應以約定之主要作物繳租；但經出租人同意，得依當地當時市價折合現金或所種之其他作物繳付之（第9條）。

立法意旨

本條明文規定地租得依習慣以農作物代繳之。地租之繳納，原則上以金錢繳納較為方便，然恐承租人為籌措地租而賤賣農產品，飽受剝削，故設有本條規定。

相關參考法條

民§1、2、208、209、421；土施§26；三減§2、7～9。

第112條（預收地租之禁止及租賃擔保金）

耕地出租人，不得預收地租，但因習慣以現金為耕地租用之擔保者，其金額不得超過一年應繳租額四分之一。

前項擔保金之利息，應視為地租之一部，其利率應按當地一般利率計算之。

解說

（一）收受地租的時間

1.本法未明定收受地租的時間，僅於本條規定不得預收地租。

2.依民法第439條規定，支付租金的時間為：

(1)承租人應依約定日期，支付租金。

(2)無約定者，依習慣支付租金。

(3)無約定也無習慣者，應於租賃期滿時支付租金。

(4)如租金分期支付者，於每期屆滿時支付租金。

(5)如租賃物的收益有季節者，於收益季節終了時支付租金。

3.民法第457條之1第1項亦規定，耕作地之出租人不得預收租金。

4.耕地三七五減租條例也未明定收受地租的時間，僅於該條例第14條及第23條規定，出租人不得預收地租及收取押租；若預收地租或收取押租者，出租人處拘役或科400元以上4,000元以下罰金。但是該條例第7條及第8條規定，地租的數額、種類、成色標準、繳付日期與地點及其他有關事項，應於租約內訂明，承租人應按期繳付地租，出租人收受時，應以檢定合格的量器或衡器予以衡量。由此可知，繳付地租的時間為收益季節終了時。

（二）擔保金

1.本法第99條第1項規定的擔保金數額，不得超過二個月房屋租金的總額。而本條規定的擔保金數額，不得超過一年應繳租額四分之一──即三個月，顯然較高。

2.依本條規定，本法顯然允許耕地出租人收受擔保金。所謂「擔保金」，就是通常所說的押租。依耕地三七五減租條例第14條規定，耕地出租人是不得收取押租的；否則依該條例第23條規定，出租人處拘役或科400以上4,000元以下罰金。

3.擔保金的利息：

(1)本條第2項所規定的擔保金利息，應視為地租的一部分，與本法第98條第1項規定相同。

(2)本條規定的利息為按當地一般利率計算，與本法第98條第2項規定應與租金所由算定的利率相等，兩者不同。

(3)所謂「當地一般利率」，究竟是存款利率還是放款利率？是

活期存款利率還是定期存款利率？語焉不詳，似容易發生紛爭。所幸耕地租用優先適用耕地三七五減租條例的規定，依該條例第14條規定，出租人不得收受押租，因此，實務上無利率標準問題。

（三）本條第1項前段規定不得預收地租，但書則規定擔保金，文字的組合似有斟酌的餘地。若將但書改列為第2項，原第2項改列為第3項，似乎比較理想。

（四）農業發展條例第21條第1項的特別規定

本條例中華民國89年1月4日修正施行後所訂立之農業用地租賃契約之租期、租金及支付方式，由出租人與承租人約定之，不受土地法第110條及第112條之限制。租期逾一年未訂立書面契約者，不適用民法第422條之規定。

立法意旨

耕地地租若由佃農先付後耕，勢必將增加其承租耕地之困難及負擔，為保障承租人之生計及農業經營之資金，應禁止耕地出租人預收地租，以防其剝削。然因習慣以現金為耕地租用之擔保者，其擔保金額不得超過一年應繳租額四分之一，此項擔保金之利息應視為地租之一部分，以保護佃農。

相關參考法條

土§98、99、113；三減§14、23；民§439、457-1；農展例§3、21。

第113條（地租一部）

承租人不能按期支付應交地租之全部，而以一部支付時，出租人不得拒絕收受，承租人亦不得因其收受而推定為減租之承諾。

解說

（一）遲延給付地租

1.有關耕地承租人延遲給付地租，民法第457條之1第2項與本條有相類似之規定。

2.承租人應按期給付地租，如有遲延，依民法第440條規定，出租人得定相當期限，催告承租人給付。如承租人於其期限內不為給付，出租人得終止契約；但若是房屋租用，則須遲延租金達兩期的租額，才可以終止租約。

3.本法未規定遲延給付地租應如何處理，因此，應依前述民法規定辦理。

4.耕地三七五減租條例第8條規定，承租人應按期繳付地租，但也未規定遲延給付地租應該怎麼辦，因此，也只有依前述民法的規定，催告承租人限期給付地租。若積欠地租達兩年的總額時，依該條例第17條及本法第114條規定，得終止租約。

（二）拒絕收受地租

1.提存：承租人給付地租，出租人拒絕收受時，得將地租提存（民§326）。

2.本法未規定出租人拒絕收受地租時應如何處理，因此，理應按前述民法的規定，將地租提存；但是耕地三七五減租條例有特別規定，所以應依該條例的規定辦理。

3.代收與標售保管：依耕地三七五減租條例第10條規定，出租人無正當理由拒絕收受地租時，承租人得憑村里長及農會證明，送請鄉鎮市區公所代收，限出租人於十日內領取，逾期由鄉鎮市區公所斟酌情形，照當地及當時市價標售保管，其效力與提存相當。

（三）本條並未規定承租人不能按期給付全部地租的原因

1.不論任何原因，只要承租人不能按期給付地租的全部，而只給付一部分，出租人不得拒絕收受，否則承租人得依耕地三七五減租條例第10條規定辦理。當然，出租人也得催告限期付清全部地租。

2.承租人不得因出租人收受一部分地租，就認為出租人承諾減
租。

立法意旨

本條明示承租人得為地租一部之支付。地租之繳付，原則上應依
契約內容按時繳納，然因耕地承租人多為經濟上之弱者，年歲荒寒農
作物歉收乃常有之事，地租也許因而無法按期全部繳納，而出租人又
拒收一部分地租，承租人勢必將因積欠地租而構成終止租約之條件。
為顧及承租人之實際困難，本條乃規定：「承租人不能按期支付地租
之全部，而以一部支付時，出租人不得拒絕收受。」然承租人不得因
出租人之收受而推定其為減租之承諾，如此對出租人、承租人雙方均
予以保障，堪稱公允。

相關參考法條

民§326、439、440、457-1；三減§7、8、10、11、17；土
§112、114。

第114條（不定期限耕地租用契約終止之限制）

依不定期限租用耕地之契約，僅得於有左列情形之一時終止之：

一　承租人死亡而無繼承人時。

二　承租人放棄其耕作權利時。

三　出租人收回自耕時。

四　耕地依法變更其使用時。

五　違反民法第四百三十二條及第四百六十二條第二項之規定
　　時。

六　違反第一百零八條之規定時。

七　地租積欠達二年之總額時。

解說

　　雖然民法第450條第2項規定，租賃未定期限者，各當事人得隨時終止契約，但本法為民法的特別法，因此本條的規定應優先適用。然而，依耕地三七五減租條例的規定，耕地租約都是定有期限，因此，欲終止租約，應依該條例第17條規定；若是不定期限的耕地租約，則應有本條規定的情形，才能終止。而依耕地三七五減租條例第18條規定，耕地租約的終止時間為收益季節後次期作業開始前；但當地有特殊習慣者，則依其習慣。此外，土地法施行法第27條規定，土地法第114條第1款、第2款、第6款、第7款之規定，於定期租用耕地之契約準用。

　　以下即根據各項情形作解說：

（一）承租人死亡而無繼承人時

　　契約是雙方意思表示一致才成立的，承租人死亡而無繼承人時，當然無從成立契約。

（二）承租人放棄其耕作權利時

　　承租人因租賃耕地而取得耕作權利，如果將該耕作權利放棄，不再耕作該耕地，當然得終止租約。

（三）出租人收回自耕時（三減§19）

　　1.依第1項規定的反面解釋，出租人收回自耕應具備的條件為：

　　(1)出租人應能自任耕作，因此應出具自耕能力證明。

　　(2)出租人所有收益不足以維持一家生活者。

　　(3)出租人因收回耕地，不致使承租人失其家庭生活依據者。

　　2.第2項規定，出租人為擴大家庭農場經營規模，得收回與其自耕地同一或鄰近地段內的耕地自耕。

　　3.第4項規定，出租人不能維持其一家生活而收回耕地，致使承租人失其家庭生活依據時，得申請鄉鎮市區公所耕地租佃委員會予以調處。

（四）耕地依法變更其使用時

　　1.所謂「依法變更」，即依都市計畫法或區域計畫法規定，即耕地變更為非耕地使用，例如變更為住宅區、工業區或商業區等建築用地。

　　2.應補償承租人：（三減§17Ⅱ；均§77）

　　(1)承租人改良土地所支付之費用。但以未失效能部分之價值為限。

　　(2)尚未收穫農作物之價額。

　　(3)終止租約當期之公告土地現值，減除土地增值稅後餘額三分之一。

（五）違反民法第432條及第462條第2項之規定時

　　1.民法第432條：

　　(1)承租人應以善良管理人的注意，保管租賃物。租賃物有生產力者，並應保持其生產力。

　　(2)承租人違反前項義務，致租賃物毀損、滅失者，負損害賠償責任，但依約定的方法或依物的性質而定的方法為使用收益，致有變更或毀損者，不在此限。

　　2.民法第462條第1項及第2項：

　　(1)耕作地的租賃附有農具、牲畜或其他附屬物者，當事人應於訂約時，評定其價值並繕具清單，由雙方簽名，各執一份。

　　(2)清單所載的附屬物，如因可歸責於承租人的事由而滅失者，由承租人負補充的責任。

（六）違反本法第108條規定時

　　承租人縱使經出租人承諾，仍不得將耕地全部或一部轉租於他人。否則依本條規定，終止租約。

（七）地租積欠達二年之總額時

　　出租人應依民法第440條規定，先行催告給付地租。

（八）農業發展條例第21條第2項及第3項的特別規定

　　1.前項農業用地租賃約定有期限者，其租賃關係於期限屆滿時消

滅，不適用民法第451條及土地法第109條第114條之規定，當事人另有約定於期限屆滿前得終止租約者，租賃關係於終止時消滅，其終止應於六個月前通知他方當事人；約定期限未達六個月者，應於十五日前通知。

2.農業用地租賃未定期限者，雙方得隨時終止租約。但應於六個月前通知對方。

立法意旨

承租人多為經濟上弱者，地主如任意終止租約，非僅妨害佃農權益，且使其家庭生活頓陷絕境，影響社會安定至鉅，故本法對於出租人欲終止租約收回耕地者，予以一定之限制，使其不能任意行使權利，以保護承租人之權益，奠定社會安寧秩序。

相關參考法條

民§432、440、443、450；土§108、116、120；三減§17、18；土施§27；農展例§21。

第115條（耕作權利之放棄）

承租人放棄其耕作權利，應於三個月前向出租人以意思表示為之，非因不可抗力繼續一年不為耕作者，視為放棄耕作權利。

解說

（一）須承租人自願放棄其耕作權利

1.本條所規定的承租人放棄其耕作權利，應是承租人基於其自己的意思自願放棄。

2.若是出租人以強暴、脅迫方法強迫承租人放棄耕作權利者，處三年以下有期徒刑（三減§21）。

3.若是承租人被詐欺或被脅迫，而為意思表示放棄其耕作權利者，得撤銷其意思表示（民§92）。

（二）以意思表示放棄耕作權利的時間限制

1.依本條規定，承租人應於三個月前向出租人以意思表示放棄耕作權利。

2.依司法院院字第2085號解釋，雖不是在次期作業開始或收穫時期的三個月前，承租人也得意思表示放棄其耕作權利。

（三）意思表示的方法

1.本法及耕地三七五減租條例並未規定意思表示的方法，因此，以對話方式或非對話方式意思表示，應該都可以。

2.惟恐口說無憑，事後若發生紛爭，舉證困難，因此，最好以非對話方式來意思表示。所謂「非對話方式」，常見者為書面意思表示，或第三人傳達。

3.應向出租人意思表示，不得向他人意思表示。

（四）視為放棄耕作權利

1.不是因不可抗力繼續一年不為耕作，依本條規定，視為放棄耕作權利。

2.所謂「不可抗力」，例如天災地變，因天災地變致不能耕作繼續滿一年，不視為放棄耕作權利。

3.換句話說，能耕作，也可以耕作，但是卻不耕作繼續一年以上，就視為放棄耕作權利。

（五）承租人放棄耕作權利，該不定期限租約得終止（土§114）。

（六）於有永佃權的土地，準用本條的規定（土施§30）。

立法意旨

承租人放棄其耕作權利，法律並不禁止，然為顧及出租人之利益，承租人應於三個月前通知出租人，俾使出租人預為準備，以便計畫自行耕作或另租與他人。如非因不可抗力，承租人竟不為耕作達一

年者，不但出租人之權益受損，國家之農業生產亦將受害，故將其視為放棄耕作權利，允許出租人收回耕地。

相關參考法條

民§86〜98；三減§17、21、26、27；土§114；土施§30。

第116條（終止契約之先期通知）
依第一百十四條第三款及第五款之規定終止契約時，出租人應於一年前通知承租人。

解說

（一）本法第114條第3款規定，出租人收回自耕時，不定期限租用耕地的契約得終止。請參閱該條的解說。

（二）本法第114條第5款規定，違反民法第432條及第462條第2項的規定時，不定期限租用耕地的契約得終止：

1.未盡善良管理人的注意：

(1)民法第432條規定：

①承租人應以善良管理人的注意，保管租賃物。租賃物有生產力者，並應保持其生產力。

②承租人違反前項義務，致租賃物毀損、滅失者，負損害賠償責任。但依約定的方法或依物的性質而定的方法為使用收益，致有變更或毀損者，不在此限。

(2)依前述規定，承租人應負損害賠償責任，出租人並得終止租約。

2.耕地租賃的附屬物滅失者未加以補充：

(1)民法第462條規定：

①耕作地的租賃附有農具、牲畜或其他附屬物者，當事人應於

訂約時，評定其價值並繕具清單由雙方簽名，各執一份。

②清單所載的附屬物，如因可歸責於承租人的事由而滅失者，由承租人負補充的責任。

③附屬物如因不可歸責於承租人的事由而滅失者，由出租人負補充的責任。

(2)依前述第2項規定，承租人未予補充者，出租人得終止租約。

（三）出租人終止租約時，應於一年前通知承租人：

1.依民法第460條及耕地三七五減租條例第18條規定，耕地租約的終止，應於收益季節後次期作業開始前的時日，為契約的終止期。

2.依司法院院字第2027號解釋，依本條規定終止契約於一年前通知承租人，則自通知後計算至民法第460條的終止期，自須經過一年，方為有效。

3.換句話說，應於契約法定終止期一年前通知，才能終止契約。

（四）通知，無一定的方式，但是為了事後若發生爭執，能方便舉證，最好的方式是以郵局存證信函通知。

立法意旨

本條明文規定出租人終止租約之通知義務。出租人收回自耕或承租人違反民法第432條及第462條第2項之規定時，出租人有權終止租約，然為保障佃農生計，出租人應於一年前通知承租人，以便承租人預作準備，而兼顧雙方之權益。

相關參考法條

民§86～98、432、450、460、462；土§114；三減§18。

第117條（優先承租權）

收回自耕之耕地再出租時，原承租人有優先承租之權，自收回自

> 耕之日起，未滿一年而再出租時，原承租人得以原租用條件承租。

解說

（一）原承租人的優先承租權

1.依本法第114條第3款規定，出租人收回自耕時，出租人得終止不定期限租用耕地的契約，但是耕地三七五減租條例第19條規定有出租人不得自耕的情形；而且收回自耕，須具備自耕能力，應檢附自耕能力證明書。因此，實務上可以說是相當的嚴謹，不是出租人說要收回自耕，就可以隨意收回土地。

2.收回自耕的耕地，若未自耕再出租時，依本條規定，原承租人有優先承租權。

（二）優先承租的條件

1.依本條的規定，優先承租的要件為：

(1)須是出租人收回自耕的耕地。

(2)須是收回自耕的耕地初次再出租。

(3)須是原承租人。

(4)若是第二次收回自耕後再出租，第一次的承租人無優先權，只有第二次的承租人才有優先權。

2.原租用條件承租：於收回自耕未滿一年再出租時，依本條規定，原承租人得以原租用的條件承租。

3.其他條件優先承租：依本條規定的反面解釋，若收回自耕日起屆滿一年後出租，再出租的條件，與原租用的條件不同，原承租人若主張優先承租，則應以再出租的條件為準。

立法意旨

出租人向原承租人收回自耕地而再予出租時，原承租人有優先承租之權；但自收回自耕之日起未滿一年而再出租者，原承租人得以原

租用條件實行優先承租權。此舉旨在保障佃農生計，並防止出租人以收回自耕為藉口而實際提高地租。

相關參考法條

土§114；三減§19。

第118條（出租人行使留置權之限制）

出租人對於承租人耕作上必需之農具、牲畜、肥料及農產物，不得行使民法第四百四十五條規定之留置權。

解說

（一）民法第445條規定

1.不動產的出租人，就租賃契約所生的債權，例如欠繳的租金或損害賠償，對於承租人之物置於該不動產者，有留置權。但禁止扣押之物，不在此限。

2.前項情形，僅於已得請求的損害賠償，及本期與以前未交的租金之限度內，得就留置物取償。

（二）依前述民法的規定，出租人得行使留置權；但是依本條的規定，出租人不得行使留置權

1.不得行使留置權的範圍：

(1)依本條規定，不得行使留置權的標的物為承租人耕作上必須的農具、牲畜、肥料及農產物。

(2)依本條規定的反面解釋，若不是承租人耕作上所必須的農具、牲畜、肥料及農產物，出租人仍得行使留置權。

(3)依本條規定的擴大解釋，雖然是承租人耕作上所必須，但並不是農具、牲畜、肥料及農產物，出租人仍得行使留置權。

2.行使留置權的條件：

(1)須有租賃關係存在，否則無留置權。

(2)須出租人就租約所生的債權，也就是承租人就租約所生的債務，才可以留置。

(3)須承租人留置於耕地上之物，否則也無從留置。

(4)須是耕作上必須的農具、牲畜、肥料及農產物以外之物，否則依本條規定不得留置。

立法意旨

民法第445條第1項前段規定：「不動產之出租人，就租賃契約所生之債權，對於承租人之物置於該不動產者，有留置權。」然而耕作上必須之農具、牲畜、肥料及農產物，為承租人供生產之物，若予以留置，將使其喪失生活憑藉而無以為生。為維持承租人之生計，貫徹保護佃農政策，本條特明文揭示排除民法第445條之適用。

相關參考法條

民§445、446、448。

第119條（耕地特別改良）

於保持耕地原有性質及效能外，以增加勞力資本之結果，致增加耕地生產力或耕作便利者，為耕地特別改良。

前項特別改良，承租人得自由為之。但特別改良費之數額，應即通知出租人。

解說

（一）耕地特別改良的意義

1.依本條、民法第461條之1第1項及耕地三七五減租條例第13條第2項的規定，所謂「耕地特別改良」的意義是：

(1)須保持耕地原有性質及效能。

(2)須增加勞力資本的結果。

(3)須增加耕地生產力或耕作便利。

2.平均地權條例施行細則第11條第2款所規定的「農地改良」，其範圍是包括耕地整理、水土保持、土壤改良及修築農路、灌溉、排水、防風、防砂、堤防等設施。

3.若是增加勞力資本的結果，並沒有保持耕地原有性質及效能，也沒有增加耕地的生產力及耕作上的便利，就不是耕地特別改良。

（二）耕地特別改良權

1.承租人具有耕地特別改良權。

2.承租人得自由從事耕地的特別改良。

3.特別改良費的數額，應立即通知出租人，以便將來依本法第120條規定要求償還。民法第461條之1第1項及耕地三七五減租條例第13條第1項則規定，不僅是耕地特別改良費的數額，連同特別改良事項，均應以書面通知出租人。

（三）耕作地承租人於保持耕作地之原有性質及效能外，得為增加耕作地生產力或耕作便利之改良。但應將改良事項及費用數額，以書面通知出租人。前項費用，承租人返還耕作地時，得請求出租人返還。但以其未失效能部分之價額為限（民§461-1）。

立法意旨

耕地出租後，耕作權屬承租人，承租人為促使土地充分利用，提高生產力，而增加其對承租耕地設施資本與勞力之行為，應予鼓勵，故本條明定耕地承租人有特別改良耕地之自由權。然應將特別改良費之數額即行通知出租人，以便將來計算補償特別改良費之依據。

相關參考法條

民§431、461-1；土§120；土施§28；三減§13；均施則

§11Ⅱ。

第120條（耕地特別改良費之償還）
因第一百十四條第二、第三、第五、第六各款契約終止返還耕地時，承租人得向出租人要求償還其所支出前條第二項耕地特別改良費。但以其未失效能部份之價值為限。
前項規定，於永佃權依民法第八百四十五條及第八百四十六條之規定，撤佃時準用之。

解說

（一）本法第114條是規定不定期限租用耕地的契約終止情形

1.第2款規定是承租人放棄其耕作權利時，得終止租約。

2.第3款規定是出租人收回自耕時，得終止租約。

3.第5款規定是違反民法第432條及第462條第2項規定，不負損害賠償責任及不負補充責任時，得終止租約。

4.第6款規定是違反第108條之規定，將耕地全部或一部轉租於他人時，得終止租約。

（二）依本條的規定，承租人得向出租人要求償還所支出的耕地特別改良費之要件

1.須是不定期限租用耕地的契約。

2.須因本法第114條第2、3、5、6各款契約終止返還耕地。

3.須是承租人提出要求。

4.須是向出租人提出要求。

5.須是承租人所支出的特別改良費。

6.須是承租人於特別改良即行通知出租人的特別改良項目之費用數額。

7.須是特別改良而於終止租約時，尚未失去效能部分的價值；已

失去效能的部分，不能求償。

（三）土地法施行法第27條規定

　　土地法第114條第1、2、6、7各款之規定，於定期租用耕地之契約準用之。故因該第2款及第6款定期租約終止時，應有本條之適用。

（四）於永佃權撤佃時準用

　　1.民法99年2月3日經修正公布，刪除物權編第四章永佃權之章名及第842條至第850條永佃權之相關條文，並增設第四章之一農育權，且於同日修正公布民法物權編施行法，增設第13條之2，規定如下：

　　(1)民法物權編99年1月5日修正之條文施行前發生之永佃權，其存續期限縮短為自修正施行日起二十年。

　　(2)前項永佃權仍適用修正前之規定。

　　(3)第1項永佃權存續期限屆滿時，永佃權人得請求變更登記為農育權。

　　故依上開條文規定，民法物權編修正前已發生之永佃權，仍適用民法物權編修正前永佃權之相關規定，惟其存續期間應縮短為自修正施行日起二十年。

　　2.將民法99年2月3日物權編修正前永佃權之相關規定，說明如下：

　　(1)所謂「永佃權」，是指支付佃租永久在他人土地上為耕作或牧畜的權利；永佃權的設定，若是定有期限者，視為租賃，適用關於租賃的規定（民刪§842）。

　　(2)永佃權的撤佃：

　　　①出租他人：永佃權人不得將土地出租於他人，若是出租於他人，土地所有權人得撤佃（民刪§845）。

　　　②積欠地租：永佃權人積欠地租額達二年的總額者，除另有習慣外，土地所有權人得撤佃（民刪§846）。

　　3.本條第1項耕地特別改良費的償還規定，於永佃權人因出租土地於他人或積欠地租達二年總額而為土地所有權人撤佃時準用。

4.民法第850條之8第1項規定，農育權人得為增加土地生產力或使用便利之特別改良。並於第2項規定，農育權人將前項特別改良事項及費用數額，以書面通知土地所有人，土地所有人於收受通知後不即為反對之表示者，農育權人於農育權消滅時，得請求土地所有人返還特別改良費用。但以其現存之增價額為限。

（五）土地法施行法第28條規定

依土地法第120條，承租人向出租人要求償還其所耕地特別改良物時，其未失效能部分之價值，得由該管直轄市或縣（市）地政機關估定之。

立法意旨

耕地承租人對耕地所施之特別改良，足可使耕地之價值及生產力提高者，出租人自應償還其所支出之費用。然其償還之範圍，以未失效能部分之價值者為限。因已失效能者，在耕作期間已為承租人所享用，自不得請求償還，故其償還範圍以所投入勞資尚未失去效能部分者為限。然償還請求權之行使，須於契約終止返還耕地時始得為之，且僅限於本法第114條第2、3、5、6各款原因終止契約時，始有償還請求權。至於永佃權之撤佃，亦有適用本條之償還特別改良費之規定。

相關參考法條

民§431、850-8；土§108、114、119；土施§27、28；三減§13；民物施§13-2；民刪§842、845、846。

第121條（耕地附屬物報酬之限制）

耕地出租人以耕畜、種子、肥料或其他生產用具供給承租人者，除依民法第四百六十二條及第四百六十三條之規定外，得依租用

契約於地租外酌收報酬。但不得超過供給物價值年息百分之十。

解說

（一）耕地租賃另附有附屬物（民§462）

1.耕作地的租賃附有農具、牲畜或其他附屬物者，當事人應於訂約時，評定其價值並繕具清單由雙方簽名，各執一份。

2.清單所載的附屬物，如因可歸責於承租人的事由而滅失者，由承租人負補充的責任。

3.附屬物如因不可歸責於承租人的事由而滅失者，由出租人負補充的責任。

（二）租賃另附有附屬物的返還及賠償（民§463）

耕作地之承租人，依清單所受領之附屬物，應於租賃關係終止時，返還於出租人；如不能返還者，應賠償其依清單所定之價值；但因使用所生之通常折耗，應扣除之。

（三）供給物的酌收報酬

除了前述民法二條之規定外，依本條規定，得另酌收報酬，其情形如下：

1.須是出租人供給承租人使用的供給物。

2.供給物須是耕畜、種子、肥料或其他生產用具。

3.須是租約約定租賃所附的附屬物以外的其他供給物。

4.須是於租約約定收受地租外，另外再酌收報酬。

5.報酬須在供給物價值年息10%以內，不得超過10%。例如供給物價值50萬元，年息10%，即5萬元，也就是每年的報酬不得超過5萬元。

（四）依耕地三七五減租條例第12條規定

原由出租人無條件供給承租人使用的農舍，於該條例施行後，仍然由承租人繼續使用，出租人不得藉詞拒絕或收取報酬。

立法意旨

地主提供農具或其他附屬物者，對於承租人有益，且具融通資金之作用。但收取報酬應受最高額之限制，以顧及出租人之利益並限制出租人巧取租金，以保障承租人免於欠缺耕地附屬物而致權益受到侵害。

相關參考法條

民§462、463；三減§12。

第122條（耕地租用爭議之調處）

因耕地租用，業佃間發生爭議，得由該管直轄市或縣（市）地政機關予以調處，不服調處者，得向司法機關訴請處理。

解說

（一）於有永佃權的土地，準用本條的規定（土施§30）。

（二）本條的規定，與本法第101條的規定相同；但是耕地租用發生爭議，並不適用本條的規定，而是適用耕地三七五減租條例的規定。至於本條規定的「業佃」，即指出租人與承租人：所謂「業」，是指產業、土地，業主就是地主；所謂「佃」，是指租佃，佃農就是承租人。因此，所謂業佃間發生爭議，即是出租人與承租人間發生爭議。

（三）各級耕地租佃委員會的設立（三減§3）

　1.設立委員會：

　(1)直轄市或縣（市）政府及鄉（鎮、市、區）公所，應分別設立耕地租佃委員會。租佃委員會分為二級，其一為鄉鎮市區級，另一為縣（市）級。

　(2)若鄉鎮市區公所轄區內地主、佃農戶數太少，得不設立，或

由數鄉（鎮、市、區）合併設立耕地租佃委員會。若未設立耕地租佃委員會，其有關租佃事項，由直轄市或縣（市）政府耕地租佃委員會處理。

2.組織：租佃委員會佃農代表人數，不得少於地主與自耕農代表人數的總和，其組織規程由內政部、直轄市政府擬定，報請行政院核定。

（四）爭議處理程序（三減§26）

1.調解：出租人與承租人因耕地租佃發生爭議時，應由當地鄉（鎮、市、區）公所耕地租佃委員會調解。

2.調處：於調解不成立時，應由直轄市或縣（市）政府耕地租佃委員會調處。

3.裁判：

(1)不服調處時，由直轄市或縣（市）政府耕地租佃委員會移送該管司法機關迅速處理，並免收裁判費。

(2)爭議案件，非經調解、調處，不得起訴，經調解、調處成立者，由直轄市或縣（市）政府耕地租佃委員會給予書面證明。

（五）爭議案件，經調解或調處成立者，當事人若有一方不履行其義務時，另一方當事人得逕向該管司法機關申請強制執行，並免收執行費用（三減§27）。因此，不必再進行訴訟裁判。

（六）耕地三七五減租條例第28條規定：「本條例之規定，於永佃權之耕地準用之。」因此，永佃權發生爭議，得準用前述調解、調處及裁判的程序予以處理。

（七）不動產糾紛調處委員會：因土地法第34條之2的增訂，關於本條的爭議，將由該法條所設置的委員會予以調處。

立法意旨

業佃之間因利害關係，難免發生爭議，此項爭議該管直轄市或縣（市）地政機關知之甚稔，如能妥為調處，以和諧之方式達到解決，

既可免訟累，又可藉以維持業佃間之感情，為最有效最經濟之方法；
如不服調處，再向司法機關訴請處理，尚不嫌遲，故有本條之規定。

相關參考法條

土§34-2、101；土施§30；三減§3、26～28。

第123條（耕地荒歉之租金減免）
遇有荒歉，直轄市或縣（市）政府得按照當地當年收穫實況為減
租或免租之決定。但應經民意機關之同意。

解說

（一）本條是對於荒歉時，減免地租的規定，茲分以下幾點說明：

1.須因遇有荒歉而致收穫減少，才可減免地租。

2.是由直轄市或縣（市）政府按照當地當年收穫的實際狀況，決
定減租或免租，不須承租人提出申請。

3.有關減租或免租，雖然由直轄市或縣（市）政府決定，但是應
經民意機關——即直轄市或縣（市）議會的同意。

4.有關減租免租的決定，應經中央地政機關的核定（土施
§29）。

5.本條規定，於有永佃權的土地準用（土施§30）。

（二）有關荒歉而減免地租，應依耕地三七五減租條例第11條規定辦
理：

1.請求查勘並減租：耕地因災害或其他不可抗力致農作物歉收
時，承租人得請求鄉（鎮、市、區）公所耕地租佃委員會查勘歉收成
數，議定減租辦法，該租佃委員會應於三日內辦理。

2.復勘：必要時，得報請直轄或縣（市）政府耕地租佃委員會復
勘決定。

3.政府主動勘定減租：如普遍發生農作物歉收情事，鄉（鎮、市、區）公所耕地租佃委員會應即勘定受災地區歉收成數，報請直轄市或縣（市）政府耕地租佃委員會議定減租辦法。

4.免租：若因災歉，致耕地收穫量不及三成時，應予免租。

（三）民法第457條規定，耕地的承租人，因不可抗力，致其收益減少或全無者，得請求減少或免除租金，有關租金減免請求權，不得預先拋棄。土地法及耕地三七五減租條例即是本於此條原則，作更詳細的規定。

立法意旨

耕地承租人，靠租地生產維生，如遇災害歉收，其生活即發生問題，無力支付地租。為顧及實際災害及佃農利益，政府宜視情節輕重減免租金，維持其謀生能力，以示體恤農民而安定農村社會。

相關參考法條

土施§29、30；民§457；三減§11。

第124條（永佃權土地之準用）

第一百零七條至第一百十三條及第一百二十一條各規定，於有永佃權之土地準用之。

解說

所謂「永佃權」，依99年2月3日民法修正刪除前之第842條規定，是指支付佃租永久在他人土地上為耕作或牧畜的權利。若定有期限，則視為租賃，適用有關租賃的規定。雖民法物權編已刪除永佃權之相關條文，但99年2月3日修正民法物權編施行法增訂第13條之2，仍保留永佃權之相關規定，故在此說明有永佃權的土地準用之法條。

（一）本條規定，本法第107條至第113條及第121條各規定，於有永
　　　佃權之土地準用：

　　1.第107條：耕地出賣或出典時，永佃權人有依同樣條件優先承
買或承典的權利。

　　2.第108條：永佃權人雖經出租人承諾，仍不得將耕地全部或一
部轉租於他人。

　　3.第109條：永佃權若定有期限，於期限屆滿時，除出租人收回
自耕外，如永佃權人繼續耕作，視為不定期限繼續契約。

　　4.第110條：永佃權的地租，不得超過地價8%，超過者減定為
8%，不及8%者，依其約定或習慣。

　　5.第111條：地租得依習慣以農作物代繳。

　　6.第112條：不得預收地租。因習慣以現金為擔保金，其金額不
得超過一年租額的四分之一。其利息，並應視為地租的一部分。

　　7.第113條：不能按期繳付地租的全部，而以一部分繳付，出租
人不得拒絕收受，永佃權人也不得因此推定為減租的承諾。

　　8.第121條：出租人另以耕畜、種子、肥料或其他生產用具供給
承租人，除另有規定外，得酌收報酬，但不得超過供給物價值年息
10%。

（二）土地法施行法第30條規定，土地法第115條、第122條及第123
　　　條的規定，於有永佃權的土地準用：

　　1.第115條：永佃權人放棄耕作權利，應於三個月前向出租人意
思表示。若不是因不可抗力繼續一年不耕作，視為放棄耕作權利。

　　2.第122條：永佃權發生爭議，由直轄市或縣（市）地政機關調
處，不服調處，得訴請司法機關處理。

　　3.第123條：荒歉，直轄市或縣（市）政府得按照當地當年收穫
實況為減租或免租之決定，但應經民意機關之同意。

（三）耕地三七五減租條例第28條規定，該條例的規定，於永佃權的
　　　土地準用。

（四）99年2月3日民法物權編修正，已將該編第四章第842條至第850
　　　條全章刪除，並增訂第四章之一農育權。

（五）99年2月3日民法物權編施行法修正，增訂第13條之2如下：

　　民法物權編中華民國99年1月5日修正之條文施行前發生之永佃
權，其存續期限縮短為自修正施行日起二十年。

　　前項永佃權仍適用修正前之規定。

　　第1項永佃權存續期限屆滿時，永佃權人得請求變更登記為農育
權。

立法意旨

　　本條規定永佃權準用之條文。因耕地租佃制度，為我國特有之土
地形態，佃農與耕地承租人之地位相仿，均為耕地之實際耕作者，自
應準用耕地租用而受特別之保障。

相關參考法條

　　民§842～850（99.2.3刪除）；土§107～113、115、121～123；
土施§30；三減§28。

第五章

荒地使用

第125條（公有荒地之使用計畫）

公有荒地，應由該管直轄市或縣（市）地政機關於一定期間內勘測完竣，並規定其使用計畫。

解說

（一）公有荒地的意義

1.本法第4條所規定的公有土地，是指國有土地、直轄市有土地、縣（市）有土地或鄉（鎮、市）有土地。

2.本法第88條規定，除了因農業生產的必要而休閒的土地外，凡是編為農業或其他直接生產用地而未依法使用的土地，就是所謂的荒地。

3.由前述二法條規定，可知公有的農業用地或其他直接生產用地而未依法使用者，就是所謂的公有荒地。

（二）直轄市或縣（市）地政機關勘測

依本條規定，直轄市或縣（市）地政機關應於一定期間內，將公有荒地全部勘測完畢。

（三）規定使用計畫

1.由直轄市或縣（市）地政機關規定：依本條的規定，直轄市或縣（市）地政機關不僅應於一定期間內將公有荒地勘測完畢，並且應規定使用計畫。

2.由直轄市或縣（市）政府規定：依本條的規定，公有荒地的使

用計畫是由直轄市或縣市地政機關規定，但是土地法施行第31條規定，各地方荒地使用計畫，由直轄市或縣（市）政府規定，並報請中央地政機關及中央墾務機關備查。

　　3.中央地政機關規定：土地法施行法第31條但書規定，大宗荒地面積在十萬畝以上者，得由中央地政機關及中央墾務機關會同直轄市或縣（市）政府訂定。

　　4.公有荒地的使用計畫確定後，依本法第126條規定招墾。

立法意旨

　　本條明文規定公有荒地之勘測及使用計畫之訂定。因公有荒地大多尚未規劃，甚且尚未登錄，如任其廢置不用，則有害政府財政收益，故該管直轄市或縣（市）地政機關應於一定期間內勘測完竣，並按其自然性質規劃為農、林、漁、牧等用地，以作為開墾利用之依據。

相關參考法條

　　土§4、88、126；土施§31。

第126條（公有荒地之招墾）
公有荒地適合耕地使用者，除政府保留使用者外，由該管直轄市或縣（市）地政機關會同主管農林機關劃定墾區，規定墾地單位，定期招墾。

解說

（一）招墾的範圍

　　1.須是公有荒地。

　　2.須是適合耕作使用的公有荒地，若是不適合耕作使用，招墾無

益。

3.須是政府保留使用外的公有荒地，若是政府另有使用計畫，則應保留供該計畫的使用。

（二）招墾的程序

1.劃定墾區，規定墾地單位：

(1)主管機關：由直轄市或縣（市）地政機關會同主管農林機關，依本法第125條規定的使用計畫，劃定墾區，規定墾地單位。

(2)所謂「劃定墾區」，就是劃定開墾的地區，或是劃定開墾的區域。

(3)所謂「規定墾地單位」，就是規定開墾土地的每一單位面積。

2.定期招墾：

(1)本條並未規定如何「定期」，因此，所謂定期，應於本法第125條規定的使用計畫中明定。

(2)所謂「招墾」，簡單的說，就是找人來開墾，但是如何找法律亦未明文規定，或許是公告徵求，或許是公告招標，其方式應於使用計畫中明定。

立法意旨

公有荒地勘測完竣後，其適於耕作使用者，除經政府保留或指定用途者外，應即劃定墾區，規定墾地單位，定期招墾，以達地盡其利之要求。

相關參考法條

土§4、88、125、129、134。

第127條（私有荒地照價收買後之招墾）

私有荒地，經該管直轄市或縣（市）政府依第八十九條照價收買者，應於興辦水利改良土壤後，再行招墾。

解說

（一）私有荒地的意義

1.中華民國領域內的土地，經人民依法取得所有權者，為私有土地（土§10）。

2.私有土地，除了農業生產的必要而休閒外，凡是編為農業或其他直接生產用地而未依法使用者，為私有荒地。

（二）照價收價

1.私有荒地，直轄市或縣（市）地政機關得劃定區域，規定期限，強制依法使用，逾期不使用，直轄市或縣（市）政府得照申報地價收買（土§89）。

2.農業用地閒置不用，除特定情形外，經通知限期使用或命其委託經營，逾期仍未使用或委託經營者，加徵荒地稅，經加徵荒地稅滿三年，仍不使用者，得照價收買（均§26-1）。收買的價格，以收買當期的公告土地現值為準（均§31）。

（三）農地改良

包括耕地整理，水土保持、土壤改良及修築農路、灌溉、排水、防風、防砂、堤防等設施（均施則§11②）。

（四）依本條規定處理情形

1.須是私有荒地。

2.須是私有荒地經直轄市或縣（市）政府依法照價收買而成為市縣有荒地。

3.應先行興辦水利並改良土壤後，再行招墾。

4.因照價收買後，成為公有荒地，所以招墾應依本法第126條規定辦理。

立法意旨

依本法第89條規定，私有荒地經限期使用，而逾期仍未使用者，該管直轄市或縣（市）政府照價收買之。該管直轄市或縣（市）政府照價收買後，理應興辦水利改良土壤，成為公有可耕地再行招墾，俾使土地能充分利用，以達照價收買之土地政策。

相關參考法條

土§88、89、126、174；均§26-1、28、31；土登§29。

> **第128條**（承墾人之資格）
> 公有荒地之承墾人，以中華民國人民為限。

解說

（一）本條是規定公有荒地招墾時，承墾人的資格，以中華民國人民為限。換句話說，不是中華民國人民，不得承墾公有荒地。

（二）因為公有荒地開墾完畢後，回復其本質為農地或其他直接生產用地，依本法第17條及第19條規定，各該土地是不得移轉、設定負擔或租賃於外國人或外國人須有條件才能取得。因此，本條予以呼應而特別規定承墾人以中華民國人民為限。

（三）中華民國人民：

1.依中華民國憲法第3條規定，具有中華民國國籍者，為中華民國國民。

2.依國籍法的規定，中華民國國籍，有所謂的「固有國籍」及「取得國籍」二種。

3.依民法總則編第二章的規定，人分為以下兩種：

(1)自然人：應具有中華民國國籍者，才是中華民國人民。

(2)法人：應依我國的民法或其他法律的規定成立，才包含在中

華民國人民的範圍內。

（四）由前述分析來看，本條所規定的中華民國人民，包括自然人及
　　　法人，所以本法第129條規定，承墾人分為自耕農戶及農業生
　　　產合作社二種。其中自耕農戶是指自然人，農業生產合作社是
　　　指法人。

立法意旨

　　本條明文規定公有荒地之承墾人，以中華民國人民為限。其旨在
保障本國人民之工作機會及避免外國人壟斷本國土地之利用，侵害本
國人民之生產能力，妨礙國計民生。

相關參考法條

　　國籍§1、3；土§4、88、126、127、129；土稅§3。

第129條（承墾人之種類）
公有荒地之承墾人，分左列二種：
一　自耕農戶。
二　農業生產合作社。
**前項農業生產合作社，以依法呈准登記，並由社員自任耕作者為
限。**

解說

　　公有荒地應依使用計畫，定期招墾，其承墾人依本條規定，分為
自耕農戶及農業生產合作社二種：

（一）自耕農戶

　　1.公有荒地經開墾後成為農地或其他直接生產用地，其承墾人自
以能自耕或從事農業生產者為宜。

2.所謂「自耕」，依本法第6條規定，係指自任耕作者而言，其為維持一家生活直接經營或耕作者，以自耕論。

3.該自耕農戶，以具有中華民國國籍的人民為限（土§128）。

（二）農業生產合作社

1.農業生產合作社，必須依法呈准登記，並且由社員自任耕作。有關「自任耕作」，請參閱本法第6條的解說。

2.農業生產合作社為法人的一種，應依民法或其他法律的規定成立，成立後，在法令限制內，有享受權利並負擔義務的能力（民§25、26）。

3.依合作社法第2條、第3條、第6條及第8條規定，合作社應有七人以上，才可成立，其業務及職責，應於名稱上表明——如本條所規定的農業生產合作社，依法成立的合作社為法人。為謀農業的發展，置辦社員生產上公共或各個之需要設備，或社員生產品的聯合推銷，得成立農業生產合作社。

4.設立登記完成的農業生產合作社，若由社員自任耕作，則可依本條規定，於公有荒地招墾時予以承墾。

立法意旨

公有荒地之承墾人，必須是有積極耕作意願之農民，並能實際參與耕作從事生產者，使承墾耕地得以切實有效耕作使用。故本條規定公有荒地承墾人，僅限於自耕農戶及農業生產合作社二種，以達到耕者有其田之土地政策，並免除土地投機與壟斷。

相關參考法條

土§6、128；農民例§3、4；合§3。

第130條（承墾荒地之面積）
承墾人承領荒地，每一農戶以一墾地單位為限，每一農業合作社承領墾地單位之數，不得超過其所含自耕農戶之數。

解說

（一）墾地單位面積

1.本法並未規定墾地單位面積，因此，其單位面積應於本法第125條所規定的使用計畫中明定。

2.本法第28條規定有私有土地面積最高額，第31條規定有土地最小面積單位。

3.依農地重劃條例施行細則第34條規定，農地重劃後最小坵塊面積，以該重劃區規劃坵塊土地的短邊十公尺計算的面積為準。似此規定，或可供作規定墾地單位的參考。

（二）一農戶一單位

本條規定，每一農戶以承領一墾地單位為限。因為承領過多，可能無力耕作；承領太少，不僅細分墾地，承墾人亦可能無以維生。

（三）農業生產合作社的承墾單位數

1.本條所指的農業合作社，應與前條所規定的農業生產合作社相同。

2.依前條解說，合作社應有七人以上，才可設立。因此，依本條規定，農業生產合作社若由自耕農戶為社員而組成，則承領的墾地單位數，至少在七個單位以上，若由自耕農戶及非自耕農戶等混合組成，則以自耕農戶數為準，作為承領墾地單位數的最多限制。

立法意旨

本條明文規定承墾人承墾荒地之面積限制。因承墾荒地之面積太小，徒費人力，且不足維生；承領面積過大，無力自耕，易生流弊，有失招墾之旨。故本條限制每一農戶以一墾地單位為限，而每一農業

合作社承領墾地單位之數，不得超過其所含自耕農戶之數，以符合耕者有其田之基本精神，並充分發展人力，提高單位生產，達到地盡其利之目標。

相關參考法條

土§28、31、128、129；土施§7；農劃施則§34。

第131條（限期開墾及墾竣期限）

承墾人自受領承墾證書之日起，應於一年內實施開墾工作，其墾竣之年限，由主管農林機關規定之，逾限不實施開墾者，撤銷其承墾證書。

解說

（一）實施開墾的時限

1.依本條的規定，顯然公有荒地招墾時，由政府發給「承墾證書」。

2.承墾人應於受領「承墾證書」日起一年內實施開墾工作。

（二）開墾完成的年限

1.開墾完成的年限，本法並未明定，而是由主管農林機關規定，如此或許比較切合實際。

2.有關開墾完成的年限，或許應於本法第125條所規定的使用計畫中明定比較妥當。但是該使用計畫是由地政機關規定，而本條的墾竣年限卻是由農林機關規定，似乎有不一致的情形。

（三）撤銷承墾證書

1.本條規定承墾人自受領承墾證書日起應於一年內實施開墾工作，若超過一年不實施開墾，則撤銷其承墾證書。既然撤銷承墾證書，當然也就收回墾地，另行招墾。

2.本法第132條規定，承墾人未於規定的墾竣年限內開墾完竣，亦撤銷其承墾證書。

立法意旨

公有荒地之招墾，旨在由農民承領後儘速開墾，使地盡其用，以增加生產。如承墾人承領荒地後，竟遲遲不進行開墾之工作，任其荒廢，則有失招墾之旨。故本條明文限定於承領後一年內必須著手實施開墾工作，其墾竣之年限，由主管農林機關規定之，逾限不實施開墾者，撤銷其承墾證書，以杜投機之弊。

相關參考法條

民§114、116；土§128、130、132。

第132條（墾竣年限之展延）
承墾人於規定墾竣年限而未墾竣者，撤銷其承墾證書。但因不可抗力，致不能依規定年限墾竣，得請求主管農林機關酌予展限。

解說

（一）墾竣的年限

1.前條規定，墾竣的年限，由主管農林機關規定。

2.承墾人於承墾時，應已知墾竣的年限，而且墾竣的年限，也應明確記載於承墾證書中，所以承墾人應把握時間，於年限內開墾完竣。開墾完竣，當然也就可以從事農業生產了。

（二）撤銷承墾證書

1.若依前條規定，逾期限不實施開墾者，撤銷其承墾證書，可能比較單純。因為尚未實施開墾，只要撤銷證書，收回墾地，另行招墾就可以。

2.若依本條規定，承墾人已實施開墾工作，而未於規定年限內開墾完竣，則撤銷其承墾證書的問題就比較複雜。因為，撤銷承墾證書，當然要收回墾地，但是承墾人所投施的資本勞力及留置墾地上的工作物或一切設施應如何處理，本法並未明文規定。或許，應於本法第125條所規定的使用計畫中明訂為宜。

（三）請求展延年限

1.須是不可抗力，如天災地變，致不能於規定年限內開墾完竣。

2.須由承墾人提出請求。

3.須由主管農林機關斟酌展延年限。

立法意旨

承墾人承墾荒地，未依墾竣年限墾竣者，顯係違反接受放領時之承諾，故應一律撤銷其承墾證明。然因天災或其他不可抗力，致不能依規定墾竣者，顯非承墾人之過失，故宜准其申請展延年限，繼續開墾，以示公平。

相關參考法條

土§131；民§114、116。

第133條（耕作權及所有權之取得）

承墾人自墾竣之日起，無償取得所領墾地之耕作權，應即依法向該管直轄市或縣（市）地政機關聲請為耕作權之登記。但繼續耕作滿十年者，無償取得土地所有權。

前項耕作權不得轉讓。但繼承或贈與於得為繼承之人，不在此限。

第一項墾竣土地，得由該管直轄市或縣（市）政府酌予免納土地稅二年至八年。

解說

（一）墾竣後的權利

1.發給墾竣證書：

(1)本法雖未規定於開墾完竣，應發給墾竣證書，但是依本法第131條規定，既然有承墾證書，於開墾完竣後，當然也要發給墾竣證書。

(2)依行政院55.1.14台內字第283號令解釋，是由直轄市或縣（市）地政機關會同農林機關勘驗發給墾竣證書。

2.無償取得耕作權：

(1)物權，除依法律或習慣外，不得創設（民§757）。本法為法律，本法所規定的耕作權，也是物權。

(2)承墾人於開墾完竣日起，不須花費任何代價，就取得承墾地的耕作權。

3.耕作權登記請求權：

(1)不動產物權，依法律行為而取得、設定、喪失及變更者，非經登記，不生效力（民§758）。因此，承墾人取得的耕作權，須辦理登記；而土地登記規則第4條規定登記的種類，亦包括耕作權。

(2)承墾人應即向地政機關——即土地所在地的地政事務所申請登記耕作權。

(3)依前述行政院55年的令釋，地政機關發給墾竣證書之日，應即同時辦理耕作權登記，若未同時登記，則依土地登記規則第27條規定，由耕作權人或管理機關申請登記。

4.無償取得所有權：

(1)耕作權人繼續耕作滿十年，不須花費任何代價，即取得承墾地的所有權。

(2)該所有權須經登記，否則不生效力。

(3)所謂「繼續耕作滿十年」，應以依法登記耕作權日起算。

(4)無償取得所有權，是由取得的權利人或管理機關申請登記

（土登§27）。

（二）耕作權及所有權等使用、處分的限制

1.耕作權轉讓的限制：

(1)耕作權有其特性，所以不得轉讓，例如不得出售交換或贈與他人。

(2)耕作權人死亡，由其繼承人依法繼承，當然不受本條規定不得轉讓的限制。

(3)若將耕作權贈與得繼承之人，亦不受本條規定不得轉讓的限制。

2.所有權的限制：承墾人墾竣取得所有權的土地，其使用管理及移轉、繼承，均準用土地法及其施行法關於自耕農戶的規定（土施§32），例如本法第16條、第17條至第20條。

（三）稅賦優惠

1.墾竣的土地，依本條規定，得由直轄市或縣（市）政府斟酌免納土地稅二年至八年，以資獎勵。土地稅減免規則第14條規定，自有收益之日起，免徵田賦八年。

2.本條所規定的土地稅，是指地價稅、田賦及土地增值稅（土稅§1）。由於墾竣的土地為農業用地，不課徵地價稅；而且墾竣日起繼續耕作滿十年才取得所有權，所以本條規定免納二年至八年的土地稅並不包括土地增值稅；因此，本條規定的土地稅，僅有田賦而已。

3.墾竣的土地為農業用地，依土地稅法第22條規定是課徵田賦，但是目前台灣地區依同法第27條之1規定是停徵田賦。如果恢復開徵田賦，依同稅法第3條規定，耕作權人即為納稅義務人。

立法意旨

承墾荒地須投下大量之人力、物力，先行改良土地，始能有所收穫，故應予以獎勵，始能激發人民開墾之意願。因此，本條明文規定，承墾人自墾竣之日起，無償取得所領墾地之耕作權；繼續耕作滿

十年者，無償取得土地所有權。以獎勵荒地承墾耕作，增加農業生產。

相關參考法條

民§757、758；土施§32；土登§4、27；土稅§1、3、22、27-1。

第134條（墾務機關之設置）

公有荒地，非農戶或農業生產合作社所能開墾者，得設墾務機關辦理之。

解說

（一）公有荒地，以自耕農戶及農業生產合作社為招墾對象（土§129），但是其可能因人力、物力及技術等能力有限，而無力承墾。因此，本條特別規定，得設墾務機關來開墾。

（二）本條規定的情形：

1.墾務機關開墾的土地，須是公有荒地。

2.須是公有荒地，自耕農戶或農業生產合作社的能力所無法開墾。若是能夠開墾，則不必設墾務機關。

（三）使用計畫的規定：

1.公有荒地，非自耕農戶或農業生產合作社所能開墾者，應該是大面積的土地。因此，土地法施行法第31條但書特別規定，大宗荒地面積在十萬畝以上者，得由中央地政機關及中央墾務機關會同直轄市或縣（市）政府訂定使用計畫。

2.由前述該施行法的規定，既然有中央墾務機關，顯然也有地方墾務機關，但是目前政府並無墾務機關的設置。

立法意旨

公有荒地，因面積龐大，須投以大量人力、物力、技術等，非一般農戶或農業生產合作社所能勝任，故本條規定得設墾務機關辦理開墾、以收大規模墾荒經營之功效。

相關參考法條

土§4、25、26；土施§31。

第六章

土地重劃

第135條（土地重劃之原因）

直轄市或縣（市）地政機關因左列情形之一，經上級機關核准，得就管轄區內之土地，劃定重劃地區，施行土地重劃，將區內各宗土地重新規定其地界：

一　實施都市計畫者。

二　土地面積畸零狹小，不適合於建築使用者。

三　耕地分配不適合於農事工作或不利於排水灌溉者。

四　將散碎之土地交換合併，成立標準農場者。

五　應用機器耕作，興辦集體農場者。

解說

（一）土地重劃的意義

　　1.將重劃地區內的各宗——即各地號土地，交換分合而重新規定每一地號的地界，就是所謂的土地重劃。

　　2.土地重劃有市地重劃、農地重劃及農村社區土地重劃等三種。

（二）主管機關

　　1.依本條規定，土地重劃是由直轄市或縣（市）地政機關負責辦理，但應經上級機關核准。

　　2.依土地法施行法第33條及第34條規定，市地重劃應經中央地政機關核定，農地重劃則應報請中央地政機關備查。

　　3.但是平均地權條例第56條及農地重劃條例第7條規定，只要主

管機關擬具計畫書，送經上級主管機關核定公告滿三十日後，即可實施，並未規定應經中央主管機關核定。由於各該條例為特別法，故應優先適用。

（三）劃定重劃區

依本條規定，劃定重劃區，施行土地重劃並不是全面性，而是分區分期，也就是有選擇性的實施土地重劃。

（四）市地重劃

1.依本條規定，都市地區因實施都市計畫，或土地面積畸零狹小而不適合建築使用者，得土地重劃，也就是所謂的市地重劃。

2.依平均地權條例第56條規定，對於新設都市地區的全部或一部，實施開發建設者，或是舊都市地區為公共安全、公共衛生、公共交通或促進土地合理使用的需要者，或是都市土地開發新社區者，或經中央主管機關指定限期辦理者，得實施市地重劃。

3.依都市計畫法第48條及第58條規定，對於公共設施保留地，得以市地重劃的方式取得；對於實施新市區的建設，得實施土地重劃。因此，本條規定因實施都市計畫得實施土地重劃，是指該法的各該規定。

（五）農地重劃

1.本條第3款、第4款及第5款的規定，均是農地重劃。

2.須農地重劃的情形：（農劃§6）

(1)耕地坵形不適於農事工作或不利於灌溉、排水者。

(2)耕地散碎不利於擴大農場經營規模或應用機械耕作者。

(3)農路、水路缺少，不利於農事經營者。

(4)須新闢灌溉、排水系統者。

(5)農地遭受水沖、砂壓等重大災害者。

(6)舉辦農地之開發或改良者。

（六）農村社區土地重劃

1.為辦理農村社區土地重劃，以促進農村社區土地合理利用，

改善生活環境，89年1月26日政府制定公布「農村社區土地重劃條例」。

2.農村社區須辦理土地重劃的情形：（農村土劃§5）

(1)促進農村社區土地合理利用需要。

(2)實施農村社區更新需要。

(3)配合區域整體發展需要。

(4)配合遭受地震、水災、風災、火災或其他重大事變損壞之災區重建需要。

立法意旨

按土地重劃乃係對於區域內之土地全部重新規劃調整，依其使用目的合理配置，以促進土地之有效利用，並提高其經濟價值，達到地盡其用之土地政策。為因應促進土地合理利用之實際需要，對市地或農地之未能充分利用或合理利用，自得利用重劃調整土地，來改良利用環境，使土地增加實質上之經濟效益。因此，乃設本條規定，以作為辦理土地重劃之法律依據。

相關參考法條

土§141；土施§33、34；均§56、57；農劃§6；市畫§48、58；農村土劃§1、5。

第136條（土地重劃之分配）

土地重劃後，應依各宗土地原來之面積或地價，仍分配於原所有權人。但限於實際情形，不能依原來之面積或地價妥為分配者，得變通補償。

解說

（一）重劃後的分配

1.依本條規定，無論是市地重劃或農地重劃，於重劃後，應依各宗（即各地號）土地原來的面積或地價，仍分配給原所有權人。

2.由於參與土地重劃，應負擔工程費用、重劃費用及貸款利息，各該費用若由土地所有權人繳付，則重劃後，自應依本條規定，將原來的面積或地價的土地仍分配給原所有權人。但為減輕所有權人的負擔，得以重劃區內未建築的土地抵付各該費用——即所謂的抵費地，因此扣除抵費地後，分配給原所有權人的土地，不是重劃前原來的面積，而是比較少的面積。抵費地面積以45%為限（均§60Ⅲ），因此，領回的重劃後土地，至少有55%。

3.農地重劃，也應負擔農路、水路用地及抵付工程費用的土地（農劃§21）。因此，重劃後受分配的土地面積，也是比原來的少。農村社區土地重劃條例第11條也有類似的規定。

（二）變通補償

1.由於土地重劃後，重新規定地界，每一坵塊——即每一地號，有其一定的面積，與原來的面積相比較，必然有增減。因此，依本條但書的規定，得變通補償。所謂「補償」，當然是現金補償。

2.平均地權條例第60條之1規定：

(1)重劃區內的土地扣除規定折價抵付共同負擔的土地後，其餘土地仍依各宗土地地價數額比例分配與原土地所有權人。但應分配土地的一部或全部因未達最小分配面積標準，不能分配土地者，得以現金補償。

(2)依前項規定分配結果，實際分配的土地面積多於應分配之面積者，應繳納差額地價；實際分配面積少於應分配的面積者，應發給差額地價。

(3)第2項應繳納的差額地價經限期繳納逾期未繳納者，得移送法院強制執行。

(4)未繳納差額地價的土地，不得移轉。但因繼承而移轉者，不在此限。

3.農地重劃條例規定：

(1)重劃土地的分配，按各宗土地原來面積，扣除應負擔的農路、水路用地及抵付工程費用的土地，按重新查定的單位區段地價，折算成應分配的總地價，再按新分配區單位區段地價折算面積，分配予原所有權人。但限於實際情形，應分配土地的一部或全部未達最小坵塊面積不能妥為分配者，得以現金補償（農劃§21Ⅱ）。

(2)同一土地所有權人，在重劃區內所有土地應分配的面積，未達或合併後仍未達最小坵塊面積者，應以重劃前原有面積按原位置查定的單位區段地價計算，發給現金補償（農劃§23Ⅰ前）。

4.農村社區土地重劃條例第16條也有如前述的規定。

立法意旨

本條明文規定土地重劃後之分配與補償方法。土地重劃後之分配，原則上應按原來之面積及位置分配原所有權人，但如實際情形無法回復原來面積或依地價妥為分配之時，宜變通以補償方式折價交付原土地所有權人，以昭公允。

相關參考法條

土施§35；均§60-1；農劃§21、23；農村土劃§16。

第137條（畸零地之廢置或合併）
土地畸零狹小，全宗面積在第三十一條所規定最小面積單位以下者，得依土地重劃廢置或合併之。

解說

（一）畸零地的廢置或合併

1.土地畸零狹小，於土地重劃時，得依本條規定廢置或合併。

2.經廢置或合併後，原所有權人不受分配土地時，以現金補償；若受分配土地時，則應繳納差額地價。

3.本法第31條規定的最小面積單位，目前並未落實執行。但是土地重劃時，都無規定最小單位面積。因此，所謂廢置或合併，應依平均地權條例、農地重劃條例及農村社區土地重劃條例有關規定辦理。

（二）市地重劃

1.重劃後土地的最小分配面積標準，由主管機關視各街廓土地使用情況及分配需要於規劃設計時訂定；但不得小於畸零地使用規則及都市計畫所規定的寬度、深度及面積（市地重劃§30）。

2.應分配土地的全部或一部因未達最小分配面積標準，不能分配土地者，得以現金補償。若實際分配的土地面積多於應分配的面積時，應繳納差額地價；實際分配面積少於應分配的面積時，應發給差額地價（均§60-1Ⅰ但、Ⅱ）。

（三）農地重劃（依農地重劃條例規定）

1.限於實際情形，應分配土地之一部或全部未達最小坵塊面積不能妥為分配者，得以現金補償之（農劃§21Ⅱ但）。

2.重劃區內同一分配之土地辦理分配時，應按原有位次分配之。但同一所有權人在同一分配區有數宗土地時，面積小者應儘量向面積大者集中；出租土地與承租人所有土地相鄰時，應儘量向承租人所有土地集中（農劃§22Ⅰ）。

3.同一土地所有權人，在重劃區內所有土地應分配之面積，未達或合併後仍未達最小坵塊面積者，應以重劃前原有面積按原位置查定之單位區段地價計算，發給現金補償；但二人以上的土地所有權人，就其未達最小坵塊面積之土地，協議合併後達最小坵塊面積者，得申請分配於其中一人（農劃§23Ⅰ）。

（四）農村社區土地重劃條例第16條及第18條也有如前述的規定。

立法意旨

　　土地重劃旨在重新規劃，交換分合土地，俾使達到最高價值之利用。如重劃後，因負擔道路等公共設施，而未達本法第31條規定之最小面積時，因土地過度狹小，已無利用價值，乃允許地政機關得將之廢棄或合併，以求更高利用價值。

相關參考法條

　　土§31；市地重劃§30；均§60-1；農劃§22、23；農村土劃§16、18。

第138條（公共使用土地之變更或廢置）

重劃區內，公園、道路、堤塘、溝渠或其他供公共使用之土地，得依土地重劃變更或廢置之。

解說

　　本條是規定有關土地重劃區內原有的公共設施用地，得經由重劃予以變更或廢置。不過本條只是原則性的規定，在平均地權條例、農地重劃條例、農村社區土地重劃條例中，有更詳細的規定。

（一）市地重劃（均§60）

　　1.實施市地重劃時，重劃區內供公共使用之道路、溝渠、兒童遊樂場、鄰里公園、廣場、綠地、國民小學、國民中學、停車場、零售市場等十項用地，除以原公有道路、溝渠、河川及未登記地等四項土地抵充外，其不足土地及工程費用、重劃費用與貸款利息，由參加重劃土地所有權人按其土地受益比例共同負擔，並以重劃區內未建築土地折價抵付。若無未建築土地者，改以現金繳納。其經限期繳納而逾

期不繳納者，得移送法院強制執行。

　　2.重劃區內未列為前項共同負擔的其他公共設施用地，於土地交換分配時，應以該重劃地區的公有土地優先指配。

（二）農地重劃（農劃§11）

　　1.重劃後農路、水路用地，應以重劃區內原為公有及農田水利會所有農路、水路土地抵充，其有不足者，按參加重劃分配土地的面積比例分擔。

　　2.前項應抵充農路、水路用地的土地，直轄市或縣（市）主管機關應於農地重劃計畫書公告時，同時通知其管理機關或農田水利會不得出租、處分或設定負擔。

（三）農村社區土地重劃（農村土劃§12）

　　重劃區內原有道路、池塘、溝渠或其他供公共使用之土地，得因實施重劃予以變更或廢置之。

立法意旨

　　公園、道路、堤塘、溝渠等公共用地，係土地重劃前之設施，土地重劃後，為配合規劃後土地之使用，自應重新規劃公共設施，且上列原有公共設施亦因土地重劃而有所變更，其無法使用者，則廢置拆除之，以改善土地之有效使用。

相關參考法條

　　土§135；均§60；農劃§11；農村土劃§12。

第139條（重劃後之損益補償）
土地重劃後，土地所有權人所受之損益，應互相補償，其供道路或其他公共使用所用土地之地價，應由政府補償之。

解說

（一）重劃後的損益補償

1.土地重劃後，依本法第136條規定，應依原有的面積或地價分配給原所有權人，但限於實際情形不能依原來的面積或地價分配時，得變通補償；另依本法第137條規定，土地畸零狹小，在規定的最小面積單位以下，得依重劃廢置或合併。因此，平均地權條例第60條之1規定：

(1)應分配土地的全部或一部因未達最小分配面積標準，不能分配土地時，得以現金補償。

(2)若實際分配的土地面積多於應分配的面積，應繳納差額地價；實際分配面積少於應分配的面積，應發給差額地價。

2.農地重劃條例第21條及第23條對農地重劃後的損益，也有如同前述平均地權條例第60條之1的規定。農村社區土地重劃條例第16條及第18條亦有類似的規定。

（二）平均地權條例及農地重劃條例等之規定

1.依本條規定，公共設施用地，政府應給與補償，但是平均地權條例及農地重劃條例另有特別規定，因此應依各該特別規定辦理。

2.依平均地權條例第60條第1項規定，市地重劃時，對於重劃區內供公共使用的道路、溝渠、兒童遊樂場，鄰里公園、廣場、綠地、國民小學、國民中學、停車場、零售市場等十項用地，除以原公有道路、溝渠、河川及未登記地等四項土地抵充外，其不足土地及工程費用、重劃費用與貸款利息，由參加重劃土地所有權人按其土地受益比例共同負擔，並以重劃區內未建築土地折價抵付。如無未建築土地者，改以現金繳納。其經限期繳納而逾期不繳納者，得移送法院強制執行。

3.依農地重劃條例第11條規定：

(1)重劃後農路、水路用地，應以重劃區內原為公有及農田水利會所有農路、水路土地抵充，其有不足者，按參加重劃分配土地的面

積比例分擔。

(2)前項應抵充農路、水路用地的土地，直轄市或縣（市）主管機關應於農地重劃計畫書公告時，同時通知其管理機關或農田水利會不得出租、處分或設定負擔。

4.農村社區土地重劃條例第11條規定：

(1)辦理農村社區土地重劃時，其行政業務費及規劃設計費由政府負擔；工程費由政府與土地所有權人分擔，其分擔之比例由行政院定之。

(2)重劃區內規劃之道路、溝渠、電信電力地下化、下水道、廣場、活動中心、綠地及重劃區內土地所有權人認為為達現代化生活機能必要之其他公共設施用地，除以原公有道路、溝渠、河川及未登記土地等四項土地抵充外，其不足土地及拆遷補償費與貸款利息，由參加重劃土地所有權人按其土地受益比例共同負擔。

(3)前二項土地所有權人之負擔，以重劃區內未建築土地按評定重劃後地價折價抵付。如無未建築土地者，改以現金繳納。

5.基於前述規定，有關公共設施用地，是經由土地重劃而產生，政府應予補償，但是土地所有權人因為要負擔重劃等有關費用，因此互為抵銷。若有不足，再以土地抵付或現金繳納；若有剩餘，則以多分配土地作為補償。

立法意旨

本條明文規定土地重劃損益之補償。蓋土地重劃後，所有權人有因此而獲利者，有因此而喪失原有土地者，其分配之差額，自應由土地所有權人相互補償以求公平。此外，其所有土地被劃歸公共使用者，其應得地價應由政府負責補償，因土地既是供公共使用，其地價自應由政府負擔。

相關參考法條

土§136、137；均§60、60-1；農劃§11、21、23；農村土劃§11。

第140條（土地重劃之公告及異議處理）

土地重劃，自公告之日起三十日內，有關係之土地所有權人半數以上，而其所有土地面積，除公有土地外，超過重劃地區內土地總面積一半者表示反對時，直轄市或縣（市）地政機關應即報上級機關核定之。

解說

（一）本條規定土地重劃時，有人反對的處理。平均地權條例第56條、都市計畫法第58條及農地重劃條例第7條，也有類似的規定。

（二）應於公告日起三十日內表示反對：土地重劃前，應將有關重劃計畫，送經上級主管機關核定後，公告三十日，公告期滿實施。因此，若有反對的意見，應於公告期間提出，否則公告期滿，就實施重劃。

（三）應有過半數的反對：本條及（一）所列各法條均規定，須土地區內私有土地所有權人半數以上，而其所有土地面積超過重劃區土地總面積半數以上表示反對，才給予處理。換句話說，若未超過半數以上表示反對，仍然照原訂計畫實施重劃。

（四）反對意見的處置：

1.依本條規定，表示反對時，直轄市或縣（市）地政機關應即呈報上級機關核定，是為原則性的規定。

2.依（一）所列各法條規定，於表示反對時，該管主管機關應予調處並參酌反對理由，修訂重劃計畫書，重行報請核定，並依核定結

果公告實施，土地所有權人不得再提異議。

（五）農村社區土地重劃條例第6條規定，於重劃區選定後，先徵詢
　　　農村社區更新協進會之意見辦理規劃，並舉辦聽證會修正計畫
　　　書後，徵得過半數同意，始報請核定並公告，如再有異議，則
　　　予以調處。

立法意旨

　　本條明文規定土地重劃之土地所有權人反對重劃時之處理。因土
地重劃影響土地所有權人之權益甚鉅，應使其陳述意見之機會，以保
障其權益，故應事先公告。自公告之日起三十日內，如經有關係之土
地所有權人半數以上，而其所有土地面積，除公有土地外，超過重劃
區內土地總面積一半者，表示反對時，顯示重劃之設計影響土地所有
權人之利益，直轄市或縣（市）地政機關即應參酌反對理由，修訂重
劃計畫，並呈報上級機關核定，以示尊重民意。

相關參考法條

　　土§135、141；土施§33、34；均§56；農劃§7；農村土劃
§6；市畫§58。

第141條（請求土地重劃）
第一百三十五條之土地重劃，得因重劃區內土地所有權人過半
數，而其所有土地面積，除公有土地外，超過重劃區內土地總面
積一半者之共同請求，由直轄市或縣（市）地政機關核准為之。

解說

（一）地主請求重劃

　　1.本條是規定地主得主動請求政府辦理土地重劃，平均地權條例

第57條、農地重劃條例第8條及農村社區土地重劃條例第7條，也有類似的規定。

2.要件：

(1)必須是需要辦理土地重劃的地區。

(2)須該地區內私有土地所有權人過半數以上，而其所有土地面積超過私有土地總面積半數以上的請求。

(3)應經直轄市或縣（市）政府核准。

(4)經核准後優先實施重劃。

（二）獎勵地主重劃

本法並未規定獎勵地主自行辦理土地重劃，但為促進土地利用，擴大辦理土地重劃，平均地權條例第58條、農地重劃條例第10條及農村社區土地重劃條例第9條規定，中央主管機關得訂定辦法，獎勵土地所有權人自行辦理土地重劃。

1.獎勵事項：

(1)給予低利之重劃貸款。

(2)免收或減收地籍整理規費及換發權利書狀費用。

(3)優先興建重劃區及其相關地區之公共設施。

(4)免徵或減徵地價稅與田賦。

(5)其他有助於市地重劃之推行事項。

2.市地重劃：依平均地權條例第58條規定，市地重劃得由土地所有權人自行組織重劃會辦理。重劃會辦理市地重劃時，應由重劃區內私有土地所有權人半數以上，而其所有土地面積超過重劃區私有土地總面積半數以上者的同意，並經主管機關核准後實施之。

3.農地重劃：依農地重劃條例第10條第2項規定，獎勵土地所有權人自行辦理農地重劃。所謂「自行辦理」，是指經重劃區內私有土地所有權人三分之二以上，而其所有面積亦達私有土地面積三分之二以上者的同意，就重劃區全部土地辦理重劃，並經該管直轄市或縣（市）主管機關核准者而言。

4.農村社區土地重劃：依農村社區土地重劃條例第9條規定，與前述市地及農地重劃會雷同。

立法意旨

本條明文規定土地所有權人得共同請求辦理重劃。為避免土地重劃發生弊端，原則上由直轄市或縣（市）地政機關呈報上級機關核准實施，以昭慎重。惟土地重劃之目的，在於促進土地之利用及新社區之開發，如經重劃區內土地所有權人過半數，而其所有土地面積，除公有土地外，超過重劃區內土地總面積一半者之共同請求，足見土地重劃之計畫符合大部分土地所有權人之利益，故特許得由直轄市或縣（市）地政機關核准為之，以求迅速並彌補政府主動辦理重劃之不足。

相關參考法條

土§135；均§57、58；農劃§8、10；農村土劃§7、9。

第142條（新設都市之土地重劃）

新設都市內之土地重劃，應於分區開放前為之。

解說

（一）新設都市地區得實施土地重劃

1.依本法第135條規定，實施都市計畫，得劃定重劃區，施行土地重劃。

2.依平均地權條例第56條規定，新設都市地區的全部或一部，實施開發建設，各級主管機關得報經上級主管機關核准後辦理市地重劃。

3.依都市計畫法第58條規定，為實施新市區的建設，對於劃定範

圍內的土地，得實施土地重劃。

（二）分區開放前實施重劃

　　1.新設都市地區，並不是全面同時開發建設，而是分期分區進行。因此，為配合建設的進行，本條規定，應於分區開放前實施土地重劃。

　　2.若於開放後才實施土地重劃，恐怕於公或於私，均已有諸多建設，如此將增加土地重劃的困難。所以於分區開放前，實施土地重劃，應是很好的時機。

　　3.新設都市分區開放的區域，於都市計畫中規定；分期開放的時間，由該管直轄市或縣（市）政府依地方的需要作決定，但應經中央地政機關核定（土施§24）。

立法意旨

　　本條明文規定新設都市之土地重劃時期。因新設都市之開發並非一蹴可及，須事先統一規劃，興辦公共設施，故須於分區開放前，實施土地重劃，以配合新設都市之發展，並依既定計畫執行建設，以求有秩序之建設發展。

相關參考法條

　　土§135；土施§24、33；均§56；市畫§58。

第四編
土地稅

前　言

　　土地稅為地方稅，取之於地方，用之於地方，乃在實現「地利共享」的理想，尤其是於第一編地權劃分清楚及第二編地籍整理正確之後，稅籍可因之確立，於第三編地盡其利之後，稅源可因而豐厚，故土地稅置於土地法內容架構中的第四編，實有其編排上的意義。本編亦幾乎由土地稅法、平均地權條例、房屋稅條例等特別法的特別規定所優先適用，解說時，亦均已儘可能予以相提並敘。

|第一章|

通　則

第143條（土地稅之課徵）

土地及其改良物，除依法免稅者外，依本法之規定征稅。

解說

（一）本編名為土地稅，而本條規定土地及改良物均應徵稅，顯然
　　　是從廣義的土地來規定土地稅；但是本法第144條規定，土地
　　　稅分為地價稅及土地增值稅二種，顯然是從狹義的土地來規定
　　　土地稅。因此，本編的「編名」為「土地稅」似有不妥；若改
　　　「編名」為土地及其改良物稅，似較為適切。

（二）本條規定的土地，是指本法第1條及第2條所規定的土地，各該
　　　土地除有關法律規定免稅外，都應依法課稅。

（三）本條規定的改良物，是指本法第5條所規定的土地改良物，依
　　　該條規定，土地改良物分為建築改良物及農作改良物二種。因
　　　本法第188條規定，農作改良物不得徵稅，所以本條規定的改
　　　良物稅，僅指建築改良物稅。

（四）本條規定的「依法免稅」者不少，例如建築改良物為自住
　　　房屋時，免予徵稅（土§187）；農作改良物不得徵稅（土
　　　§188）；地價每畝不滿500元的地方，其建築改良物應免予徵
　　　稅（土§189）。此外，如本編第六章第191條至第199條所規
　　　定的土地稅減免，均是本條規定的依法免稅。

（五）依本編各條文所規定的土地課稅，可列表如下：

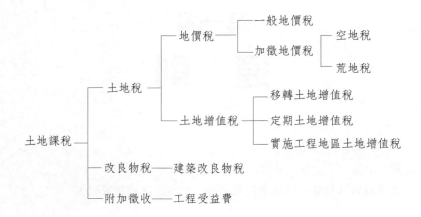

（六）目前土地及地上房屋的課稅，均另外特別立法，由於各種稅法
優先適用，所以本編幾乎不作為實務課稅的依據。所謂「特別
立法」，包含土地稅法、房屋稅條例、契稅條例、遺產及贈與
稅法、所得稅法及工程受益費徵收條例等，在此依各該稅法的
規定，列表如下：

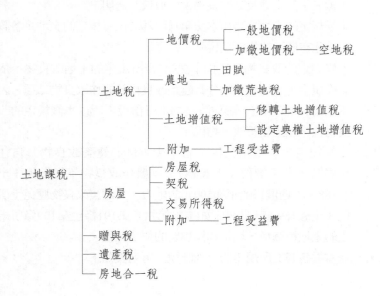

立法意旨

本條明示土地稅課稅之標的為土地及其改良物，亦即以土地及其改良物為課徵土地稅之對象。

相關參考法條

民§66；土§1、2、5、187～189、191～199；土稅§1、6；房稅例§1。

第144條（土地稅之分類）

土地稅分地價稅及土地增值稅二種。

解說

（一）本條以狹義的方式，將土地稅分為地價稅及土地增值稅二種。事實上，土地稅還包含本法第147條所規定的工程受益費。

（二）本條規定的地價稅，規定於本編第三章第167條至第175條。若有第173條至第175條規定之特定情形，除課徵地價稅外，還應加徵空地稅、荒地稅。

（三）本條規定的土地增值稅，有移轉土地增值稅、十年無移轉的土地增值稅及實施工程地區的土地增值稅三種（土§176、177）。

（四）依土地稅法第1條規定，土地稅分為地價稅、田賦及土地增值稅：

　　1.本法無田賦課徵的規定，顯然是除免稅外，所有的土地均應課徵地價稅；然而，土地稅法雖規定農地應課徵田賦，並將田賦列為土地稅的一種，但目前實務上是停徵田賦。

　　2.已規定地價的土地，除依第22條規定課徵田賦的農地外，一律課徵地價稅（土稅§14）。此外，該法第21條及第22條之1另有加徵

空地稅及荒地稅的規定。

　　3.依土地稅法第28條及第29條規定，土地移轉時應徵收土地增值稅，設定典權時應預繳土地增值稅。其中設定典權應預繳土地增值稅，本法第183條第2項則規定應徵收；而本法所規定的十年無移轉及實施工程地區的土地增值稅，土地稅法亦未規定，所以目前實務上均未開徵。

（五）本編所規定的改良物稅，其實是建築改良物稅，目前是依房屋稅條例規定課徵房屋稅。

立法意旨

　　本條揭示土地稅分為地價稅及土地增值稅二種。所謂「地價稅」，乃係依申報之地價（法定地價）課稅；「土地增值稅」則係就土地之自然增值課稅。其旨在實行　國父照價徵稅及漲價歸公之昭示。

相關參考法條

　　土§143、147、173～174；土稅§1；均§17、35；房稅例§1。

第145條（土地及其改良物價值之規定）

土地及其改良物之價值，應分別規定。

解說

（一）土地及其改良物的價值應分別規定，有其立法理由，尤其是土地及其改良物分別屬於不同所有權人時，於徵收或照價收買時，應分別補償。因此，在實務上應該分別規定其價值。

（二）本條規定的改良物，事實上為建築改良物，因為只有建築改良物才課稅，農作改良物依本法第188條規定不得徵稅，所以農

作改良物不必規定其價值。

（三）土地價值的規定：雖然本法第148條至第160條規定了地價的訂定，但是目前的規定地價，均是依平均地權條例的規定辦理。

（四）改良物價值的規定：雖然本法第161條至第166條規定了建築改良物價值的估定，但是目前的房屋課稅價值，均是依房屋稅條例的規定辦理。

（五）由於土地法施行法第40條規定，地價調查估計規則及土地建築改良物估價規則，由中央地政機關訂定，因此，內政部分別頒定「地價調查估計規則」及「土地建築改良物估價規則」，作為地價調查估計及建築改良物估價的依據。

立法意旨

　　本條明示土地及其改良物之價值，應分別規定。因土地及其改良物，均按其價值課稅，而土地之價值因社會變遷而有增減，而改良物價值則因使用年久而減損其價值，二者價值增減因素不同、價值查估方法不同、課稅之政策目的亦不同，稅率輕重各異，故應分別規定其價值，適用不同稅率，以求公平合理，符合政策要求。

相關參考法條

　　土§148、161；土施§40；均§16；房稅例§11；地價調估則；土建改物估價。

第146條（土地稅之性質）

土地稅為地方稅。

解說

（一）本編內容所明訂的土地稅，也就是地價稅、土地增值稅、土地

325

改良物稅、工程受益費，以及加徵的空地稅、荒地稅等，依本條及本法第190條的規定，都是屬於地方稅。因此，土地稅法所規定的土地稅（即地價稅、田賦及土地增值稅），以及房屋稅條例所規定的房屋稅，也都是屬於地方稅。

（二）地方稅（依財政收支劃分法規定）

1.全國財政收支系統劃分為中央、直轄市、縣市、鄉鎮及縣轄市（第3條）。

2.土地稅、房屋稅與契稅，都是直轄市及縣（市）稅（第12條）。

(1)所謂「土地稅」，包括地價稅、田賦及土地增值稅。

(2)地價稅，縣應以在鄉（鎮、市）徵起之收入30%給該鄉（鎮、市），20%由縣統籌分配所屬鄉（鎮、市）。

(3)田賦，縣應以在鄉（鎮、市）徵起之收入全部給該鄉（鎮、市）。

(4)土地增值稅，在縣（市）徵起之收入20%，應繳由中央統籌分配各縣（市）。

(5)房屋稅，縣應以在鄉（鎮、市）徵起之收入40%給該鄉（鎮、市），20%由縣統籌分配所屬鄉（鎮、市）。

(6)契稅，縣應以在鄉（鎮、市）徵起之收入80%給該鄉（鎮、市），20%由縣統籌分配所屬鄉（鎮、市）。

3.依前述各有關規定，可知：

(1)所謂「地方稅」，簡單的說，就是取之於地方，用之於地方的稅。

(2)由於縣市或縣（市）政府為地方政府，因此，所謂「地方稅」，就是由地方政府課徵，並列為地方政府的財政收支預算內。

（三）工程受益費雖不是稅，但亦列入本編土地稅之規定範圍。依財政收支劃分法第22條第3項規定，工程的舉辦與工程受益費的徵收，均應經過預算程序。

立法意旨

　　本條明白揭示土地稅為地方稅。因土地稅乃地方政府之主要財源，地方建設及事業均有賴土地稅之收入，故本條明定土地稅之性質，以確定地方政府之主要可靠財源，並充實地方建設。

相關參考法條

　　土§144、190；土稅§1；房稅例§1；財收支劃分§3、12、22。

第147條（課稅之限制）

土地及其改良物，除依本法規定外，不得用任何名目征收或附加稅款。但因建築道路、堤防、溝渠、或其他土地改良之水陸工程，所需費用，得依法征收工程受益費。

解說

（一）本法規定的土地及其改良物課稅情形

　　1.土地：本法規定，對土地的課稅，有第144條所規定的地價稅及土地增值稅，第173條至第174條所規定的空地稅、荒地稅。然而，目前是以土地稅法作為土地稅課稅的依據，該法第1條規定，土地稅分為地價稅、田賦及土地增值稅三種，其中的田賦本法並未規定；此外，該法第21條及第22條之1，規定了空地稅及荒地稅的加徵，但目前在實務上並未徵收上開稅捐。

　　2.土地改良物：有農作改良物及建築改良物二種（土§5），其中農作改良物依法不得徵稅（土§188）。因此，所謂「土地改良物課稅」，僅是對建築改良物課稅而已。不過，目前在實務上，建築改良物並未依本法規定課稅，而是依房屋稅條例的規定，對於房屋課徵房屋稅。

（二）目前在實務上，工程受益費是依工程受益費徵收條列的規
　　　定徵收

1.徵收原因及數額標準：（第2條）

(1)各級政府於該管區域內，因推行都市建設，提高土地使用，
便利交通或防止天然災害，而建築或改善道路、橋樑、溝渠、港口、
碼頭、水庫、堤防、疏濬水道及其他水陸等工程，應就直接受益的公
私有土地及其改良物，徵收工程受益費，其無直接受益的土地者，就
使用該項工程設施的車輛、船舶徵收。

(2)前項工程受益費之徵收數額，最高不得超過該項工程實際所
需費用80%。但就車輛、船舶徵收者，得按全額徵收。其為水庫、堤
防、疏濬水道等工程的徵收最低限額，由各級政府視實際情形定之。

2.徵收程序：（第6條）

(1)就土地及其改良物徵收受益費的工程，主辦工程機關應於開
工前三十日內，將工程名稱、施工範圍、經費預算、工程受益費徵收
標準及數額暨受益範圍內的土地地段、地號繪圖公告三十日，並於公
告後三個月內，將受益土地的面積、負擔的單價暨該筆土地負擔工
程受益費數額，連同該項工程受益費簡要說明，依第8條第2項規定以
書面通知各受益人。就車、船舶徵收受益費的工程，應於開徵前三十
日將工程名稱、施工範圍、經費預算、工程受益費徵收標準及數額公
告。

(2)就土地及其改良物徵收的工程受益費，於各該工程開工之日
起，至完工後一年內開徵。

(3)第1項受益範圍內的土地及其改良物公告後的移轉，除因繼承
者外，應由買受人出具承諾書，願依照規定繳納未到期的工程受益
費，或先將工程受益費全部繳清，始得辦理移轉登記，經查封拍賣者
亦同。

3.徵收方式：（第7條）

(1)工程受益費的徵收，得一次或分期為之：其以車輛、船舶徵

收者，得計次徵收。

(2)各級政府如因財政困難，無力墊付工程費用者，得於完成第5條第1項所規定之程序後，先行開徵，或以應徵的工程受益費為擔保，向金融機構借款辦理。

4.繳納義務人：工程受益費向公告徵收時的土地所有權人徵收，其設有典權者，向典權人徵收。放領的公地，向其承領人徵收，所有權人或典權人未自行使用的不動產，經催徵而不繳納者，得責由承租人或使用人扣繳或墊繳之（第8條）。

5.分擔比率：（第9條）

(1)土地及其改良物不屬同一人者，其應徵的工程受益費，由土地所有權人及土地改良物所有權人分擔；其分擔比率，由辦理工程的各級政府訂定。

(2)前項土地改良物在未繳清全部受益費以前，如因土地租賃期限屆滿而予以拆除，由土地所有權人負責繳納未到期的部分；如係於租賃期間內拆除或改建，由改建人負責繳納。

6.用途變更：土地及其改良物於公告徵收工程受益費後，不因其用途變更而免予徵收（第11條）。

7.免徵範圍：（第14條）下列各款的土地及其改良物、車輛、船舶、免徵工程受益費：

(1)非營業性或依都市計畫法規定保留的公共設施用地及其改良物。

(2)駐軍兵營、要塞、軍用機場、軍用基地及其改良物。

(3)軍用港口、碼頭、船舶、戰備及訓練車輛。

立法意旨

土地稅係以土地為課徵對象，其課稅項目必須有合理的標準，使土地所有權人負擔公平適宜，而使其漲價歸公，供社會大眾所共享。若濫立名目，嚴法苛徵，使土地所有權人不勝負荷，人人不願持

有土地，則勢必發生嚴重的社會問題。因此，本條明定「土地及其改良物，除依本法規定外，不得用任何名目徵收或附加稅款」；但因建築道路、堤防、溝渠等水陸工程所需費用，基於「受益者負擔」之原則，仍得依法課徵工程受益費。

相關參考法條

土§143、173～174；工程受益徵例§2、6～9、11、14；財收支劃分§22。

第二章
地價及改良物價

> **第148條**（法定地價）
> 土地所有權人依本法所申報之地價，為法定地價。

解說

（一）法定地價

1.所謂「法定地價」，簡單的說，就是法律所規定的地價。

2.申報的地價為法定地價：

(1)本條規定，依本法所申報的地價，為法定地價。

(2)土地所有權人申報地價，僅得為標準地價20%以內增減（土§156）。

(3)若未申報地價，則以標準地價為法定地價（土§158）。

（二）法定地價為課稅標準

1.地價稅是照法定地價徵收（土§167、168）。

2.規定地價後，未經過移轉的土地，於絕賣移轉時，以現賣價超過原規定地價的數額為土地漲價數額，計徵土地增值稅（土§178）。該原規定地價，也就是本條的法定地價。

（三）申報地價

1.目前實務上，申報地價是依平均地權條例的規定辦理，並不依本法的規定辦理。

2.關於申報地價，請參閱本法第156條的解說。

3.依平均地權條例第17條及土地稅法第14條的規定，地價稅是按

申報地價來徵收。

立法意旨

本條明文規定以土地所有權人依本法所申報之地價，作為法定地價，以為課徵地價稅及土地增值稅之標準。

相關參考法條

土§167～169；均§14、16、17；土稅§15。

第149條（地價申報之程序）

直轄市或縣（市）地政機關辦理地價申報之程序如左：

一　查定標準地價。

二　業主申報。

三　編造地價冊。

解說

（一）主管機關

本條雖然是規定辦理地價申報的程序，但是也可以讓人瞭解辦理地價申報的主管機關為土地所在地的直轄市或縣（市）地政機關。

（二）查定標準地價

1.依本條規定，辦理地價申報，直轄市或縣（市）地政機關應先查定標準地價，作為業主申報的依據。

2.有關查定標準地價，請參閱本法第150條至第155條的解說。

3.本法規定的名稱為「標準地價」，平均地權條例第15條及第16條規定的名稱為「公告地價」，兩者名稱雖然不同，其實是一樣的。目前實務上是以平均地權條例的規定，為辦理申報地價的依據，所以只有「公告地價」而沒有「標準地價」。

（三）業主申報

1.所謂「業」，就是產業的意思，在工商經濟不發達的時代，人民最大的產業就是土地，所以「業」也就是土地的意思。因此，本條所規定的「業主」，就是地主，也就是土地所有權人。

2.申報時機：

(1)申請登記時申報：土地所有權人申請登記所有權時，應同時申報地價，所申報的地價，僅能在標準地價20%以內增減（土§156）。

(2)不申報的處理：土地所有權人申請登記而不同時申報地價時，以標準地價為法定地價（土§158）。

3.目前申報地價是依平均地權條例的規定辦理，該條例的規定與本法略有不同。依該條例第15條規定，公告及申報地價的期限為三十日；另外，該條例第16條還規定：

(1)土地所有權人未於公告期間申報地價，以公告之地價80%為申報地價。

(2)土地所有權人於公告期間申報地價，其申報地價超過公告地價120%時，以公告地價120%為申報地價。

(3)申報地價未滿公告地價80%時，得照價收買或以公告地價80%為申報地價。

（四）編造地價冊

1.辦理地價申報完畢後，應即編造地價冊及總歸戶冊，送該管直轄市或縣（市）財政機關（土§159；均§15）。

2.編造總歸戶冊時，應以土地所有權人在同一直轄市或縣市（市）的土地，為歸戶的範圍（均施則§16）。

3.地價稅是按每一土地所有權人在每一直轄市或縣（市）轄區內，依法定程序辦理規定地價或重新規定地價，經核列歸戶冊的地價總額計徵（土稅§15）。

立法意旨

本法關於地價之規定係採「申報地價」之原則，故本條特以明文規定申報地價之程序，以資遵循。首先由該管直轄市或縣（市）地政機關查定標準地價，繼而由業主申報，地價申報後即編造地價冊，實行歸戶管理。

相關參考法條

土§150～160；均§15、16；均施則§16；土稅§15。

第150條（地價調查之方法(一)）
地價調查，應抽查最近二年內土地市價或收益價格，以為查定標準地價之依據，其抽查宗數，得視地目繁簡，地價差異為之。

解說

（一）調查市價或收益價格

1.所謂「抽查宗數」，就是抽查每筆地號土地的筆數，依地目繁簡及地價差異，分別決定。

2.目前實務上是以平均地權條例的規定為辦理依據，依該條例第15條第1款規定，直轄市或縣（市）主管機關於辦理規定地價或重新規定地價，應分區調查最近一年的土地買賣價格或收益價格。由此可知本法的規定與平均地權條例的規定略有不同。

（二）地價調查（依地價調查估計規則規定）

1.調查買賣或收益實例時，應依買賣或收益實例調查估價表之項目調查並填寫之（第6條Ⅰ）。

2.調查對象：調查得採用不動產成交案件申報登錄之實際資訊，或採用當事人、四鄰、不動產估價師、不動產經紀人員、地政士、金融機關、公有土地管理機關、司法機關或有關機關（構）提供之資訊

（第6條Ⅱ）。

3.有關地價調查與估計，請參閱「地價調查估計規則」，於此不贅言。

立法意旨

標準地價為人民申報地價之依據，其價格之高低，足以影響稅負之輕重及國家之稅收，為使負擔公平合理，本條特明定查定標準地價應以最近二年內之市價或收益價格為準，以資遵循。

相關參考法條

土§151、156；均§14、15；地價調估則§6。

第151條（地價調查之方法(二)）

依據前條調查結果，就地價相近及地段相連或地目相同之土地，劃分為地價等級，並就每等級內抽查宗地之市價或收益價格，以其平均數或中數，為各該地價等級之平均地價。

解說

（一）劃分地價等級

1.依本條規定，劃分地價等級的依據為：

(1)以調查的土地市價收益價格為依據。

(2)以地價相近地段相連的土地為依據。

(3)以地價相近及地目相同的土地為依據。

2.依平均地權條例第15條第2款規定，依據調查結果，劃分地價區段並估計區段地價後，再提交地價評議委員會評議。

3.本條規定的是「劃分地價等級」，平均地權條例規定的是「劃分地價區段」，文字雖然不同，但實質的意義是一樣的，因為本條規

定「劃分地價等級」，是以地價相近及地段相連或地目相同的土地為依據。

4.劃分地價區段：由於平均地權條例並未規定如何劃分地價區段，所以應依地價調查估計規則第18條規定辦理：

(1)劃分地價區段時，應攜帶地籍圖、地價分布圖及地價區段勘查表實地勘查，以鄉（鎮、市、區）為單位，斟酌地價之差異、當地土地使用管制、交通運輸、自然條件、土地改良、公共建設、特殊設施、環境污染、工商活動、房屋建築現況、土地利用現況、發展趨勢及其他影響地價因素，於地籍圖上將地價相近、地段相連、情況相同或相近之土地劃為同一地價區段。

(2)已開闢道路及其二側或一側帶狀土地，其地價與一般地價區段之地價有顯著差異者，得就具有顯著商業活動之繁榮地區，依當地發展及地價高低情形，劃設繁榮街道路線價區段。繁榮街道以外已開闢之道路，鄰接該道路之土地，其地價顯著較高者，得於適當範圍劃設一般路線價區段。

(3)非建築用地中經依法允許局部集中作建築使用且其地價有顯著差異時，應就該建築使用之土地單獨劃分地價區段。非都市土地及都市計畫農業區、保護區之零星建築用地，或依規定應整體開發而未開發之零星已建築用地，在同一區段範圍內，得將地價相近且使用情形相同而地段不相連之零星建築用地，視為一個地價區段另編區段號。

(4)公共設施保留地應單獨劃分地價區段。但其毗鄰之非公共設施保留地均屬相同區段地價之地價區段時，得併入毗鄰之非公共設施保留地劃為同一地價區段。

(5)帶狀公共設施保留地穿越數個地價不同之區段時，得視二側非保留地地價區段之不同，分段劃分地價區段。

（二）計算區段地價

1.依本條規定，於劃分地價等級後，計算等級地價的情形為：每

等級內抽查宗地的市價或收益價格，然後以其平均數或中數，為各該地價等級的平均地價。

2.平均地權條例第15條第2款，並未規定如何估計區段地價，所以應依地價調查估計規則第21條規定辦理：

(1)估計區段地價之方法如下：

①有買賣或收益實例估計正常單價之區段，以調整至估價基準日之實例土地正常單價，求其中位數為各該區段之區段地價。

②無買賣及收益實例之區段，應於鄰近或適當地區選取二個以上使用分區或編定用地相同，且依前款估計出區段地價之區段，作為基準地價區段，按影響地價區域因素評價基準表及影響地價區域因素評價基準明細表，考量價格形成因素之相近程度，修正估計目標地價區段之區段地價。無法選取使用分區或編定用地相同之基準地價區段者，得以鄰近使用性質類似或其他地價區段之區段地價修正之。

(2)估計區段地價之過程及決定區段地價之理由，應填載於區段地價估價報告表。

(3)第1項第1款所稱之中位數，指土地正常單價調整至估價基準日之單價，由高而低依序排列。其項數為奇數時，取其中項價格為中位數；其項數為偶數時，取中間二項價格之平均數為中位數；實例為一個時，以該實例之土地正常單價為中位數。

(4)影響地價區域因素評價基準，由內政部定之。

（三）計算宗地地價

1.事實上，本條所規定的就每等級內抽查宗地的市價或收益價格，以其平均數或中數為各該地價等級的平均地價，對照本法第152條規定，就是宗地即每一地號土地的地價計算。

2.經地價評議委員會評議區段地價後，應計算宗地單位地價（均§15②、③）。

3.宗地地價的計算方法：（地價調估則§23）

(1)屬於繁榮街道路線價區段之土地，由直轄市或縣（市）地政機關依繁榮街道路線價區段宗地單位地價計算原則計算。

(2)其他地價區段之土地，以區段地價作為宗地單位地價。

(3)跨越二個以上地價區段土地，分別按各該區段之面積乘以各該區段地價之積之和，除以宗地面積作為宗地單位地價。

(4)宗地單位地價應以每平方公尺新臺幣元表示，計算至個位數，未達個位數四捨五入。

立法意旨

本條規定地價等級之劃分，係就地價相近及地段相連，或地目相同之土地，予以劃分等級，並確定平均地價之計算方法係以其平均數或中數為準。

相關參考法條

土§150；地價調估則§16～18、21、23；均§15。

第152條（標準地價）

每地價等級之平均地價，由該管直轄市或縣（市）地政機關報請該管直轄市或縣（市）政府公布為標準地價。

解說

（一）主管機關

1.依本條規定，標準地價是由直轄市或縣（市）地政機關報請直轄市或縣（市）政府公布。

2.依平均地權條例第15條規定，於計算宗地單位地價後，由直轄市或縣（市）主管機關公告。

（二）標準地價——即是公告地價

1.依本條規定，將依前條規定所計算的平均地價，公布為「標準地價」。

2.依平均地權條例第15條規定，於計算宗地單位地價後予以公告，就是所謂的「公告地價」。

3.目前實務上的辦理，以平均地權條例的規定為依據，所以有「公告地價」而無「標準地價」。由於名詞不同，容易誤導民眾，政府實應於修法時，統一規定為宜。

（三）程序不同

1.依本條及本法第154條及第157條規定，標準地價公布後，得提出異議，對於有異議的案件應即提交標準地價評議委員會評議。如果認為標準地價太高，土地所有權人不能於20%以內的範圍增減申報時，得申請直轄市或縣（市）政府照標準地價收買土地。

2.依平均地權條例第15條規定，於估計區段地價後，先提交地價評議委員會評議，計算宗地單位地價後，再予以公告。然而，於公告地價後，並無所謂異議及認為公告地價太高請求照價收買的規定。

3.目前實務上是以平均地權條例的規定為依據，並不依本法的規定辦理。

立法意旨

本條規定調查地價所得之平均地價，經該管直轄市或縣（市）地政機關報請該管直轄市或縣（市）政府公布為標準地價，以作為業主申報地價之參考，及主管機關衡量申報地價高低之標準。

相關參考法條

土§156、158；均§15；地價調估則。

第153條（標準地價之公布）

標準地價之公布，應於開始土地總登記前分區行之。

解說

（一）標準地價的公布時機（依土地法規定）

1.所謂「土地總登記」，是指於一定期間內就直轄市或縣（市）土地全部辦理登記（第38條）由於得分若干登記區辦理（第42條），因此，本條規定於土地總登記前分區公布標準地價。然而，目前實務上並無土地總登記。

2.由於地價申報滿五年，或一年屆滿而地價已較原標準地價有50%以上的增減，得重新規定地價（第160條），而這時又要重新查定標準地價並予公布，如此，該公布的時機就不是本條所規定的時機，而是重新規定地價的當時。

（二）公告地價的時機（依平均地權條例規定）

1.未規定地價的土地，應即全面舉辦規定地價（第13條）。規定地價後，每二年重新規定地價一次，但必要時得予延長，重新規定地價以後也是一樣（第14條）。

2.舉辦規定地價或重新規定地價時，直轄市或縣（市）主管機關應公告地價，土地所有權人應申報地價，其期間為三十日（第15條、第16條）。

3.因此，公告地價的時機為：

(1)於全面規定地價時公告。

(2)於重新規定地價時公告。

（三）目前公告地價，是以平均地權條例的規定為依據，並不以本法規定為準。

立法意旨

本條明文規定標準地價之公布時期，應於開始土地總登記前分區

行之，使土地所有權人於申請登記所有權時，得據以申報地價。

相關參考法條

土§38、42、156、160；均§13～16；土稅§14。

第154條（標準地價異議之處理）

土地所有權人對於標準地價認為規定不當時，如有該區內同等級土地所有權人過半數之同意，得於標準地價公布後三十日內，向該管直轄市或縣（市）政府提出異議。

直轄市或縣（市）政府接受前項異議後，應即提交標準地價評議委員會評議之。

解說

（一）依本條規定，對於標準地價提出異議的情形為：

　1.須是對於標準地價認為規定不當。

　2.須是土地所有權人提出。

　3.須有該區內同等級土地所有權人過半數的提出，而不是個人個別提出。

　4.須於標準地價公布後三十日內提出。

　5.須向該管直轄市或縣（市）政府提出。因為是由該管直轄市或縣（市）政府公布，當然要向該管直轄市或縣（市）政府提出。

（二）目前公告及申報地價，是依平均地權條例的規定辦理，而該條例並無公告地價後的異議規定，所以實務上無異議的提出；但是，由於公告地價的高低會影響申報地價的多少，進而影響土地所有權人地價稅負擔的輕重，因此，在平均地權條例中若有如同本條的異議，對於土地所有權人的權益似乎較為尊重。

（三）有關地價評議委員會的詳細情形，請參閱下條解說。

立法意旨

標準地價之決定，並非絕對正確無訛，為使土地所有權人有提出異議之機會。本條乃明文規定土地所有權人對公布之標準地價提出異議之處理方法，以保障土地所有權人之權益，並謀求適當之救濟途徑。

相關參考法條

土§155；均§4；地價調估則§19；地價及標準地價評議委員會組織規程。

第155條（標準地價評議委員會）
標準地價評議委員會之組織規程，由中央地政機關定之。
前項委員會委員，應有地方民意機關之代表參加。

解說

（一）標準地價評議委員會：由於本法第149條、第150條、第152條至第154條、第156條至第158條等相關條文，均規定有「標準地價」，對於公布的標準地價，土地所有權人提出異議時，依本法第154條規定，應即提交標準地價評議委員會評議，因此，本條規定該委員會的組織規程，由中央地政機關訂定，並且規定該委員會應有地方民意機關的代表參加。

（二）地價評議委員會：平均地權條例相關條文規定的是地價評議委員會（例如：第4條、第15條、第34條），依該條例第4條規定，由直轄市或縣（市）政府組織地價評議委員會，並應由地方民意代表及其他公正人士參加，其組織規程，由內政部訂定。

（三）目前本法所規定的中央地政機關為內政部，該部並訂頒有「地

價及標準地價評議委員會組織規程」。依內政部104.1.15修正公布之規程，規定地價及標準地價評議委員會的職權及組織如下：

1.職權（第3條）：本會任務為下列事項之評議：

一、地價區段之劃分及各區段之地價。

二、土地改良物價額。

三、市地重劃前後及區段徵收後之地價。

四、依法異議之標準地價。

五、土地徵收補償市價及市價變動幅度。

六、依法復議之徵收補償價額。

七、其他有關地價及標準地價評議事項。

2.組織（第4條）：本會置委員十五人或十六人，其中一人為主任委員，由直轄市市長或副市長、縣（市）長或副縣（市）長兼任；一人為副主任委員，由直轄市政府或縣（市）政府秘書長或副秘書長兼任；其餘委員，由直轄市或縣（市）政府就下列人員遴聘之：

一、議員代表一人。

二、地方公正人士一人。

三、地政專家學者二人。

四、不動產估價師二人或三人。

五、法律、工程、都市計畫專家學者各一人。

六、地政主管人員一人。

七、財政或稅捐主管人員一人。

八、工務或都市計畫主管人員一人。

九、建設或農業主管人員一人。

本會委員任期三年，期滿得續聘之。但代表機關、團體出任者，應隨其本職進退。

第1項委員出缺時，直轄市或縣（市）政府應予補聘，其任期以至原委員任期屆滿之日為止。

　　直轄市、縣（市）議會未推派議員代表者，直轄市、縣（市）政府應另遴聘地政專家學者或不動產估價師擔任委員。但澎湖縣政府、福建省金門縣政府及連江縣政府得不另聘之，不受第1項總人數之限制。

立法意旨
　　本條明文規定標準地價評議委員會之組織規程，授權由中央地政機關定之，並明定標準地價評議委員會，應有地方民意機關代表參加，以充分表示民意，進而保障人民權益。

相關參考法條
　　均§4；地價及標準地價評議委員會組織規程§3、4。

第156條（申報地價之範圍）
土地所有權人聲請登記所有權時，應同時申報地價，但僅得為標準地價百分之二十以內之增減。

解說
（一）依本條及本法第153條、第158條規定，應於開始土地總登記前公布標準地價，土地所有權人申請登記所有權時，為標準地價20%以內之增減同時申報地價。所申報的地價，依本法第148條規定，為法定地價；若不申報地價，則以標準地價為法定地價。而依本法第167條規定，地價稅即是依法定地價為準徵收。

（二）目前實務上，申報地價是依平均地權條例的規定辦理，並依土地稅法規定課徵地價稅，所以前述本法的規定，為該條例及稅法的特別規定所替代。

（三）依平均地權條例第15條第4款規定，公告及申報地價的期限；
　　　直轄市或縣（市）主管機關辦理規定地價或重新規定地價時，
　　　其公告地價的期限為三十日，申報地價的期限也是三十日。
（四）依平均地權條例第16條規定，申報地價的情形如下：
　　1.未申報地價：土地所有權人未於公告期間申報地價，以公告地
價80%為其申報地價。此與本法第158條規定不申報地價時，以標準
地價為法定地價有所不同。
　　2.申報地價過高：申報地價超過公告地價120%時，以公告地價
120%為其申報地價。
　　3.申報地價過低：申報地價未滿公告地價80%時，得照價收買或
以公告地價80%為其申報地價。
（五）依平均地權條例第17條及土地稅法第15條規定，地價稅是按申
　　　報地價計徵。

立法意旨

　　申報地價為課徵地價稅之標準，為使課稅有所依據，本條明定土
地所有權人於申請登記所有權時，應同時申報地價，並限制其申報地
價，僅得於該標準地價額20%以內為增減，以保持一定之彈性，避免
申報太高或太低而逃漏土地稅。

相關參考法條

　　均§14～16；土§153、158、167。

第157條（照價收買之聲請）
土地所有權人認為標準地價過高，不能依前條為申報時，得聲請
該管直轄市或縣（市）政府照標準地價收買其土地。

解說

（一）由於前條規定申報的地價，只能在標準地價20%以內增減，標準地價若太高，申報的地價也勢必會高，而高額的申報地價，終究使土地所有權人要繳納較高的地價稅，所以除了本法第154條所規定的異議外，本條也特別規定得申請照價收買。

（二）依本條規定，得申請照價收買的情形：

 1.須是土地所有權人認為標準地價過高。

 2.須是標準地價過高，土地所有權人不能於20%以內的增減申報地價。

 3.須是土地所有權人提出申請照價收買。

 4.須是向該管直轄市或縣（市）政府提出申請。

 5.須是申請照標準地價收買。

 6.須是申請收買認為標準地價過高的土地。

 7.須是申請收買的人所有的土地。

（三）照標準地價收買的土地，其地上改良物，不論是農作改良物還是建築改良物，均應照估定價值一併收買，但改良物的所有權人自願遷移，則不必一併收買（土施§41）。

（四）目前施行平均地權地區，規定地價，並不依本法規定辦理，而是依平均地權條例的規定。該條例並未規定土地所有權人若認為公告地價不當得提出異議；也未規定土地所有權人若認為公告地價過高，得申請照公告地價收買其土地。不過，該條例第16條後段規定，申報的地價未滿公告地價80%時，得照價收買或以公告地價80%為其申報地價。換句話說，土地所有權人若認為公告地價太高，得低於80%申報地價，讓政府照申報地價收買；但是政府得照價收買，亦得不照價收買，並非一定要照價收買。

立法意旨

　　土地所有權人若認為標準地價太高，無法依20%上下限額申報，又無法獲得該區內同等級土地所有權人過半數之同意提出異議，為保障其權益計，允許其得聲請該管直轄市或縣（市）政府照標準地價收買之，以濟政府評定標準地價之不當，讓土地所有權人亦有公平選擇之權利與機會。

相關參考法條

　　均§16、28；土施§41；土§154、156。

第158條（未申報地價之處理）
土地所有權人聲請登記，而不同時申報地價者，以標準地價為法定地價。

解說

（一）標準地價與法定地價

　　1.標準地價：依本法第150條至第152條規定，就土地市價或收益價格調查的結果，劃分地價等級，計算各該地價等級的平均地價，公布為標準地價。

　　2.法定地價：

　　(1)依本法第156條規定，土地所有權人申請登記所有權時，就標準地價20%以內的增減，應同時申報地價。所申報的地價，依本法第148條規定，為法定地價。依本法第167條規定，地價稅是照法定地價計徵。

　　(2)依本條規定，土地所有權人申請登記時，未同時申報地價，以標準地價為法定地價。

（二）目前申報地價，並不依本法規定辦理，而是依平均地權條例的

規定。依該條例的規定，並不是於申請登記時申報地價。

（三）依平均地權條例第13條、第14條及第16條規定，未規定地價的
土地，應即全面舉辦規定地價，規定地價後，每二年重新規定
地價一次，但必要時得延長，重新規定地價後，也是每二年再
重新規定地價。因此，不是如同本條的規定於登記時申報地
價，而是於規定地價時或重新規定地價時申報地價；而且也不
是如同本條的規定不同時申報地價，以標準地價為法定地價，
而是未於公告期間申報地價時，以公告地價80%為其申報地價。

立法意旨

　　本法第156條只規定土地所有權人申請登記所有權時應同時申報
地價，但對於土地所有權人申請登記而不同時申報地價時應如何處
理，則沒有規定。因此本條特別補充規定「土地所有權人聲請登記，
而不同時申報地價者，以標準地價為法定地價。」此因土地所有權人
不依限申報地價，可推定其對標準地價無異議，亦可表示其放棄申報
之權利，故以當地公告之標準地價為其法定地價，作為對未依限申報
之處分依據。

相關參考法條

　　土§148～152、156；均§13、14、16。

第159條（地價冊及總歸戶冊）
每直轄市或縣（市）辦理地價申報完竣，應即編造地價冊及總歸
戶冊，送該管直轄市或縣（市）財政機關。

解說

（一）編造地價冊：依本條及本法第149條規定，於申報地價完竣，
　　　應即編造地價冊，並送直轄市或縣（市）財政機關，作為課徵
　　　地價稅的依據。

（二）編造總歸戶冊

　　1.依本條及平均地權條例第15條規定，於申報地價完竣，不僅應
編造地價冊，也應編造總歸戶冊，送財政機關。因為地價稅是按每一
土地所有權人在每一直轄市或縣（市）轄區內依法定程序辦理規定地
價或重新規定地價，經核列歸戶冊的地價總額計徵，所以編造總歸戶
冊（土稅§15）。

　　2.編造總歸戶冊時，應以土地所有權人在同一直轄市或縣（市）
的土地，為歸戶的範圍（均施則§16後）。而所謂「歸戶」，是指同
一土地所有權人在同一直轄市或縣（市）的土地，全部歸納至該所有
權人名下。

（三）由於平均地權條例第12條規定，地籍總歸戶內容、作業程序、
　　　查詢、資料提供範圍與對象及收費等事項之辦法，由中央主管
　　　機關擬訂，報請行政院核定，因此，內政部依據該規定，訂頒
　　　有「地籍總歸戶實施辦法」，作為地籍總歸戶的作業依據。

立法意旨

　　本條規定地價冊及總歸戶冊之編造。因規定地價雖由直轄市或縣
（市）地政機關辦理，但土地稅是由財政機關徵收，故地政機關應將
所編造之地價冊及總歸戶冊，送該管直轄市或縣（市）財政機關，作
為課徵土地稅之依據。

相關參考法條

　　土§149；均§12、15；均施則§16；土稅§15；地籍總歸戶實
施辦法。

> **第160條**（重新規定地價）
>
> 地價申報滿五年，或一年屆滿而地價已較原標準地價有百分之
> 五十以上之增減時，得重新規定地價，適用第一百五十條至第
> 一百五十二條及第一百五十四條至第一百五十六條之規定。

解說

（一）重新規定地價的時機

1.依本條規定，重新規定地價的時機為：

(1)地價申報滿五年。

(2)地價申報一年屆滿而地價已較原標準地價有百分之五十以上的增減時。

2.目前重新規定地價，並不依本法的規定辦理，而是依平均地權條例的規定。依該條例第14條規定，於規定地價後，每二年重新規定地價一次，但必要時得延長期限。於重新規定地價後，也是每二年再重新規定地價一次，但必要時也得延長期限。

（二）重新規定地價的程序

1.依本條規定，重新規定地價適用本法第150條至第152條及第154條至第156條的規定，也就是於重新規定地價時，直轄市或縣（市）地政機關也應調查土地的市價或收益價格，劃分地價等級，計算各該地價等級的平均地價，報請直轄市或縣（市）政府公布為標準地價。土地所有權人對該標準地價得提出異議，對於異議案件，應提交標準地價評議委員會評議。土地所有權人於申請登記時，應於該標準地價20%以內的增減同時申報地價。

2.目前實務上，重新規定地價，也是不依本法規定辦理，而是依平均地權條例的規定：

(1)重新規定地價的程序：（第15條）

①分區調查最近一年的土地買賣價格或收益價格。

②依據調查結查，劃分地價區段並估計區段地價後，提交地

　　　　價評議委員會評議。

　　　③計算宗地單位地價。

　　　④公告及申報地價，其期限為三十日。

　　　⑤編造地價冊及總歸戶冊。

　(2)申報地價：（第16條）

　　　①舉辦規定地價或重新規定地價時，土地所有權人未於公告
　　　　期間申報地價者，以公告地價80%為其申報地價。

　　　②土地所有權人於公告期間申報地價者，其申報之地價超過
　　　　公告地價120%時，以公告地價120%為其申報地價。

　　　③申報之地價未滿公告地價80%時，得照價收買或以公告地價
　　　　80%為其申報地價。

立法意旨

　　地價核定後，因環境變異、社會人口流動、經濟變化，時有升降
情勢，原規定之地價自然喪失其真實性及正確性，因而影響課稅之公
平性，故必於一段期間後重新規定地價，期與土地實際市價接近，達
到課稅公平之原則。

相關參考法條

　　土§150～152、154～156；均§14～16。

第161條（建物價值之估定時期）
建築改良物之價值，由該管直轄市或縣（市）地政機關於規定地
價時同時估定之。

解說

（一）土地改良物，分為建築改良物及農作改良物二種。由於本法

規定農作改良物不得徵稅，因此，本編第五章的土地改良物稅，實際上是建築改良物稅。本條乃規定建築改良物的價值估定，作為課稅的依據。

（二）依本條規定

1.建築改良物的價值，是由直轄市或縣（市）地政機關估定。

2.建築改良物的價值，是於規定地價時同時估定。

（三）依土地法施行法第40條規定，土地建築改良物估價規則，由中央地政機關訂定。因此，政府訂頒有「土地建築改良物估價規則」。

（四）房屋稅課稅現值（依房屋稅條例規定）

1.目前實務上，並未依本法規定開徵土地改良物稅，而是依房屋稅條例的規定開徵房屋稅，因此，有關房屋課稅現值的評定，是依該條例的規定辦理。

2.申報時機：

(1)房屋稅的納稅義務人，應於房屋建造完成日起三十日內檢附有關文件，向當地主管稽徵機關申報房屋稅籍有關事項及使用情形，若有增建、改建、變更使用或移轉、承典時，也一樣要申報（第7條）。

(2)納稅義務人未依規定期限內辦理申報，因而發生漏稅者，除責令補繳應納稅額外，並按所漏稅額處以二倍以下的罰鍰（第16條）。

(3)依房屋稅籍有關事項政府訂頒的房屋稅徵收細則規定，申報日期的起算為：

①新建房屋，以門窗、水電設備裝置完竣，可供使用日為起算日，未裝置完竣已供使用者，以實際使用日為起算日。但延不裝置門窗、水電者，以核發使用執照日起滿三十日為起算日。其延不申領使用執照者，以房屋主要結構完成，可供裝置門窗日起滿三十日為起算日。

②增建、改建房屋，以增建、改建完成可供使用日為起算
　日——增建、改建所增加之產值，未達新臺幣1萬元者，得
　免予申報，但仍應併入總值課稅。

③房屋變更使用者，以實際變更使用日為起算日。

　3.依房屋稅條例規定，主管稽徵機關應依據不動產評價委員會評定的標準，核計房屋現值，並應通知納稅義務人，如果納稅義務人有異議，得於接到通知書日起三十日內，檢附證件，申請重行核計（第10條）。

立法意旨

　　本條規定，旨在同時確定建築改良物與土地之私有價值，作為課徵土地改良稅之依據。

相關參考法條

　　土§5、162、163；房稅例§7、10、11、16；土建改物估價§17、20。

第162條（建物價值之估計方法）
建築改良物價值之估計，以同樣之改良物於估計時，為重新建築需用費額為準，但應減去因時間經歷所受損耗之數額。

解說

（一）重建價格或重置價格與折舊

　　1.本條規定建築改良物的估計方法，是以同樣的改良物，於估計時重新建築所需要的費用數額為準，也就是一般所謂的「重建價格」或「重置價格」。

　　2.重建或重置價格估計後，應減去該估價的建築改良物因時間經

歷所受損耗的數額，也就是一般所謂的「折舊」。

（二）土地建築改良物估價規則明定有關估價的方式，但是目前房屋
稅現值是依房屋稅條例的規定評定，並不依該規則及本法的規
定估價。該條例對於房屋現值的評定為：

1.標準價格：（第11條）

(1)房屋標準價格，由不動產評價委員會依據下列事項分別評
定，並由直轄市、縣（市）政府公告之：

①按各種建造材料所建房屋，區分種類及等級。

②各類房屋之耐用年數及折舊標準。

③按房屋所處街道村里的商業交通情形及房屋的供求概況，
並比較各該不同地段的房屋買賣價格減除地價部分，訂定
標準。

(2)前項房屋標準價格，每三年重行評定一次，並應依耐用年數
予以折舊，按年遞減其價格。

2.申報稅籍：納稅義務人應於房屋建造完成之日起三十日內，檢
附有關文件，向當地主管稽徵機關申報房屋稅籍有關事項及使用情
形；其有增建、改建、變更使用或移轉、承典時亦同（第7條）。

3.核計現值：（第10條）

(1)主管稽徵機關應依據不動產評價委員會評定的標準，核計房
屋現值。

(2)依前項規定核計的房屋現值，主管稽徵機關應通知納稅義務
人。納稅義務人如有異議，得於接到通知書之日起三十日內，檢附證
件，申請重行核計。

立法意旨

本條規定建築改良物價值之估計方法，作為評估建築改良物之
依據。本條係採重新估價法，其方法簡單易行；亦即建築改良物之估
價，原則上以同樣建物重新建築費用額，減去因時間經歷所受損耗之

數額，即為該建築改良物估計當時之價值。

相關參考法條

土§5；土施§25、40；房稅例§7、10、11；土建改物估價§8
～12。

第163條（增加改良物價值之估計）

就原建築改良物增加之改良物，於重新估計價值時，併合於改良
物計算之。但因維持建築改良物現狀所為之修繕，不視為增加之
改良物。

解說

（一）增加改良物的估計

1.所謂「原建築改良物增加改良物」，一般包含增建（例如原為
二層樓房增建為三層樓房）及擴建（例如原為三十坪面積的房屋擴建
為五十坪）。

2.增加的改良物，須是建築改良物。所謂「建築改良物」，即指
建築物及工事（土§5）。

3.依本法第166條規定，建築改良物的價值，得與重新規定地價
時重新估定。因此，於建築改良物重新估價時，應將增加的改良物併
合於原建築改良物一同估價。

4.因維持建築改良物現狀所做的修繕，不視為增加的改良物，所
以不必併同估價。

（二）目前實務上，房屋課稅現值是依房屋稅條例的規定辦理

1.課稅對象：房屋稅，以附著於土地的各種房屋，及有關增加該
房屋使用價值的建築物，為課徵對象（第3條）。

2.定義：（第2條）

(1)房屋，指固定於土地上的建築物，供營業、工作或住宅用者。

(2)增加該房屋使用價值的建築物，指附屬於應徵房屋稅房屋的其他建築物，因而增加該房屋的使用價值者。

3.納稅義務人應於房屋建造完成之日起三十日內檢附有關文件，向當地主管稽徵機關申報房屋稅籍有關事項及使用情形；其有增建、改建、變更使用或移轉、承典時，亦同（第7條）。

4.每三年應重行評定房屋標準價格，並應依其耐用年數予以折舊，按年遞減其價格（第11條）。

立法意旨

建築改良物價值，應包括其事後增加部分，以符合實際價值，故重新估價時應予合併計算，以估計該建築改良物之總計現值。至於修繕部分，如僅係維持建築改良物現狀所作之修繕，因其並未實質增加經濟效用，僅係損耗率降低而已，自不得視為增加改良物而計入增加價值。

相關參考法條

土§162～166；房稅例§2、3、7、11；土建改物估價§22。

第164條（建物法定價值）

直轄市或縣（市）地政機關應將改良物估計價值數額，送經標準地價評議委員會評定後，報請該管直轄市或縣（市）政府公布為改良物法定價值，並由直轄市或縣（市）地政機關分別以書面通知所有權人。

解說

（一）土地法的規定

1.建築改良物得照其估定價值徵稅。所謂「估定價值」，就是本條的「法定價值」（第185條）。

2.評定程序：（依本條規定）

(1)估計：由直轄市或縣（市）地政機關估計價值。

(2)評定：建築改良物的估價數額，應送標準地價評議委員會評定。

(3)公布：經評定後，報請直轄市或縣（市）政府公布為改良物法定價值。

(4)通知：法定價值公布後，由直轄市或縣（市）地政機關以書面通知所有權人。

（二）房屋稅條例的規定

1.房屋稅是依房屋現值課徵（第5條）。

2.評定程序：

(1)申報：納稅義務人應於房屋建造完成、增建、改建、變更使用或移轉、承典日起三十日內，檢附有關文件，向當地主管稽徵機關申報房屋稅籍有關事項及使用情形（第7條）。

(2)核計現值：主管稽徵機關應依據不動產評價委員評定的標準，核計現值（第10條）。

(3)通知、異議與申請重行核計現值：主管稽徵機關應將核計的房屋現值通知納稅義務人，納稅義務人如有異議，得於接到通知書之日起三十日內，檢附證件，申請重行核計（第10條）。

立法意旨

本條規定改良物價值之評定公布及通知，旨在確立建築改良物法定價值之合法程序，以示慎重。

土地法

相關參考法條

土建改物估價§17、20；房稅例§5、7、10；土§185。

> **第165條**（建物價值估定之異議）
> 前條受通知人，認為評定不當時，得於通知書達到後三十日內，聲請標準地價評議委員會重新評定。

解說

（一）依本條規定，對於建築改良物價值，認為評定不當時，得申請重新評定：

1.須是受通知的所有權人提出申請。

2.須是認為評定不當時，才可提出申請。

3.須是通知書達到後三十日內提出申請。

4.須向標準地價評議委員會提出申請。

（二）依房屋稅條例第10條第2項規定，依規定核計的房屋現值，主管稽徵機關應通知納稅義務人。納稅義務人如有異議，得於接到通知書之日起三十日內，檢附證件，申請重行核計。

1.須是納稅義務人有異議時，才提出申請。

2.須於接到通知書日起三十日內提出申請。

3.須檢附證件提出申請。

4.須向主管稽徵機關提出申請。

（三）房屋現值的核計與申請重新核計，目前是依房屋稅條例的規定辦理，並不依本條規定辦理。

立法意旨

本條規定如建物所有權人認為建物價值評定不當時，得向標準地價評議委員會申請重新評定，作為謀求權利救濟之途徑。

相關參考法條

土§164；房稅例§10。

第166條（重新估定建物價值之時期）

建築改良物之價值，得與重新規定地價時，重為估定。

解說

（一）因為地價申報滿五年，或一年屆滿而地價已較原標準地價有
　　　50%以上的增減時，得重新規定地價（土§160），所以本條
　　　規定，於重新規定地價時，得重新估定建築改良物價值。

（二）目前實務上所依據的房屋稅條例，並沒有如同本條的規定。依
　　　該條例第7條及第11條第2項規定，房屋有增建或改建，應申報
　　　現值及使用情形；經核定公告的房屋標準價格，每三年重行評
　　　定一次，並應依其耐用年數予以折舊，按年遞減其價格。

立法意旨

本條規定建物之價值，得隨同重新規定地價時重新估定，以便與
本法第160條相互配合。

相關參考法條

土§160；房稅例§7、11；土建改物估價§23。

第三章

地價稅

第167條（地價稅之課徵）

地價稅照法定地價，按年征收一次，必要時得准分兩期繳納。

解說

（一）依本條規定

1.課稅標準：地價稅以法定地價為課稅標準。所謂「法定地價」，是指土地所有權人依本法所申報的地價，若未申報地價，則以標準地價為法定地價。所謂「標準地價」，係以調查土地市價或收益價格，劃分地價等級，計算各該地價等級的平均地價，經直轄市或縣（市）政府公布為標準地價。

2.課稅次數：地價稅每年徵收一次，必要時得分兩期繳納。

（二）特別法的規定

1.目前地價稅的課徵，是依平均地權條例及土地稅法的規定。

2.課稅標準：依平均地權條例第17條規定，已規定地價的土地，應按申報地價，依法徵收地價稅。但是依土地稅法第15條規定，是按每一土地所有權人在每一直轄市或縣（市）轄區內全部土地的申報地價總額為準，計徵地價稅。

3.課稅次數：

(1)地價稅由直轄市或縣（市）主管稽徵機關按照地政機關編送的地價歸戶冊及地籍異動通知資料核定，每年徵收一次，必要時得分二期徵收，其開徵日期由省（市）政府訂定（土稅§40）。

(2)台灣地區，自73年起，每年1月1日起，至12月31日止，徵收
地價稅一次，開徵日期自90年起為每年11月1日。

立法意旨

本條明文規定地價稅照法定地價每年徵收一次，作為徵收地價稅
之依據。惟納稅義務人或許一次繳納有困難，故主管機關得斟酌實際
情形，於必要時得分兩期繳納，以減輕納稅義務人之困難。

相關參考法條

土§148、158；均§16、17；土稅§14、15、40。

第168條（累進地價稅率）

地價稅照法定地價，按累進稅率征收之。

解說

（一）累進稅率

1.本條及平均地權條例第18條、土地稅法第16條，均規定地價稅
以累進稅率課徵。

2.所謂「累進稅率」，就是依據課稅標的物的數量或價值的多
少，逐漸增加稅率，愈多則稅率愈高。一般來說，累進稅率又有以下
二種算法：

(1)超額累進稅率：即是依數量或價值的多少分段或分級，愈多
的一段或一級，就以愈高的稅率課稅，每一段或每一級分別不同的稅
率。地價稅及土地增值稅，就是採取超額累進稅率課稅。

(2)全額累進稅率：也是依數量或價值的多少分段或分級，凡是
達到該段或該級時，就全額以該級或該段的稅率課稅，段數或級數愈
高，稅率也就愈高。

（二）由於地價稅是以法定地價為準，按累進稅率徵收，所以土地愈多的人，地價稅額就愈多，累進稅率就愈高，地價稅的負擔就愈重，如此可以使大地主在不勝負荷的情形下，釋出土地，以達到平均地權的目的。

（三）目前地價稅的課徵，是以平均地權條例及土地稅法的規定為依據。依該條例第17條及該稅法第15條的規定，是按每一土地所有權人在每一直轄市或縣（市）轄區內，依法定程序辦理規定地價或重新規定地價時的申報地價總額，計徵地價稅；並非依本條規定，以法定地價計徵地價稅。

立法意旨

為防止土地投機壟斷，減少不勞而獲，避免貧富懸殊過鉅，以達到量能課稅，發揮土地稅之平均財富作用，本條明示地價稅宜採累進稅率，加重大地主之稅率，迫使其放棄部分土地，以防止大地主之壟斷，並減輕小地主之負擔。

相關參考法條

土§170；均§17～19；土稅§16。

第169條（基本稅率）
地價稅以其法定地價數額千分之十五為基本稅率。

解說

（一）基本稅率

1.由於本法第168條及第170條規定，地價稅是採取累進稅率課稅。因此，除了累進稅率外，也有所謂的基本稅率。

2.依本條的規定，以法定地價分段或分級並分別適用不同的累進

稅率，則第一級或第一段的基本稅率為15‰，較多的第二級或第二段以上，則分別為較高的稅率計課地價稅。

　　3.由於有累進稅率，所以才有基本稅率，累進稅率以基本稅率為準，因此，累進稅率必然要高於基本稅率。

（二）目前地價稅課徵所依據的平均地權條例及土地稅法，也是採取累進稅率，因此也有基本稅率，過去的基本稅率與本條規定的15‰相同，但之後修正，現行該條例第19條及該稅法第16條均規定，地價稅的基本稅率為10‰。

（三）特殊稅率

　　1.雖然基本稅率為累進稅率的基礎，但對於特定的土地，並不以累進稅率課徵地價稅，而是基本稅率計徵，例如公有土地或工業用地等，所以基本稅率具有另一層的意義。

　　2.除了基本稅率及累進稅率外，還有所謂的優惠稅率，例如自用住宅用地的稅率為2‰；公共設施保留地視情況分為免除、以2‰或6‰的稅率計徵地價稅，即是基本稅率外的特殊稅率。

立法意旨

　　本條明文規定地價稅之基本稅率，以法定地價數額15‰為基本稅率，作為全國各地方土地稅稅率之統一基準。

相關參考法條

　　土施§36、42；均§19；土稅§16。

第170條（累進稅率）

土地所有權人之地價總額，未超過累進起點地價時，前條稅率征收，超過累進起點地價時，依左列方法累進課稅：

一　超過累進起點地價在百分之五百以下者，其超過部份加征千

分之二。

二　超過累進起點地價百分之一千以下者，除按前款規定征收外，就其已起過百分之五百部份，加征千分之三。

三　超過累進起點地價百分之一千五百以下者，除按前款規定征收外，就其已超過百分之一千部份加征千分之五，以後每超過百分之五百就其超過部份遞加千分之五，以加至千分之五十為止。

解說

（一）累進起點地價

　　是指依累進稅率課徵地價稅時，以一定數額的地價稅為準，在該數額以下，按基本稅率課稅，超過該數額以上，則以累進稅率課稅，該一定數額的地價，就是累進起點地價。詳細情形請參閱本法第171條的解說。

（二）基本稅率

　　1.依本條規定，土地所有權人的地價總額，未超過累進地點地價時，依基本稅率15‰徵收地價稅。

　　2.平均地權條例第19條及土地稅法第16條均規定基本稅率為10‰，土地所有權人的地價總額，未超過土地所在地直轄市或縣（市）累進起點地價時，其地價稅按基本稅率徵收。

（三）累進稅率

　　1.依本條的規定，除基本稅率外，累進稅率共分八級，從17‰累進到50‰：

　　(1)第一級：以基本稅率為準，加徵2‰，即稅率為17‰。

　　(2)第二級：以第一級為準，加徵3‰，即稅率為20‰。

　　(3)第三級：為25‰。

　　(4)第四級：為30‰。

　　(5)第五級：為35‰。

(6)第六級：為40‰。

(7)第七級：為45‰。

(8)第八級：為50‰。

2.本條所規定的「500%」或「1000%」，顯然是五倍、十倍的意思，與平均地權條例第19條及土地稅法第16條的規定是一樣的。

3.平均地權條例第19條及土地稅法第16條規定的累進稅率，與本條規定的並不一樣：

(1)超過累進起點地價未達五倍者，就其超過部分課徵15‰。

(2)超過累進起點地價五倍至十倍者，就其超過部分課徵25‰。

(3)超過累進起點地價十倍至十五倍者，就其超過部分課徵35‰。

(4)超過累進起點地價十五至二十倍者，就其超過部分課徵45‰。

(5)超過累進起點地價二十倍以上者，就其超過部分課徵55‰。

4.地價稅的計算公式：（均施則§28、土稅施則§5）

稅級別	計　算　公　式
第一級	應徵稅額＝課稅地價（未超過累進起點地價者）×稅率（10‰）
第二級	應徵稅額＝課稅地價（超過累進起點地價未達五倍者）×稅率（15‰）－累進差額（累進起點地價×0.005）
第三級	應徵稅額＝課稅地價（超過累進起點地價五倍至十倍者）×稅率（25‰）－累進差額（累進起點地價×0.065）
第四級	應徵稅額＝課稅地價（超過累進起點地價十倍至十五倍者）×稅率（35‰）－累進差額（累進起點地價×0.175）
第五級	應徵稅額＝課稅地價（超過累進起點地價十五倍至二十倍者）×稅率（45‰）－累進差額（累進起點地價×0.335）
第六級	應徵稅額＝課稅地價（超過累進起點地價二十倍以上者）×稅率（55‰）－累進差額（累進起點地價×0.545）

立法意旨

本條明文規定，劃定分級累進課稅之級距及其稅率之標準，作為

核計應徵稅額之依據。所謂累進起點地價，仍指土地所有權人之地價總額，達到此數額後，其所納之地價稅，即應照累進稅率予以加徵。其地價稅總額未超過累進起點地價，自應依基本稅率以法定地價的15‰徵收。超過累進起點地價者，以每超過累進起點地價五倍之數額為一級距，逐級遞加其稅率，連同基本稅率共分為九級，第二級加徵2‰，第三級加徵3‰，第四級起，每進一級各遞加5‰，累加至50‰為止。此即所謂「超額累進稅率」。

相關參考法條

土§169、171；均§18、19；均施則§28；土稅§16；土稅施則§5。

第171條（累進起點地價）

前條累進起點地價，由直轄市或縣（市）政府按照自住自耕地必需面積，參酌地價及當地經濟狀況擬定，報請行政院核定之。

解說

（一）累進起點地價的意義

由於採累進稅率課稅，因此必須要有累進起點地價，作為是否按基本稅率或累進稅率課稅的依據。

（二）累進起點地價的訂定

1.依本條規定，累進起點地價的訂定是：

(1)由直轄市或縣（市）政府擬定。

(2)擬定的依據是照自住地及自耕地必須面積，參酌地價及當地經濟狀況。

(3)應報請行政院核定。

2.目前實務作業所依據的平均地權條例第18條及土地稅法第16條

第2項規定，累進起點地價，是以各該直轄市或縣（市）土地七公畝的平均地價為準，但不包括工業用地、礦業用地、農業用地及免稅土地在內──因為各該用地，均是不以累進稅率課稅或是免稅，所以應予扣除。

3.依平均地權條例施行細則第27條及土地稅法施行細則第6條規定：

(1)累進起點地價，應於舉辦規定地價或重新規定地價後當年（期）地價稅開徵前計算完竣，並分別報請財政部及內政部備查。

(2)累進起點地價以千元為單位，以下四捨五入。

（三）累進起點地價的計算（面積單位為公畝）

地價稅累進起點地價 ＝

$$\frac{\text{直轄市或縣（市）規定地價總額} - \left(\text{工業用地地價} + \text{礦業用地地價} + \text{農業用地地價} + \text{免稅地地價}\right)}{\text{直轄市或縣（市）規定地價總面積（公畝）} - \left(\text{工業用地面積} + \text{礦業用地面積} + \text{農業用地面積} + \text{免稅地面積}\right)\text{（公畝）}} \times 7$$

立法意旨

地價因各地情況不同，即使是城市，亦因工商業之盛衰、人口之多寡而有所不同；而鄉村農地，亦因土壤之肥瘠及其他因素而有差異，故累進起點地價不宜作硬性之劃一規定，以免失衡造成流弊。因此，本條明文規定累進起點地價，授權由直轄市或縣（市）政府按照自住自耕地必需面積，參酌地價及當地經濟狀況擬定，呈請行政院核定，以求因地制宜。

相關參考法條

土施§36、42；均§18、19；均施則§27；土稅§16；土稅施則§6。

第172條（納稅人義務）

地價稅向所有權人徵收之，其設有典權之土地，由典權人繳納。

解說

（一）典權

是指支付典價在他人之不動產為使用、收益，於他人不回贖時，取得該不動產所有權之權利（民§911）。簡單的說，就是將土地典當。典權為物權的一種，應經登記，才發生效力（民§758）。

（二）依本條規定，地價稅的納稅義務人有二種

　　1.土地所有權人。

　　2.若是設定典權，則為典權人。

（三）稅捐稽徵法第12條規定

共有財產，由管理人負納稅義務；未設管理人者，共有人各按其應有部分負納稅義務，其為公同共有時，以全體公同共有人為納稅義務人。

（四）土地稅法的規定

　　1.納稅義務人：（第3條）

　　(1)地價稅之納稅義務人如下：

　　　①土地所有權人。

　　　②設有典權土地，為典權人。

　　　③承領土地，為承領人。

　　　④承墾土地，為耕作權人。

　　(2)前項第1款土地所有權屬於公有或公同共有者，以管理機關或管理人為納稅義務人；其為分別共有者，則以共有人各按其應有部分為納稅義務人。

　　2.代繳義務人：（第4條）

　　(1)土地有下列情形之一者，主管稽徵機關得指定土地使用人負責代繳其使用部分的地價稅：

①納稅義務人行蹤不明者。

②權屬不明者。

③無人管理者。

④土地所有權人申請由占有人代繳者。

(2)土地所有權人在同一直轄市、縣（市）內有兩筆以上土地，為不同的使用人所使用時，如土地所有權人的地價稅係按累進稅率計算，各土地使用人應就所使用土地的地價比例，負代繳地價稅的義務。

(3)第1項第1款至第3款代繳義務人代繳的地價稅，得抵付使用期間應付的地租或向納稅義務人求償。

3.信託土地：（第3條之1及平均地權條例第19條之1）

(1)土地為信託財產者，於信託關係存續中，以受託人為地價稅之納稅義務人。

(2)前項土地應與委託人在同一直轄市或縣（市）轄區內所有之土地合併計算地價總額，依第16條規定稅率課徵地價稅，分別就各該土地地價占地價總額之比例，計算其應納之地價稅。但信託利益之受益人為非委託人且符合下列各款規定者，前項土地應與受益人在同一直轄市或縣（市）轄區內所有之土地合併計算地價總額：

①受益人已確定並享有全部信託利益者。

②委託人未保留變更受益人之權利者。

立法意旨

地價稅之納稅義務人，若無法律明文確定，易生爭執逃漏轉嫁之現象，故本條明文規定地價稅之納稅義務人。納稅義務人原則上應為土地持有人或使用人。土地設有典權者，其真正使用土地之人為典權人，自應向典權人徵收。

相關參考法條

土稅§3、3-1；稽徵§12；均§19-1。

第173條（空地稅）

私有空地，經限期強制使用，而逾期未使用者，應於依法使用前，加徵空地稅。

前項空地稅，不得少於應繳地價稅之三倍，不得超過應繳地價稅之十倍。

解說

（一）私有空地及限期強制使用，請參閱本法第87條及第89條的解說。

（二）依本條規定，有關空地稅的課徵情形為：

　　1.只對私有空地課徵空地稅，公有空地不課徵空地稅。

　　2.須經限期使用而逾期未使用，才課徵空地稅；若未限期使用，或經限期使用並已於期限內使用，則不課徵空地稅。

　　3.空地稅為應繳地價稅的三倍到十倍：

　　(1)所謂「應繳地價稅」，是指該空地應繳的基本稅，也就是按基本稅率計算出來的稅額（土施§43）。

　　(2)有關倍數，由直轄市或縣（市）政府擬定，並層報行政院核定，於會計年度開始前確定公布（土施§36、42）。

（三）目前實務上所依據的平均地權條例第26條及土地稅法第21條均規定，凡經直轄市或縣（市）政府核定應徵空地稅的土地，按該宗土地（即該地號土地）應納地價稅基本稅額，加徵二倍至五倍的空地稅。

（四）依土地稅法施行細則第18條及平均地權條例施行細則第42條規定，關於加徵空地稅的倍數，由直轄市或縣（市）主管機關視都市發展情形擬訂，層報行政院核定。

立法意旨

　　空地稅之加徵，旨在促使土地之有效利用，以達地盡其利之目的，並防止私人投機土地，阻礙土地之利用，影響社會經濟。因此本條特別規定，私有空地經限期使用仍空置不用者，應加徵空地稅，以示懲罰；並明定加徵空地稅之上下限，以資遵循。

相關參考法條

　　土§87、89；均§3、26、74；土稅§11、21；土稅施則§18；土施§36、42、43。

第174條（荒地稅）

私有荒地，經限期強制使用，而逾期未使用者，應於依法使用前，加徵荒地稅。

前項荒地稅，不得少於應征之地價稅，不得超過應繳地價稅之三倍。

解說

（一）私有荒地及限期強制使用，請參閱本法第88條及第89條的解說。

（二）依本條規定，有關荒地稅的課徵情形為：

　　1.只對私有荒地課徵荒地稅，公有荒地不課徵荒地稅。

　　2.須經限期使用而逾期未使用，才課徵荒地稅；若未限期使用，或經限期使用並已於期限內使用，則不課徵荒地稅。

　　3.荒地稅為應繳地價稅的一倍到三倍：詳情可參閱前條（二）之3.解說

（三）目前實務上所依據的平均地權條例第26條之1及土地稅法第22條之1規定，農業用地閒置不用，經直轄市或縣（市）政府報

　　經內政部核准通知限期使用或命其委託經營，逾期仍未使用或委託經營者，按應納田賦加徵一倍至三倍的荒地稅；經加徵荒地稅滿三年，仍不使用者，得照價收買。但有下列情形之一者不在此限：

1.因農業生產或政策的必要而休閒者。

2.因地區性生產不經濟而休耕者。

3.因公害污染不能耕作者。

4.因灌溉、排水設施損壞不能耕作者。

5.因不可抗力不能耕作者。

（四）由前述規定可知，荒地並不是依本條規定以地價稅為準加徵，而是以田賦為準加徵。由於目前台灣地區停徵田賦，所以並未加徵荒地稅。

立法意旨

　　私有荒地如果任其廢置不用，則有浪費土地資源、妨害社會經濟繁榮之弊，因此，本條乃明文規定主管機關得於私有荒地依法使用前加徵荒地稅，以迫使土地所有權人開拓使用，或出賣於使用土地之人，以期地盡其用。

相關參考法條

　　土§88、89；土施§36、42、43；均§26-1；土稅§22-1。

第175條（100.6.15修正刪除）

第四章

土地增值稅

第176條（課稅時機）

土地增值稅，照土地增值之實數額計算，於土地所有權移轉時，或雖無移轉而屆滿十年時，征收之。

前項十年期間，自第一次依法規定地價之日起計算。

解說

（一）課徵標準

1.以土地增值的實數額計算土地增值稅。

2.土地增值的實數額，是以土地增值總數額，減去免稅額後的數額。有關土地增值總數額及增值實數額的計算，請參閱本法第178條及第180條的解說。

3.目前土地增值稅的課徵，是以平均地權條例及土地稅法的規定為依據。依該條例第35條、第36條及該稅法第28條規定，土地增值稅是按「土地漲價總數額」計徵，也就是照土地自然漲價總數額計徵土地增值稅。而所謂「土地自然漲價總數額」，就是本條所規定的「土地增值實數額」。

（二）課徵時機

1.依本條規定，土地增值稅的課徵時機為：

(1)所有權移轉時：即為絕賣、繼承或贈與時（土§182）。

(2)屆滿十年而無移轉時：所有權雖然無移轉但是屆滿十年時，也應徵收土地增值稅。所謂十年期間的計算，自第一次依法規定地價

日起算。

2.目前課徵土地增值稅所依據的平均地權條例及土地稅法，並未規定所有權雖無移轉但是屆滿十年，應徵土地增值稅。依該條例第35條、第36條、第37條之1及該稅法第5條、第5條之2、第28條規定，僅於所有權移轉或信託土地之特定情形時，課徵土地增值稅：

(1)有償移轉：例如買賣、交換、照價收買、拍賣等。

(2)無償移轉：例如遺贈、贈與等。

(3)免稅移轉：因繼承而移轉的土地、各級政府出售或依法贈與的公有土地及受贈的私人土地，均免徵土地增值稅。

(4)信託土地：

　①受託人就受託土地，於信託關係存續中，有償移轉所有權、設定典權或依信託法第35條第1項規定轉為其自有土地時，以受託人為納稅義務人，課徵土地增值稅。

　②以土地為信託財產，受託人依信託本旨移轉信託土地與委託人以外之歸屬權利人時，以該歸屬權利人為納稅義務人，課徵土地增值稅。

3.依平均地權條例施行細則第65條及土地稅法施行細則第42條規定：

(1)分別共有土地分割後，各人所取得的土地價值與其分割前應有部分價值相等，免徵土地增值稅；其價值減少者，就其減少部分課徵土地增值稅。

(2)公同共有土地分割，其土地增值稅的課徵，準用前項規定。

(3)土地合併後，各共有人應有部分價值與其合併前的土地價值相等者，免徵土地增值稅。其價值減少者，就其減少部分課徵土地增值稅。

(4)前三項土地價值的計算，以共有土地分割或土地合併時的公告土地現值為準。

（三）移轉免稅的情形

1.捐贈特定的財團法人：（均§35-1；土稅§28-1）私人捐贈供興辦社會福利事業或依法設立私立學校使用的土地，免徵土地增值稅。但以符合下列各款規定者為限：

(1)受贈人為財團法人。

(2)法人章程載明法人解散時，其賸餘財產歸屬當地地方政府所有。

(3)捐贈人未以任何方式取得所捐贈土地的利益。

2.徵收土地：（均§42；土稅§39）

(1)被徵收的土地，免徵其土地增值稅。

(2)依都市計畫法指定公共設施保留地尚未被徵收前之移轉，準用前項規定，免徵土地增值稅。但經變更為非公共設施保留地後再移轉時，以該土地第一次免徵土地增值稅前之原規定地價或前次移轉現值為原地價，計算漲價總數額，課徵土地增值稅。

(3)依法得徵收的私有土地，土地所有權人自願按公告土地現值的價格售與需地機關者，準用第1項規定。

3.區段徵收土地：（均§42-1；土稅§39-1）

(1)區段徵收的土地，以現金補償其地價者，依土地稅法第39條第1項規定，免徵其土地增值稅。但依平均地權條例第54條第3項規定，因領回抵價地不足最小建築單位面積而領取現金補償者，亦免徵土地增值稅。

(2)區段徵收的土地，依平均地權條例第54條第1項、第2項規定，以抵價地補償其地價者，免徵土地增值稅。但領回抵價地後第一次移轉時，應以原土地所有權人實際領回抵價地的地價為原地價，計算漲價總數額，課徵土地增值稅，準用前條第4項之規定。

4.農業用地：作農業使用之農業用地，移轉與自然人時，得申請不課徵土地增值稅（均§45；土稅§39-2）。

5.信託土地：（均§35-3；土稅§28-3）土地為信託財產者，於

下列各款信託關係人間移轉所有權，不課徵土地增值稅：

(1)因信託行為成立，委託人與受託人間。

(2)信託關係存續中受託人變更時，原受託人與新受託人間。

(3)信託契約明定信託財產之受益人為委託人者，信託關係消滅時，受託人與受益人間。

(4)因遺囑成立之信託，於信託關係消滅時，受託人與受益人間。

(5)因信託行為不成立、無效、解除或撤銷，委託人與受託人間。

6.配偶相互贈與：（均§35-2；土稅§28-2）

(1)配偶相互贈與之土地，不課徵土地增值稅。但於再移轉第三人時，以該土地第一次贈與前之原規定地價或前次移轉現值為原地價，計算漲價總數額，課徵土地增值稅。

(2)前項受贈土地，於再移轉計課土地增值稅時，贈與人或受贈人於其具有土地所有權之期間內，有支付土地稅法第31條第1項第2款改良土地之改良費用或同條第3項增繳之地價稅者，準用該條之減除或抵繳規定；其為經重劃之土地，準用第39條第4項之減徵規定。該項再移轉土地，於申請適用第34條規定稅率課徵土地增值稅時，其出售前一年內未曾供營業使用或出租之期間，應合併計算。

立法意旨

土地增值稅乃針對非因勞力改良所增加之地價（亦即自然漲價部分），予以課徵土地稅，其作用在於將地主因不勞而獲之地利收歸國有，由社會所共享，亦即漲價歸公之土地政策，故本條乃就土地增值稅之課徵時機及標準作一規定。

相關參考法條

土§144、177、178、180、182、183；均§35、36、37-1；土稅

§5、5-1、5-2、28。

第177條（實施工程地區之徵稅期）

依第一百四十七條實施工程地區，其土地增值稅於工程完成後，屆滿五年時徵收之。

解說

（一）實施工程地區：本法第147條但書規定：「因建築道路、堤防、溝渠、或其他土地改良之水陸工程，所需費用，得依法徵收工程受益費。」因此，本條所規定的「實施工程地區」，即是指建築道路、堤防、溝渠或其他土地改良的水陸工程等地區。

（二）課稅時機：依本條規定，實施工程地區，於工程完成後屆滿五年時，徵收土地增值稅。

（三）目前課徵土地增值稅所依據的平均地權條例及土地稅法，並沒有如同本條應課徵土地增值稅的規定，所以本條規定並未落實執行，也就是說目前未課徵本條所規定的土地增值稅。但是，依該條例第36條及該稅法第31條規定，有關工程受益費得自土地漲價總數額中扣除。

立法意旨

本條明文規定實施工程地區土地增值稅之徵收期。此因政府建立公共設施如道路、溝渠、堤防或其他土地改良工程地區，地價增漲十分迅速，故特別縮短課徵土地增值稅之期間。

相關參考法條

土§147；均§36；土稅§31。

第178條（土地增值總數額之標準）

土地增值總數額之標準，依左列之規定：

一　規定地價後，未經過移轉之土地，於絕賣移轉時，以現賣價超過原規定地價之數額為標準。

二　規定地價後，未經過移轉之土地，於繼承或贈與移轉時，以移轉時之估定地價，超過原規定地價之數額為標準。

三　規定地價後，曾經移轉之土地，於下次移轉時，以現移轉價超過前次移轉時地價之數額為標準。

解說

（一）土地增值稅為漲價歸公的方法，因此，於計徵土地增值稅時，應先計算土地增值總數額，然後除去免稅額，以增值實數額計徵土地增值稅（土§180）。

（二）本條規定了「土地增值總數額」的計算方法：

　　1.所謂「原規定地價」，就是依本法第148條、第156條及第158條規定的「法定地價」，請參閱各該法條的解說。

　　2.由於本法第182條規定了土地絕賣（絕賣就是出賣）、繼承及贈與等的土地增值稅徵收，因此，本條也就以絕賣、繼承及贈與分別規定增值稅總數額的計算。

　　3.買賣移轉的增值總數額：

　　(1)規定地價後，未經過移轉的土地：以買賣實價減去原規定地價的餘額就是增值總數額。

　　(2)規定地價後，曾經移轉的土地：以買賣實價減去前次移轉時地價的餘額，就是增值總數額。

　　4.繼承或贈與移轉的增值總數額：

　　(1)規定地價後，未經過移轉的土地：以移轉時估定地價減去原規定地價的餘額，就是增值總數額。

　　(2)規定地價後，曾經移轉的土地：以移轉時估定地價減去前次

移轉時地價的餘額，就是增值總數額。

（三）目前課徵土地增值稅所依據的平均地權條例及土地稅法規定，
　　　是就「土地漲價總數額」計徵土地增值稅：

　　1.土地漲價總數額的計算，是自申報移轉現值中減除下列各項後
的餘額，為漲價總數額：（土稅§31）

　　（1）規定地價後，未經過移轉的土地，其原規定地價。規定地價
後，曾經移轉的土地，其前次移轉現值。

　　（2）土地所有權人為改良土地已支付的全部費用，包括已繳納的
工程受益費、土地重劃費用及因土地使用變更而無償捐贈一定比率土
地作為公共設施用地者，其捐贈時捐贈土地之公告現值總額。

　　2.所謂的「原規定地價」及「前次移轉現值」，請參閱第179條
的解說。

（四）申報移轉現值：（土稅§30；均§47-1）

　　1.土地所有權移轉或設定典權，其申報移轉現值的審核標準，依
下列規定：

　　（1）申報人於訂定契約之日起三十日內申報者，以訂約日當期的
公告土地現值為準。

　　（2）申報人逾訂定契約之日起三十日始申報者，以受理申報機關
收件日當期的公告土地現值為準。

　　（3）遺贈之土地，以遺贈人死亡日當期之公告土地現值為準。

　　（4）依法院判決移轉登記者，以申報人向法院起訴日當期的公告
土地現值為準。

　　（5）經法院拍賣的土地，以拍定日當期之公告土地現值為準。但
拍定價額低於公告土地現值者，以拍定的價額為準。拍定價額如已先
將設定抵押金額及其他債務予以扣除者，應以併同計算金額為準。

　　（6）經政府核定照價收買或協議購買之土地，以政府收買日或購
買日當期之公告土地現值為準，但政府給付之地價低於收買日或購買
日當期之公告土地現值者，以政府給付之地價為準。

2.前項第1款至第4款申報人申報的移轉現值，經審核低於公告土地現值者，得由主管機關照其自行申報的移轉現值收買或照公告土地現值徵收土地增值稅。第1款至第3款的申報移轉現值，經審核超過公告土地現值者，應以其自行申報的移轉現值為準，徵收土地增值稅。

（五）土地漲價總數額的計算公式：（均施則56；土稅施則50）

土地漲價總數額＝

$$申報土地移轉現值 - \left(\begin{array}{c} 原規定地價或前次移轉 \\ 時所申報之土地移轉現值 \end{array} \times \dfrac{台灣地區消費者物價總指數}{100} \right)$$

－（改良土地費用＋工程受益費＋土地重劃負擔總費用＋因土地使用變更而無償捐贈作為公共設施用地其捐贈土地之公告現值總額）

立法意旨

土地增值稅乃以土地所有權人不勞而獲之自然漲價為課稅基礎。為使土地增值稅之計算方便明確，本條特別明文規定土地增值稅總數額之計算標準。

相關參考法條

土§148、158；均§38；土稅§31。

第179條 （原地價）

前條之原規定地價及前次移轉時之地價，稱為原地價。

前項原地價，遇一般物價有劇烈變動時，直轄市或縣（市）財政機關應依當地物價指數調整計算之，並應經地方民意機關之同意。

解說

（一）原地價

1.依本條規定，原地價是指：

(1)原規定地價：即是本法第148條、第156條及第158條所規定的法定地價。

(2)前次移轉時的地價：即是取得當時的地價。

2.依平均地權條例第38條及土地稅法第31條規定：

(1)原規定地價，係指53年規定之地價；其在53年以前已依土地法規定辦理規定地價，及在53年以後舉辦規定地價之土地，均以其第一次規定之地價為原規定地價。

(2)前次移轉時申報的現值，於因繼承取得的土地再行移轉者，係指繼承開始時該土地的公告土地現值。但繼承前依第30條之1第3款規定領回區段徵收抵價地之地價，高於繼承開始時該土地之公告現值者，應從高認定。

3.依平均地權條例施行細則第53條及土地稅法施行細則第48條規定，於因繼承取得的土地再行移轉者，以繼承開始時該土地的公告現值，為前次移轉時申報的現值。但繼承土地有下列各款情形之一者，以超過各該款地價的數額為準：

(1)被繼承人於其土地第一次規定地價以前死亡者，以該土地於53年的規定地價為準。該土地於53年以前已依土地法辦理規定地價，或於53年以後始舉辦規定地價者，以其第一次規定地價為準。

(2)繼承人於62年2月8日起至65年6月30日止，依當時遺產及贈與稅法第57條或依遺產稅補報期限及處理辦法的規定補報遺產稅，且於65年12月31日以前向地政機關補辦繼承登記者，以該土地補辦繼承登記收件時的公告土地現值為準。

(3)繼承人於62年2月8日起至65年6月30日止，依當時遺產及贈與稅法第57條或依遺產稅補報期限及處理辦法的規定補報遺產稅，於66年1月1日後始向地政機關補辦繼承登記者，以其補報遺產稅收件時的

公告土地現值為準。

（二）物價指數調整

1.依本條的規定：

(1)原地價應依物價指數調整。

(2)由直轄市或縣（市）財政機關調整計算，但應經地方民意機關的同意。

2.依平均地權條例第39條及土地稅法第32條規定，原規定地價及前次移轉時核計土地增值稅的現值，遇一般物價有變動時，應按政府發布的物價指數調整後，再計算其土地漲價總數額。

3.依平均地權條例施行細則第55條及土地稅法施行細則第49條規定，應按審核申報移轉現值所屬年月已公告之最近台灣地區消費者物價總指數，調整原規定地價或前次移轉時申報之土地移轉現值。

立法意旨

本條第1項規定原地價之意義。因原地價為計算土地漲價總數額之基礎，如遇一般物價有劇烈變動或貨幣貶值時，應依當地物價指數調整計算，才不至於將物價上漲所導致之土地虛漲部分列入土地漲價，而予以課徵土地增值稅。也就是說，調整原地價之目的，係為便於計算地價之實值漲價總額，藉以扣除因物價上漲或貨幣貶值而使土地價格之漲價部分，以期稅負公平。

相關參考法條

土§178；均§38、39；土稅§31、32。

第180條（土地增值實數額）

土地增值總數額，除去免稅額，為土地增值實數額。

解說

本條雖規定有免稅額，但是本法及其施行法並未規定免稅額為何，如此，或許可以擴大解釋為本法第184條所規定的費用。詳細情形，請參閱法條的解說。

立法意旨

土地增值實數額為課徵土地增值稅之標的，故本條明文規定土地增值實數額之計算方法，以確定計算土地增值實數額之標準，作為課徵土地增值稅時之依據。

相關參考法條

土§176、178、184；均§36；土稅§31；均施則§54；土稅施則§51。

第181條（土地增值稅之稅率）

土地增值稅之稅率，依左列之規定：

一　土地增值實數額，在原地價百分之一百以下者，徵收其增值實數額百分之二十。

二　土地增值實數額，在原地價數額百分之二百以下者，除按前款規定徵收外，就其已超過百分之一百部分，徵收百分之四十。

三　土地增值實數額，在原地價百分之三百以下者，除按前二款規定分別徵收外，就其超過百分之二百部分，征收百分之六十。

四　土地增值實數額超過原地價數額百分之三百者，除按前三款規定分別徵收外，就其超過部分徵收百分之八十。

解說

（一）稅率

1.本條規定的土地增值稅稅率為「超額累進稅率」。

2.累進稅率共分四級：

(1)第一級：增值在一倍以下，稅率為20%。

(2)第二級：增值在二倍以下，其中一倍以下部分，稅率為20%；一倍至二倍部分，稅率為40%。

(3)第三級：增值在三倍以下，其中一倍以下部分，稅率為20%；一倍至二倍部分，稅率為40%；二倍至三倍部分，稅率為60%。

(4)第四級：增值在三倍以上，其中一倍以下部分，稅率為20%；一倍至二倍部分，稅率為40%；二倍至三倍部分，稅率為60%；三倍以上部分，稅率為80%。

3.由於是按倍數分別適用不同的稅率，因此，也有人稱此為「倍數累進稅率」或「倍數超額累進稅率」。

（二）目前稽徵實務的稅率

1.目前課徵土地增值稅所依據的平均地權條例第40條及土地稅法第33條所規定的稅率（94年1月30日修正公布），也是採取「倍數超額累進稅率」，但是稅率結構與本條規定不同：

(1)土地漲價總數額，超過原規定地價或前次移轉時核計土地增值稅的現值數額未達100%者，就其漲價總數額徵收增值稅20%。

(2)土地漲價總數額，超過原規定地價或前次移轉時核計土地增值稅的現值數額在100%以上，未達200%者，除按前款規定辦理外，其超過部分徵收增值稅30%。

(3)土地漲價總數額，超過原規定地價或前次移轉時核計土地增值稅的現值數額在200%以上者，除按前兩款分別辦理外，其超過部分徵收增值稅40%。

(4)因修正前項稅率造成直轄市政府及縣（市）政府稅收之實質損失，於財政收支劃分法修正擴大中央統籌分配稅款規模之規定施行

前，由中央政府補足之，並不受預算法第23條有關公債收入不得充經常支出之用之限制。

(5)前項實質損失之計算，由財政部與直轄市政府及縣（市）政府協商之。

(6)公告土地現值，不得低於一般正常交易價值之一定比例。

(7)前項一定比例，由中央主管機關會同財政部與直轄市、縣（市）政府會商後定之。但應逐年接近一般正常交易價格。

(8)持有土地年限超過二十年以上者，就其土地增值稅超過第1項最低稅率部分減徵20%。

(9)持有土地年限超過三十年以上者，就其土地增值稅超過第1項最低稅率部分減徵30%。

(10)持有土地年限超過四十年以上者，就其土地增值稅超過第1項最低稅率部分減徵40%。

2.稅率說明：

(1)有關該條文增訂長期持有土地「就其土地增值稅超過第1項最低稅率部分減徵20%、30%、40%」之規定，依該條文及立法原意，係就各級累進稅率超過第1項最低稅率以上之差額稅率部分計算減徵。如以持有期間超過二十年以上者為例，第一級最低稅率維持為20%不變；第二級原稅率為30%，其可減徵之部分係為超過20%以上之差額，即以10%乘上減徵比例20%，即可得出可減徵部分為2%，故減徵後稅率為28%〔30% − (30% − 20%)×20% = 28%〕；而第三級稅率40%減徵後則為36%〔40% − (40% − 20%)×20% = 36%〕。故持有二十年以上之土地，其累進稅率會由20%、30%、40%調整為20%、28%、36%。

(2)由相同之計算方式，可得出持有三十年以上土地，減徵後稅率為20%、27%、34%，四十年以上土地為20%、26%、32%。

(3)據上，有關土地稅法第33條修正後之土地增值稅應徵稅額之計算公式，經財政部研議予以令釋如下。

(4)土地增值稅應徵稅額之計算公式：

稅級別	計　算　公　式
第一級	應徵稅額＝土地漲價總數額【超過原規定地價或前次移轉時申報現值（按台灣地區消費者物價總指數調整後）未達100%者】×稅率（20%）
第二級	應徵稅額＝土地漲價總數額【超過原規定地價或前次移轉申報現值（按台灣地區消費者物價總指數調整後）在100%以上未達200%者】×【稅率（30%）－〔（30%－20%）×減徵率〕】－累進差額（按台灣地區消費者物價總指數調整後之原規定地價或前次移轉現值×A） 註：持有土地年限未超過20年者，無減徵，A為0.10 　　持有土地年限超過20年以上者，減徵率為20%，A為0.08 　　持有土地年限超過30年以上者，減徵率為30%，A為0.07 　　持有土地年限超過40年以上者，減徵率為40%，A為0.06
第三級	應徵稅額＝土地漲價總數額【超過原規定地價或前次移轉申報現值（按台灣地區消費者物價總指數調整後）在200%以上者】×【稅率（40%）－〔（40%－20%）×減徵率〕】－累進差額（按台灣地區消費者物價總指數調整後之原規定地價或前次移轉現值×B） 註：持有土地年限未超過20年者，無減徵，B為0.30 　　持有土地年限超過20年以上者，減徵率為20%，B為0.24 　　持有土地年限超過30年以上者，減徵率為30%，B為0.21 　　持有土地年限超過40年以上者，減徵率為40%，B為0.18

立法意旨

　　本條規定土地增值稅累進稅率之級距及計算標準。我國土地增值稅係採分級超額累進稅率，依土地增值之倍數多寡，分別其稅率之輕重，按土地增值實數額，每超過原地價一倍為一級距，將累進稅率分為四級，最低稅率20%，每進一級，遞加稅率20%，加至最高稅率80%止。

相關參考法條

　　均§40；土稅§33。

第182條（移轉增值稅之納稅人）

土地所有權之移轉為絕賣者，其增值稅向出賣人征收之，如為繼承或贈與者，其增值稅向繼承人或受贈人徵收之。

解說

（一）依本條規定，土地增值稅的徵收對象為

　1.土地為絕賣者——即出賣者，向出賣人徵收。

　2.土地為繼承或贈與者，向繼承人或受贈人徵收。

（二）依平均地權條例第37條及土地稅法第5條規定，土地增值稅的納稅義務人如下

　1.土地為有償移轉（指買賣、交換、政府照價收買或徵收等方式的移轉）者，為原所有權人。

　2.土地為無償移轉（指遺贈及贈與等方式的移轉）者，為取得所有權人。

　3.土地設定典權者，為出典人。

（三）合併分割的納稅義務人

　1.土地稅法施行細則第42條第1項規定：「土地交換，應分別向原土地所有權人徵收土地增值稅。」

　2.平均地權條例施行細則第65條規定：

　(1)分別共有土地分割後，各人所取得之土地價值與其分割前應有部分價值相等者，免徵土地增值稅；其價值減少者，就其減少部分課徵土地增值稅。

　(2)公同共有土地分割，其土地增值稅之課徵，準用前項規定。

　(3)土地合併後，各共有人應有部分價值與其合併前之土地價值相等者，免徵土地增值稅。其價值減少者，就其減少部分課徵土地增值稅。

　(4)前三項土地價值之計算，以共有土地分割或土地合併時之公告土地現值為準。

　　3.依前述規定，就價值減少部分課徵土地增值稅，該減少部分若是有補償，則納稅義務人為減少的人；若是未補償，則納稅義務人為增多的人。

（四）依最高法院66年台上字第1195號判例及71年台上字第108號判例，認為法律規定的納稅義務人，僅是規定課稅對象而已，土地移轉時如約定由買受人負擔土地增值稅，並由買受人以出賣人的名義代為繳付，並不違背有關法條的規定，而且符合民事契約自由的原則。

（五）信託土地如應課徵土地增值稅，以受託人或歸屬權利人為納稅義務人，詳見第176條的解說。

立法意旨

　　土地增值稅的作用，在於貫徹漲價歸公之土地政策，原則上係向因自然漲價而受利益者徵收之，始合乎租稅公平原則，故本條明示土地所有權為絕賣、繼承、贈與時，應繳土地增值稅之納稅義務人。其旨在明確規定土地權利變動時繳納土地增值稅之義務人，以避免推諉拖延。

相關參考法條

　　土§176、183；均§37、37-1；土稅§5、5-2

第183條（定期增值稅之納稅人）

規定地價後十年屆滿，或實施工程地區五年屆滿，而無移轉之土地，其增值稅向土地所有權人徵收之。

前項土地設有典權者，其增值稅，得向典權人徵收之。但於土地回贖時，出典人應無息償還。

解說

（一）由於本法第176條及第177條規定，土地雖無移轉但屆滿十年時應徵收土地增值稅，於實施工程地區工程完成後屆滿五年時，也應徵收土地增值稅，因此乃有本條規定；但是目前課徵土地增值稅所依據的平均地權條例及土地稅法，並未有如此的土地增值稅課徵，所以土地所有權人也就無繳納的義務。

（二）設定典權：

1.所謂「典權」，簡單的說，就是土地典當。

2.依本條規定，設定典權，向典權人徵收土地增值稅，於回贖時，由出典人無息償還典權人，但平均地權條例第36條第1項、土地稅法第29條規定，土地設定典權時，出典人應預繳土地增值稅。因為典當的土地可能回贖，所以土地稅法第29條規定的文字為「預繳」，而不是繳納。

3.設定典權的土地，於出典人回贖時，原繳納的土地增值稅，經出典人申請時應無息退還。

4.設定典權的土地，若出典人不回贖時，典權人得憑原預繳的土地增值稅收據，辦理所有權人移轉登記。

立法意旨

定期土地增值稅，並非以土地所有權移轉時始行課徵，而係以屆滿一定時期為課徵條件。至於其課徵對象，因其獲利係土地所有權人，自應向土地所有權人課徵。此外，設有典權之土地，其增值稅得向典權人徵收，而於土地回贖時，由出典人無息償還，旨在確定特別情況下土地增值稅之納稅義務人。

相關參考法條

土§176、177；均§36；土稅§29。

第184條（土地增值實數額之扣減）

土地增值實數額，應減去土地所有權人為改良土地所用之資本，及已繳納之工程受益費。

解說

（一）依本條規定，土地增值實數額應減去改良費用及已繳納的工程受益費，以求得自然漲價的數額，並就自然漲價的數額計徵土地增值稅。

（二）土地改良、工程受益費及土地重劃費的扣除：

1.雖然本法未對本條的免稅額有所規定，但是平均地權條例及土地稅法卻都有明文規定。

2.依平均地權條例第36條第2項及土地稅法第31條第1項第2款規定，土地漲價總數額，應減去土地所有權人為改良土地已支付的全部費用，包括已繳納的工程受益費、土地重劃費用及因土地使用變更而無償損贈一定比率土地作為公共設施用地者，其捐贈時捐贈土地之公告現值總額。

3.依平均地權條例施行細則第54條及土地稅法施行細則第51條規定：

(1)應減去之費用，包括改良土地費、工程受益費及土地重劃負擔總費用及因土地使用變更而無償捐贈作為公共設施用地其捐贈土地之公告現值總額。但照價收買之土地，已由政府依平均地權條例第32條規定補償之改良土地費用及工程受益費不包括在內。

(2)依前項規定減去的費用，應由土地所有權人於土地增值稅繳納前提出工程受益費繳納收據、直轄市或縣（市）主管機關發給的改良土地費用證明書或地政機關發給的土地重劃負擔總費用證明書及因土地使用變更而無償捐贈作為公共設施用地其捐贈土地之公告現值總額之證明文件。

（三）土地漲價總數額的計算公式，請參見第178條的解說。

立法意旨

　　本條揭示，土地增值實數額，應減去土地所有權人為改良土地所用之資本及已繳納之工程受益費。此因土地所有權人對土地投以資本，致土地價值有所增漲，其增漲之地價，並非不勞而獲之利益，故不宜再予以課徵增值稅；另外，因政府實施改良土地工程而得之改良利益，地價因此增漲者，因已另行繳納工程受益費，故亦應予以扣除之，避免重複課稅，以達到課稅公平原則。

相關參考法條

　　土§178、180；均§36；均施則§54；土稅§31；土稅施則§51。

第五章

土地改良物稅

第185條（稅率）

建築改良物，得照其估定價值，按年征稅，其最高稅率，不得超過千分之十。

解說

（一）本法所規定的土地改良物稅，實際上就是建築改良物稅。由於本法第5條第2項規定，附著於土地的建築物或工事，為建築改良物；因此，無論是建築物還是工事，均應課徵土地改良物稅。

（二）目前實務上，並不依本法的規定課徵土地改良物稅，而是依房屋稅條例的規定課徵房屋稅。在此依本條及房屋稅條例相關規定略述如下：

1.課稅標準：

(1)本條規定是指估定價值課稅，所謂「估定價值」，是依本法第161條至第166條規定所估定的價值。請參閱各該法條的解說。

(2)依房屋稅條例第5條規定，房屋稅是按房屋現值課徵。有關房屋現值的核計，分別規定於該條例第7條、第10條及第11條。詳情也請參閱本法第161條至第166條的解說。

2.課稅時機：

(1)本條規定是按年徵稅，也就是一年徵稅一次的意思。

(2)依房屋稅條例第12條規定，也是按年徵稅：

①房屋稅每年徵收一次，其開徵日期由省（市）政府訂定。

②新建、增建或改建房屋，於當期建造完成者，均須按月比例計課，未滿一個月者不計。

(3)目前課徵實務，是以會計年度為準，即每年7月1日起至次年6月30日止，徵收房屋稅一次，其開徵日期，均為次年的五月份。

3.稅率：

(1)本條規定最高稅率不得超過10‰，但並未明定確實的稅率。

(2)依房屋稅條例第5條規定，房屋稅的稅率如下，至供自住及公益出租人出租使用之認定標準，由財政部定之。

①住家用房屋：供自住或公益出租人出租使用者，為其房屋現值1.2%；其他供住家用者，最低不得少於其房屋現值1.5%，最高不得超過3.6%。各地方政府得視所有權人持有房屋戶數訂定差別稅率。

②非住家用房屋：供營業、私人醫院、診所或自由職業事務所使用者，最低不得少於其房屋現值3%，最高不得超過5%。

③供人民團體等非營業使用者，最低不得少於其房屋現值1.5%，最高不得超過2.5%。

④房屋同時作住家及非住家用者，應以實際使用面積，分別按住家用或非住家用稅率，課徵房屋稅。但非住家用者，課稅面積最低不得少於全部面積六分之一。

(3)住家用房屋供自住及公益出租人出租使用認定標準（106.11.30台財稅字第10604699030號）

①自住使用定義：（第2條）

A.房屋無出租使用。

B.供本人、配偶或直系親屬實際居住使用。

C.本人、配偶及未成年子女全國合計三戶以內。

②公益出租人出租定義：（第3條）

　　　房屋屬公益出租人出租使用，指經直轄市、縣（市）主管機
　　　關依住宅法及其相關規定核（認）定之公益出租人，於核
　　　（認）定之有效期間內，出租房屋供住家使用。

　　(4)依房屋稅條例第6條規定，直轄市及縣（市）政府得視地方實
際情形，在前條規定稅率範圍內，分別規定房屋稅徵收率，提經當地
民意機關通過，報請或層轉財政部備案。

　　(5)依房屋稅條例第15條第2項規定，私有房屋有下列情形之一
者，其房屋稅減半徵收：

　　　①政府平價配售的平民住宅。

　　　②合法登記的工廠供直接生產使用的自有房屋。

　　　③農會所有的自用倉庫及檢驗場，經主管機關證明者。

　　　④受重大災害，毀損面積占整棟面積三成以上不及五成的房
　　　　屋。

　　(6)依直轄市或縣（市）政府訂頒的房屋稅徵收細則的規定，房
屋空置不為使用者，應按現值依據使用執照所載用途課稅，或都市計
畫分區使用範圍，分別以住家或非住家非營業用稅率課徵。

立法意旨

　　土地改良物，係為土地所有權人投下勞力、資本而得，為促進土
地之改良利用，鼓勵建築改良物之興建及減輕建物所有人之負擔，故
應從輕課稅。

相關參考法條

　　土§5、143、161～166、187；房稅例§1、3、5、6、12、15。

> **第186條**（徵收時期及納稅人）
>
> 建築改良物稅之徵收，於徵收地價稅時為之，並適用第一百七十二條之規定。

解說

（一）徵收時機

1.本條規定於徵收地價稅時，同時徵收建築改良物稅。由於地價稅為每年徵收一次，必要時得准分兩期繳納；因此，建築改良物稅也是每年徵收一次，必要時也得准分兩期繳納。

2.依房屋稅條例第12條第1項規定，房屋稅每年徵收一次，其開徵日期由省（市）政府訂定。依省（市）政府訂頒的房屋稅徵收細則規定，每年徵收房屋稅一次，徵收期間定為一個月。

3.依本條規定，房屋稅與地價稅應同時課徵；但是目前房屋稅是採會計年度即每年7月至次年6月，並於次年5月1日至31日開徵；地價稅則是採年曆年度——即每年1月至12月，並於11月1日至30日開徵。基於便民起見，實應依本條規定，將房屋稅與地價稅統一年度並同時開徵為宜。

（二）納稅義務人

1.本法未明定納稅義務人，僅於本條規定，適用本法第172條規定。

2.依本法第172條規定，地價稅向所有權人徵收，設定有典權之土地，由典權人繳納。由此可知，土地改良物稅的納稅義務人，為所有權人或是典權人。

3.依房屋稅條例第4條規定：

(1)房屋稅向房屋所有人徵收。其設有典權者，向典權人徵收。共有房屋向共有人徵收，由共有人推定一人繳納，其不為推定者，由現住人或使用人代繳。

(2)前項代繳的房屋稅，在其應負擔部分以外的稅款，對於其他

共有人有求償權。

(3)第1項所有權人或典權人住址不明，或非居住房屋所在地者，應由管理人或現住人繳納，如屬出租，應由承租人負責代繳，抵扣房租。

(4)未辦建物所有權第一次登記且所有人不明之房屋，其房屋稅向使用執照所載起造人徵收之；無使用執照者，向建造執照所載起造人徵收之；無建造執照者，向現住人或管理人徵收之。

(5)房屋為信託財產者，於信託關係存續中，以受託人為房屋稅之納稅義務人。受託人為二人以上者，準用第1項有關共有房屋之規定。

立法意旨

本條明文規定建築改良物稅與地價稅一併徵收，以減少稽徵人力、物力；其徵收義務人原則上為所有權人，設有典權者向典權人徵收之。旨在明確指示徵收時期及納稅義務人，作為徵收時之依據。

相關參考法條

土§167、172、185；房稅例§4、12。

第187條（自住房屋之免稅）
建築改良物為自住房屋時，免予徵稅。

解說

（一）依本條規定，自住的房屋免予徵稅。但是依房屋稅條例的規定，只要是房屋，除該條例所規定的免稅外，均應課徵房屋稅。

（二）住家用房屋稅率：

　　1.依房屋稅條例第5條規定，住家用房屋，係供自住或公益出租人出租使用者，為其房屋現值1.2%；其他供住家用者，最低不得少於其房屋現值1.5%，最高不得超過3.6%。各地方政府得視所有權人持有房屋戶數訂定差別稅率。

　　2.依直轄市或縣（市）政府訂頒的房屋稅徵收細則規定，住家用房屋，係供自住或公益出租人出租使用，按其現值課徵1.2%；其他供住家用者，按其現值課徵1.5%～3.6%之差別稅率。

　　3.免稅：房屋現值核定後，因時間的經過將會折舊，所以按年遞減其價格。依房屋稅條例第15條第1項第9款規定，住家房屋現值在新臺幣10萬元以下者免稅；上項標準如遇房屋標準價格依第11條第2項規定重行評定時，按該重行評定時之標準價格增減程度調整；調整金額以千元為單位，未達千元者，按千元計算。

　　4.毀損免稅：依房屋稅條例第8條規定，房屋遇有焚燬、坍塌、拆除至不堪居住程度者，應由納稅義務人申報當地主管稽徵機關查實後，在未重建完成期內，停止課稅。

立法意旨

　　本條明文規定建築改良物為自住房屋時，免予徵稅。此因自用住宅係人民基本生活所必須，課以重稅將降低人民生活水準，且自用住宅並無生產收益，本身也無付稅能力，故設本條之規定，免予徵稅。

相關參考法條

　　土§143、185；房稅例§1～3、5、8、14、15。

第188條（農作改良物之免稅）
農作改良物不得徵稅。

解說

（一）所謂「農作改良物」，是指附著於土地的農作物及其他植物與
　　　水利土壤的改良。

（二）由於本條規定，農作改良物不得徵稅，所以本法本編所規定的
　　　土地改良稅，是專指建築改良物稅。因此，本法第161條至第
　　　166條所規定的改良物價的估定，均僅針對建築改良物，而不
　　　及於農作改良物。

立法意旨

　　農作改良物，乃農民投施勞力、資本之結果，為保護農業生
產，鼓勵土地之利用改良，並改善農民生活，自不宜課稅，故本條規
定農作改良物不得徵稅。

相關參考法條

　　土§5、143。

第189條（建築改良物免稅之界限）
地價每畝不滿五百元之地方，其建築改良物，應免予徵稅。

解說

（一）畝為土地面積單位，即是六十丈平方為一畝，為大陸時期所用
　　　的面積單位。目前台灣地區均是用公頃、公畝及平方公尺為面
　　　積單位，不過買賣實務上仍然以坪為準居多，而不再以畝作為
　　　計算單位。

（二）地價偏低地區，顯然經濟不繁榮，民生必然困苦，所以免稅。
　　　但是台灣地區經濟繁榮，已沒有像本條所規定的低地價地區，
　　　所以房屋稅條例無類似規定。

（三）私有房屋免稅情形：（房稅例§15）

1.業經立案之私立學校及學術研究機構，完成財團法人登記者，其供校舍或辦公使用之房屋。

2.業經立案之私立慈善救濟事業，不以營利為目的，完成財團法人登記者，其直接供辦理事業所使用之自有房屋。

3.專供祭祀用之宗祠、宗教團體供傳教布道之教堂及寺廟。但以完成財團法人或寺廟登記，且房屋為其所有者為限。

4.無償供政府機關公用或供軍用之房屋。

5.不以營利為目的，並經政府核准之公益社團自有供辦公使用之房屋。但以同業、同鄉、同學或宗親社團為受益對象者，除依工會法組成之工會經由當地主管稽徵機關報經直轄市、縣（市）政府核准免徵外，不在此限。

6.專供飼養禽畜之房舍、培植農產品之溫室、稻米育苗中心作業室、人工繁殖場、抽水機房舍；專供農民自用之燻菸房、稻穀及茶葉烘乾機房、存放農機具倉庫及堆肥舍等房屋。

7.受重大災害，毀損面積占整棟面積五成以上，必須修復始能使用之房屋。應由納稅義務人於事實發生之日起三十日內，申報當地主管稽徵機關調查核定。

8.司法保護事業所有之房屋。

9.住家房屋現值在新臺幣10萬元以下者。但房屋標準價格如依第11條第2項規定重行評定時，按該重行評定時之標準價格增減程度調整之。調整金額以千元為單位，未達千元者，按千元計算。

10.農會所有之倉庫，專供糧政機關儲存公糧，經主管機關證明者。

11.經目的事業主管機關許可設立之公益信託，其受託人因該信託關係而取得之房屋，直接供辦理公益活動使用者。

（四）私有房屋減半徵稅情形：

1.政府平價配售的平民住宅。

2.合法登記的工廠供直接生產使用的自有房屋。

3.農會所有的自用倉庫及檢驗場，經主管機關證明者。

4.受重大災害，毀損面積占整棟面積三成以上不及五成的房屋——應由納稅義務人於事實發生之日起三十日內，申報當地主管稽徵機關調查核定之。

立法意旨

為維持地方稅源，本法雖規定課徵建築改良物稅，但應盡量縮小其徵收範圍，故本條明文規定建築改良物免予課稅之地區範圍。其旨在限定免徵建築改良物稅之地區，以供課稅當局決定徵、免建築改良物之依據。

相關參考法條

土§143、187；房稅例§8、14、15。

第190條（土地改良稅之性質）
土地改良稅，全部為地方稅。

解說

本條規定土地改良物稅為地方稅，與本法第146條規定土地稅為地方稅完全相同。因此，詳細情形請參閱該法條的解說。

立法意旨

依課徵地價稅之原理，土地改良物為投施改良之結果，本不應徵稅，然為顧及地方財源短缺之情形，始有限度的徵收，故該項改良物稅收入，應歸屬地方，以充實地方財源、建設地方，達到取之於民、用之於民之立法意旨。

土地法

相關參考法條

土§146、188；房稅例§3；財收支劃分§12。

第六章
土地稅之減免

第191條（公有土地及建築改良物之免稅）
公有土地及公有建築改良物，免徵土地稅及改良物稅。但供公營事業使用或不作公共使用者，不在此限。

解說

（一）依本法第4條規定，公有土地，為國有土地、直轄市有土地、縣（市）有土地或鄉（鎮、市）有的土地。因此，本條規定的公有建築改良物，應為國有建築改良物、直轄市有建築改良物、縣（市）有建築改良物或鄉鎮（市）有的建築改良物。

（二）依本條規定，改良物的公用的土地免徵土地稅，但若供作公營事業使用或不作公共使用的土地，仍應課徵土地稅。所謂「土地稅」，依本法第144條規定，為地價稅及土地增值稅二種；依土地稅法第1條規定，為地價稅、田賦及土地增值稅三種：

　　1.地價稅：公有土地按基本稅率——即10‰徵收地價稅；但公有土地供公共使用者，免徵地價稅（均§24；土稅§20）。

　　2.田賦：

　　(1)公有土地，屬於平均地權條例第22條及土地稅法第22條所規定應課徵田賦的農業用地，仍應課徵田賦；但若公有土地供公共使用及都市計畫公共設施保留地在保留期間未作任何使用，並與使用中的土地隔離者，則免徵田賦。

　　(2)目前台灣地區，無論公、私有土地，一律全面停徵田賦。

3.公有土地的地價稅或田賦全免情形：（土稅減則§7）

(1)供公共使用的土地。

(2)各級政府與所屬機關及地方自治機關用地及其員工宿舍用地。但不包括供事業使用者在內。

(3)（刪除）

(4)國防用地及軍事機關、部隊、學校使用的土地。

(5)公立之醫院、診所、學術研究機構、社教機構、救濟設施及公、私立學校直接用地及其員工宿舍用地，以及學校學生實習所用之直接生產用地。但外國僑民學校應為該國政府設立或認可，並依私立高級中等以下外國僑民學校及附設幼稚園設立及管理辦法設立，且以該國與我國相同互惠待遇或經行政院專案核定免徵者為限；本國私立學校，以依私立學校法立案者為限。

(6)農、林、漁、牧、工、礦機關直接辦理試驗用地。

(7)糧食管理機關倉庫用地。

(8)鐵路、公路、航空站、飛機場、自來水廠及垃圾、水肥、污水處理廠（池場）等直接用地及其員工宿舍用地。但不包括其附屬營業單位獨立使用的土地在內。

(9)引水、蓄水、洩水等水利設施及各項建造物用地。

(10)政府無償配供貧民居住之房屋用地。

(11)名勝古蹟及紀念先賢先烈的館堂祠廟與公墓用地。

(12)觀光主管機關為開發建設觀光事業，依法徵收或協議購買的土地，在未出賣與興辦觀光事業者前，確無收益者。

(13)依停車場法規定設置供公眾使用之停車場用地。

前項公有土地係徵收、收購或受撥用而取得者，於其尚未辦妥產權登記前，如經該使用機關提出證明文件，其用途合於免徵標準者，徵收土地自徵收確定之日起、收購土地自訂約之日起，受撥用土地自撥用之日起，準用前項規定。

原合於第1項第5款供公、私立學校使用之公有土地，經變更登記

為非公有土地後，仍供原學校使用者，準用第1項規定。

公立學校之學生宿舍，由民間機構與主辦機關簽訂投資契約，投資興建並租與該校學生作宿舍使用，且約定於營運期間屆滿後，移轉該宿舍之所有權予政府者，於興建及營運期間，其基地之地價稅得由當地主管稽徵機關專案報請直轄市、縣（市）主管機關核准免徵。

4.土地增值稅：各級政府出售或依法贈與的公有土地及接受捐贈之私有土地，免徵土地增值稅（均§35；土稅§28）。

（三）依房屋稅條例第14條規定，公有房屋供下列各款使用者，免徵房屋稅：

1.各級政府機關及地方自治機關之辦公房屋及其員工宿舍。

2.軍事機關部隊之辦公房屋及其官兵宿舍。

3.監獄、看守所及其辦公房屋暨員工宿舍。

4.公立的學校、醫院、社會教育學術研究機構及救濟機構之校舍、院舍、辦公房屋及其員工宿舍。

5.工礦、農林、水利、漁牧事業機關之研究或試驗所所用之房屋。

6.糧政機關之糧倉、鹽務機關之鹽倉、公賣事業及政府經營之自來水廠（場）所使用之廠房及辦公房屋。

7.郵政、電信、鐵路、公路、航空、氣象、港務事業，供本身業務所使用之房屋及其員工宿舍。

8.名勝古蹟及紀念先賢先烈的祠廟。

9.政府配供貧民居住之房屋。

10.政府機關為輔導退除役官兵就業所舉辦事業使用之房屋。

立法意旨

公有土地及公有建築改良物，為各級政府處理公務而直接使用者，為免徒增政府財政負擔，故本條明言免徵土地稅及改良物稅。惟公有土地及公有建築改良物，以供公共使用者為限；若供公營事業使

用者，因有營利性質，自不宜享受免稅。

相關參考法條

土§4；均§24、35；土稅§6、20、28；房稅例§14；土稅減則§7。

第192條（私有土地稅之減免）

供左列各款使用之私有土地，得由財政部會同中央地政機關，呈經行政院核准，免稅或減稅：

一　學校及其他學術機關用地。

二　公園及公共體育場用地。

三　農、林、漁、牧試驗場用地。

四　森林用地。

五　公立醫院用地。

六　公共墳場用地。

七　其他不以營利為目的之公益事業用地。

解說

（一）本條規定私有土地的免稅情形：

　　1.私有土地須是供本條所規定的各款使用，才得以免稅或減稅。

　　2.依本條規定減稅或免稅，得由財政部會同中央地政機關呈經行政院核准。

（二）平均地權條例第25條及土地稅法第6條規定，為發展經濟，促進土地利用，增進社會福利，對於國防、政府機關、公共設施、騎樓走廊、研究機構、教育、交通、水利、給水、鹽業、宗教、醫療、衛生、公私墓、慈善或公益事業及合理之自用住宅等所使用的土地，及重劃、墾荒、改良土地者，得予適當的

減免；其減免標準及程序，由行政院訂定。

（三）依前述條例及稅法的規定，行政院訂頒有「土地稅減免規則」，依99年5月7日修正公布之規則規定：

1.私有土地減免地價稅或田賦的標準：（第8條）

(1)財團法人或財團法人所興辦業經立案的私立學校用地、為學生實習農、林、漁、牧、工、礦等所用的生產用地及員生宿舍用地，經登記為財團法人所有者，全免。但私立補習班或函授學校用地，均不予減免。

(2)經主管教育行政機關核准合於私立社會教育機構設立及獎勵辦法規定設立的私立圖書館、博物館、科學館、藝術館及合於學術研究機構設立辦法規定設立之學術研究機構，其直接用地，全免。但以已辦妥財團法人登記，或係辦妥登記之財團法人所興辦，且其用地為該財團法人所有者為限。

(3)經事業主管機關核准設立，對外絕對公開，並不以營利為目的之私立公園及體育館場，其用地減徵50%；其為財團法人組織者減徵70%。

(4)經事業主管機關核准設立的私立農、林、漁、牧、工、礦試驗場，辦理五年以上，具有試驗事實，其土地未作其他使用，並經該主管機關證明者，其用地減徵50%。

(5)經事業主管機關核准設立的私立醫院，捐血機構、社會救濟慈善及其他為促進公眾利益，不以營利為目的，且不以同業、同鄉、同學、宗親成員或其他特定之人等為主要受益對象的事業，其本身事業用地，全免。但為促進公眾利益的事業，除經由當地主管稽徵機關報經直轄市、縣（市）主管機關核准免徵者外，其餘應以辦妥財團法人登記，或係辦妥登記之財團法人所興辦，且其用地為該財團法人所有者為限。

(6)經事業主管機關核准設立的私立公墓，其為財團法人組織，且不以營利為目的，其用地，全免。惟以都市計畫規劃為公墓用地或

非都市土地經編定為墳墓用地者為限。

(7)經事業主管機關核准興建的民營鐵、公路或專用鐵、公路，經常開放並附帶客貨運輸者，其基地，全免。

(8)經事業主管機關核准興辦的農田水利事業，所有引水、蓄水、洩水各項建造物用地，全免；辦公處所及其工作站房用地減徵50%。

(9)有益社會風俗教化之宗教團體，經辦妥財團法人或寺廟登記，其專供公開傳教佈道之教堂、經內政部核准設立的宗教教義研究機構、寺廟用地及紀念先賢先烈的館堂祠廟用地，全免。但用以收益的祀田或放租之基地，或其土地係以私人名義為所有權登記者不適用之。

(10)無償供給政府機關、公立學校及軍事機關、部隊、學校使用之土地，在使用期間以內，全免。

(11)各級農會、漁會之辦公廳及其集貨場、依法辦竣農倉登記之倉庫或漁會附屬之冷凍魚貨倉庫用地，減徵50%。

(12)經主管機關依法指定的私有古蹟用地，全免。

前項第1款之私立學校，第2款之私立學術研究機構及第5款之私立社會救濟慈善各事業，其有收益之土地，而將全部收益直接用於各該事業者，其地價稅或田賦得專案報請減免。第3款、第4款、第6款、第7款、第8款及第11款之各事業用地，應以各該事業所有者為限。但第3款之事業租用公地為用地者，該公地仍適用該款之規定。

2.無償供公眾通行之道路土地，經查明屬實者，在使用期間內，地價稅或田賦全免。但其屬建造房屋應留之法定空地部分，不予免徵（第9條）。

3.供公共通行之騎樓走廊地，無建築改良物者，應免徵地價稅；有建築改良物者，依下列規定減徵地價稅：（第10條）

(1)地上有建築改良物一層者，減徵二分之一。

(2)地上有建築改良物二層者，減徵三分之一。

(3)地上有建築改良物三層者，減徵四分之一。

(4)地上有建築改良物四層以上者，減徵五分之一。

前項所稱建築改良物係指附著於土地之建築物或工事。

立法意旨

本條明文規定，不以營利為目的，而供公益使用之私有土地，得減免土地稅。旨在減輕其負擔，以獎勵其對公益事業之貢獻。其程序係由財政部會同中央地政機關呈報行政院核准予以免稅或減稅。

相關參考法條

均§25；土稅§6；土稅減則§8～10。

第193條（災難或調劑期之減免）

因地方發生災難或調劑社會經濟狀況，得由財政部會同中央地政機關呈經行政院核准，就關係區內之土地，於災難或調劑期中，免稅或減稅。

解說

（一）依本條規定，減免稅的情形為：

　　1.須因地方發生災難或調劑社會經濟狀況。

　　2.須由財政部會同中央地政機關呈經行政院核准。

　　3.須是關係區內的土地。

　　4.僅於災難或調劑期中免稅或減稅。

（二）依土地稅法第27條之1規定，為調劑農業生產狀況或因應農業發展需要，行政院得決定停徵全部或部分田賦。因此，目前台灣地區全部停徵田賦。

（三）因山崩、地陷，流失或沙壓等環境限制及技術上無法使用之土

地，或在墾荒過程之土地，依土地稅減免規則第12條規定，其地價稅或田賦全免。

立法意旨

因地方上發生災難，或社會經濟狀況惡劣時，為體恤災民，減輕民眾負擔，本條特明定財政部得視地方情況，會同中央地政機關呈經行政院核准，就關係區內之土地，於災難或調劑期中減免土地稅，以利其迅速恢復。

相關參考法條

土稅§27-1；房稅例§8、15；土稅減則§11～18。

第194條（保留徵收或限制不能使用之免稅）
因保留徵收或依法律限制不能使用之土地，概應免稅。但在保留徵收期內。仍能為原來之使用者，不在此限。

解說

（一）保留徵收

1.所謂「保留徵收」，是指因開闢交通路線，興辦公用事業、新設都市地域或國防設備，就將來所需用的土地，在未需用以前，預為呈請核定公布其徵收的範圍，並禁止妨礙徵收的使用（土§213）。

2.依本條規定，因保留徵收而不能使用的土地免稅，但仍能作原來的使用者，則不得免稅。

3.都市計畫公共設施保留地，在保留期間仍為建築使用者，除自用住宅用地依土地稅法第17條規定按2‰計徵地價稅外，統按6‰計徵地價稅；其未作任何使用並與使用中的土地隔離者，免徵地價稅（均§23；土稅§19；土稅減則§11）。

（二）依法律限制不能使用的土地

　　1.所謂「依法律限制不能使用」，如本法第92條、第93條規定的保留徵收而限制建築使用者，又如國防軍事設施列為管制者等均是。

　　2.依本條規定，因法律限制不能使用的土地免稅。

　　3.依土地稅減免規則第11條之1規定，由國防部會同內政部指定海岸、土地或重要軍事設施區，經依法劃為管制區而實施限建或禁建的土地，減免地價稅或田賦標準如下：

　　(1)限建的土地，得在30%範圍內，由直轄市、縣（市）主管機關酌予減徵。

　　(2)禁建的土地，減徵50%；但因禁建致不能建築使用且無收益者，全免。

立法意旨

　　土地因保留徵收或依法律限制不能使用者，土地之使用顯著受到限制，即不能為有效之利用，致使收益減少或無收益，故應免稅減輕納稅人之負擔，以昭公允。惟在保留徵收期間內，仍能為原來之使用者，即表示仍有收益，法理自然不應免稅。

相關參考法條

　　土§92、93、213；均§23；土稅§19；土稅減則§11、11-1。

第195條（無法使用或墾荒中土地之免稅）

在自然環境及技術上無法使用之土地，或在墾荒過程中之土地，由財政部會同中央地政機關，呈經行政院核准，免徵地價稅。

解說

（一）依本條規定，免稅的情形為：

1.須是自然環境及技術上無法使用的土地，或在墾荒過程中的土地。

2.須由財政部會同中央地政機關呈經行政院核准。

（二）依土地法第133條規定，公有荒地，自承墾人墾竣日起，得由該管直轄市或縣（市）政府酌予免納土地稅二年至八年。

（三）依土地稅減免規則規定，有下列情形得減免稅：

1.山崩地陷等地：因山崩、地陷、流失、沙壓等環境限制及技術上無法使用的土地，或在墾荒過程中的土地，地價稅或田賦全免（第12條）。

2.墾竣的土地：（第14條）

(1)已墾竣的土地，仍由原承墾人耕作並經依法取得耕作權者，自有收益之日起，免徵田賦八年。

(2)免徵田賦期間內，原承墾人死亡，仍由繼承人耕作者，得繼續享受尚未屆滿的免稅待遇。

3.區段徵收或重劃土地：區段徵收或重劃地區內土地，於辦理期間致無法耕作或不能為原來使用而無收益者，其地價稅或田賦全免；辦理完成後，自完成之日起其地價稅或田賦減半徵收二年（第17條）。

立法意旨

在自然環境及技術上均無法使用之土地，根本無生產收益可言；而在墾荒過程中的土地，也尚未能付諸生產使用，已投入之資本勞力尚無法收回，一時無利可圖，故本條規定予以減免土地稅，以示公平及獎勵。

相關參考法條

土§133；土稅減則§3、12、14、17。

第196條（徵收或重劃之免徵增值稅）

因土地徵收或土地重劃，致所有權有移轉時，不徵收土地增值稅。

解說

（一）土地徵收，原應課徵土地增值稅，只是得減徵40%或70%而已；但是，土地稅法第39條及第39條之1於83年元月7日修正，平均地權條例第42條及第42條之1也配合修正，修正後規定土地徵收及區段徵收均免徵土地增值稅

　1.土地徵收：（土稅§39；均§42）

　(1)被徵收的土地，免徵其土地增值稅。

　(2)依法得徵收的私有土地，土地所有權人自願按徵收補償地價售與需地機關者，準用前項規定。

　2.區段徵收：（土稅§39-1；均§42-1）

　(1)區段徵收的土地，以現金補償其地價者，依前條第1項規定，免徵其土地增值稅。但依平均地權條例第54條第3項規定，因領回抵價地不足最小建築單位面積而領取現金補償者，亦免徵土地增值稅。

　(2)區段徵收的土地，依平均地權條例第54條第1項、第2項規定，以抵價地補償其地價者，免徵土地增值稅。但領回抵價地後第一次移轉時，應以原土地所有權人實際領回抵價地的地價為原地價，計算漲價總數額，課徵土地增值稅，準用前條第4項之規定。

（二）**土地重劃而移轉免稅**

　1.有關土地重劃，請參閱本法第135條至第142條的解說。

　2.依本條規定，因土地重劃而致所有權有移轉時，不徵收土地增值稅。

　3.抵費地及領回現金者免稅：（均施則§87）

　(1)土地所有權人依本條例第60條負擔的公共用地及抵費地，應逕行登記為直轄市、縣（市）有，不計徵土地增值稅。

(2)前項不計徵土地增值稅的規定，於重劃區內原土地所有權人應分配的土地因未達最小分配面積標準改以現金補償者，準用之。

（三）土地重劃後第一次移轉減徵40%

1.經重劃的土地，於重劃後第一次移轉時，其土地增值稅減徵40%（均§42；土稅§39）。

2.減徵的要件：（均施則§60；土稅施則§56）減徵土地增值稅的重劃土地，以下列土地，於66年2月2日平均地權條例公布施行後移轉者為限：

(1)在53年舉辦規定地價或重新規定地價的地區，於該次規定地價或重新規定地價以後辦理重劃的土地。

(2)在53年以前已依土地法規定辦理規定地價及在53年以後始舉辦規定地價的地區，於其第一次規定地價以後辦理重劃的土地。

立法意旨

土地徵收係政府行使公權力，將需用之土地強制徵收，並非基於徵收所有權人之意願；而且依本法第239條規定，係按照法定地價或最後移轉地價補償，被徵收之土地所有權人並無自然增值之可言，為兼顧其權益並減少徵收之阻力，宜免其土地增值稅。至於因土地重劃而致土地所有權有移轉時，係屬參加重劃的各個土地所有權人彼此交換分合實行重劃之必然結果，與一般移轉之情形不同，為鼓勵辦理土地重劃，在政策上自不應課徵土地增值稅；此外，依平均地權條例第62條及農地重劃條例第27條規定，因土地重劃重行分配之土地，自分配決定之日起視為原有土地，即重劃後土地位置雖有變動，法律上既已擬制視為原有土地，自無課徵土地增值稅之可言。

相關參考法條

土§135、208；均§42、42-1；均施則§60、87；土稅§39、39-1；土稅施則§56。

第197條（自耕地及自住地之免徵定期增值稅）

農人之自耕地及自住地，於十年屆滿無移轉時，不徵收土地增值稅。

解說

（一）由於本法第176條規定，土地雖無移轉而屆滿十年，仍應徵收土地增值稅，因此才有本條免稅的規定。

（二）由於課徵土地增值稅所依據的平均地權條例及土地稅法，均未規定十年屆滿無移轉應徵土地增值稅；因此，也就沒有本條所規定的免稅。

（三）農地移轉：（土稅§39-2、39-3；農業發展條例§37）

1.農業用地增值稅之減免與課徵：作農業使用之農業用地，移轉與自然人時，得申請不課徵土地增值稅。

作農業使用之耕地依規定移轉與農民團體、農業企業機構及農業試驗研究機構時，其符合產業發展需要，一定規模或其他條件，經直轄市、縣（市）主管機關同意者，得申請不課徵土地增值稅。

前項不課徵土地增值稅之土地承受人於其具有土地所有權之期間內，曾經有關機關查獲該土地未作農業使用且未在有關機關所令期限內恢復作農業使用，或雖在有關機關所令期限內已恢復作農業使用而再有未作農業使用情事時，於再移轉時應課徵土地增值稅。

前項所定土地承受人有未作農業使用之情事，於配偶間相互贈與之情形，應合併計算。

作農業使用之農業用地，於本法中華民國89年1月6日修正施行後第一次移轉，或依第1項規定取得不課徵土地增值稅之土地後再移轉，依法應課徵土地增值稅時，以該修正施行日當期之公告土地現值為原地價，計算漲價總數額，課徵土地增值稅。

本法89年1月6日修正施行後，曾經課徵土地增值稅之農業用地再移轉，依法應課徵土地增值稅時，以該土地最近一次課徵土地增值稅

時核定之申報移轉現值為原地價，計算漲價總數額，課徵土地增值稅，不適用前項規定。

2.申請免徵土地增值稅之程序：依前條第1項規定申請不課徵土地增值稅者，應由權利人及義務人於申報土地移轉現值時，於土地現值申報書註明農業用地字樣提出申請；其未註明者，得於土地增值稅繳納期間屆滿前補行申請，逾期不得申請不課徵土地增值稅。但依規定得由權利人單獨申報土地移轉現值者，該權利人得單獨提出申請。

農業用地移轉，其屬無須申報土地移轉現值者，主管稽徵機關應通知權利人及義務人，其屬權利人單獨申報土地移轉現值者，應通知義務人，如合於前條第1項規定不課徵土地增值稅之要件者，權利人或義務人應於收到通知之次日起三十日內提出申請，逾期不得申請不課徵土地增值稅。

（四）自用住宅用地售出移轉：

1.自用住宅用地移轉，應課徵土地增值稅，但其稅率為10%，並不以累進稅率課稅。

2.出售自用住宅用地計徵土地增值稅的情形：（土稅§34）

(1)土地所有權人出售其自用住宅用地者，都市土地面積未超過3公畝部分或非都市土地面積未超過7公畝部分，其土地增值稅統就該部分的土地漲價總數額按10%徵收；超過3公畝或7公畝者，其超過部分的土地漲價總數額，依前條規定的稅率——即累進稅率徵收。

(2)前項土地於出售前一年內，曾供營業使用或出租者，不適用前項規定。

(3)第1項規定於自用住宅的評定現值不及所占基地公告土地現值10%者，不適用。但自用住宅建築工程完成滿一年以上者，不在此限。

(4)土地所有權人，依第1項規定稅率繳納土地增值稅者，以一次為限。

土地所有權人適用前項規定後，再出售其自用住宅用地，符合下列各款規定者，不受前項一次之限制：

一、出售都市土地面積未超過1.5公畝部分或非都市土地面積未超過3.5公畝部分。

二、出售時土地所有權人與其配偶及未成年子女，無該自用住宅以外之房屋。

三、出售前特有該土地六年以上。

四、土地所有權人或其配偶、未成年子女於土地出售前，在該地設有戶籍且持有該自用住宅連續滿六年。

五、出售前五年內，無供營業使用或出租。

因增訂前項規定造成直轄市政府及縣（市）政府稅收之實質損失，於財政收支劃分法修正擴大中央統籌分配稅款規模之規定施行前，由中央政府補足之，並不受預算法第23條有關公債收入不得充經常支出之用之限制。

前項實質損失之計算，由中央主管機關與直轄市政府及縣（市）政府協商之。

立法意旨

農人之自耕地，係其賴以維生之財產，為扶植自耕農，減輕其負擔，使其有餘力改進生產工具，提高生產，本條特別規定其於十年屆滿無移轉時，不徵收土地增值稅，以免因徵收定期增值稅而影響其生產資力及生活。

相關參考法條

土§176；農展例§37；土稅§34、39-2、39-3。

第198條（農地改良增漲之免徵增值稅）
農地因農人施用勞力與資本，致使地價增漲時，不徵收土地增值稅。

解說

（一）由於本法第177條規定，實施工程地區，於工程完成後屆滿五年時徵收土地增值稅。因此，本條規定，農地因農人施用勞力與資本，致使地價增漲，不徵收土地增值稅。

（二）農人於農地施用勞力與資本，為農地改良。所謂「農地改良」，包括耕地整理、水土保持、土壤改良及修築農路、灌溉、排水、防風、防砂、堤防等設施（均施則§11②）。

（三）農地改良，地價必然增漲，由於課徵土地增值稅所依據的平均地權條例及土地稅法，並未規定如同本法第177條規定的土地增值稅。因此，本條的規定也應無從施行。

（四）依農業發展條例第37條及土地稅法第39條之2規定，依法作農業使用時之農業用地，移轉與自然人時得申請免徵土地增值稅。因此，本條的規定，也無從施行。

（五）農業用地移轉，若不符合農業發展條例第37條及土地稅法第39條之2規定的免稅要件，而應課徵土地增值稅時，依平均地權條例第36條第2項及土地稅法第31條第1項第2款規定，土地所有權人為改良土地已支付的全部費用，得自土地漲價總數額中扣除，不課徵土地增值稅。以上規定似表現本條所規定的精神，但是主張扣除的土地改良費，應檢附直轄市或縣（市）主管機關發給的改良土地費用證明書（土稅施則§54）。

（六）土地所有權人為土地改良，需申請發給證明，應於改良前依下列規定申請驗證，驗證核准前已改良之部分，不予核發土地改良費證明（均施則§12）。

　　1.於開始興工改良前，填具申請書，向直轄市或縣（市）主管機關申請查驗，並於工程完竣翌日起十日內申請複勘。

　　2.直轄市或縣（市）主管機關於接到申請書後，派員實地勘查工程開始或完竣情形。

3.改良土地費用核定後，直轄市或縣（市）主管機關應按宗發給證明，並通知地政機關及稅捐稽徵機關。

4.前項改良土地費用評估基準，由直轄市或縣（市）主管機關定之。

5.在實施建築管理地區，建築基地改良得併同雜項執照申請驗證，並按宗發給證明。

立法意旨

農地漲價，係農民施以勞力與資本所致，屬於投資改良之成果，並非自然增值，故不應課徵土地增值稅，藉以鼓勵農民繼續實施投資改良，提高土地生產力。

相關參考法條

土§80、177；均§36；土稅§31；均施則§12、54。

第199條（減免原因之消滅）

凡減稅或免稅之土地，其減免之原因事實有變更或消滅時，仍應繼續徵稅。

解說

（一）依本條規定，減稅或免稅的原因事實既然有變更或消滅，當然應恢復課稅。

（二）依土地法施行法第47條規定，免稅地變為稅地時，應自次年起徵收土地稅。

（三）依土地稅減免規則第29條規定，減免地價稅或田賦原因事實有變更或消滅時，土地權利人或管理人，應於三十日內向直轄市、縣（市）主管稽徵機關申報恢復徵稅。

（四）罰則

1.土地稅減免規則第30條規定，土地權利人或管理人未依前條規定申報，經查出或被檢舉者，除追補應納地價稅或田賦外，並依土地稅法第54條第1項之規定處罰；其為公有土地，該土地管理機關主管及經辦人員，應予懲處。

2.土地稅法第54條第1項規定，納稅義務人藉變更、隱匿地目等則或於適用特別稅率、減免地價稅或田賦的原因、事實消滅時，未向主管稽徵機關申報者，依下列規定辦理：

(1)逃稅或減輕稅賦者，除追補應納部分外，處短匿稅額或賦額三倍以下的罰鍰。

(2)規避繳納實物者，除追補應納部分外，處應繳田賦實物額一倍的罰鍰。

立法意旨

減稅或免稅，乃係於特殊情況發生時，為減輕土地所有權人之負擔而設立，倘其減免之原因事實變更或消滅時，自應依法繳納土地稅。

相關參考法條

土施§47；土稅§54；土稅減則§29、30。

第七章

欠　稅

第200條（地價欠稅滯納罰鍰）
地價稅不依期完納者，就其所欠數額，自逾期之日起，按月加征所欠數額百分之二以下之罰鍰，不滿一月者，以一月計。

解說

（一）依本條規定，欠繳地價稅，依逾期的時間計算，每超過一個月加徵2%以下的罰鍰，不滿一個月者，以一個月計算。但是，目前地價稅的課徵，是以土地稅法及平均地權條例的規定為依據，所以有關逾期納稅應依各該法律的規定，而不以本條規定為準。

（二）依土地稅法第53條規定，納稅義務人或代繳義務人未於稅單所載限繳日期內繳清應納稅款者，每逾二日按滯納數額加徵1%滯納金；逾三十日仍未繳納者，移送法務部行政執行署所屬行政執行分署強制執行。經核准以票據繳納稅款者，以票據兌現日為繳納日。

（三）依土地稅法第51條第1項規定，欠繳土地稅的土地，在欠稅未繳清前，不得辦理移轉登記或設定典權。

（四）稅捐稽徵法第20條規定，依稅法規定逾期繳納稅捐應加徵滯納金者，每逾二日按滯納數額加徵1%滯納金，逾三十日仍未繳納者，移送強制執行。由於稅捐稽徵法為稅捐的基本大法，所以各稅法的規定與施行均不得與該法牴觸。

立法意旨

　　國家徵稅制度具有強制力，納稅義務人自應按期繳納，如果不按期繳納，應處以一定之罰鍰，以示懲罰。

相關參考法條

　　土§167、201；土稅§51、53；稽徵§20。

> **第201條**（積欠地價稅之拍賣）
> 積欠土地稅達二年以上應繳稅額時，該管直轄市或縣（市）財政機關得通知直轄市或縣（市）地政機關，將欠稅土地及其改良物之全部或一部交司法機關拍賣，以所得價款優先抵償欠稅，其次依法分配於他項權利人及原欠稅人。

解說

（一）依本條規定，移送法院拍賣的情形如下：

　　1.須是所積欠的土地稅達二年以上應繳的稅額。

　　2.須是直轄市或縣（市）財政機關通知直轄市或縣（市）地政機關移送司法機關。

　　3.須將欠稅土地及其改良物的全部或一部移送司法機關。

　　4.須由司法機關拍賣。

　　5.須將拍賣所得的價款抵償欠稅。

　　6.須將抵償欠稅後的餘款交還給欠稅人。

（二）由於本法不作為課稅依據，因此本條規定並未施行，實務上應依土地稅法及稅捐稽徵法的規定辦理。

（三）依土地稅法第53條規定，逾期納稅，每逾二日加徵1%滯納金，逾三十日仍未繳納，移送法務部行政執行署所屬行政執行分署強制執行。

（四）依稅捐稽徵法規定，有關移送法院強制執行的情形為：

1.暫緩執行：（第39條）

(1)納稅義務人應納稅捐，於繳納期間屆滿三十日後仍未繳納者，由稅捐稽徵機關移送強制執行。但納稅義務人已依第35條規定申請復查者，暫緩移送強制執行。

(2)前項暫緩執行的案件，除有下列情形之一者外，稅捐稽徵機關應移送強制執行：

①納稅義務人對復查決定的應納稅額繳納半數，並依法提起訴願者。

②納稅義務人依前款規定繳納半數稅額確有困難，經稅捐稽徵機關核准，提供相當擔保者。

③納稅義務人依前二款規定繳納半數稅額及提供相當擔保確有困難，經稅捐稽徵機關依第24條第1項規定，已就納稅義務人相當於復查決定應納稅額之財產，通知有關機關，不得為移轉或設定他項權利者。

(3)本條中華民國102年5月14日修正施行前，經依復查決定應補繳稅款，納稅義務人未依前項第1款或第2款規定繳納或提供相當擔保，稅捐稽徵機關尚未移送強制執行者，適用修正後之規定。

2.撤回：稅捐稽徵機關，認為移送法院強制執行不當者，得撤回執行。已在執行中者，應即聲請停止執行（第40條）。

（五）依稅捐稽徵法第21條規定，地價稅的核課期間為五年；自繳納期限屆滿的翌日起算，於五年內發現，仍應依法補徵並處罰；逾核課期間以後，就不再補稅及處罰。

（六）依強制執行法第75條第1項規定，不動產的強制執行，以查封、拍賣、強制管理的方法行之。

（七）依稅捐稽徵法第24條規定，關於稅捐保全的方法如下：

1.限制登記：納稅義務人欠繳應納稅捐者，稅捐稽徵機關得就納稅義務人相當於應繳稅捐數額之財產，通知有關機關，不得為移轉或

設定他項權利；其為營利事業者，並得通知主管機關，限制其減資或註銷之登記。

2.假扣押：前項欠繳應納稅捐之納稅義務人，有隱匿或移轉財產、逃避稅捐執行之跡象者，稅捐稽徵機關得聲請法院就其財產實施假扣押，並免提供擔保。但納稅義務人已提供相當財產擔保者，不在此限。

3.限制出境：在中華民國境內居住之個人或在中華民國境內之營利事業，其已確定之應納稅捐逾法定繳納期限尚未繳納完畢，所欠繳稅款及已確定之罰鍰單計或合計，個人在新臺幣100萬元以上，營利事業在新臺幣200萬元以上者；其在行政救濟程序終結前，個人在新臺幣150萬元以上，營利事業在新臺幣300萬元以上，得由財政部函請內政部移民署限制其出境；其為營利事業者，得限制其負責人出境。但已提供相當擔保者，應解除其限制。

財政部函請內政部移民署限制出境時，應同時以書面敘明理由並附記救濟程序通知當事人，依法送達。

稅捐稽徵機關未執行第1項或第2項前段規定者，財政部不得依第3項規定函請內政部移民署限制出境。

限制出境之期間，自內政部移民署限制出境之日起，不得逾五年。

納稅義務人或其負責人經限制出境後，具有下列各款情形之一，財政部應函請內政部移民署解除其出境限制：

(1)限制出境已逾前項所定期間者。

(2)已繳清全部欠稅及罰鍰，或向稅捐稽徵機關提供欠稅及罰鍰之相當擔保者。

(3)經行政救濟及處罰程序終結，確定之欠稅及罰鍰合計金額未滿第3項所定之標準者。

(4)欠稅之公司組織已依法解散清算，且無賸餘財產可資抵繳欠稅及罰鍰者。

(5)欠稅人就其所欠稅款已依破產法規定之和解或破產程序分配完結者。

（八）依稅捐稽徵法第6條規定，土地拍賣時，稅捐優先於普通債權而求償。

土地增值稅、地價稅、房屋稅之徵收及法院、行政執行處執行拍賣或變賣貨物應課徵之營業稅，優先於一切債權及抵押權。

經法院或行政執行處執行拍賣或交債權人承受之土地房屋及貨物，執行法院或行政執行處應於拍定或承受五日內，將拍定或承受價額通知當地主管稅捐稽徵機關，依法核課土地增值稅、地價稅、房屋稅，及營業稅，並由執行法院或行政執行處代為扣繳。

（九）行政執行法於87年11月11日修正公布施行後，關於欠稅之案件，均移送法務部行政執行署所屬行政執行處執行。

立法意旨

為免影響稅收，對欠稅之人應予以一定之制裁。因此，除依前條加徵罰鍰外，本條又明文規定積欠的地價稅等於二年應繳稅額時，該管直轄市或縣（市）財政機關得通知直轄市或縣（市）地政機關，將欠稅土地及其改良物之全部或一部交予司法機關拍賣，以所得價額抵償欠稅，餘額仍交還欠稅人。

相關參考法條

稽徵§6、20、24、39、40；土稅§53；房稅例§18。

第202條（拍賣通知）
前條之土地拍賣，應由司法機關於拍賣前三十日，以書面通知土地所有權人。

解說

（一）欠稅移送法院拍賣，依本條規定，法院民事執行處應先期通知：

 1.應於拍賣前三十日通知。

 2.應以書面通知。

 3.應通知欠稅的土地所有權人。

（二）有關拍賣事宜，請參閱強制執行法。

立法意旨

本條規定司法機關應於拍賣欠稅土地前三十日通知土地所有權人。此因拍賣欠稅土地影響土地所有權人之權益甚鉅，故應事先通知土地所有權人，使其有所準備，以免遭受損害。

相關參考法條

土§203；強制執行法。

第203條（展期拍賣）

土地所有權人接到前條通知後，提供相當繳稅擔保者，司法機關得展期拍賣。

前項展期，以一年為限。

解說

（一）本條規定有關展期拍賣的情形：

 1.欠稅的土地所有權人於接到通知後，得提供擔保聲請展期拍賣。

 2.提供的擔保須相當於應繳的稅款。

 3.展期拍賣，以一年為限。換句話說，展期一年，若仍未繳清所

欠的稅款，就拍賣該土地。

（二）作為課稅依據的土地稅法及稅捐稽徵法，並沒有如同本條的規定，但是稅捐稽徵法第11條之1，對於所謂的「相當擔保」有明文規定：「本法所稱相當擔保，係指相當於擔保稅款之左列擔保品：

　　一、黃金，按九折計算，經中央銀行掛牌之外幣、核准上市之有價券，按八折計算；其計值辦法，由財政部定之。

　　二、政府發行經規定可十足提供公務擔保之公債，按面額計值。

　　三、銀行存款單摺，按存款本金額計值。

　　四、其他經財政部核准，易於變價及保管，且無產權糾紛之財產。」

立法意旨

　　拍賣土地影響土地所有權人之權益甚大，如果土地所有權人可提供繳稅之擔保，即無欠稅之虞，司法機關自得准予展期拍賣。惟以一年為限，以免久延而無法結案。

相關參考法條

　　土§202；稽徵§39、40。

第204條（以土地收益抵償欠稅）

欠稅土地為有收益者，得由該管直轄市或縣（市）財政機關通知直轄市或縣（市）地政機關提取其收益，抵償欠稅，免將土地拍賣。

前項提取收益，於積欠地價稅額等於全年應繳數額時，方得為之。

第一項提取之收益數額，以足抵償其欠稅為限。

解說

（一）依本條規定，求償欠稅的方法有二種

　　1.移送法院拍賣。

　　2.提取欠稅土地的收益。

（二）依本條規定，提取收益抵償欠稅的情形為

　　1.須欠稅的土地有收益，例如出租有租金收入，或是有生產物。

　　2.須由直轄市或縣（市）財政機關通知直轄市或縣（市）地政機關。

　　3.須由直轄市或縣（市）地政機關提取其收益。

　　4.提取的收益應抵償欠稅，免將土地拍賣。

　　5.須於積欠地價稅額等於全年應繳數額時，才可提取收益。

　　6.提取的收益數額，以足以抵償欠稅為限。

（三）強制管理

　　1.欠稅的土地，移送法院強制執行，不一定就會被拍賣。依強制執行法第103條規定，已查封的不動產，執行法院得因債權人的聲請或依職權，命付強制管理。

　　2.依該法第104條規定，強制管理時，執行法院應禁止債務人干涉管理人事務，及處分不動產的收益，如果收益應由第三人給付，應命該第三人向管理人給付。

立法意旨

　　本條規定，欠稅地如有收益，得提取其收益抵償欠稅，避免將土地拍賣以兼顧欠稅人之利益，避免賤價拍賣土地，有損土地所有權人之利益。惟應於積欠地價稅額等於全年應繳數額時，方得為之，以免因追繳欠稅而動輒擾民及增加行政負擔。由於提取欠稅地之收益目的在於抵償欠稅，故提取之收益數額以足抵償其欠稅為限，不應超越此限額。

相關參考法條

土§201；強§103、104。

第205條（增值稅滯納罰鍰）

土地增值稅，不依法完納者，依第二百條之規定加征罰鍰。

解說

（一）本條規定，不依法繳納土地增值稅者，應就所欠數額，自逾期日起按月加徵所欠數額2%以下的罰鍰。但是目前欠繳土地增值稅，並不依本條的規定處罰，而是依土地稅法的規定處罰。

（二）依土地稅法第53條規定，納稅義務人或代繳義務人未於稅單所載限繳日期內繳清應納稅款者，每逾二日按滯納數額加徵1%滯納金；逾三十日仍未繳納者，移送法務部行政執行署所屬行政執行分署強制執行。經核准以票據繳納稅款者，以票據兌現日為繳納日。

（三）依土地稅法施行細則第60條規定，土地增值稅於繳納期限屆滿逾三十日仍未繳清之滯欠案件，主管稽徵機關應通知當事人限期繳清或撤回原申報案，逾期仍未繳清稅款或撤回原申報案者，主管稽徵機關應逕行註銷申報案及其查定稅額。因此，顯然逾期繳納，不一定就是移送法院強制執行。

（四）依平均地權條例第50條規定：「土地所有權移轉，其應納之土地增值稅，納稅義務人未於規定期限內繳納者，得由取得所有權之人代為繳納。依第47條規定由權利人單獨申報土地移轉現值者，其應納之土地增值稅，應由權利人代為繳納。」

立法意旨

土地增值稅於土地所有權移轉時或屆滿十年或五年時繳納，逾期

431

未繳納者，依本法第200條之規定加徵罰鍰，以示警惕。

相關參考法案

土§200；土稅§53；土稅施則§60；均§50。

第206條（積欠增值稅之拍賣）

土地增值稅欠稅至一年屆滿仍未完納者，得由該管直轄市或縣（市）財政機關通知直轄市或縣（市）地政機關，將其土地及改良物一部或全部交司法機關拍賣，以所得價款抵償欠稅，餘款交還原欠稅人。

前項拍賣，適用第二百零二條及第二百零三條之規定。

解說

（一）由於本法第176條及第177條規定，土地雖無移轉而屆滿十年，或實施工程地區於工程完成後屆滿五年，徵收土地增值稅。因此，才有欠徵土地增值稅達一年以上的情形。若是移轉所產生的土地增值稅，由於民法第758條第1項規定：「不動產物權，依法律行為而取得、設定、喪失及變更者，非經登記，不生效力。」以及土地稅法第51條第1項規定，土地增值稅未繳清前，不得辦理移轉登記或設定典權。因此，於移轉或設定典權時，欠繳土地增值稅達一年以上實不多見。何況土地稅法施行細則第60條規定，逾期未繳納土地增值稅，主管機關得逕行註銷申報案及查定稅額，所以於移轉或設定典權，欠繳土地增值稅至一年以上的情形更是少見，幾乎可以說是不可能。

（二）由於課徵土地增值稅所依據的平均地權條例及土地稅法，均未規定如同本法第176條及第177條的十年或五年的定期土地增值

稅。因此，本條的規定，在實務上也就難以施行。

（三）移轉或設定典權的土地增值稅，若真是逾期繳納屆滿一年，主
　　　管稽徵機關又未註銷申報案及查定稅額，則依本條規定辦理。
　　　但是這種情況在實務上難得一見，因此不予贅言。

立法意旨

　　欠繳土地增值稅達一年屆滿仍未完納者，準用本法第202條、第
203條之規定，將土地及土地改良物一部或全部交付司法機關拍賣，
以拍賣所得抵償欠稅，惟應以足以抵繳欠稅為限，儘可能維護土地所
有權人之權益。不過，土地及其改良物無法分離者，自得全部交付司
法機關拍賣受償。

相關參考法條

　　土§202、203；均§50；土稅施則§60。

第207條（建物欠稅之準用規定）
建築改良物欠稅，準用本章關於地價稅欠稅各條之規定。

解說

（一）依本條規定，欠繳建築改良物稅，準用本章關於地價稅欠稅各
　　　條的規定，也就是準用本法第200條至第204條的規定，詳細情
　　　形，請參閱各該法條的解說。

（二）由於實務上，並不依本法的規定課徵建築改良物，而是依房屋
　　　稅條例的規定課徵房屋稅，因此，若是欠繳房屋稅，應依房
　　　屋稅條例及稅捐稽徵法有關規定處理。

（三）依房屋稅條例規定，欠繳房屋稅的處理方式為：限制登記
　　　（第22條）

　　1.欠繳房屋稅之房屋，在欠稅未繳清前，不得辦理移轉登記或設定典權登記。

　　2.前項所欠稅款，房屋承受人得申請代繳，其代繳稅額得向納稅義務人求償，或在買價、典價內照數扣除。

立法意旨

　　本法第186條規定，建築改良物稅之徵收，於徵收地價稅時為之。納稅人如不依政府所定期限完納稅款，即為欠稅。其處理方法，準用本章關於地價稅欠稅各條文之規定。

相關參考法條

　　土§186、200～204；房稅例§22。

第五編
土地征收

前　言

　　土地徵收，除土地法第五編的規定外，亦散見於其他特別法，諸如平均地權條例、都市計畫法、都市更新條例……等，適用上頗為紛歧複雜，緣此，89年2月2日政府乃制定公布「土地徵收條例」，內政部並依該條例的授權，於91年4月17日訂定「土地徵收條例施行細則」，且於91年8月28日訂定「申請土地徵收注意事項」。因本書為「白話土地法」，非深論土地徵收，故僅就該條例相關的規定，予以列述，欲深究土地徵收，仍應以該「土地徵收條例」及其子法規等為重要範圍──尤其該條例第四章區段徵收、第五章撤銷徵收及第六章附則中有關提供民間投資建設、空間地上權及徵用等規定，均為土地法所未規定，本書亦不予論述。

第一章
通　則

第208條（土地徵收之原因(一)）

國家因左列公共事業之需要，得依本法之規定，征收私有土地，但征收之範圍，應以其事業所必須者為限：

一　國防設備。

二　交通事業。

三　公用事業。

四　水利事業。

五　公共衛生。

六　政府機關、地方自治機關及其他公共建築。

七　教育學術及慈善事業。

八　國營事業。

九　其他由政府興辦以公共利益為目的之事業。

解說

（一）本條規定，為了需要，得徵收私有土地的公共事業：

　　1.須是本條所規定的公共事業，才可以徵收。

　　2.須是本條所規定的公共事業的需要，才可以徵收。

　　3.須是本條所規定的公共事業所必須的範圍，才可以徵收。

（二）本條所規定的公共事業總共有九種，範圍相當廣泛。各該事業所依循的法律，也大多明文規定需用土地時，得依本法規定徵收土地。例如鐵路法第7條、大眾捷運法第6條、公路法第9條

等均是。

（三）由於本條規定的公共事業範圍廣泛，因此難免發生爭議，例如
交通事業或水利事業，可能是私人經營，以營利為目的，依
本條規定卻可徵收私有土地，所以有商榷的餘地。又如國營事
業，也有部分是以營利為目的，依本條規定也得徵收私有土
地，似有不妥。

（四）由於爭議性高，實務上的解釋及判例就很多，茲略述一二以供
參考。

1.國防設備：

(1)建設競馬場如為國防設備所必須者，自係本條第1款所定的事
業（司法院院解字第3522號解釋）。

(2)凡因保衛國家安全而軍事上所為一切設施，皆屬國防設備的
範圍，軍用衛生器材庫，係供軍用衛生裝備儲存及補給的場所，是國
家維持軍事力量而對軍品儲存所必須的設置，論其性質，應認為與國
防有關的設備（行政法院54年判字第145號判例）。

2.交通事業：

(1)各交通事業有關的法律，如鐵路法、大眾捷運法、公路法、
商港法、民用航空法等。均明文規定需用土地時得依本法規定，徵收
私有土地。

(2)交通事業係包括一切運輸通訊等項事業而言，郵政為國營交
通事業的一種，其因業務上的需要而有徵收私有土地的必要者，自不
能謂不合於本法所定交通事業所必須的意義，其為興建郵局及轉運站
基地而徵收私有土地，應認為交通事業所必須（行政法院51年判字第
105號判例）。

3.公用事業：

(1)台灣省自來水股份有限公司為省營公用事業，得依法請求徵
收其事業所必須的土地（行政院64.10.28台內字第8192號函）。

(2)農產品批發市場為公用事業，得依法請求徵收私有土地（行

政院73.10.6台內字第16218號函）。

4.水利事業：國家因水利事業之需要，得徵收私有土地，但徵收之範圍，應以其事業所必須者為限。此為土地法第208條第4款所明定。本件被告官署為水庫之需要，徵收原告之私有土地，既經勘查水庫所必須之土地，應以洪水位範圍為準，以防水位之高漲，自難謂於法不合（行政法院47年判字第49號判例）。

5.教育學術及慈善事業：

(1)按政府或自治團體或人民，徵收土地，須為興辦公共事業而有徵收土地之必要時始得為之。此在當時有效之土地徵收法第1條有明文規定，原告（私立中學）因校款短絀，呈請徵收土地，開闢菜場，藉收租息，以裕經費，是其目的，顯屬圖利，而非興辦公共事業，即無徵收土地之必要，至所稱建築菜場，為公共事業之一，關係市容衛生者甚大等語。縱屬實在，亦係地方行政事宜，應由地方政府主持，非原告以私立學校之資格，所得藉口興辦（行政法院36年判字第34號判例）。

(2)私人興辦教育慈善等公共事業不得徵收土地（行政院44.2.11台內第873號令參照）：

私立學校建築校舍時，教育部代表認為不必由政府代為徵收土地，私人興辦其他公共事業或投資經濟建設時，各主管機關代表亦認為尚無必須准其徵收土地之必要。是故現行土地法第208條所規定得依法徵收私有土地之公共事業，應以屬於政府機關及地方自治機關者為限，無須擴充解釋為私人興辦教育慈善等公共事業及投資經濟建設亦得由政府代為徵收土地，以免徵收權之擴張。適用現行土地法有關土地徵收部分之條文亦無須修改。

6.由政府興辦以公共利益為目的之事業：政府所辦的報紙，非本條第9款所謂公共利益為目的之事業（司法院院解字第3337號解釋）。

（五）依內政部訂頒的「土地徵收法令補充規定」第1點規定，國家

為興辦下列事業，應認屬土地法第208條之規定情形，得徵收私有土地：

1.為擴充實習農場之土地。

2.開闢產業道路之土地。

3.開闢道路必須興築護坡之土地。

4.為改善廣播電視接收效果架設轉播站之土地。

（六）土地徵收條例第3條規定：國家因公益需要，興辦下列各款事業，得徵收私有土地，徵收之範圍應以其事業所必須者為限：

1.國防事業。

2.交通事業。

3.公用事業。

4.水利事業。

5.公共衛生及環境保護事業。

6.政府機關、地方自治機關及其他公共建築。

7.教育、學術及文化事業。

8.社會福利事業。

9.國營事業。

10.其他依法得徵收土地之事業。

立法意旨

本條明文規定國家因興辦公共事業之需要得徵收私有土地。倘若國家因公共事業與社會福利而需用土地，而私人不願讓售，勢必阻礙經濟建設之推展，故准許政府得依法強制徵收土地，以利公共事業之推展。

相關參考法條

憲§143、144；鐵路§7；捷運§6；公路§9；商港§8；民航§36；市畫§48；發展觀光條例§14；土徵§3。

第209條（土地徵收之原因(二)）

政府機關因實施國家經濟政策，得征收私有土地，但應以法律規定者為限。

解說

（一）依本條規定，得徵收私有土地的情形如下

　　1.須政府機關實施國家經濟政策。當然，國家經濟政策不可能是由私人機關來實施。

　　2.須為法律規定的國家經濟政策。

（二）法律規定的國家經濟政策

　　1.本法規定者：

　　(1)本法第29條規定的私有土地面積超過最高限額，不依規定分劃出賣者，得徵收。

　　(2)本法第89條規定的私有荒地，逾期不使用者，得照價收買。

　　(3)本法第92條規定的新設都市，得由政府依都市計畫法，將市區土地的全部或一部依法徵收。

　　(4)本法第212條規定的區段徵收。

　　2.其他法律規定者，諸如：

　　(1)平均地權條例第53條規定的區段徵收。

　　(2)都市計畫法第48條及第58條規定的公共設施保留地徵收及新市區建設的區段徵收。

　　(3)其他如大眾捷運法第6條、都市更新條例第43條、發展觀光條例第14條……等等均是。

立法意旨

　　土地徵收，應以國家因公共事業及興辦以公共利益為目的之事業所需用之土地為限，但政府機關依法律規定為實施國家經濟政策者，准其徵收私有土地，以解決國家經濟問題。然而土地徵收關係私人財

產權，故須有法律規定方得徵收，以免政府機關濫用土地徵收權。

相關參考法條

土§29、89、92、212；均§53；市畫§48、58。

第210條（名勝古蹟徵收之限制）

征收土地，遇有名勝古蹟，應於可能範圍內避免之。

名勝古蹟，已在被征收土地區內者，應於可能範圍內保存之。

解說

（一）我國憲法第166條規定，國家應獎勵科學的發明與創造，並保護有關歷史、文化、藝術的古蹟與古物。因此，本法第14條特別明文規定名勝古蹟不得私有，因為私有可能難以妥善保護。

（二）由於名勝古蹟為文化資產，應予保護，所以本條特別規定

1.避免徵收：徵收土地，對於名勝古蹟，應於可能範圍內避免徵收。

2.保存：若無法避免徵收有名勝古蹟的土地，則應於可能的範圍內保存該名勝古蹟。

（三）文化資產保存法規定

1.所謂「古蹟」，是指人類為生活需要所營建之具有歷史、文化、藝術價值之建造物及附屬設施（第3條）。

2.優先購買：古蹟歷史建築或紀念建築及其所定著土地所有權移轉前，應事先通知主管機關；其屬私有者，除繼承者外，主機關有依同樣條件優先購買之權（第32條）。

3.都市計畫的訂定與變更：（第35條）

(1)古蹟、歷史建築、紀念建築及聚落建築群所在地都市計畫的訂定或變更，應先徵求主管機關的意見。

(2)政府機關策定重大營建工程計畫，不得妨礙古蹟、歷史建築、紀念建築及聚落建築群之保存及維護，並應先調查工程地區有無古蹟、歷史建築、紀念建築及聚落建築群或具古蹟、歷史建築、紀念建築及聚落建築群價值之建造物，必要時由主管機關予以協助；如有發見，主管機關應依第17條至第19條審查程序辦理。

4.古蹟保存區：（第39條）

(1)主管機關得就第37條古蹟保存計畫內容，依區域計畫法、都市計畫法或國家公園法等有關規定，編定、劃定或變更為古蹟保存用地或保存區、其他使用用地或分區，並依本法相關規定予以保存維護。

(2)前項古蹟保存用地或保存區、其他使用用地或分區，對於開發行為、土地使用，基地面積或基地內應保留空地之比率、容積率、基地內前後側院之深度、寬度、建築物之形貌、高度、色彩及有關交通、景觀等事項，得依實際情況為必要規定及採取必要之獎勵措施。

(3)前二項規定於歷史建築、紀念建築準用之。

(4)中央主管機關於擬定經行政院核定之國定古蹟保存計畫，如影響當地居民權益，主管機關除得依法辦理徵收外，其協議價購不受土地徵收條例第11條第4項之限制。

5.撥用或徵收：（第49條）

(1)為維護考古遺址並保全其環境景觀，主管機關得會同有關機關訂定考古遺址保存計畫，並依區域計畫法、都市計畫法或國家公園法等有關規定，編定、劃定或變更為保存用地或保存區、其他使用用地或分區，並依本法相關規定予以保存維護。

(2)前項保存用地或保存區、其他使用用地或分區範圍、利用方式及景觀維護等事項，得依實際情況為必要之規定及採取獎勵措施。

(3)劃入考古遺址保存用地或保存區、其他使用用地或分區之土地，主管機關得辦理撥用或徵收之。

（四）土地徵收條例規定：申請徵收之土地遇有古蹟、遺址或登錄
　　　的歷史建築，應於可能範圍內避免之；其未能避免者，需用
　　　土地人應先擬訂保存計畫，徵得目的事業主管機關同意，始
　　　得徵收。（第7條）

立法意旨

　　名勝古蹟乃國家文化之遺產、歷史實物，應予保留維護，不得破
壞，故徵收土地遇有名勝古蹟者，應儘可能避免之；如已在徵收土地
區內者，應儘可能保存並加以維護。

相關參考法條

　　憲§166；土§14；土徵§7；文資存§3、32、35、39、49。

第211條（興辦事業許可之證明）
需用土地人，於聲請征收土地時，應證明其興辦之事業，已得法
令之許可。

解說

（一）本條規定申請徵收土地時應檢附的證明文件。
（二）需用土地人興辦的事業，若未得到法令的許可；就申請徵收私
　　　有土地，則於徵收私有土地後，需用土地人不興辦該事業，或
　　　該興辦的事業無法獲得法令的許可，則已徵收的土地，勢必要
　　　由原土地所有權人申請照徵收價額收回該土地（土§219），
　　　如此實在浪費行政成本。
（三）所謂「興辦之事業已得法令之許可」，就是指興辦的事業已經
　　　其主管機關依法審查而許可。因此，於申請徵收私有土地時，
　　　應檢附該事業主管機關的許可證明文件。例如本法第208條的

各種事業：交通事業，應得交通主管機關的許可；水利事業，應得水利主管機關的許可；公用事業，應得各該事業的主管機關的許可。此外，依野生動物保育法及發展觀光條例而徵收私有土地，亦應先報請其主管機關許可。

（四）土地徵收條例第10條規定：

1.需用土地人興辦之事業依法應經目的事業主管機關許可者，於申請徵收土地或土地改良物前，應將其事業計畫報經目的事業主管機關許可。

2.需用土地人於事業計畫報請目的事業主管機關許可前，應舉行公聽會，聽取土地所有權人及利害關係人之意見。但因舉辦具機密性之國防事業或已舉行公聽會或說明會者，不在此限。

3.特定農業區經行政院核定為重大建設須辦理徵收者，若有爭議，應依行政程序法舉行聽證。

4.需用土地人興辦之事業無須報經目的事業主管機關許可者，除有第2項但書情形外，應於與所有權人協議價購或以其他方式取得前，先舉行公聽會。

立法意旨

土地徵收權係由國家行使，需用土地人須向代表國家行使政權之政府機關聲請徵收。由於徵收私有土地具有強制性，對土地所有權人之權益直接發生影響，為表慎重起見，需用土地人於聲請徵收土地時，應證明其所興辦之事業已得上級主管機關之許可，藉以限制徵收並保障土地所有權人之合法權益。

相關參考法條

土§208、209、222；野生動物保育法§11；發展觀光條例§14；土徵§10。

第212條（區段徵收之原因）

因左列各款之一，征收土地，得為區段徵收：

一　實施國家經濟政策。

二　新設都市地域。

三　舉辦第二百零八條第一款或第三款之事業。

前項區段征收，謂於一定區域內之土地，應重新分宗整理，而為全區土地之征收。

解說

（一）區段徵收的意義：依本條第2項規定，所謂「區段徵收」，就是選定一定區域，將該區域內的土地全部徵收，並重新合併分割整理，再劃分成整齊的坵塊。

（二）得區段徵收的情形

　　1.實施國家經濟政策：依本法第209條規定，政府機關依法律規定實施國家經濟政策，得徵收私有土地，所以依本條規定，該徵收得以區段徵收的方式辦理。有關實施國家經濟政策，請參閱該法條的解說。

　　2.新設都市地域：

　　(1)依平均地權條例第53條規定：

　　　①各級主管機關得就下列地區報經行政院核准後施行區段徵收：

　　　　A.新設都市地區的全部或一部，實施開發建設者。

　　　　B.舊都市地區為公共安全、公共衛生、公共交通的需要或促進土地的合理使用實施更新者。

　　　　C.都市土地開發新社區者。

　　　　D.農村社區為加強公共設施，改善公共衛生之需要，或配合農業發展之規劃，實施更新或開發新社區者。

　　　②區段徵收地區選定後，徵收機關於通知其土地所有權人或

使用人後，得進入該地區內進行勘查或測量。如果必須遷移或除去該土地上的障礙物時，應事先通知所有權人或使用人；其所有權人或使用人因而遭受的損失，應予適當的補償。補償金額由雙方協議，若協議不成，則由當地直轄市或縣（市）政府函請上級政府予以核定。

③區段徵收地區選定後，徵收機關得視實際需要報經上級主管機關核定後，分別或同時公告禁止下列事項：

A.土地移轉、分割、設定負擔。

B.建築改良物的新建、增建、改建或重建，以及採取土石或變更地形。

④禁止期間：前項禁止期間，以一年六個月為期。

(2)依都市計畫法第58條規定，縣（市）（局）政府為實施新市區的建設，對於劃定範圍內的土地及地上物得實施區段徵收或土地重劃。

3.舉辦本法第208條第1款或第3款的事業：該條第1款的事業為「國防設備」，第3款的事業為「公用事業」。或許國防設備及公用事業，所需用的土地面積較為廣泛，因此特別於本條明定得區段徵收。

（三）土地徵收條例第4條規定

1.有下列各款情形之一者，得為區段徵收：

(1)新設都市地區之全部或一部，實施開發建設者。

(2)舊都市地區為公共安全、衛生、交通之需要或促進土地之合理使用實施更新者。

(3)都市土地之農業區、保護區變更為建築用地或工業區變更為住宅區、商業區者。

(4)非都市土地實施開發建設者。

(5)農村社區為加強公共設施、改善公共衛生之需要或配合農業發展之規劃實施更新者。

(6)其他依法得為區段徵收者。

2.前項第1款至第3款之開發範圍經中央主管機關核定者，得先行區段徵收，並於區段徵收公告期滿後一年內發布實施都市計畫，不受都市計畫法第52條規定之限制。

3.第1項第5款之開發，需用土地人得會同有關機關研擬開發範圍，並檢具經上級目的事業主管機關核准之興辦事業計畫書，報經中央主管機關核定後，先行區段徵收，於區段徵收公告期滿後，依土地使用計畫完成非都市土地分區或用地編定之變更。

4.第1項第4款或第6款之開發，涉及都市計畫之新訂、擴大或變更者，得依第2項之規定辦理；未涉及者，得依前項之規定辦理。

5.不相連之地區，得依都市計畫或興辦事業計畫書內容、範圍合併辦理區段徵收，並適用前三項之規定。

6.區段徵收範圍勘選、計畫之擬定、核定、用地取得、拆遷補償、工程施工、分配設計、地籍整理、權利清理、財務結算及區段徵收與都市計畫配合等事項之實施辦法，由中央主管機關定之。

（四）土地徵收條例第四章為區段徵收，可參閱之。

立法意旨

本條明文規定，基於實施國家經濟政策、新設都市地域或舉辦土地法第208條第1款國防設備或第3款公用事業之需要，得將某一劃定區域範圍內之私有土地全部予以徵收，再重新規劃整理。規劃整理後保留公共設施用地，其餘土地再予出售、租賃。其目的在於重新合理規劃土地，興辦公共設施，改善該地區之土地利用、公共衛生及居住環境。

相關參考法條

土§208、209；均§53；市畫§58；土徵§4。

第213條（保留征收之原因）
因左列各款之一，得為保留征收：
一　開闢交通路線。
二　興辦公用事業。
三　新設都市地域。
四　國防設備。
前項保留征收，謂就舉辦事業將來所需用之土地，在未需用以前，預為呈請核定公布其征收之範圍，並禁止妨礙征收之使用。

解說

（一）保留徵收的意義：依本條第2項規定，所謂「保留徵收」，乃指就舉辦的事業將來所需用的土地，在未需用以前，預先核定公布其徵收的範圍，並禁止妨礙將來徵收的使用。簡單的說，就是先行預定，而保留到將來需要的時侯再徵收。

（二）得保留徵收的情形

1.開闢交通路線：就是一般常說的道路預定地，先行預定該土地，並禁止有礙將來徵收作為道路的使用。

2.興辦公用事業：興辦公用事業，固然得依本法第208條規定徵收私有土地，但是該公用事業可能會發展擴大經營，因此得依本條規定，就將來需用的土地予以保留徵收。

3.新設都市地域：新設都市地域如果即將開發建設，自得依本法第212條規定予以區段徵收；但若是將來才開發建設，則依本條規定予以保留徵收。

4.國防設備：基於國防設備的需要，得依本法第208條規定徵收私有土地，亦得依本法第212條規定予以區段徵收。但若是將來才需要的土地，則依本條規定予以保留徵收。

（三）依本法第214條規定，保留的期間不得超過三年。請參閱該法條的解說。

（四）禁止妨礙徵收的使用

　　1.被保留徵收的土地，若不禁止妨礙徵收的使用，則可能建築有房屋，將來一旦徵收，會增加徵收補償及拆除作業的困難，因此，對於將來徵收有妨礙的各種使用，均一律予以禁止；換句話說，若不妨礙徵收的使用，則不禁止。

　　2.公共設施保留地在未取得前，得申請為臨時建築使用，並得繼續為原來的使用或改為妨礙目的較輕的使用（市畫§50、51）。

立法意旨

　　保留徵收，乃係就將來舉辦公共事業所需用之土地，預先呈請核定並公布其範圍，以待將來需用時再徵收，其目的在於使陸續興辦之遠程公共事業計畫得以順利取得用地。至於保留徵收之呈報原因，應僅限於開闢交通路線、興辦公用事業、新設都市地域及國防設備為限，不得擴張，以免損害土地所有權人之利益。惟在未作徵收前，禁止原土地所有權人或土地使用人作妨礙徵收目的事業之使用，以期將來得按計畫順利進行發展。

相關參考法條

　　土§90、92、93、214；市畫§42～51。

第214條（保留徵收之期間）

前條保留徵收之期間，不得超過三年，逾期不徵收，視為廢止。但因舉辦前條第一款或第四款之事業，得申請核定延長保留徵收期間；其延長期間，以五年為限。

解說

（一）保留徵收的期間

1.一般期間：依本條規定，保留徵收的期間，不得超過三年。

2.延長期間：因開闢交通路線或國防設備需要，得延長保留徵收期間，但延長期間至多五年。連同原保留徵收期間，最長為八年。

3.期間的起算：應自公告日起算（土施§57）。

（二）視為廢止

1.依本條規定，保留徵收期間屆滿，逾期不徵收，視為廢止。

2.保留徵收土地的效力僅在保留徵收期間內，禁止土地權利人為妨礙徵收事業目的之使用，其保留期間屆滿尚未徵收時，依法視為撤銷保留。此項視為撤銷保留徵收的土地，其土地權利人雖可自由使用，但並非不許政府另行依法徵收，如有法定徵收的原因，政府自不妨另依法定手續而為徵收（行政法院57年判字第163號判例）。

（三）公共設施用地的保留徵收

1.62年9月6日修正公布的都市計畫法第50條規定，公共設施保留地應於十年內取得，但有特殊情形，得延長期間至多五年，逾期不徵收，視為撤銷。

2.前述規定於77年7月15日修正，將取得年限刪除。因此，凡是都市計畫的公共設施保留地，依都市計畫法的規定，已無保留期間。換句話說，只要是都市計畫劃為公共設施保留地，除非都市計畫變更，否則在未取得前都是保留地。

3.公共設施用地：（市畫§42）

(1)道路、公園、綠地、廣場、兒童遊樂場、民用航空站、停車場所、河道及港埠用地。

(2)學校、社教機構、社會福利設施、體育場所、市場、醫療衛生機構及機關用地。

(3)上下水道、郵政、電信、變電所及其他公用事業用地。

(4)本章規定之其他公共設施用地。

　　依前述規定，可知都市計畫內的公共設施用地的保留，依都市計畫法的規定，已無保留期間的限制。至於都市計畫公共設施保留地以外的保留徵收期間，則應依本條規定辦理。

立法意旨

　　保留徵收影響土地所有權人之利益甚鉅，土地亦不能為有效之利用。若保留期間漫無限制，不但土地所有權人蒙受損失未受補償，與地盡其用之旨亦相違背。故本條規定，一般保留徵收期間不得超過三年，逾期未徵收者，視為撤銷。此因三年之期已不算短，若仍未徵收，足見無保留之必要，為保護所有權人，自應撤銷始妥。惟國防設備、開闢交通路線目的較為重要，故得呈請核定延長保留徵收期間。此因國防設備關係一國之安危，必須予以照辦，倘為事業所限，一時無法辦理，自應予以延長；而開闢交通路線，關係國家交通建設，非一蹴可成，亦應准予延長。但延長期間最多為五年，以限制保留徵收之最長期限，並重政府威信，避免私人權益陷於長期不確定之狀態。

相關參考法條

　　土§213；土施§57。

第215條（改良物之一併徵收及除外）

徵收土地時，其改良物應一併徵收。但有左列情形之一者，不在此限：

一　法律另有規定者。

二　改良物所有權人要求取回，並自行遷移者。

三　建築改良物建造時，依法令規定不得建造者。

四　農作改良物之種類、數量顯與正常種植情形不相當者。

前項第三款、第四款之認定，由直轄市或縣（市）地政機關會同

有關機關為之。

第一項第三款、第四款之改良物，於徵收土地公告期滿後，得由直轄市或縣（市）地政機關通知其所有權人或使用人限期拆除或遷移；逾期由直轄市或縣（市）地政機關會同有關機關逕行除去，並不予補償。

解說

（一）原則上改良物應一併徵收

1.改良物有二種：（土§5）

(1)建築改良物：是指附著於土地的建築物或工事。

(2)農作改良物：是指附著於土地的農作物、其他植物及水利土壤的改良。

2.依本條規定，徵收土地時，附著於該土地的建築改良物或農作改良物，原則上應一併徵收。但有本條第1項所規定的四種情形之一，則不一併徵收。

（二）改良物不一併徵收的情形

1.法律另有規定者，不一併徵收：

(1)市區道路條例第10條規定：「修築市區道路所需土地，得依法徵收之。」第11條規定：「市區道路用地範圍內原有障礙建築物之拆除、遷讓、補償事項，應於擬訂各該道路修築計劃時，一併規劃列入。修築計劃確定公告後，通知所有權人，限期拆除或遷讓，必要時並得代為執行。前項限期，不得少於三個月。」因此，徵收土地，其改良物不一併徵收。

(2)水利法第76條規定：「防汛緊急時，主管機關為緊急處置，得就地徵用關於搶護必需的物料、人工、土地，並得拆毀防礙水流之障礙物。前項徵用之物料、人工、土地及拆毀之物，主管機關應於事後酌給相當之補償。」因此，徵用土地，其改良物並不一併徵收。

2.所有權人要求取回，並自行遷移者，則不一併徵收。

3.建築改良物建造時，依法令規定不得建造者，則不一併徵收。

(1)此即所謂「違章建築」，例如：

①擅自建造的建築物：依建築法第25條規定，建築物非經申請主管建築機關的審查許可並發給執照，不得擅自建造。

②於禁止期間建造的建築改良物：依平均地權條例第53條規定，區段徵收地區經選定及核定後，分別或同時公告禁止土地移轉、分割、設定負擔及建築改良物的新建、增建、改建或重建、採取土石或變更地形；其禁止期間，以一年六個月為期。

③妨礙指定目的之建築物：依都市計畫法第51條規定，公共設施保留地，不得為妨礙其指定目的之使用。

④應拆而未拆除的建築物：依都市計畫法第79條規定，在都市計畫範圍內建造或使用建築物，違反該法規定及各級政府基於該法所發布的命令時，當地地方政府或鄉、鎮、縣轄市公所得命令立即拆除、改建、停止使用或恢復原狀。

⑤經禁建後所建造的建築物：依都市計畫法第81條規定，新訂擴大或變更都市計畫時，得先行劃定計畫地區範圍，經由該管都市計畫委員會通過後，得禁止在該地區範圍內一切建築物的新建、增建及改建。

(2)各該不得建造的建築物，由直轄市或縣（市）地政機關會同有關機關認定，於徵收土地公告期滿後，得由直轄市或縣（市）地政機關通知所有權人或使用人限期拆除或遷移，逾期由直轄市或縣（市）地政機關會同有關機關逕行除去，並不予補償。

4.農作改良物的種類、數量與正常種植情形不相當者，則不一併徵收：

(1)有此情形，顯然投機取巧，因此本條規定，於徵收土地時，該異常的農作改良物不一併徵收。

(2)有關異常的情形，由直轄市或縣（市）地政機關會同有關機

關認定，於徵收土地公告期滿後，得由直轄市或縣（市）地政機關通知所有權人或使用人限期拆除或遷移，逾期由直轄市或縣（市）地政機關會同有關機關逕行除去，並不予補償。

（三）土地徵收條例第5條規定

1.徵收土地時，其土地改良物應一併徵收。但有下列情形之一者，不在此限：

(1)土地改良物所有權人要求取回，並自公告期滿之日起十五日內自行遷移。

(2)墳墓及其他紀念物必須遷移。

(3)建築改良物依法令規定不得建造。

(4)農作改良物之種類或數量與正常種植情形不相當者，其不相當部分。

(5)其他法律另有規定者。

2.前項應徵收之土地改良物，得視其興辦事業計畫之需要，於土地徵收公告之日起三年內徵收之。但土地改良物所有權人於需用土地人報請徵收土地前，請求同時一併徵收其改良物時，需用土地人應同時辦理一併徵收。

3.第1項第3款及第4款之土地改良物，於徵收土地公告期滿後，由該管直轄市或縣（市）主管機關通知其所有權人或使用人限期遷移或拆除之，不予補償；屆期不拆遷者，由該管直轄市或縣（市）主管機關會同有關機關逕行除去。

立法意旨

原立法理由：本條明示土地改良物以一併徵收為原則，以所有權人要求取回改良物為例外。此因徵收土地係以土地為徵收之標的，並不包括土地改良物，改良物之取回並無礙土地之徵收，故採自由原則。

78年12月29日修正理由：

455

（一）現行條文所定土地改良物應一併徵收及不予一併徵收情形，與現行法令規定未盡配合，乃修正將土地改良物應一併徵收之除外規定於第1項分款列明。

（二）徵收土地時，其改良物之處理，除本法有規定外，其他法律如市區道路條例第11條、水利法第76條另有規定，自應依其規定辦理，不宜一併徵收，乃明定於第1項第1款。另將現行條文但書所定不予一併徵收之情形移列於同項第2款。

（三）建築物之建造，如有違反本法第213條、建築法第25條、平均地權條例第53條、都市計畫法第51條、第79條、第81條等限制規定情形者，對該項建築物自不宜予徵收補償，乃明定於第1項第3款。

（四）在政府擬徵收之土地上故意搶植作物，甚或搶栽高價值作物，以套取鉅額補償，不僅妨礙公共事業之興辦，對守法者亦欠公允，乃於第1項第4款明定農作改良物之種植顯與正常情形不相當者，不予一併徵收。

（五）建築改良物或農作改良物之查估，均屬專業技術，故增訂第2項規定，應由直轄市或縣（市）地政機關會同有關機關為之。

（六）經認定不予一併徵收之改良物，於徵收土地公告期滿後，應由所有權人或使用人自行拆除或遷移，為避免其故意阻撓徵收，延不拆除或遷移，第3項並明定直轄市或縣（市）地政機關之執行方式。

相關參考法條

土§5、213；市區道路例§11；水利§76；均§53；市畫§51、79、81；土徵§5。

第216條（使用影響於接連地之補償）
征收之土地，因其使用影響於接連土地，致不能為從來之利用，或減低其從來利用之效能時，該接連土地所有權人，得要求需用土地人為相當補償。

前項補償金，以不超過接連地因受征收地使用影響而減低之地價額為準。

解說

（一）要求補償的情形

　　1.須是與徵收的土地相接連的土地。

　　2.須是受徵收的土地使用的影響。

　　3.須是不能為從來的利用，或減低其從來利用的效能，而該不能的利用或減低效能的利用，須是徵收的土地使用的影響所致。而所謂「從來利用」，即是原本怎麼利用，則繼續怎麼利用。

　　4.須由該接連土地的所有權人提出要求。

　　5.須由需用土地人作相當補償。

（二）補償金額

　　1.依本條規定，補償金以不超過該接連地受影響而減低的地價額為準。

　　2.該補償金的計算與發給，由需用土地人委託該管直轄市或縣（市）地政機關辦理（土施§58）。

立法意旨

　　為保障人民之財產權，倘若徵收之土地會因其使用而影響接連地，致其不能為從來之使用或減低其從來使用之效能時，依本條規定，該接連土地所有權人得要求需用土地人作相當之補償，但其補償金額以不超過接連地因受徵收土地使用影響而減低之地價額為準。

相關參考法條

民§774；土施§58、59。

> **第217條** （殘餘地之一併徵收）
> 徵收土地之殘餘部分，面積過小或形勢不整，致不能為相當之使用時，所有權人得於徵收公告期滿六個月內，向直轄市或縣（市）地政機關要求一併徵收之。

解說

（一）私有土地，只有一部分被徵收，另一部分則未被徵收，則未被徵收的部分，就是所謂的「殘餘部分」。

（二）殘餘部分得要求一併徵收的情形如下

　　1.須是因徵收土地而殘餘的部分。

　　2.須是殘餘部分面積過小或形勢不整。

　　3.須是面積過小或形勢不整，致不能為相當的使用。

　　4.須是殘餘部分的所有權人提出要求一併徵收。

　　5.須是所有權人於徵收公告期滿六個月內提出要求。

　　6.須是所有權人向直轄市或縣（市）地政機關提出要求。

（三）面積過小或形勢不整

　　1.所謂「面積過小或形勢不整」，應是小於本法第31條所規定的最小面積。

　　2.由於本法第31條所規定的最小面積並未落實執行，所以本條規定的面積過小或形勢不整，無從依該條規定予以認定。如此，或許可依直轄市或縣（市）政府所訂頒的「畸零地使用規則」來認定。也就是說徵收土地的殘餘部分，面積過小或形勢不整，而屬於畸零地時，得依本條規定，請求一併徵收。

　　3.依直轄市或縣（市）政府所訂頒的「畸零地使用規則」規定，

所謂畸零地，是指地界曲折不整或面積狹小之基地：

　　(1)地界曲折不整：指基地界線曲折不齊，無法配置建築物；或是地界線與建築線斜交角度不滿六十度或超過一百二十度；或是基地為三角形。

　　(2)面積狹小：乃依各種使用分區、編定用地種類及面臨道路的路寬等各種情況，分別訂定最小寬度及深度，凡是土地的寬度或深度，不及各該最小寬度及深度，均屬面積狹小的畸零地。詳情請參閱各該直轄市或縣（市）訂頒的畸零地使用規則。

（四）由於直轄市或縣（市）公布的畸零地使用規則，是依建築法的規定訂定，適用於建築管理地區。因此，於建築管理地區的土地被徵收，其殘餘部分是否為畸零地，或許可準用各該直轄市或縣（市）畸零地使用規則的規定。但若是未建築管理地區，則難以準用，似應就實際情形予以認定。

（五）土地徵收條例第8條規定

　　1.有下列各款情形之一者，所有權人得於徵收公告之日起一年內向該管直轄市或縣（市）主管機關申請一併徵收，逾期不予受理：

　　(1)徵收土地之殘餘部分面積過小或形勢不整，致不能為相當之使用者。

　　(2)徵收建築改良物之殘餘部分不能為相當之使用者。

　　2.前項申請，應以書面為之。於補償費發給完竣前，得以書面撤回之。

　　3.一併徵收之土地或建築改良物殘餘部分，應以現金補償之。

立法意旨

　　原立法理由：被徵收土地之所有權人，因徵收土地之殘餘部分面積過小，或形勢不整致不能作相當之使用時，得要求一併徵收。此因土地徵收後，殘餘部分面積畸零過小，致土地所有權人不能作相當之使用，可能因此造成荒廢，而無收益可言，若不給予一併徵收之請

　　求權，則顯失公平，有違地盡其利之旨，故本條規定准其請求一併徵收，以保障所有權人之整體利益。

　　78年12月29日修正理由：土地所有權人請求一併徵收用地範圍外之殘餘部分，關係需地機關經費預算，不宜久懸，且其殘餘部分不能為相當使用之認定宜以當時狀況為準，故增列所有權人得要求一併徵收之期間，以利執行。

相關參考法條

　　土§31、215；土徵§8。

第218條（90.10.31修正刪除）

第219條（收回權）

私有土地經徵收後，有左列情形之一者，原土地所有權人得於徵收補償發給完竣屆滿一年之次日起五年內，向該管直轄市或縣（市）地政機關申請照徵收價額收回其土地：

一　徵收補償發給完竣屆滿一年，未依徵收計畫開始使用者。

二　未依核准徵收原定興辦事業使用者。

直轄市或縣（市）地政機關接受聲請後，經查明合於前項規定時，應層報原核准徵收機關核准後，通知原土地所有權人於六個月內繳清原受領之徵收價額，逾期視為放棄收回權。

第一項第一款之事由，係因可歸責於原土地所有權人或使用人者，不得聲請收回土地。

私有土地經依徵收計畫使用後，經過都市計畫變更原使用目的，土地管理機關標售該土地時，應公告一個月，被徵收之原土地所有權人或其繼承人有優先購買權。但優先購買權人未於決標後十

日內表示優先購買者，其優先購買權視為放棄。

解說

（一）收回與買回

本條文的修正草案，將原條文的「收回」修正為「買回」，其理由詳見後述78年12月29日修正理由，但是立法院三讀通過的條文，依然為「收回」。

（二）申請收回的情形

1.私有土地經徵收後，於徵收補償發給完竣屆滿一年，未依徵收計畫開始使用，原土地所有權人得申請收回該土地。

2.私有土地經徵收後，未依核准徵收原定興辦事業使用，例如原定興辦交通事業使用而徵收私有土地，於徵收後卻供其他事業使用，則原土地所有權人得申請收回該土地。

（三）申請期限

原土地所有權人申請收回被徵收的土地，應於徵收補償發給完竣屆滿一年的次日起五年內提出申請。換句話說，未於該期限內申請，主管機關不應受理。

（四）申請人

須是被徵收土地的原所有權人或其繼承人才能提出申請收回。

（五）收回價額

照徵收價額申請收回。

（六）主管機關

1.向該管直轄市或縣（市）地政機關申請收回。

2.直轄市或縣（市）地政機關接受申請後，經查明符合本條規定時，應層報原核准徵收機關核准。

（七）繳清價額

經核准收回後，直轄市或縣（市）地政機關應通知原土地所有權人於六個月內繳清原受領的徵收價額。

（八）視為放棄收回權

原土地所有權人未於六個月內繳清原受領的徵收價額，則視為放棄收回權。

（九）不得申請收回土地

於徵收補償發給完竣屆滿一年，未依徵收計畫開始使用，是因可歸責於原土地所有權人或使用人所致者，不得申請收回土地。

（十）都市計畫法第83條特別規定

1.依本法規定徵收之土地，其使用期限，應依照其呈經核准之計畫期限辦理，不受土地法第219條之限制。

2.不依照核准計畫期限使用者，原土地所有權人得照原徵收價額收回其土地。

（十一）土地徵收條例第9條規定

1.被徵收之土地，除區段徵收及本條例或其他法律另有規定外，有下列情形之一者，原土地所有權人得於徵收公告之日起二十年內，向該管直轄市或縣（市）主管機關申請照原徵收補償價額收回其土地，不適用土地法第219條之規定：

(1)徵收補償費發給完竣屆滿三年，未依徵收計畫開始使用者。

(2)未依核准徵收原定興辦事業使用者。

(3)依原徵收計畫開始使用後未滿五年，不繼續依原徵收計畫使用者。

2.該管直轄市或縣（市）主管機關收受申請後，經查明合於前項規定時，應報原核准徵收機關核准後，通知原土地所有權人於六個月內繳還原受領之補償地價及地價加成補償，逾期視為放棄收回權。

3.第1項第1款之情形，係因不可歸責於需用土地人之事由者，不得申請收回土地。

4.第1項第1款所稱開始使用，指興辦事業之主體工程動工。但依其事業性質無需興建工程者，不在此限。

（十二）優先購買權

　　第4項的優先購買權，係89年1月26日時修正增訂，賦予原被徵收土地之所有權人機會，以求公允。土地徵收條例第59條，亦有相同的規定。

立法意旨

　　原立法理由：私有土地，經政府機關依土地法第208條、第209條之規定徵收後，經長久期間不為使用，或不依核准計畫使用，不但妨礙土地之有效利用，且損害原土地所有權人之權益，並失其徵收之原意，故本條規定，原土地所有權人得照原徵收價額收回其土地。其旨在保障原土地所有權人之權益，並防止徵收土地機關不為使用或不依徵收之計畫使用土地。

　　78年12月29日修正理由：

（一）現行條文所定「收回」一詞，易導致滋生被徵收土地所有權是否移轉之疑義，乃參照平均地權條例第55條之2及國民住宅條例第11條關於區段徵收完成後原土地所有權人買回其土地之規定，修正為「買回」，以昭一致免生疑義。

（二）將現行條文所定「徵收完畢」修正為「徵收補償發給完竣」，並增訂受理聲請買回土地之機關，以資明確。

（三）行政法院70年判字第1284號判決明示：「收回權之行使，不能不在其存續之期間加以限制，我土地法中對此種請求權雖無消滅時效之規定，然土地法為民法之特別法，特別法無規定，應適用普通法之民法第380條買回之規定其權利經過五年不行使而消滅。」行政法院73年判字第276號、第479號及第1003號判決亦有相同之見解，乃參照上述判決意旨，於第1項增列原土地所有權人得申請買回土地之期限，以示限制。

（四）第2項增訂直轄市或縣（市）地政機關於受理申請買回土地案件後之處理程序，並明定原土地所有權人經通知買回後，未於一定

期限內繳清買回之價金者，視為放棄買回權，不得再申請買回。
（五）為免原所有權人或使用人對於用地機關之使用土地加以阻擾，乃增訂第3項規定。

相關參考法條

土§208、209、222；市畫§83；土徵§9、59。

第220條（公共事業用地征收之限制）
現供第二百零八條各款事業使用之土地，非因舉辦較為重大事業無可避免者，不得征收之。但征收祇為現供使用土地之小部份，不妨礙現有事業之繼續進行者，不在此限。

解說

（一）因本法第208條所規定的公共事業需要，得徵收私有土地。所以徵收後的土地，已供各該公共事業使用，如果就該土地再辦理徵收供其他使用，實為不宜。因此，原則上不得再徵收。
（二）得徵收公共事業用地者：
　　1.因舉辦較為重大事業無可避免者：
　　(1)依本條規定，因舉辦較為重大事業無可避免者，得徵收已供本法第208條各款事業使用的土地。
　　(2)所謂「較為重大事業」，本法並未明訂具體的標準，應由徵收機關及核准機關，就國家社會整體的公益衡量。例如因國防設備所需，而需用水利事業用地時，則基於國家安全第一的考量，於無可避免的情形下，得徵收該水利事業用地。
　　2.小部分土地的徵收：雖然不是舉辦較為重大事業，但在不妨礙現有事業繼續進行的情形下，得徵收現供本法第208條所規定各種公共事業用地的小部分。

立法意旨

　　本條規定徵收公共事業用地之限制。由於本法第208條所列舉之公共事業較諸一般事業重要，所以在國家興辦該等事業而需用土地時，准予徵收之，而現已供該等事業使用之土地，原則上不得改為其他使用。然若舉辦較原來使用情形為重大之事業，不得徵收顯然不合實際，故本條規定現供第208條各款事業使用之土地，非因舉辦較為重大事業無可避免者，不得徵收之。此外，徵收只為現供使用土地之小部分，不妨礙現有事業之繼續進行者，即使該事業之性質並不比原事業重要，亦得徵收之。

相關參考法條

　　土§208。

第221條（被徵收地之負擔）

被徵收之土地應有之負擔，其款額計算，以該土地所應得之補償金額為限，並由該管直轄市或縣（市）地政機關於補償地價時為清算結束之。

解說

（一）應有的負擔

　　1.所謂「被徵收的土地應有的負擔」，是指該土地設定有他項權利或租賃存在。

　　2.於徵收土地公告前，因繼承、強制執行或法院判決而取得所有權或他項權利，應於公告期間內申請將其權利備案，若不依規定備案，不視為被徵收土地應有的負擔（土§228、229）。

　　3.平均地權條例第11條規定：

　　(1)依法徵收或照價收買的土地為出租耕地時，除由政府補償承

租人為改良土地所支付的費用，及尚未收穫的農作改良物外，並應由土地所有權人，以所得的補償地價，扣除土地增值稅後餘額的三分之一，補償耕地承租人。

(2)前項補償承租人的地價，應由主管機關於發放補償或依法提存時，代為扣交。

(3)公有出租耕地依法撥用時，準用前二項的規定補償承租人，其所需經費由原管理機關負擔；但為無償撥用者，補償費用由需地機關負擔。

（二）款額計算

1.依本條規定，被徵收土地應有的負擔，有關款額的計算，以該土地所應得的補償金額為限。

2.依土地法施行法第58條規定，被徵收土地補償金額的計算與發給，由需用土地人委託該管直轄市或縣（市）地政機關辦理。

（三）清償負擔

1.依本條規定，被徵收土地應有的負擔，由該管直轄市或縣（市）地政機關於補償地價時，從補償地價中扣除，清算給付，並結束各該負擔。因此，設定登記的他項權利，於清償給付後應塗銷。

2.依土地法施行法第59條規定，被徵收土地應有的負擔，由該管直轄市或縣（市）地政機關於發給補償金時代為補償，並以其餘款交付給被徵收土地的所有權人。

（四）稅捐扣繳

被徵收或照價收買的土地，應繳納而未繳納的土地稅捐及滯納金，由該管直轄市或縣（市）政府於發放補償金時，代為扣繳，並以其餘款交付給被徵收或收買的土地所有權人（均§79）。但是依行政院75.1.15台內字第940號函釋，工程受益費不得在徵收補償地價項下扣除。

（五）不足以清償時的求償

將以興建房屋之私有土地，正完成其從事建築之準備，即被徵

收，致不得建築者，其於準備所受之損失，土地法上既無予以補償之規定，自屬無從請求補償。又被徵收土地所應得之補償金額，不敷清償該土地應有之負擔者，其不足之額，權利人自可分別情形，請求該土地所有權人或第三人清償。例如該土地所有權人為擔保自己債務設定抵押權者，得請求該土地所有權人清償；為擔保第三人債務設定抵押權者，得請求該第三人清償（司法院院解字第2935號解釋）。

（六）土地徵收條例規定

1.負擔：（第35條）

(1)被徵收之土地或建築改良物應有之負擔，除申請發給抵價地者依第41條及第42條規定辦理外，其款額計算，以該土地或建築改良物應得之補償金額為限，由該管直轄市或縣（市）主管機關於發給地價補償費或建築改良物補償費時為清償結束之。

(2)前項所稱應有之負擔，指他項權利價值及依法應補償耕地三七五租約承租人之地價。

2.他項權利款額的計算：（第36條）被徵收之土地或建築改良物原設定之他項權利因徵收而消滅。其款額計算，該管直轄市或縣（市）主管機關應通知當事人限期自行協議，再依其協議結果代為清償；協議不成者，其補償費依第26條規定辦理。

（七）農業發展條例第22條規定

本條例89年1月4日修正施行後所訂立之農業用地租賃契約，其租賃關係終止，由出租人收回其農業用地時，不適用平均地權條例第11條、第63條、第77條、農地重劃條例第29條及促進產業升級條例第27條有關由出租人給付承租人補償金之規定。

立法意旨

本條規定徵收土地應有負擔之清償。被徵收之土地，設有抵押權、地上權、不動產役權、永佃權等負擔者，在該土地應得補償金額範圍內，得由該管直轄市或縣（市）地政機關於發放補償地價時，代

為扣繳清償之，以塗銷原已設定之負擔；不足部分，則不負清償之
責。

相關參考法條
　土§228、229；土施§58、59；均§11、79；土徵§35、36；農
展例§22。

第二章

征收程序

第222條（核准機關）
徵收土地由中央地政機關核准之。

解說

（一）核准機關：本條於78年12月29日修正前，原規定是由行政院核准徵收，之後修正為由中央地政機關核准。關於89年1月26日再修正為本條條文，而所謂的「中央地政機關」，即是內政部。

（二）區段徵收的核准機關：雖然本條規定的徵收情形由中央地政機關核准，但應是指本法第208條的公用土地徵收。至於區段徵收，則應由各級主管機關報經行政院核准後履行（均§53）。

（三）依本條規定核准徵收，於土地徵收地價補償完畢後，依土地法施行法第54條規定，應將辦理經過情形，層報中央地政機關核准備案。

（四）土地徵收條例第14條規定，徵收土地或土地改良物，由中央主管機關核准之。

（五）土地徵收條例第1條規定

　　1.為規範土地徵收，確保土地合理利用，並保障私人財產，增進公共利益，特制定本條例。

　　2.土地徵收，依本條例之規定，本條例未規定者，適用其他法律之規定。

　　3.其他法律有關徵收程序、徵收補償標準與本條例牴觸者，優先適用本條例。

立法意旨
　　原立法理由：需用土地人申請徵收土地，其核准機關因需用土地人及需用舉辦事業之範圍而異，有由行政院核准者，有由省政府核准者。本條特別列舉規定應由行政院核准之申請案件，以便需用土地人聲請時有所區別。

　　78年12月29日修正理由：內政部為土地行政之主管機關，故中央機關及省市政府需用土地之准否徵收，應由內政部辦理，且實務上行政院早授權內政部辦理，乃配合實際予以修正。

相關參考法條
　　土§224、236；土施§52、54；均§53；土徵§1、14。

第223條（89.1.26修正刪除）

第224條（徵收土地之聲請）
徵收土地，應由需用土地人擬具詳細徵收計畫書，並附具徵收土地圖說及土地使用計畫圖，依前二條之規定分別聲請核辦。

解說
（一）依本條及土地法施行法第52條規定，申請核辦徵收土地，應準備詳細的徵收計畫書、徵收土地圖說、土地使用計畫圖各三份：

　1.徵收計畫書：

　(1)依土地法施行法第50條規定，徵收土地計畫書應記明下列事

項：

    ①徵收土地原因。

    ②徵收土地所在地範圍及面積。

    ③興辦事業之性質。

    ④興辦事業之法令根據。

    ⑤附帶徵收或區段徵收及其面積。

    ⑥土地改良物情形。

    ⑦土地使用之現狀及其使用人之姓名住所。

    ⑧四鄰接連土地之使用狀況及其改良情形。

    ⑨土地區內有無名勝古蹟，並註明其現狀及沿革。

    ⑩曾否與土地所有權人經過協定手續及其經過情形。

    ⑪土地所有權人或管有人姓名、住所。

    ⑫被徵收土地之使用配置。

    ⑬興辦事業所擬設計大概。

    ⑭應需補償金額款總數及其分配。

    ⑮準備金額總數及其分配。

  (2)依行政院59.12.1台內字第10906號函釋，土地徵收計畫書不應空泛：

    ①興辦事業的法人法令根據一款，應敘明興辦事業合於土地法規定的何條何款，並應添附奉准興辦事業文件抄件。

    ②曾否與土地所有權人經過協議及其經過情形一款，除應將與土地所有權人協議要點敘述外，並應添附協議紀錄抄件。

    ③被徵收土地的使用配置一款，應添附使用土地配置圖，繪明各部門建築使用配置情形於圖上，並用不同顏色分別標明，期使審核者一目瞭然。

    ④興辦事業所擬設計大概一款，應配合上項配置圖，說明興辦事業各部門開工完工日期、開始使用日期（如係分期完

成則應作分期說明）及其經費來源、數額分配情形等，並
應添附經費來源的證明文件抄件。

⑤應需補償金額款總數及其分配一款，應針對事實需要分別
就土地及地上物補償金額予以說明，至於其經費來源及分
配情形比照上項辦理。

⑥準備金總額及其分配，比照以上兩項規定辦理。

2.徵收土地圖說：

(1)依土地法施行法第51條規定，徵收土地圖說，應繪載下列事
項：

①被徵收土地之四至界限。

②被徵收地區內各宗地之界限及其使用狀態。

③附近街村鄉鎮之位置與名稱。

④被徵收地區內房屋等改良物之位置。

⑤圖面之比例尺。

(2)依前述行政院函釋，徵收土地圖說，應以不小於四千八百分
之一比例尺的地籍藍曬圖為之，除應記載土地法施行法第51條所規定
的事項外，並就應徵收土地範圍用顯明顏色著色（前述第1項第3款配
置圖應參照此地籍圖之大小繪製，以便核對）。

3.土地使用計畫圖：如係興辦公共事業，指建築地盤圖；如係開
闢都市地域，指都市計畫圖；如係施行土地重劃，指重劃計畫圖（土
施§53）。

（二）依前述行政院函釋，徵收土地，除以上計畫書、土地圖說及使
用計畫圖外，為便於審核，還應該添附徵收土地清冊、使用
清冊及有無妨礙都市計畫證明書。

（三）**土地徵收條例第13條規定**

申請徵收土地或土地改良物，應由需用土地人擬具詳細徵收計畫
書，並附具徵收土地圖冊或土地改良物清冊及土地使用計畫圖，送由
核准徵收機關核准，並副知該管直轄市或縣（市）主管機關。

（四）土地徵收條例第13條之1規定

1.所稱徵收計畫書，應記載下列事項，並檢附相關證明文件：

(1)徵收土地或土地改良物原因。

(2)徵收土地或土地改良物所在地範圍及面積。

(3)興辦事業之種類及法令依據。

(4)興辦事業計畫之必要性說明。

(5)與土地所有權人或土地改良物所有權人協議價購或以其他方式取得之經過情形及所有權人陳述意見之情形。

(6)公益性及必要性評估報告。

(7)土地使用之現狀及其使用人之姓名、住所。

(8)土地改良物情形。

(9)一併徵收之土地改良物。

(10)四鄰接連土地之使用狀況及其改良情形。

(11)徵收土地區內有無古蹟、遺址或登錄之歷史建築，並註明其現狀及維護措施。

(12)舉行聽證、公聽會、說明會之情形，並應檢附會議紀錄及出席紀錄。

(13)土地或土地改良物所有權人或管理人之姓名、住所。

(14)被徵收土地之使用配置。

(15)興辦事業概略及其計畫進度。

(16)應需補償金額總數及其分配。

(17)準備金額總數及其來源。

(18)涉及原住民土地之徵收，應檢附中央原住民族主管機關之書面同意文件。

(19)安置計畫。

2.如僅申請徵收土地改良物，得免記明前項第9款及第14款事項。

立法意旨

需用土地人申請由國家為其徵收土地，應擬具詳細徵收計畫書，並附具徵收土地圖說及土地使用計畫圖，以明確指出徵收範圍及其徵收後之目的用途，以期核定後據以遵守執行；並明示需用土地人應依本法第222條或第223條之規定，分別申請核辦，不得混淆。

相關參考法條

土§222；土施§49～53；土徵§13、13-1。

第225條（核准徵收後之執行通知）

中央地政機關於核准徵收土地後，應將原案全部通知該土地所在地之該管直轄市或縣（市）地政機關。

解說

（一）中央地政機關的通知

1.依本法第222條規定，由中央地政機關核准的土地徵收案件，於中央地政機關核准後，應通知土地所在地的該管直轄市或縣（市）地政機關。

2.所謂「直轄市或縣（市）地政機關」，即是直轄市或縣（市）政府地政機關；而所謂中央地政機關，即是內政部。

（二）通知內容

依本條規定，於核准徵收後，應將原案全部通知直轄市或縣（市）地政機關。而所謂「原案全部」，即是依前條規定所擬具的徵收計畫書、徵收土地圖說及土地使用計畫圖。

（三）土地徵收條例規定

1.中央主管機關為審議徵收案件，應遴聘（派）專家學者、民間團體及相關機關代表，以合議制方式辦理之。前項專家學者應由地

政、環境影響評估、都市計畫、城鄉規劃等專業領域學者組成，其中專家學者及民間團體代表不得少於二分之一（第15條）。

　　2.中央主管機關於核准徵收土地或土地改良物後，應將原案通知該管直轄市或縣（市）主管機關（第17條）。

立法意旨

　　原立法理由：徵收土地之核准權雖由行政院或省政府為之，但徵收土地之實際執行，係由該土地所在地之直轄市或縣（市）地政機關辦理。因此本條明文規定，土地徵收，由行政院或省政府審查核准者，應全案函知土地所在地之該管直轄市或縣（市）地政機關，由地政機關據以執行徵收。

　　78年12月29日修正理由：配合本法第222條修正條文，將「行政院」修正為「中央地政機關」。

相關參考法條

　　土§222；土徵§15、17。

第226條（競合時之核定標準）

同一土地，有二人以上聲請徵收時，以其舉辦事業性質之輕重為核定標準，其性質相同者，以其聲請之先後為核定標準。

解說

（一）需用土地人為舉辦本法第208條所規定的公共事業，均得徵收
　　　私有土地。但同一土地有二人以上同時申請徵收，只能核准其
　　　中一個徵收案，為免引起爭議，本條特別規定核定的標準：

　　1.以舉辦事業性質較重者優先：例如屬於交通事業的大眾捷運系統，其性質可能較重於公園的開闢。

2.性質相同者，以先申請者為準：需用土地人所舉辦的事業性質相同，則先申請徵收者優先。

（二）土地徵收條例規定

1.同一土地有二以上需用土地人申請徵收時，以其興辦事業性質之輕重為核定原則。其性質相同者，以其申請之先後為核定原則（第16條）。

2.先協議價購：（第11條）

(1)需用土地人申請徵收土地或土地改良物前，除國防、交通、水利事業，因公共安全急需使用土地未及與所有權人協議者外，應先與所有權人協議價購或以其他方式取得；所有權人拒絕參與協議或經開會未能達成協議且無法以其他方式取得者，始得依本條例申請徵收。

(2)前項協議之內容應作成書面，並應記明協議之結果。如未能達成協議，應記明未達成協議之理由，於申請時送交中央主管機關。

(3)第1項協議價購，依其他法律規定有優先購買權者，無優先購買權之適用。

(4)第1項協議價購，應由需用土地人依市價與所有權人協議。

(5)前項所稱市價，指市場正常交易價格。

立法意旨

本條規定同一土地有二人以上聲請徵收時，應以其舉辦事業之輕重為核定標準。原則上依本法第208條規定之順序為準，但審核機關得依實際情形，斟酌其輕重緩急核准之；其屬同一性質者，則依聲請之先後為核准標準。

相關參考法條

土§208、222；土徵§1、11、16。

第227條（徵收之公告與通知）

直轄市或縣（市）地政機關於接到中央地政機關通知核准徵收土地案時，應即公告，並通知土地所有權人及他項權利人。

前項公告之期間為三十日。

土地權利利害關係人對於第一項之公告事項有異議者，應於公告期間內向直轄市或縣（市）地政機關以書面提出。

解說

（一）公告

1.依本法第225條規定，中央地政機關於核准徵收土地後，應將原案全部通知該土地所在地的該管直轄市或縣（市）地政機關。因此，直轄市或縣（市）地政機關接到通知核准徵收土地案時，應依本條規定，公告並通知土地所有權人及土地他項權利人。

2.公告期間為三十日。

3.公告內容：（土施§55Ⅰ）

(1)需用土地人的名稱。

(2)興辦事業的種類。

(3)徵收土地的詳明區域。

(4)被徵收土地應補償的費額。

4.公告地點：公告，應附同徵收土地圖，公布於該管直轄市或縣（市）地政機關門首及被徵收土地所在地（土施§55Ⅱ）。

（二）通知

1.徵收土地案除公告外，並應通知土地所有權人及土地他項權利人。

2.通知應照下列規定辦理：（土施§56）

(1)被徵收土地已登記者，依照登記總簿所載的土地所有權人及土地他項權利人姓名住所，以書面通知。

(2)被徵收土地未經登記者，應以所在地的日報登載通知七日。

3.若權利人無法通知，依內政部75.8.14台內地字第432124號函釋，須辦理公示送達，地政機關除應將送達文書或通知書黏貼於地政機關等場所牌示處外，仍須將文書節本或繕本，登載於公報或新聞紙或用其他方法通知或公告。並自刊登公報或新聞紙最後登載日起二十日始生效力。

（三）異議

1.依本條規定，對土地徵收案提出異議的情形如下：

(1)須是土地權利的利害關係人提出。

(2)須是對徵收土地案的公告事項的異議。

(3)須於公告期間三十日內提出。

(4)須以書面提出。

(5)須向直轄市或縣（市）地政機關提出。

2.依行政院69.11.17台內字第13261號函釋，地政機關應於徵收公告及通知函中註明下列文字：「凡得提出異議之人，對於公告事項如有異議，應於徵收公告期間內提出」。

（四）土地徵收條例規定

1.公告與通知：（第18條）

(1)直轄市或縣（市）主管機關於接到中央主管機關通知核准徵收案時，應即公告，並以書面通知土地或土地改良物所有權人及他項權利人。

(2)前項公告之期間為三十日。

2.以登記簿記載為準：（第18條之1）

被徵收土地或土地改良物之所有權已登記者，以公告之日土地登記簿或建築改良物登記簿記載之所有權人及他項權利人姓名、住所辦理公告及通知；其效力並及於公告前因繼承、強制執行或法院之判決已取得土地或土地改良物所有權或他項權利，而尚未辦竣登記之人。

3.異議：（第22條）

(1)權利關係人對於第18條第1項之公告事項有異議者，得於公告

期間內向該管直轄市或縣（市）主管機關以書面提出。該管直轄市或縣（市）主管機關接受異議後應即查明處理，並將查處情形以書面通知權利關係人。

(2)權利關係人對於徵收補償價額有異議者，得於公告期間屆滿之次日起三十日內以書面向該管直轄市或縣（市）主管機關提出異議，該管直轄市或縣（市）主管機關於接受異議後應即查明處理，並將查處情形以書面通知權利關係人。

(3)權利關係人對於前項查處不服者，該管直轄市或縣（市）主管機關得提請地價評議委員會復議，權利關係人不服復議結果者，得依法提起行政救濟。

(4)直轄市或縣（市）主管機關依第20條規定發給補償費完竣後，徵收計畫之執行，不因權利關係人依前三項規定提出異議或提起行政救濟而停止。

(5)徵收補償價額經復議、行政救濟結果有變動或補償費經依法發給完竣，嗣經發現原補償額認定錯誤者，其應補償價額差額，應於其結果確定之日起三個月內發給之。

立法意旨

原立法理由：行政院或省政府於核准徵收土地後，應將原案全部函知該土地所在地之該管直轄市或縣（市）地政機關，該管直轄市或縣（市）地政機關於接到行政院或省政府函知核准徵收土地案件後，應即公告，並通知土地所有權人及土地他項權利人，使其得知。同時限定公告期間為三十日，公告期滿後，即發生確定徵收之效力。

78年12月29日修正理由：

（一）配合本法第222條修正條文，將第1項「行政院」修正為「中央地政機關」；第2項未修正。

（二）土地徵收關係土地權利利害關係人之權益，土地權利利害關係人對於被徵收土地及其補償費之發放及數額等公告事項，如認

有錯誤或遺漏時，得於一定期間內提出異議，以資救濟，故特別增訂第3項規定。

相關參考法條

土§222、225；土施§55、56；土徵§18、18-1、22。

第228條（被徵收土地之權利之確定）

被徵收土地之所有權已經登記完畢者，其所有權或他項權利除於公告前因繼承、強制執行或法院之判決而取得，並於前條公告期間內向該管直轄市或縣（市）地政機關聲請將其權利備案者外，以公告之日土地登記簿所記載者為準。

被徵收土地之所有權未經登記完畢者，土地他項權利人應於前條公告期間內，向該管直轄市或縣（市）地政機關聲請將其權利備案。

解說

（一）本條規定，在於確定徵收補償的權利及對象。因為徵收公告期間為三十日，並於公告期滿十五日內發給應補償的地價及其他補償費，在這段長達四十五天期間，可能徵收的土地權利會有得喪變更的情形，造成徵收補償作業的困擾，所以本條特別規定，以公告日的土地登記簿所記載者為準。

（二）例外的情形及備案：

1.民法第758條規定，物權的得喪變更，非經登記不生效力；但同法第759條規定，因繼承、強制執行或法院的判決而取得，並不以登記為生效要件。因此，所有權或他項權利因繼承、強制執行或法院的判決而取得，但尚未登記者，應於徵收公告期間內，將權利備案。

2.被徵收土地的所有權，可能因買賣、贈與或交換等原因而移

轉，但尚未移轉登記完畢，則其所有權或因此已發生而尚未登記的他項權利，也應於公告期間內，將權利備案。

（三）本條第2項規定，似應修正為以下文字：「被徵收土地之所有權未經登記完畢者，其未經登記的土地所有權人或他項權利人應於前條公告期間內，向該管直轄市或縣（市）地政機關申請將其權利備案。」似乎才夠周延，因為未經登記的他項權利得備案，未經登記的所有權卻不得備案，有失公平，尤其是所有權未經登記完畢，很少有他項權利的發生或存在，而所有權於公告前發生買賣、贈與或交換的情形較多於他項權利，捨多就少的保護，似不符公平正義原則。

（四）土地徵收條例第24條規定：

1.被徵收土地或建築改良物之所有權或他項權利，以公告之日土地登記簿或建築改良物登記簿記載者為準。但於公告前因繼承、強制執行、法院之判決或其他依法律規定取得土地或建築改良物之所有權或他項權利而未經登記完畢者，其權利人應於徵收公告期間內，向該管直轄市或縣（市）主管機關申請將其權利備案。

2.被徵收土地因前條第2項規定辦理登記，其權利以登記後土地登記簿記載者為準。

立法意旨

原立法理由：本條規定他項權利之申請備案。此因被徵收土地其所有權未經登記完畢者，他項權利亦無法辦理設定登記，則其負擔無從查考，自無法通知，故准予他項權利人依本條之規定，於公告期滿後三十日內向該管直轄市或縣（市）地政機關將其權利備案，以免權利遭致喪失。致於被徵收土地所有權已登記完畢者，他項權利以公告屆滿之日土地登記簿所記載者為準。若未經設定他項權利登記，則無從主張代為扣繳清償之權利。

78年12月29日修正理由：

481

（一）為確定徵收補償對象，乃配合修正條文第232條之規定，將現行條文後段所定「其他項權利以公告屆滿之日土地登記簿所記載者為準。」修正為「其所有權或他項權利除於公告前因繼承、強制執行或法院之判決而取得，並於前條公告期間內向該管直轄市或縣（市）地政機關聲請將其權利備案者外，以公告之日土地登記簿所記載者為準。」作為修正條文第1項。

（二）在徵收公告期間，如有發生繼承原因時，原本土地權利人之繼承人當得繼承徵收補償費之請求權；如有已開始強制執行程序者，地政機關應即將土地經公告徵收之事實函知法院，該執行法院即可扣押徵收補償費，依法分配與各債權人；如有法院判決取得土地權利者，依最高法院43年台上字第1016號判例之旨，惟有形成判決如分割共有物之判決始足當之，其雖未能聲請將該權利備案，仍得本於原土地共有人之權利請求徵收補償費。

（三）土地他項權利備案之目的，在配合本法第221條以利該管直轄市或縣（市）地政機關於補償地價時為清算結束；若申請備案時，補償地價已發給完竣，勢無從執行；爰將現行條文前段列為修正條文第2項，並將土地他項權利人聲請權利備案之期限修正之。

相關參考法條

民§758、759；土§227、229、233；土施§55、56；土徵§24。

第229條 （他項權利未備案之效果）

所有權未經依法登記完畢之土地，土地他項權利人不依前條規定聲請備案者，不視為被徵收土地應有之負擔。

解說

（一）本條的不周延性

1.本條規定是延續本法第228條第2項規定而來，土地他項權利人不於公告期間內，向該管直轄市或縣（市）地政機關申請將其權利備案，不視為被徵收土地應有的負擔。其不周延性已詳述於該法條的解說。

2.本法第228條於78年12月29日修正前，僅針對所有權未經登記完畢的他項權利備案而規定；但該法條修正後，卻增列了「所有權或他項權利除於公告前因繼承、強制執行或法院之判決而取得，並於前條公告期間內向該管直轄市或縣（市）地政機關聲請將其權利備案者外」。因此，本條以應配合修正，將「所有權或他項權利於公告前因繼承、強制執行或法院之判決而取得者，未於公告期間內向該管直轄市或縣（市）地政機關聲請將其權利備案者」，是否列為被徵收土地應有的負擔規定清楚。否則只修正本法第228條，本條未配合修正，將徒留疑義。

（二）依本條規定的反面解釋，如將權利備案，則視為被徵收土地應有的負擔。因此，應依本法第221條及土地法施行法第58條、第59條規定，計算有關款額，於發給補償地價時，代為補償給付。

（三）未申請備案的權利，依本條規定不視為被徵收土地應有的負擔，此時只好與領取徵收補償地價的所有權人私自協議解決。如無法協議解決，則循司法途徑解決，而與土地徵收補償無關。

立法意旨

被徵收土地之所有權未經登記完畢者，土地他項權利人應依前條規定，向該管直轄市或縣（市）地政機關申請將其權利備案，逾期未申請者，即不視為被徵收土地應有之負擔。此因土地未登記完畢，被

徵收土地有無設定他項權利，無從查稽，故土地他項權利人應依前條之規定申請將其權利備案，以便該管地政機關向被徵收土地所有權人發給地價補償金時，依本法第221條規定，將他項權利之負擔代為清償補償。否則，不視為被徵收土地應有之負擔，他項權利人僅得向所有權人或其他義務人主張權利。本條旨在藉以提醒他項權利人要提高警覺，以免因未申請將其權利備案而喪失申請代為扣繳清償之權利。

相關參考法條

土§221、228；土施§58、59。

第230條（申請徵收前之土地調查或勘測）
直轄市或縣（市）地政機關得應需用土地人之請求，為徵收土地進入公、私有土地實施調查或勘測。但進入建築物或設有圍障之土地調查或勘測，應事先通知其所有權人或使用人。

解說

（一）本法第235條規定：「被徵收土地之所有權人，對於其土地之權利義務，於應受之補償發給完竣時終止……。」第231條前段規定：「需用土地人應俟補償地價及其他補償費發給完竣後，方得進入被徵收土地內工作。」而徵收又須公告三十日，公告期滿後十五日內發給補償費，如此時間的延誤可能會影響到需用土地人對於公共事業的計畫、推展與進行。因此，本條特別規定得因徵收土地而進入被徵收土地實施調查或勘測。

（二）程序限制

1.應請求直轄市或縣（市）地政機關核准：

(1)須由需用土地人提出請求。

(2)須向直轄市或縣（市）地政機關請求，直轄市或縣（市）地

政機關得准予請求，也得不准予請求。

(3)進入徵收的土地，只能實施調查或勘測，不得實施工作。

2.應先通知所有權人或使用人：

(1)由於被徵收土地，可能有建築物，也可能設有圍障，且於徵收補償發給前，被徵收土地的權利人，其權利義務尚未終止（土§235）。因此，欲進入調查或勘測，應事先通知所有權人或使用人。

(2)如反面解釋，無建築物或是未設有圍障，則不須事先通知所有權人或使用人，只要請求直轄市或縣（市）地政機關核准就可以了。

（三）區段徵收的勘查測量及損失賠償（均§53Ⅱ）

1.先行進入勘查或測量：區段徵收地區選定後，徵收機關於通知其土地所有權人或使用人後，得進入該地區內勘查或測量。

2.障礙物遷移或除去的通知：先行進入區段徵收土地勘查或測量，有必須遷移或除去該土地上的障礙物時，應事先通知其所有權人或使用人。

3.損失賠償：為勘查或測量，遷移或除去障礙物，所有權人或使用人因而遭受損失，應給予適當的補償。補償金額由雙方協議，協議不成，由當地直轄市或縣（市）政府函請上級政府予以核定。

（四）土地徵收條例第12條規定

1.需用土地人經依前條規定協議不成時，為申請徵收土地或土地改良物之需，得洽請直轄市或縣（市）主管機關會同有關人員進入公、私有土地或土地改良物內實施調查或勘測，其所有權人、占有人、使用人或管理人不得拒絕或阻撓。但進入建築物或設有圍障之土地調查或勘測，應於七日前通知其所有權人、占有人、使用人或管理人。

2.為實施前項調查或勘測，須遷移或拆除地上障礙物，致所有權人或使用人遭受之損失，應先予適當之補償，其補償價額以協議為之。

立法意旨

原立法理由：為便利需用土地人規劃使用被徵收之土地，故准其於公告發出後得進入被徵收土地內進行察勘或測量工作。需用土地人執行察勘或測量時，如該土地有障礙物之存在，而有除去之必要時，應通知土地所有權人或他項權利人除去其土地障礙物，或代為除去之。

78年12月29日修正理由：

（一）由於需用土地人為擬具徵收土地計畫書或地政機關為查估改良物之補償價額時，須先行進入徵收土地內作察勘或測量工作，乃配合實際需要，參照都市計畫法第29條、區域計畫法第14條及測量標設置保護條例第5條之規定修正如上。

（二）需用土地人在未經核准徵收前，得否通知所有權人或土地他項權利人除去其土地障礙物，或代為除去，仍有疑義，乃將第2項規定刪除。

相關參考法條

土§208、231、235；均§53；土徵§12。

第231條（進入被徵收土地人工作之限制）

需用土地人應俟補償地價及其他補償費發給完竣後，方得進入被徵收土地內工作。但水利事業，因公共安全急需先行使用者，不在此限。

解說

（一）進入工作的時機

1.依本法第230條規定，為徵收土地，得進入公、私有土地實施調查或勘測，是於徵收前的行為。至於進入徵收土地內工作，則應依

本條規定。

　　2.依本條規定，需用土地人應俟補償地價及其他補償費發給完竣後，方得進入被徵收土地內工作。因為依本法第235條規定，被徵收土地的所有權人，對於其土地的權利義務，於應受的補償費發給完竣時才終止，在補償費未發給完竣以前，有繼續使用該土地的權利。所以在土地所有權人的權利義務未終止前，不得進入工作。

（二）例外的先行使用

　　依本條規定，水利事業，因公共安全急需先行使用者，得於補償地價及其他補償費發給完竣以前，先行進入被徵收土地內工作。例如防汛緊急時所徵用的土地，得先行使用（水利§76）。

（三）土地徵收條例第27條規定

　　需用土地人應俟補償費發給完竣或核定發給抵價地後，始得進入被徵收土地內工作。但國防、交通及水利事業，因公共安全急需先行使用者，不在此限。

立法意旨

　　原立法理由：本條規定補償地價及其他補償費尚未發給完竣前，需用土地人不得進入被徵收土地內實施工作，以免損害土地所有權人之權益，並防止需用土地人濫用權利。但為實施國家經濟政策或舉辦第208條第1、2、4款等事業，因該等事業頗具重要性或時間性，經行政院特許者，准予先行使用。上述特許先行使用之土地，如使用人不依本法之規定補償地價者，所有權人得依法提出訴願，以資救濟，保障自身權利。

　　78年12月29日修正理由：

（一）現行條文規定由行政院核准特許先行使用徵收土地之案件，實務上，行政院已分別授權內政部及省政府於核准徵收土地時一併特許先行使用，乃配合修正第1項。

（二）參照司法院大法官會議釋字第110號之解釋，需用土地人如不

依法將應補償地價及其他補償費額繳交主管地政機關發給完畢者，徵收土地核准案應失其效力。則原所有權人自得依法提起訴願，無再加規定之必要，故刪除第2項。

相關參考法條

土§208、230、235；均§53；土徵§27。

第232條（徵收公告後之私權限制）

被徵收之土地公告後，除於公告前因繼承、強制執行或法院之判決而取得所有權或他項權利，並於公告期間內聲請將其權利登記者外，不得移轉或設定負擔。土地權利人或使用人並不得在該土地增加改良物；其於公告時已在工作中者，應即停止工作。

前項改良物之增加或繼續工作，該管直轄市或縣（市）地政機關認為不妨礙徵收計畫者，得依關係人之聲請特許之。

解說

（一）徵收公告後的禁止事項

1.被徵收的土地，不得移轉或設定負擔：徵收機關將行文囑託地政事務所於土地登記簿上予以限制登記，經限制登記後，即不得買賣、交換或贈與等移轉，亦不得設定他項權利。

2.土地權利人（例如所有權人、地上權人、典權人、農育權人、永佃權人、耕作權人、不動產役權人或使用人），不得在該土地增加改良物（即建築改良物或農作改良物）。於公告時已在工作中者，應即停止工作。

（二）例外的不禁止事項

1.徵收公告後，增加改良物或繼續工作，直轄市或縣（市）地政機關認為不妨礙徵收計畫者，得依關係人的申請特許。

2.繼承、強制執行或法院的判決，於登記前已取得不動產物權——即所有權或他項權利，得於公告期間內申請登記（民§759）。

（三）土地徵收條例第23條規定

1.被徵收之土地或土地改良物自公告日起，除於公告前因繼承、強制執行或法院之判決而取得所有權或他項權利，並於公告期間內申請登記者外，不得分割、合併、移轉或設定負擔。土地權利人或使用人並不得在該土地為建築改良物之新建、增建、改建或採取土石、變更地形或為農作改良物之增加種植。其於公告時已在工作中者，應即停止。

2.共有分管之耕地，部分被徵收者，土地所有權人得於徵收補償地價發給完竣前或核定發給抵價地前，申請共有物分割登記或應有部分交換移轉登記，不受前項不得分割、移轉規定之限制。

立法意旨

原立法理由：土地法第215條規定，土地徵收時，其改良物應一併徵收。而土地公告時，既已經核准徵收，如該地再繼續增加改良物，勢將增加徵收之困難；且為防止土地所有權人惡性增加改良物，以提高補償費，並避免浪費，故予以明文規定禁止土地權利人或使用人增加改良物。如公告發出後，已在建築中者，亦應停止；違反者，該部分即不予補償，並得令其除去之。但不妨礙徵收計畫者，得依關係人之申請特許之，以求兼顧公私之權利。

78年12月29日修正理由：

（一）土地之徵收，一經公告即發生公法之拘束效力，原土地權利人之私權利未喪失，但為配合國家徵收之目的及作業，允應受相當之限制。於是，本條明定被徵收之土地公告後，不得移轉或設定負擔，以確定徵收及補償對象。至於公告前因繼承、強制執行或法院之判決而取得土地權利者，若尚未辦理登記，仍准於公告期間內申請登記，以符合民法第758條、第

759條所定繼承、強制執行或法院之判決，不待登記即取得不動產物權之精神。

（二）現行條文僅規定徵收公告時，已在建築中之改良物應即停止工作，對農作改良物則未規定，乃予以增列，以求周全。

（三）現行條文之但書移列為第2項，並配合修正。

相關參考法條

土§5；民§759；均§53；土徵§23。

第233條（徵收補償費之發給）

徵收土地應補償之地價及其他補償費，應於公告期滿後十五日內發給之。但因實施國家經濟政策，或舉辦第二百零八條第一款、第二款或第四款事業徵收土地，得呈准行政院以土地債券搭發補償之。

解說

（一）發給補償的時間

徵收土地應補償的地價及其他補償費，應於公告期滿後十五日內發給。於發給完竣時，依本法第235條規定，被徵收土地的所有權人，對於其土地的權利義務終止。依本法第231條規定，需用土地人得進入被徵收土地內工作。

（二）以現金發給補償費

徵收土地，原則上以現金發給應補償的地價及其他補償費。

（三）搭發土地債券

1.因實施國家經濟政策或舉辦國防設備、交通事業、水利事業而徵收土地，得呈請行政院核准以土地債券搭發補償。而所謂「搭發土地債券」，即是部分發給現金，部分發給土地債券。

2.依平均地權條例規定：

照價收買或區段徵收土地所需之資金，得由中央或直轄市主管機關發行土地債券。土地債券的發行，另以法律訂定（第5條）。

3.依都市計畫法第78條規定：

(1)各級政府為實施都市計畫或土地徵收，得發行公債。

(2)前項公債之發行，另以法律定之。

（四）土地徵收條例規定

1.土地徵收條例第20條第1項規定，徵收土地或土地改良物應發給之補償費，應於公告期滿後十五日內發給之。但依第22條第5項規定發給應補償價額之差額者，不在此限。

2.土地徵收條例第20條原規定徵收土地應發給之補償費，得報經行政院核准以土地債券搭發補償之。惟於101年1月4日土地徵收條例修訂時，已將上開規定刪除。

立法意旨

本條旨在規定地價及其他補償費，應於公告期滿後十五日內發給之。但因實施國家經濟政策或舉辦第208條第1、2、4款等事業而需要徵收土地之情形，因所需經費龐大，得呈准行政院以土地債券搭發補償之。

相關參考法條

土§7、208、209、235；均§5；市畫§78；土徵§20。

第234條（限期遷移）

直轄市或縣（市）地政機關於被徵收土地應受之補償發給完竣後，得規定期限，令土地權利人或使用人遷移完竣。

解說

（一）依本法第235條規定，被徵收土地的所有權人，對於其土地的權利義務，於應受的補償發給完竣時終止。因此本條規定，直轄市或縣（市）地政機關得規定期限，令土地權利人或使用人遷移完竣。

（二）土地權利人或使用人的遷移

1.被徵收的土地，若是空地，則只要移交即可，無所謂的遷移。

2.被徵收的土地，其改良物一併徵收時，則所謂遷移，應是指建築改良物內的傢俱或其他動產的搬遷。

3.被徵收的土地，其改良物未一併徵收時，則於徵收公告期滿後，得由直轄市或縣（市）地政機關通知所有權人或使用人限期拆除或遷移；逾期由直轄市或縣（市）地政機關會同有關機關逕行除去，並不予補償（土§215）。

4.因徵收土地致其改良物遷移時，應給予相當遷移費（土§244）。

5.公共設施保留地在未取得前，得繼續為原來的使用，亦得申請為臨時建築使用。該臨時建築的權利人，經地方政府通知開闢公共設施並限期拆除回復原狀時，應自行無條件拆除，其不自行拆除者，予以強制拆除（市畫§50、51）。

（三）本法並未規定遷移的期限，依本條規定，其遷移的期限是由直轄市或縣（市）地政機關訂定。

（四）土地徵收條例第28條規定

1.被徵收土地或土地改良物應受之補償費發給完竣或核定發給抵價地後，直轄市或縣（市）主管機關應通知土地權利人或使用人限期遷移完竣。

2.應受領遷移費人無可考或所在地不明，致其應遷移之物件未能遷移者，直轄市或縣（市）主管機關應公告三十日限期遷移完竣。

3.徵收範圍內應遷移之物件逾期未遷移者，由直轄市或縣（市）

主管機關或需用土地人依行政執行法執行。

（五）土地徵收條例第29條規定：徵收範圍內應行遷葬之墳墓，需用
土地人應申請當地墳墓主管機關依殯葬管理條例規定辦理，並
將情形詳細記載列冊，報請直轄市或縣（市）政府備案。

立法意旨

　　為免影響被徵收土地之適時使用，故本條明文規定，徵收土地應
受之補償費發給完竣後，直轄市或縣（市）地政機關得規定期限，令
被徵收土地之所有權人或使用人遷移完竣。

相關參考法條

　　土§215、235、238、244；市畫§50、51；土徵§28、29。

第235條（被徵收土地權利義務之終止）
被徵收土地之所有權人，對於其土地之權利義務，於應受之補償
發給完竣時終止，在補償費未發給完竣以前，有繼續使用該土地
之權。但合於第二百三十一條但書之規定者，不在此限。

解說

（一）權利義務的終止

　　1.依本條規定，被徵收土地的所有權人，於應受的補償發給完竣
時，雖然此時土地登記簿所登記的所有權尚未移轉登記與需用土地
人，但對於其土地的權利義務仍終止。

　　2.民法第759條規定，公用徵收，於登記前已取得不動產物權，
即為本條規定的原土地所有權人權利義務終止，需用土地人取得徵收
土地的所有權。

（二）繼續使用的權利

1.被徵收的土地，在補償費未發給完竣以前，原土地所有權人的權利義務尚未終止。因此，當然有繼續使用該土地的權利。

2.例外的情形：水利事業，因公共安全急需先行使用者，雖被徵收土地的所有權人應受的補償尚未發給完竣，原土地所有權人的繼續使用權仍應提前終止，不得繼續使用該土地。

（三）土地徵收條例第21條規定

1.被徵收土地或土地改良物之所有權人，對於其土地或土地改良物之權利義務，於應受之補償費發給完竣時終止。

2.前項補償費未發給完竣前，得繼續為從來之使用。但合於第27條但書規定者，不在此限。

立法意旨

被徵收土地之所有權人對於其土地之權利義務，於應受補償發給完竣時終止。從反面來看，補償費尚未發給完竣以前，原所有權人之權利仍然存在，故有繼續使用該土地之權，需用土地人不得進入被徵收土地內工作。但合於第231條但書之規定者，則可提前終止原所有權人對被徵收土地之使用權。

相關參考法條

土§231、233、234；民§759；土徵§21。

第三章
征收補償

解說

（一）徵收土地補償的種類

　　1.地價：依本法第239條規定，徵收土地應補償地價。

　　2.補償費：依本法第241條規定，土地改良物被徵收，應給與補償費。

　　3.遷移費：依本法第244條規定，因徵收土地而遷移改良物，應給以相當遷移費。

　　4.此外，依本法第221條及第229條規定，被徵收土地尚有負擔。

（二）由直轄市或縣（市）地政機關規定

　　1.依本條第1項規定，有關徵收土地應給予的補償地價、補償費及遷移費，由該管直轄市或縣（市）地政機關規定。

　　2.徵收土地應補償的地價，本法第239條、平均地權條例第10條及都市計畫法第49條等均已明文規定，無須再由地政機關依本條規定應補償的地價。

　　3.至於補償地價以外的其他補償費及遷移費，本法或其他相關法

律，並未明確規定。因此，依本條規定，由直轄市或縣（市）地政機關規定。

（三）各類補償費用的負擔及轉發

1.因徵收土地應給的補償地價、補償費及遷移費，均由需用土地人負擔。

2.需用土地人應負擔的前述各類費用，應繳交該管直轄市或縣（市）地政機關轉發。

（四）土地徵收條例第19條規定

徵收土地或土地改良物應發給之補償費，由需用土地人負擔，並繳交該管直轄市或縣（市）主管機關轉發之。

立法意旨

徵收私人土地，係國家基於公權力之強制行為，本質上對土地所有權人之權益有所損害。而關於應補償地價、補償費及遷移費之問題，由於需用土地人與土地所有權人之間，因利害關係甚難達成協議，故設本條第1項之規定，由該管直轄市或縣（市）地政機關規定，以免爭議不決。至於補償地價、補償費及遷移費之負擔與發給，本條第2項規定由需用土地人負擔，並繳交該管直轄市或縣（市）地政機關轉發，以期明確彼此之權利與義務範圍。

相關參考法條

土§221、233、239、241、244；土施§58、59；均§10；市畫§49；土徵§19。

第237條（補償費之提存）

直轄市或縣（市）地政機關發給補償地價及補償費，有左列情形之一時，得將款額提存之：

一　應受補償人拒絕受領或不能受領者。

二　應受補償人所在地不明者。

依前項第二款規定辦理提存時，應以土地登記簿記載之土地所有權人及他項權利人之姓名、住址為準。

解說

（一）得提存的項目

    1.地價。

    2.補償費。

（二）得提存的情形

    1.由於民法第326條規定，債權人受領遲延，或不能確知孰為債權人而難為給付者，清償人得將其給付物，為債權人提存。因此，本條規定，直轄市或縣（市）地政機關交付的補償地價及補償費，應受補償人拒絕受領，或不能受領，或所在地不明，得將款額提存。

    2.應受補償人所在地不明，於辦理提存時，應以土地登記簿記載的土地所有權人及他項權利人的姓名、住址為準。但土地徵收條例規定，已不再以提存為之。

（三）土地徵收條例第25條規定

    1.被徵收之土地或土地改良物，所有權人死亡未辦竣繼承登記，其徵收補償費得由部分繼承人按其應繼分領取之；其已辦竣公同共有繼承登記者，亦同。

    2.前項規定，於本條例施行前尚未領取徵收補償費之土地或土地改良物，適用之。

（四）土地徵收條例第26條規定

    1.直轄市或縣（市）主管機關應於國庫設立土地徵收補償費保管專戶，保管因受領遲延、拒絕受領或不能受領之補償費，不適用提存法之規定。直轄市或縣（市）主管機關應於本條例規定應發給補償費之期限屆滿次日起三個月內存入專戶保管，並通知應受補償人。自通

知送達發生效力之日起，逾十五年未領取之補償費，歸屬國庫。

2.前項保管專戶儲存之補償費應給付利息。以實收利息照付。

3.未受領之徵收補償費，依第1項規定繳存專戶保管時，視同補償完竣。

4.第1項未受領補償費保管辦法，由中央主管機關定之。

5.前四項規定，於本條例施行前未辦竣提存之未受領補償費，準用之。

（五）內政部於89年11月8日依土地徵收條例第26條第4項規定，訂定「土地徵收未受領補償費保管辦法」。

立法意旨

原立法理由：本條明文列舉得補償款額之提存情形，以期適時完成徵收程序。

78年12月29日修正理由：

（一）第1項酌作文字修正。

（二）為解決應受補償人所在地不明而導致辦理提存之困難，乃增訂第2項。

相關參考法條

土§233、236；民§326、327；土徵§25、26。

第238條（改良物之代為遷移或一併徵收）

直轄市或縣（市）地政機關遇有左列情形之一者，得將改良物代為遷移或一併徵收之：

一　受領遷移費人於交付遷移費時，拒絕收受或不能收受者。

二　受領遷移費人所在地不明者。

三　受領遷移費人不依限遷移者。

解說

遷移費若是提存，而事實上並未遷移，勢必影響徵收的進行；因此，遷移費不應提存。

（一）遷移費及給付

1.因徵收土地而遷移其改良物時，應給付相當的遷移費；因土地一部分徵收而遷移全部改良物，得請求給付全部的遷移費（土§244、245）。

2.遷移費應由該管直轄市或縣（市）地政機關規定，由需用土地人負擔，並繳交該管市、縣地政機關，於公告期滿後十五日內發給（土§233、236）。

（二）代為遷移

於發給遷移費時，有本條所規定的情形，直轄市或縣（市）地政機關得將改良物代為遷移。

（三）一併徵收

於發給遷移費時，有本條所規定的情形，直轄市或縣（市）地政機關除得將改良物代為遷移外，亦得一併徵收，但該改良物應是不屬於本法第215條第1項第3款及第4款規定者——即「建築改良物建造時，依法令規定不得建造者」或「農作改良物之種類、數量顯與正常種植情形不相當者」，否則不僅不一併徵收，也不發給遷移費，更得通知其所有權人或使用人限期拆除或遷移，逾期則由直轄市或縣（市）地政機關會同有關機關逕行除去，不予補償。

立法意旨

本條規定直轄市或縣（市）地政機關得將土地改良物代為遷移或一併徵收之情形。此因受領遷移費人於交付遷移費時，拒絕收受或不能收受者，係屬事實不能確定，非屬故意或過失，故得由直轄市或縣（市）地政機關代為遷移或一併徵收，以便徵收土地之適時使用。

相關參考法條

土§215、237、241、244；土徵§28、29。

第239條（地價補償之標準）

被徵收土地應補償之地價，依左列之規定：

一　已依法規定地價，其所有權未經移轉者，依其法定地價。

二　已依法規定地價，其所有權經過移轉者，依其最後移轉時之地價。

三　未經依法規定地價者，其地價由該管直轄市或縣（市）地政機關估定之。

解說

（一）本條是規定被徵收土地應補償的地價標準

1.已規定地價而所有權未經移轉，以法定地價為準：所謂「法定地價」，為依本法所申報的地價；若未申報，則以標準地價為法定地價。

2.已規定地價而所有權曾經移轉，以最後移轉時的地價為準：所謂「最後移轉價值」，以業經登記者為準（土施§60）。

3.未規定地價，則由直轄市或縣（市）地政機關估定地價。

（二）平均地權條例及都市計畫法的規定

1.以公告現值為準：政府於依法徵收時，應按照徵收當期的公告土地現值，補償其地價。在都市計畫區內的公共設施保留地，應按毗鄰非公共設施保留地的平均公告土地現值，補償其地價，其地上建築改良物，應參照重建價格補償（均§10）。

2.以公告現值為準加成補償：徵收公共設施保留地，其地價補償以徵收當期毗鄰非公共設施保留地的平均公告土地現值為準，必要時得加成補償，但加成最高以不超過40%為限；其地上建築改良物之補

價以重建價格為準。有關加成補償標準，由當地直轄市、縣（市）地價評議委員會於評議當年期公告土地現值時評議訂定（市畫§49）。

（三）土地徵收條例第30條規定

事實上，目前徵收土地應補償的地價，係依土地徵收條例的規定，而該條例於101年1月4日經修正公布。有關地價補償之標準，依該條例第30條之規定說明之：

1.被徵收之土地，應按照徵收當期之市價補償其地價。在都市計畫區內之公共設施保留地，應按毗鄰非公共設施保留地之平均市價補償其地價。

2.前項市價，由直轄市、縣（市）主管機關提交地價評議委員會評定之。

3.各直轄市、縣（市）主管機關應經常調查轄區地價動態，每六個月提交地價評議委員會評定被徵收土地市價變動幅度，作為調整徵收補償地價之依據。

4.前三項查估市價之地價調查估計程序、方法及應遵行事項等辦法，由中央主管機關定之。

立法意旨

土地徵收補償地價，為公法上之義務。然而地價紛歧，爭執繁多，常造成困擾，故本條明文規定補償地價之統一標準，以期減少爭執困擾。

相關參考法條

土§148、158；土施§60；均§10；市畫§49；土徵§30。

第240條（保留徵收之標準補償地價）
保留徵收之土地應補償之地價，依徵收時之地價。

解說

（一）保留徵收

是指就舉辦事業將來所需用的土地，在未需用以前，預先呈請核定公布將來徵收的範圍，並禁止妨礙將來徵收時的使用。保留徵收的期間，不得超過三年，但因舉辦開闢交通路線及國防設備等事業，得呈請核定延長保留徵收期間，但延長期間至多五年。

（二）以徵收時的地價為準

1.依本條規定，保留徵收的土地，是以將來徵收時的地價作為補償的標準。

2.所謂「徵收時的地價」，是指前條所規定的地價；但事實上是依土地徵收條例第30條規定為準，請參閱前條的解說。

立法意旨

保留徵收時間常長達數年，地價變動時，其補償地價應以何時之地價為準？若不予規定，將無從遵循。按保留徵收土地，於保留期間並不給予補償，於實行徵收時始發生補償問題，自應以實行徵收時之地價為準。因此，特設本條規定以資依循，免生糾紛，以照公允。

相關參考法條

土§213、214、239；土徵§30。

第241條（補償費之估定）
土地改良物被徵收時，其應受之補償費，由該管直轄市或縣（市）地政機關會同有關機關估定之。

解說

（一）土地改良物分爲以下二種

1.建築改良物，是指附著於土地的建築物或工事。

2.農作改良物，是指附著於土地的農作物及其他植物與水利土壤的改良。

（二）土地改良物的一併徵收

1.依本法第215條規定，徵收土地時，其改良物應一併徵收。但有該條第1項但書規定的四種情形，則不一併徵收。

2.依本法第238條規定，徵收土地發給遷移費時，有該條規定的情形時，得將改良物代為遷移或一併徵收。

（三）補償費標準

1.依本條規定，土地改良物被徵收時，其補償費由直轄市或縣（市）地政機關會同有關機關估定。

2.農作改良物的估定：徵收土地，其農作改良物一併徵收時，其應受的補償費，依後條規定估定，請參閱該條解說。

3.建築改良物的估定：徵收土地，其地上建築改良物，以重建價格作為補償的標準（均§10；市畫§49）。而所謂「重建價格」，是以同樣建築改良物為重新建築所需費用，但應由該費用總額內減去因時間經歷所受損耗（土建改物估價§8、12）。

（四）土地徵收條例第31條規定

建築改良物之補償費，按徵收當時該建築改良物之重建價格估定之。

（五）土地徵收條例第32條規定

徵收土地公告前已領有建築執照或於農地上為合法改良土地，依第23條第1項規定停止工作者，其已支付之土地改良費用，應給予補償。

（六）土地徵收條例第33條規定

1.土地或土地改良物原供合法營業之用，因徵收而致營業停止或

營業規模縮小之損失，應給予補償。

2.前項補償基準，由中央主管機關定之。

立法意旨

原立法理由：土地改良物除其所有權人要求取回自行遷移者外，應與土地一併徵收，其應受之補償費，本條明示依該管直轄市或縣（市）地政機關估定之價額。其旨在以法律明定徵收改良物時，估定其補償額之法定機關。

78年12月29日修正理由：因建築改良物或農作改良物之查估均屬專業技術，乃修正由地政機關視其性質，會同該改良物業務主管機關估定。

相關參考法條

土§5、215、242、247；均§10；市畫§49；土徵§31、32、33。

第242條（農作改良物之補償費之估定方法）

被徵收土地之農作改良物，如被徵收時與其孳息成熟時期相距在一年以內者，其應受補償之價值，應按成熟時之孳息估定之；其被徵收時與其孳息成熟時期相距超過一年者，應依其種植、培育費用，並參酌現值估定之。

解說

（一）農作改良物

是指附著於土地的農作物及其他植物與水利土壤的改良。

（二）孳息

有天然孳息及法定孳息二種，本條所規定的孳息，為天然孳

息。所謂「天然孳息」，是指果實、動物的產物及其他依物的用法所收獲的出產物。

（三）農作改良物的補償價值

1.一年以內：被徵收時與農作改良物的孳息成熟時期相距在一年以內者，應按成熟時的孳息，估定其應受的補償價值。

2.一年以上：被徵收時與農作改良物的孳息成熟時期相距超過一年者，應依其種類、培育費用，並參酌現值，估定其應受的補償價值。

（四）土地徵收條例第31條第2項及第3項規定

1.農作改良物之補償費，於農作改良物被徵收時與其孳息成熟時期相距在一年以內者，按成熟時之孳息估定之；其逾一年者，按其種植及培育費用，並參酌現值估定之。

2.建築改良物及農作改良物之補償費，由直轄市或縣（市）主管機關會同有關機關估定之；其查估基準，由中央主管機關定之。

立法意旨

原立法理由：本條規定農作改良物之補償估定標準。依民法之規定，農作物尚未成熟收割前，屬於土地之一部分，應與土地一併徵收。惟徵收時與成熟時期相距在一年以內者，若按徵收當時之價值估定其補償費，則有損耕作人之利益，故其應受補償之價值應按成熟時之自然孳息估計，以保護土地上農作物之耕作人。

78年12月29日修正理由：被徵收土地之農作改良物，於被徵收與其孳息之成熟時期相距在一年以上者，現行條文並未作規定，因此特別參照平均地權條例第33條規定，增訂依其種植、培育費用，並參酌現值估定之。

相關參考法條

土§215；民§69；均§33；土徵§31。

第243條（78.12.29修正刪除）

第244條（遷移費(一)）
因征收土地，致其改良物遷移時，應給以相當遷移費。

解說

（一）依本法第215條第1項規定，徵收土地時，其改良物應一併徵
　　　收。但是改良物所有權人要求取回，並自行遷移者，則不一併
　　　徵收。因此，依本條規定，應給付遷移費。

（二）遷移費的規定：遷移費由該管直轄市或縣（市）地政機關規
　　　定，由需用土地人負擔，並繳交該管市、縣地政機關轉發（土
　　　§236）。

（三）遷移費的發給：遷移費應於公告期滿後十五日內發給（土
　　　§233）。

（四）無法給付的處理：受領遷移費人於交付遷移費時，拒絕收
　　　受、或不能收受、或所在地不明、或不依限遷移，直轄市
　　　或縣（市）地政機關得將改良物代為遷移或一併徵收（土
　　　§238）。

（五）遷移費的計算：

　　1.遷移費的計算與發給，由需用土地人委託該管直轄市或縣
（市）地政機關辦理（土施§58）。

　　2.本條所規定的相當遷移費，依行政法院28年判字第48號判例，
係指因遷移通常所受的一切損失核計補償而言。

（六）土地徵收條例第34條規定：

　　1.徵收土地或土地改良物時，有下列情形之一，應發給遷移費：

　　(1)依第5條第1項第1款或第2款規定遷移者。

　　(2)徵收公告六個月前設有戶籍之人口必須遷移者。但因結婚或

出生而設籍者，不受六個月期限之限制。

(3)動力機具、生產原料或經營設備等必須遷移者。

(4)因土地一部分之徵收而其改良物須全部遷移者。

(5)水產養殖物或畜產必須遷移者。

2.前項遷移費查估基準，由中央主管機關定之。

立法意旨

被徵收土地上有改良物，而其所有權人不願一併被徵收，要求取回自行遷移者，應補償其相當遷移費。此因徵收土地為國家依其公權力之行使，強制徵收私有土地，並剝奪私人土地所有權，對私人權益難免有所損害；且私有改良物之所有權人因土地徵收而自行遷移時，亦將有所損耗，故本條規定因徵收土地致其改良物遷移時，應給予相當遷移費，以體恤填補原所有權人所受的損害。

相關參考法條

土§215、233、238；土施§58、59；土徵§34。

第245條（遷移費(二)）
因土地一部分之征收而其改良物須全部遷移者，該改良物所有權人得請求給以全部之遷移費。

解說

（一）有關遷移費，請參閱前條解說。

（二）依本條規定，部分徵收而請求全部的遷移費要求為：

1.須因土地一部分徵收而其改良物須全部遷移：

(1)若是土地一部分徵收，改良物也一併徵收，則無本條的適用。

　　(2)若是土地一部分徵收，改良物也只是一部分遷移，亦無本條的適用。

　　2.須是改良物所有權人提出請求。

　　3.須向該管直轄市或縣（市）地政機關提出請求。

（三）依本條規定，給付全部的遷移費，仍應依本法第236條規定，由需用土地人負擔，並繳交該管直轄市或縣（市）地政機關轉發，並依本法第233條規定，於公告期滿後十五日內發給。

（四）前條解說中所述土地徵收條例第34條亦有類似的規定。

立法意旨

　　改良物係附著於土地，如僅徵收土地之一部分，原則上除該徵收部分之改良物應予遷移外，其餘未徵收部分之改良物則無遷移之必要。但若改良物之性質不宜分割，部分遷移會影響其全部之使用價值，則該改良物所有權人得請求全部遷移，而補償其全部遷移費，以求公平。

相關參考法條

　　土§215、233、238、244；土施§58、59；土徵§34。

第246條（遷移費(三)）

徵收土地應將墳墓及其他紀念物遷移者，其遷移費與改良物同。

無主墳墓應由需用土地人妥為遷移安葬，並將情形詳細記載列冊報該管直轄市或縣（市）地政機關備案。

解說

（一）墳墓及其他紀念物，或許可稱為工事，而工事為建築改良物，建築改良物為土地改良物的一種，應一併徵收。但是，墳墓及

其他紀念物一併徵收，實有違常情，因此應予遷移。

（二）遷移費與改良物相同：依本條規定，墳墓及其他紀念物的遷移費，與改良物相同。因此，本法第233條、第236條、第238條及第244條的規定，均應適用，請參閱各該法條的解說。

（三）無主墳墓的處理：

1.依本條規定，無主墳墓，應由需用土地人妥為遷移安葬，並將其情形詳細記載，列冊呈報該管直轄市或縣（市）地政機關備案。

2.依土地法施行法第61條規定，遷移無主墳墓時，應於十日以前公告，公告期限不得小於七日。

（四）土地徵收條例第29條規定：徵收範圍內應行遷葬之墳墓，需用土地人應申請當地墳墓主管機關依殯葬管理條例規定辦理，並將情形詳細記載列冊，報請直轄市或縣（市）政府備案。

立法意旨

遷移費之請求，應以有遷移之經濟價值之物為限，無經濟價值者，原則上不得請求遷移費。然而墳墓及其他紀念物雖無經濟價值，卻具有歷史文化價值或紀念性，為維持公序良俗及所有權人之實際損失，本條乃明定，徵收土地應將墳墓及其他紀念物一併遷移，不得毀損，其遷移費與改良物同，即遷移時應給予相當之遷移費。至於無主墳墓，則應由需用土地人妥為遷移安葬，並將情形詳細記載，列冊呈報該管直轄市或縣（市）地政機關備案，以便其家人之找尋，進而維護我國之優良傳統。

相關參考法條

土§215、233、236、238；土施§61；土徵§29。

> **第247條**（估定補償費之異議處理）
> 對於第二百三十九條、第二百四十一條或第二百四十二條之估定
> 有異議時，該管直轄市或縣（市）地政機關應提交標準地價評議
> 委員會評定之。

解說

（一）異議的項目

1.本法第239條規定徵收土地的補償地價，對於該補償地價，得提出異議。

2.本法第241條規定徵收土地改良物，由直轄市或縣（市）地政機關會同有關機關估定補償費，對於該補償費，得提出異議。

3.本法第242條規定被徵收土地的農作改良物應受補償費的估定，對於該補償費，得提出異議。

（二）提出異議的方法

對此本條雖未規定，但實務上總應以書面為宜，並向該管直轄市或縣（市）地政機關提出。

（三）評定

該管直轄市或縣（市）地政機關受理異議後，應提交標準地價評議委員會評定。

（四）標準地價評議委員會

由於本法第155條規定有標準地價評議委員會，平均地權條例第4條規定有地價評議委員會，因此，內政部訂頒有「地價及標準地價評議委員會組織規程」，依該規程第2條規定，直轄市或縣（市）政府應組織地價及標準地價評議委員會，評議地價及標準地價事項。

立法意旨

對於徵收土地應補償地價與改良物補償費之估定有異議時，應如何處理？如不予規定，將無從遵循，故本條規定該管直轄市或縣

（市）地政機關應提交標準地價評議委員會評定，其旨在確定標準地價評議委員會之職責，並謀求糾紛之公正解決。

相關參考法條

　　土§155、239、241、242；均§4；地價及標準地價評議委員會組織規程。

國家圖書館出版品預行編目資料

土地法／陳銘福原著；陳冠融修訂. --
　十版 --. -- 臺北市：書泉, 2020.06
　面；　公分
　ISBN 978-986-451-185-3（平裝）

1.土地法規

554.133　　　　　　　　109003391

3TB1　新白話六法系列007

土地法

修　　　訂 —	陳冠融（271.6）
原　　　著 —	陳銘福
發 行 人 —	楊榮川
總 經 理 —	楊士清
總 編 輯 —	楊秀麗
副總編輯 —	劉靜芬
責任編輯 —	黃郁婷、呂伊真
封面設計 —	姚孝慈
出 版 者 —	書泉出版社
地　　　址：	106台北市大安區和平東路二段339號4樓
電　　　話：	(02)2705-5066　傳　真：(02)2706-6100
網　　　址：	http://www.wunan.com.tw
電子郵件：	shuchuan@shuchuan.com.tw
劃撥帳號：	01303853
戶　　　名：	書泉出版社

總 經 銷：	貿騰發賣股份有限公司
地　　　址：	23586新北市中和區中正路880號14樓
電　　　話：	(02)8227-5988　傳　真：(02)8227-5989
網　　　址：	http://www.namode.com

法律顧問　林勝安律師事務所　林勝安律師

出版日期　1997年 2 月初版一刷
　　　　　2020年 6 月十版一刷

定　　　價　新臺幣550元

經典永恆・名著常在

五十週年的獻禮——經典名著文庫

五南，五十年了，半個世紀，人生旅程的一大半，走過來了。

思索著，邁向百年的未來歷程，能為知識界、文化學術界作些什麼？

在速食文化的生態下，有什麼值得讓人雋永品味的？

歷代經典・當今名著，經過時間的洗禮，千錘百鍊，流傳至今，光芒耀人；

不僅使我們能領悟前人的智慧，同時也增深加廣我們思考的深度與視野。

我們決心投入巨資，有計畫的系統梳選，成立「經典名著文庫」，

希望收入古今中外思想性的、充滿睿智與獨見的經典、名著。

這是一項理想性的、永續性的巨大出版工程。

不在意讀者的眾寡，只考慮它的學術價值，力求完整展現先哲思想的軌跡；

為知識界開啟一片智慧之窗，營造一座百花綻放的世界文明公園，

任君遨遊、取菁吸蜜、嘉惠學子！